山东师范大学中国语言文学山东省一流学科
资助出版

许金榜 著

曲苑探求录

中 华 书 局

图书在版编目(CIP)数据

曲苑探求录/许金榜著. —北京:中华书局,2020.9
ISBN 978-7-101-14596-0

Ⅰ.曲… Ⅱ.许… Ⅲ.古代戏曲–文学研究–中国–文集
Ⅳ.I207.37–53

中国版本图书馆 CIP 数据核字(2020)第 099093 号

书　　名	曲苑探求录	
著　　者	许金榜	
责任编辑	罗华彤　　白爱虎	
出版发行	中华书局	
	（北京市丰台区太平桥西里 38 号　100073）	
	http://www.zhbc.com.cn	
	E-mail:zhbc@zhbc.com.cn	
印　　刷	北京市白帆印务有限公司	
版　　次	2020 年 9 月北京第 1 版	
	2020 年 9 月北京第 1 次印刷	
规　　格	开本/920×1250 毫米　1/32	
	印张 14　插页 2　字数 330 千字	
国际书号	ISBN 978-7-101-14596-0	
定　　价	88.00 元	

目　录

前　言 ⋯⋯⋯⋯⋯⋯⋯⋯⋯⋯⋯⋯⋯⋯⋯⋯⋯⋯ 1

中国古代戏曲的民族特征 ⋯⋯⋯⋯⋯⋯⋯⋯⋯⋯ 1

元明清爱情剧中矛盾冲突和思想意蕴之演化 ⋯⋯ 17

元明清戏曲中的近代意识 ⋯⋯⋯⋯⋯⋯⋯⋯⋯⋯ 31

怎样对待古代戏曲中的忠孝节义 ⋯⋯⋯⋯⋯⋯⋯ 51

元杂剧的人物塑造 ⋯⋯⋯⋯⋯⋯⋯⋯⋯⋯⋯⋯⋯ 57

元杂剧的语言风格 ⋯⋯⋯⋯⋯⋯⋯⋯⋯⋯⋯⋯⋯ 81

元杂剧的科诨滑稽 ⋯⋯⋯⋯⋯⋯⋯⋯⋯⋯⋯⋯⋯ 97

元杂剧中"悬念"的运用 ⋯⋯⋯⋯⋯⋯⋯⋯⋯⋯ 111

一曲国破家亡的哀歌

　　——《梧桐雨》新探 ⋯⋯⋯⋯⋯⋯⋯⋯⋯⋯ 119

《西厢记·长亭送别》讲析 ⋯⋯⋯⋯⋯⋯⋯⋯⋯ 125

《汉宫秋》艺术评析 ⋯⋯⋯⋯⋯⋯⋯⋯⋯⋯⋯⋯ 131

两个不同时代的宠儿

　　——《赵氏孤儿》与《哈姆雷特》 ⋯⋯⋯⋯ 135

中国的看钱奴和法国的吝啬鬼 ⋯⋯⋯⋯⋯⋯⋯⋯ 143

明杂剧讽刺作品的兴盛 ⋯⋯⋯⋯⋯⋯⋯⋯⋯⋯⋯ 149

明清杂剧中的写心剧 ·········· 155

《歌代啸》初探 ·········· 161

明清传奇的语言与音律之流变 ·········· 173

《牡丹亭》是怎样以情反理的 ·········· 185

绝妙的心理描写

　　——《牡丹亭·惊梦》片段欣赏 ·········· 191

《娇红记》的新成就与继往开来的地位 ·········· 197

李渔剧作思想成就刍议 ·········· 211

李渔剧作的艺术成就初探 ·········· 221

《长生殿》的艺术结构 ·········· 245

北曲音乐和元曲的形式与风格 ·········· 257

从元曲看元代文人的心态 ·········· 271

隐居与爱情两大传统题材在元代散曲中的推陈出新 ········· 285

文学画廊中新而杂的人态物象

　　——论元代散曲中的写人咏物作品 ·········· 297

对人世和人生的悲剧性观照

　　——论元代散曲中的叹世怀古作品 ·········· 307

元代散曲写景作品中的景物、心态和艺术创新 ·········· 319

元代散曲对传统的叛离 ·········· 331

元代散曲抒情写意的艺术特征 ·········· 345

元代散曲的"趣" ·········· 357

推陈出新的元代散曲 ·········· 369

浅谈散曲的艺术特色 ·········· 377

中国古代文学走向商品化的回顾与思考 ·············· 387

中国古代文学中的人道主义思想 ·············· 401

中国古代文学的抒情写意传统 ·············· 415

中国古代文学作品进步性的伦理道德观念根源 ·············· 429

前　言

我幼时生活在农村。那时的农村,看戏是唯一的娱乐活动,因此自幼就养成了对戏曲的爱好。在华东师范大学上大学时,我就阅读了现存的全部元杂剧剧本,也读了不少明清传奇名作和京剧剧本,并且幻想着毕业后能从事戏曲研究工作。但在那个统一分配的年代,毕业分配并不管你业务学习的好坏,更不会考虑个人的志愿。结果我被分配到一所煤矿子弟中学做教师,戏曲研究当然已不可能。幸运的是,1978年恢复招考研究生,我的母校老师、近代戏曲大师吴梅的嫡传弟子万云骏先生招生的专业又恰好为词曲,于是我欣然报名,并以第一名的成绩被录取,这才开始了对戏曲的学习和研究。研究生毕业后,我到山东师范大学从事古典文学和戏曲的教学与研究工作。从研究生入学到现在仍在山东艺术学院兼任戏曲课程,屈指已达四十年。在此期间,我著有《中国戏曲文学史》(中国文学出版社,1994年版)、《元杂剧概论》(齐鲁书社,1986年版)、《阳春白雪》(注释本)(中州古籍出版社,1991年版)、《山东元代杂剧》(山东文艺出版社,2004年版)、《历代山水田园诗赏析》(明天出版社,1986年版),主编《中国分体文学史》(戏曲卷)(青岛海洋大学出版社,1995年版)、《山东分体文学史》(戏曲卷)(齐鲁书社,2005年版)、《中国古代文学精选作品导读》(山东大学出版社,1996年版)等,合著和参编《边贡诗文选》

（济南出版社，1994 年版）、《全元曲》（河北教育出版社，1998 年版）、《元曲鉴赏辞典》（上海辞书出版社，1990 年版）、《词林观止》（上海古籍出版社，1994 年版）、《中国古代纪游文学史》（山东友谊书社，1989 年版）、《黄河文化丛书》（文苑卷）（山东人民出版社，2001 年版）等二十余种，并发表了几十篇论文。现在把其中的论曲论文编在一起（有几篇关于古代文学的论文也涉及戏曲，故亦收入其中，完全与曲无涉者则不收），名曰《曲苑探求录》，意谓几十年来曲苑探讨求索的历史记录。既为历史记录，当然就要忠于历史，所以原文一般不予改动。作为几十年前的东西，今天看来也许并无什么特别之处，有的甚至可能还有错误，但在当时还是有某些开拓创新之处，并曾引起学界关注。今天的读者如果仍能从中得到某些参考和裨益或引发某些思考的话，我想目的也就达到了。

当我五十几岁的时候，正当知识积累和学术研究趋向成熟之际，却患上了颈椎和胸椎骨质增生病，终日疼痛，久坐更甚，从此以后就再也没有真正地伏案读书写作了。因此，我常为自己未能写出更多的东西而遗憾和惭愧。但人生总是有顺境也有逆境，命运如斯，又复何言！乐天安命，知足常乐，且以此聊以自慰吧！

许金榜

2018 年 7 月

中国古代戏曲的民族特征

中国古代戏曲是中国古代文学的重要组成部分，是中国传统文化的瑰宝。它和古希腊戏剧、印度梵剧是世界上最古老的三大戏剧，但它却具有鲜明的民族特征，体现了中华民族独特的民族精神、思想观念和美学追求。

一、在思想内容方面

首先，中国古代戏曲以颂扬德、智、勇的理想性格为主。

西方戏剧强调模仿写实，它所描写的人物大都是平实地反映着具体人生的现实人物，而不是充分理想化的典型性格；加之西方没有悠久的大一统的历史，缺乏一以贯之的传统思想，因此西方戏剧中也缺少比较稳定的民族化的理想性格。而中国古代戏曲重视写意传神，它所写的人物常常是对现实人物的理想化；同时，由于中国有着几千年的大一统局面，儒学统治中国长达两千年之久，因此中国古代戏曲中便出现了许多以儒家思想为基础的理想人物。孔子把君子之道归纳为三条："君子道者三，我无能焉：仁者不忧，知者不惑，勇者不惧。"（《论语·宪问》）这也就是理想人物的三种理想品格：德、智、勇。

所谓德，主要是忠、孝、节、义等儒家之道。元杂剧《霍光鬼谏》中的霍光，明传奇《鸣凤记》中的夏言、杨继盛，清代秦腔《回府刺字》中的岳飞，都是忠的典范。元代南戏《琵琶记》中的赵五娘，明代传奇《十孝记》中的郭巨、王祥等，都是孝的榜样。元杂剧《秋胡戏妻》中的梅英，明传奇《娇红记》中的王娇娘，清传奇《桃花扇》中的李香君，都是贞节的女性。元杂剧《赵氏孤儿》中的程婴、公孙杵臼，清传奇《清忠谱》的颜佩韦等，则是可歌可泣的义士。忠、孝、节、义这些传统道德当然有其历史的局限性。它不像西方那样强调个人的独立和权利，而要求个人服从权力和群体。但在任何阶级社会里，都不可能有脱离权力和群体的绝对独立和自由。即使在今天，为了整体的利益仍然要牺牲某些个人利益。因此古代的传统道德今天仍有可供借鉴之处。何况，古代戏曲中的忠又常常和爱国相联系，节又往往和坚贞的爱情密不可分，至于孝亲和见义勇为，当然更有其积极的意义。

智，也是一种值得推崇的品格。在古代戏曲描写政治、军事斗争的作品中，智取计胜的故事很多。元杂剧《博望烧屯》、《隔江斗智》，明传奇《七胜记》，清代楚曲《祭风台》，都歌颂了诸葛亮的神机妙算和卓绝的智慧。古代戏曲的公案剧也有不少作品歌颂了官吏断案的智慧。元杂剧《灰阑记》、《鲁斋郎》中的包公，清传奇《双熊梦》中的况钟，传统地方戏《清官册》（审潘洪）中的寇准，他们机智的断案都是使观众最感兴趣的地方。在古代戏曲的爱情剧中，机智聪明更是被作为青年男女的重要品格。这些作品中的男子向来多为才子，并总是战胜了愚昧无知的俗子，如吴炳《绿牡丹》、李渔《风筝误》等无不如此。这些作品中的女子也大都心地聪慧，机智过人。如关汉卿《望江亭》中的谭记儿，《救风尘》中的赵盼儿，都以惊人的智慧战胜了强大的对手。

在古代戏曲中，以歌颂英雄豪杰为主的武戏之多，恐怕是世界各国无法比拟的,这正表现了中华民族崇尚勇武的特点。古代戏曲中塑造了许多叱咤风云的英雄人物。元杂剧《单刀会》中的关羽,《三夺槊》中的尉迟恭,都勇武豪壮,所向披靡。大量的戏曲作品中所描写的梁山好汉、瓦岗英雄和杨家将们,也都勇猛剽悍,武艺高强。在古代戏曲中,还出现了不少巾帼英雄,如《穆柯寨》中的穆桂英,《杨排风》中的杨排风,其英勇善战甚至压倒须眉。这些英雄豪杰都是理想化的人物,在人们心目中占有崇高的地位。

其次,中国古代戏曲充满了善美必胜的乐观精神。

在古代戏曲中,人物一上场就以其脸谱表明了其善恶。他们还常常以上场诗和自报家门的方式把自己介绍得一清二楚,其善恶一目了然。在剧情的进行中,反面人物常常是插科打诨,丑态百出,甚至其罪恶用心也向观众和盘托出。而正面人物则言行端庄,正气凛然。至于最后的结局,一般总是惩恶扬善,善恶有报。贾仲名吊王仲元〔凌波仙〕曲说:"将贤愚善恶分,戏台上考试人伦。大都来一时事,搬弄出千载因,辨是非好歹清浑。"恰切地道出了古代戏曲善恶分明的特点。

古代戏曲在分清善恶的基础上,总是让恶丑失败,善美得胜,最后的团圆相庆几乎成了一种固定的格套。有的正面人物即便不得已而死去,也要在最后加上一个凤凰式的尾巴,使他们得到另一种形式的胜利。如汤显祖《牡丹亭》中的杜丽娘又还魂重生,终结良缘;无名氏《同窗记》中的梁山伯和祝英台死后化蝶,双双飞舞;《赵氏孤儿》中的赵氏一家被杀,但孤儿长大后为全家报了血海深仇。有时人们感到这样的结局还不够令人满意,索性重写翻案之作。如张大复《翻精忠》写岳飞大胜兀术,迎回徽、钦二宗,并处死了秦桧和王氏;夏纶《南阳乐》写诸葛亮灭魏、吴而统一天下。二剧为千古恨事翻案,以快人心。叶宪祖《金锁记》甚至为《窦娥冤》翻案,使窦娥夫妻不死,终得团圆。因此在中国古代戏曲中,完全西方式的悲剧为数很少。

古代戏曲中善恶必胜的传统反映了中国人民坚信善美的本质力量的乐观精神。正如王国维所说:"吾国人之精神,世间的也,乐天的也。故代表其精神之戏曲小说,无往而不着此乐天之色彩,始于悲者终于欢,始于离者终于合,始于困者终于亨。"(《红楼梦评论》)有些善的、美的事物在当时还不具备胜利的条件,但我们的古人却充分肯定它们的本质力量,在戏曲作品中通过种种幻想的方式让它们得到胜利,甚至提前让它们在现实中得到胜利。从现实的角度看,这是不真实的;从事物发展的必然性和艺术的角度看,这都是真实的,因此它才得到了人民的认可和欢迎。

古代戏曲中善美必胜的特点是由中国古代的社会经济所形成的传统思想所造就的一种民族的审美心理和习惯。中国古代是农业性的社会,农业经济相对商业来说比较稳定,人和自然的关系比较密切,因此中国古人对自己的力量和自然比较信任。他们认为自然及其化身——神是与人亲密合作的,甚至天和人是合一的。《尚书》中就提出"敬德",人只要好好修德,神就会对你加以保护,不敬德就会失去天命。这也就是好有好报,恶有恶报。因此在中国古代戏曲中,善美必然得到胜利。此外,中国古代是以家庭为单位的农业社会,比较重视血缘感情和人际关系的和谐。儒家主张"中庸",历代统治者都注意对各种矛盾的调节。因此中国人总是希望能使各种矛盾得到圆满的解决;特别是对各种血缘关系,总是千方百计地使他们得到和谐和团圆,哪怕是通过折中的幻想的形式。因此在古代戏曲中我们常常看到由皇帝赐婚、父母让步、一夫二妻和种种超自然的方式达到喜剧的结局。

中国古代这种传统思想的长期沉淀，形成了广大人民一种稳定的审美心理和习惯，即戏曲中的矛盾一定要得到解决，而且善的、美的一方一定要得到胜利。焦循《花部农谭》记群众观《清风亭》中忘恩负义的张继保被雷击死的反应，说："无不大快……归而称说，浃旬未已。"而另据王梦生《梨园佳话》载，晚清时谭鑫培演此剧，天将下雨，戏园主决定不再演结尾，但观众"非坐视其伏天诛愤气不能泄，故竟不去"；待演完了结尾，观众冒雨而归，"咨嗟叹赏，若忘饥饿，天雨道滑不顾也，评笑百出，旁观疑痴"。这个事实也证明了善恶有报是中国人民一种突出的审美心理，也反映了中国人民的强烈愿望。

二、在文学表现形式方面

首先，中国古代戏曲以抒情为主，具有较多的抒情成分。

西方以叙事文学为本位，从古希腊以来，叙事性史诗、戏剧、小说一直是正统文学。中国古代则以抒情文学为本位，抒情诗是正统文学的主体。中国戏曲虽是叙事性的，但作为戏曲主体的唱词却是诗，而唱词又是以抒情为主的，因此有人称戏曲为剧诗。可以说，戏曲不以模仿生活为宗旨，它是通过表现生活来抒情的。重抒情，是古代戏曲的民族特点。

西方戏剧主张模仿，通过对人物和生活的逼真描写给人以理念的启示。中国戏曲主张写意传神，通过对人物和生活的写意式描写来抒情。洪昇《长生殿自序》说："从来传奇家非言情之文不能擅场。"古代戏曲中有许多作品是以善于抒写人物的内心感情而著称的。元代著名的杂剧《梧桐雨》、《汉宫秋》就主要是通过主人公的抒情歌唱把他们复杂的内心感情写得酣畅淋漓，有声有色,取得了激动人心的艺术效果。也有些戏曲作品的部分场次因其精彩的抒情描写而特别受到人们的欢迎。如《牡丹亭》中的"惊梦",《焚香记》中的"陈情",《目连救母》中的"思凡"等,直到今天还在舞台上演出。在古代戏曲中,唱词是主体,而唱词又以抒情为主要任务,因此抒情在每一部作品中都占有重要的地位。甚至演出中的舞蹈身段、器乐伴奏也是为突出感情服务的。因此,抒情是古代戏曲的核心。如果说西方戏剧中的抒情依附于生活的再现,中国戏曲中生活的再现则更多地依附于抒情。

　　古代戏曲中不但重视抒写剧中人的感情,而且还常常借剧中人倾吐作者的感慨和情怀。在元杂剧中,窦娥高唱着:"从今后把金牌势剑从头摆,将滥官污吏都杀坏。"(《窦娥冤》)吕洞宾鄙夷地说:"你则看凌烟阁那个是真英武,你则看金谷乡都是些乔男女。"(《竹叶舟》)这不都俨然是作者的呼声吗? 到了明清时代,随着杂剧的案头化和一折短剧的兴起,许多文人更把它作为一种抒情写意的形式。他们常常选取那些与自己的身世和感情有一定联系的题材,把作品中的人物作为自己的代言人,抒写自己的愤懑不平和感慨。如沈自徵《渔阳三弄》(包括《霸亭秋》、《簪花髻》、《鞭歌妓》)实即借杜默、杨慎、张建封三人的怀才不遇抒写作者的痛苦和怒愤,长歌当哭,一吐为快。徐渭《狂鼓史》实即作者借祢衡骂曹以骂世。吴藻《乔影》中的谢絮才自读《离骚》,饮酒痛哭,正是这位女作家在封建礼教束缚下的悲愤心声。尤侗《读离骚》更是明确声称:"夺他人之酒杯,浇自己之块垒,有何不可?"中国古代有"诗言志"的传统,戏剧这种代言体的艺术,到了中国古代戏曲作家的手里,也成了一种言志抒情的形式,由此可见,抒情的传统是多么顽强地影响了戏曲。

　　在古代戏曲中,作者借剧中人抒写自己的感情有时还感到不足,因此又有作者直接抒情的方法。在南戏和传奇中,一开始都有一出"副末开场"。这个副末并不是剧中人,而是作者自己。他不但介绍剧情,而且发表评论,表达自己的爱憎。在元代南戏和明清弋阳腔、高腔中,还有伴唱,用作者的口气直接评价人物,表达感情。在清代杂剧中,有的作品甚至直接以作者的名字入剧,作为剧中主角,可以说是完全由作者直接出面抒情言志。如廖燕《柴舟别集》四种,都是以作者为主人公,抒写其生活和感慨。徐爔《写心杂剧》,以作者一生事迹分为十八节,每节一折。其自序云:"写心剧者,原以写我心也。心有所触则有所感,有所感则必有所言,言之不足,则手之舞之足之蹈之而不能自已者,此予剧之所由作也。"由此可见,古代戏曲作家是多么顽强地在作品中表现自己,抒情传统在古代戏曲中表现得是多么显著。

其次,中国古代戏曲常带有较明显的叙述体痕迹。

古代戏曲作为一种戏剧艺术,从总体上看是代言体的艺术。但是由于古代戏曲的形成受到了说唱艺术的深刻影响,由于古代戏曲不以创造生活幻觉为目的的写意性特点,因此古代戏曲中变相的叙述体随处可见。西方戏剧要求创造生活幻觉,禁止作者介入剧情和观众与演员的交流。但中国戏曲却常常由作者借人物之口来对观众进行叙述交代,甚至直接发表评论。这主要表现在上场诗、自报家门、下场诗、剧末诗词和表白叙述式的道白与唱词中。如关汉卿《救风尘》中周舍的上场诗:"酒肉场中三十载,花星整照二十年。一生不识柴米价,只少花钱共酒钱。"这分明是作者对人物的叙述。白朴《墙头马上》中裴少俊的自报家门,不但介绍了其家世姓名,而且连其学习的经历,年青美貌的仪表,聪明多才、勤奋端庄的性格,也都说得清清楚楚,这就如同说唱艺术和小说中对人物的介绍一样。乔吉《金钱记》中王府尹的下场诗:"莫言一世儒冠误,方显文章可立身。"这俨然是作者的议论。元杂剧剧末常见的"诗云"、"词云",几乎就是全剧情节的简介和评论。古代戏曲中的独白常常是由剧中人叙述其心理和动作,而旁白甚至假定其他在场人物听不见,由人物叙述其内心活动,这显然是作者叙述给观众听的。古代戏曲还常常由剧中人的唱词来叙述自己和他人的动作,甚至自叙其外貌。如关汉卿《调风月》中的燕燕在得知小千户另有新欢之后自叙其"出门来一脚高,一脚低","呼的关上笼门,铺的吹灭残灯"等动作,王实甫《西厢记》中莺莺拈香时由张生的唱词叙述众僧神魂颠倒的动作,李好古《张生煮海》中龙女自叙其衣裙、蛾眉、发髻、首饰,实际上都是变相的作者叙述。至于戏曲唱词中的抒情唱段、景物描写,更是屡见不鲜。以上种种,在西方戏剧中都不能出之于剧中人之口,而中国古代戏曲却均由剧中人叙述表白,剧中人成了作者的代言人,这正是叙述体在戏曲中的遗留。

此外,中国古代戏曲多运用点线串珠式的结构。

西方戏剧采用分幕的形式,用焦点透视的方法,把众多的人物和矛盾线索集中交织在一个固定的地点和短暂的时间内,构成一幕,即一个板块,然后由若干幕(即若干板块)组合起来,构成一个整体。幕与幕之间存在着地点和时间的跳跃和间隔,其间的发展过程不必用明场交代。它的情节发展是由制造悬念造成观众对情节的期待,由不断增长的紧张达到高潮。而中国古代戏曲则采用上下场的连场形式,它将西方戏剧中的板块打碎,用散点透视的方法,把一个集中固定的地点变为无数个呈线状流动变化的地点,把一段集中短暂的时间变为不受限制的呈线状流动变化的时间,把一个板块内纵横交错的复杂情节和网状矛盾线索拉成不枝不蔓的单线纵向发展。(几条线按先后交替连接,就成为一条单线。)在这种单线发展中，一场就是一个点，一个点一般不生枝蔓，只在矛盾双方展开，完成一个中心动作和矛盾冲突，而这种矛盾冲突又常常是人物内心感情的变化。一场连一场，一点连一点，时间、地点、情节连续变化，组成点线串珠式结构。如孟称舜《娇红记》包含着王娇娘和申纯之间的误会性冲突、父母造成障碍的冲突、第三者插足的冲突、豪强势力破坏的冲突等复杂的矛盾冲突，如果由西方戏剧来写，就要把这些冲突集中挤压进几个板块，造成错综交织之势。但中国戏曲却把它分成几十出，拉成单线分别加以描写。

这种点线串珠式结构，不但时间、地点的转换由虚拟表演表现出来，情节的发展也通过过场、圆场的连接而不间断。在古代戏曲中，与矛盾冲突无直接关系的故事背景和开端也用明场加以描写，结尾则剧中人个个有着落。这就形成了有头有尾、一气贯串的特点。

这种点线串珠式结构，由于把双线或多线交替连接成一条单线，这就使不同线索互相变换映照，造成了文武、冷热、庄谐等等的变化。又由于它常用过场戏加以连贯，而过场戏一般是"无话则短"，这就与其他"有话则长"的场子形成了对比，造成了繁简、浓淡、疏密的变化。因而这种结构形式又具有曲折多变、富有节奏性的特点。

这种点线串珠式的结构，由于把板块打碎成众多的点，因此每个点上的矛盾冲突也就不像在板块中那样高度凝聚集中，而往往是以人物内心感情的变化为主。所以中国戏曲常常不是以情节取胜，不以不断增长的紧张达到高潮，而是以抒情歌舞取胜，其高潮往往在抒情性、歌舞性最浓的地方。因此这种结构形式又与戏曲的抒情性、歌舞性具有密切的关系。

最后，中国古代戏曲的语言也独具特色。它除具有戏剧语言的动作性、性格化和诗化的一般特征外，还具有中国戏曲所特有的"当行"的特点，这主要包括歌舞性、本色和机趣。

中国戏曲是一种歌舞剧，它的曲词必须具有可歌性。而由于古代戏曲的各种曲调有着各种不同的旋律要求和汉字讲究声律的特点，要求曲词的声韵、节奏和曲调旋律、节奏的配合，因此曲牌体的曲词便必须根据曲牌的要求具有相应的平仄、韵律和节奏，板腔体的曲词也必须具有抑扬顿挫和节奏鲜明的音乐性。戏曲中的道白虽不用来歌唱，但"句字长短平仄，须调停得好，令情意宛转，音调铿锵，虽不是曲，却要美听"（王骥德《曲律》）。戏曲语言还必须具有可舞性。西方戏剧强调语言的动作性，即能引起剧中人的外部形体动作或刺激对方产生相应的语言和动作，推动剧情前进。而中国戏曲作为歌舞剧，本来就是边唱（或边说）边舞的，剧中人的唱和白常常就是在叙述他的形体动作（其中不少是舞蹈动作）。如关汉卿《调风月》中的燕燕，得知小千户另有新欢之后，"出门来一脚高，一脚低"，回房后"短叹长吁，千声万声，捣枕捶床"，"呼的关上笼门，铺的吹灭残灯"。剧中人自叙的动作都可化为舞蹈性动作。而且，这种舞蹈性又和人物感情的抒发密切结合，从而也体现了其内心动作的舞蹈性。

古人都强调戏曲语言的本色，但对于本色的含义却认识不尽相同。按照徐渭的说法，本色就是"正身"，即戏曲语言的本体特征。它首先要求通俗，对此人们的看法是一致的。因为戏曲的观众包括读书人与不读书人在内，不通俗便不能使人看懂。戏曲史上虽然出现过讲究骈偶、辞藻和用典的骈俪派，但那不是主流，也不为人们所肯定。此外，要按照人和事物的本来面目，自然真切地进行描写，情真语切，自然动人。扭捏造作，不能恰切逼真地描写出千差万别的各种人和事物的不同特点，即使语言通俗，也不可谓本色。当然，戏曲语言之不同于诗词的自由灵活的句法句式，不同于诗词语言的奇巧自然的用字遣词和修辞，不同于诗词语言的直露透辟的表达方式等，也是戏曲语言本色的重要方面。

戏曲语言的机趣也为古人所重视。李渔《闲情偶寄》说："'机趣'二字，填词家必不可少。'机'者，传奇之精神，'趣'者，传奇之风致，少此二物，则如泥人土马，有生形而无生气。"戏曲语言的机趣，是指其发自天然的、生气勃勃的独特精神风致，而这种精神风致则是剧中人物和作者的情致的有机统一。

首先，富于机趣性的语言要贯串着剧中人真实的感情和神致，否则便不会有生气，更谈不上有趣味。而对剧中人感情神致的表达要用形象的语言，不能用抽象的说教；要用新鲜的语言，不能用陈词滥调；要用生动活泼的语言，不能僵化板滞；要用自然流畅的语言，发自天然，不见人工痕迹。这样才能生动自然地传神写照，充满凛凛生气，富有机趣。如《西厢记》中张生的唱词："若今生难得有情人，是前世烧了断头香。我得时节手掌儿里奇擎，心坎儿里温存，眼皮儿上供养。"用了一系列鲜明的形象，充满奇特想象的新鲜口语，骈散结合的活泼语句，发自内心的感情与自然流畅的语言融为一体，意趣天成，生气益然。

同时，富有机趣性的语言也体现着作者的态度和感情。任中敏《词曲通义》说："同一白话，词与曲之所以说者，其途径与态度亦各异。"何良俊《曲论》云："止是寻常说话，略带讪语，然中间意趣无穷，此便是作家也。"如《㑇梅香》中樊素的唱词："便道是害的你神魂荡漾，你也合将眼皮开放，你常好是热蟒也沈东阳！""劈面的便抢，和俺那病襄王。呀，怎生来翻悔了巫山窈窕娘？满口儿之乎者也无拦当，用不着恭俭温良，吓的那有情人恨无个地缝儿藏……羞杀我也傅粉何郎。"作者用略带讪笑的态度和善意的感情描写人物，造成了其语言的幽默风趣。

三、在舞台表演形式方面

西方戏剧强调摹仿，不管是以斯坦尼斯拉夫斯基为代表的体验派，还是以布莱希特为代表的表现派，其表演都是摹仿真实的生活，强调表演的逼真，可以说是写实的。而中国戏曲的表演却是对现实生活进行了提炼、加工、变态、夸张、美化，变其形而传其神、写其意，可以说是写意的。其具体特点可从以下六个方面来看。

第一，歌舞性。中国戏曲的唱词采取歌唱形式，道白也抑扬顿挫，具有音乐的旋律。演员的动作都被舞蹈化了，它是生活动作的变形和美化，是节奏、动作和造型的统一。人物的服饰化妆，如水袖、帽翅、长发、胡子等，都是为舞蹈而设的。这和西方戏剧生活化的语言和动作有着显著的不同。

第二，虚拟性。虚拟性是指通过演员的模拟表演把舞台上虚掉的东西表现出来，使观众通过演员的动作仿佛感觉到虚掉的东西的存在。在时空方面，西方戏剧舞台上的时空是以物质形式固定下来的，幕布一拉开，就以布景按生活的样子确定了具体的时空，它是直观可见的物质形式。而中国戏曲舞台上的时空却是通过演员的表演表现出来的。戏曲舞台上一般不用布景，演员不上场表演，其时空就不能确定。随着演员上场表演，具体时空才可确定，而且随着演员的表演，时空也可任意变化。景随人走，具体时空都是通过演员的表演由观众想象出来的，它是非直观可见的非物质形式。在物态方面，如针、线、船、马、下雪等，戏曲舞台上都不出现实物，而通过演员的表演让观众仿佛感觉到它们的存在。这种虚拟表演使戏曲突破了舞台的限制，可以极为自由灵活地表现生活。这实在是一种独特的创造。

第三，程式性。程式是有一定规范的表现形式。中国戏曲的一切表现形式都是程式化了的。在角色方面，戏曲人物分为若干行当，每行有每行的要求。在人物动作方面，如大将披甲上阵有"起霸"的程式，人物夜间潜行有"走边"的程式，武打有数百种程式，甚至哭、笑乃至手眼身法步都有程式。唱腔有曲牌板式，锣鼓有锣鼓经，脸谱有规范，服装不分朝代而划一，都可谓程式。这种程式不是因戏而设，而是一式多用，在每个戏中都大致如此。戏曲演员只有熟练地掌握了程式，把一切都化入程式中，才能塑造人物，表现剧情。当然，对程式又要灵活运用，在统一中求变化，才能塑造出千差万别的人物，表现出丰富多彩的生活。

第四，综合统一性。西方戏剧也是一种综合艺术，但中国戏曲的综合性却远远超出西方戏剧。在长期的孕育发展中，它吸收融合了所有的艺术形式，包含着诗、音乐、舞蹈、美术、雕塑、建筑等各种艺术成分，并把它们戏曲化，融合成一个有机的整体。中国戏曲把一切都统一在节奏中，唱念做打，一举手一投足，一甩发一捋须，一笑一颦，甚至一个眼神，一个念头，都无不具有节奏，并在鼓师的指挥下，把它用锣鼓点打出来，使之更加鲜明。综合性如此广泛，而又如此严整统一，实在是举世所无。

第五，美与情的美学原则。戏曲表演不追求写实，而是在形式上一切为了美。歌要美，念要美，舞要美，虚拟动作要美，程式动作要美，站坐哭笑要美，醉酒、死亡等生活中的丑也要美，服饰化妆当然更要美。总之，戏曲表演一切都要求美。如果说西方戏剧表演是求真，中国戏曲表演则是求美。

　　求美是戏曲表演外在形式的要求,抒情则是戏曲表演的内在要求。美的形式的最终目的还是为了抒情。在戏曲表演中,剧中人的一切感情,哪怕是极细微的内心感情,都要想种种办法(唱、念、做、打、敲、拉等)把它表现出来,让观众看得见,感得到。因而演员的唱念做打都是感情的外化,长发、水袖、纸扇、罗帕、帽翅、雉尾、刀枪都可以成为抒情的工具,乐器的伴奏都是为了情的宣泄。所以,如果说西方戏剧是给人以哲理的思考,中国戏曲则是给人以情的打动。

　　第六,独特的表演体系。西方戏剧的表演体系主要是体验派和表现派。体验派要求在舞台上创造生活幻觉,演员要在舞台上化入角色,在生活幻觉中体验,产生出即兴的表演动作,而且每次表演都要重新体验和激发动作。演员和观众之间要建立"第四堵墙",不能相互交流。表现派则通过在舞台下的体验认识,设计出一套外部动作的理想范本,在舞台上演员须远离角色,以理智的、评判的态度表现设计好的理想范本,甚至采用第三人称、过去时态、兼读舞台指示,插入歌唱、字幕、幻灯等手法,造成演员与角色的间离效果,破除演员和观众的生活幻觉。中国戏曲则根本不要制造幻觉,演员公开表明是在为观众演戏,而不是再现生活。他在舞台下对角色进行揣摩、体会、认识、理解,选择设计恰当的程式动作,在舞台上加以表现。这种程式动作不是由体验而产生的即兴动作,也不是只适用于一个戏的理想范本,而是可以用在各个戏中的规范动作;不是生活化的动作,而是变形美化的动作,求美、求象不求真。演员在演出中不远离角色,甚至也会设身处地而动情,但却不能化入角色,不能忘记是在演戏,而是要把情渗透到程式动作中。中国戏曲不禁止演员与观众的交流,演员对角色的喜恶褒贬都通过不同的脸谱扮相和唱念做打清楚地告诉观众,不需观众自己去思索判断，有时演员甚至直接对观众讲话，争取观众的理解或同情。演员不隐蔽是为观众演戏，观众也为演员的表演（而不是为角色）而喝彩。由此可见，中国戏曲的表演体系既不同于体验派，也不同于表现派。它究竟是一种什么表演体系，或谓之写意体系，或谓之即离体系，或谓之神形兼备体系，或谓之梅兰芳体系，但无论如何，它都是一种独特的表演体系。

　　研究中国戏曲的民族特点，可以使我们更清楚地认识中国戏曲的辉煌成就，确立它在世界戏剧中的崇高地位。同时，通过对中国戏曲的理论总结，建立起中国戏曲自己的理论，在这种理论的指导下，不但可以更自觉地继承戏曲这一宝贵遗产，而且对于我们按照戏曲特点进行戏曲改革也具有重要的实践意义。

（原载《东岳论丛》，1995 年第 4 期）

元明清爱情剧中矛盾冲突和
思想意蕴之演化

在浩如烟海的元明清戏曲作品中,爱情剧数量最多,成就也最大。对这些作品,人们似乎习惯于用歌颂青年男女对爱情的追求和反封建礼教的斗争来加以评论。而实际上,随着各个历史阶段政治、经济、思想状况的变化,产生于不同时代的爱情剧所反映的矛盾冲突及其思想意蕴也有所不同。探讨这一演变的轨迹,不但可以纠正爱情剧研究中的简单化倾向,深化戏曲史的研究,而且对社会思想史的研究也大有裨益。

在中国漫长的封建社会里,被封建礼教束缚的青年男女没有爱情的自由。但是,在唐代以前的文人创作中,我们几乎很难找到歌颂自由爱情的作品。到了宋元时期,随着市民阶层的壮大和说唱、杂剧等市民文艺的兴起,歌颂自由爱情、批判封建礼教的文艺作品便大量出现了。特别是在元代杂剧中,众多的爱情作品贯串着一个基本的主题——情与礼的斗争,青年男女追求自由爱情、反抗封建礼教的斗争得到了热情的肯定与歌颂。

封建礼教要求青年男女的婚姻必须由父母之命、媒妁之言来决定,而父母之命、媒妁之言的择偶标准则是门第、财产等政治、经济方面的社会功利,而不是青年男女的个人意愿和感情。这样,情与礼的矛盾便不可避免。元杂剧爱情剧大都反映了这一矛盾。我们仅以元杂剧四大爱情剧为例稍作说明。

在王实甫《西厢记》中,莺莺由父母做主,被许配给尚书之子郑恒,这种以门第为基础的父母之命的婚姻正是封建礼教的典型表现。但这并不符合莺莺的个人意愿和感情。当风流多情、才华横溢的张生出现在她的面前之后,在神圣的佛殿上,在父亲热孝期间,在已被父母许配郑恒的条件下,她"临去秋波那一转",这既是爱情的自然流露,又是对封建礼法的背离。直至后来与张生传书递简,密约偷期,更是情对礼的大胆突破。崔莺莺以情反礼的斗争不但表现在外部,同时也表现在其自身之中。她的"假意儿"和动摇反复正是其内心深处情与礼斗争的反映。作品通过崔莺莺这一形象把情与礼的斗争表现得细腻而深刻,在中国戏曲史上也十分罕见。此外,在《西厢记》中还出现了一个近乎疯魔的志诚种张生的形象。他和莺莺一见钟情之后,便通过移居、联吟、请兵、琴挑、送简等各种方式热烈追求,甚至宁愿抛弃功名,废寝忘食,身染重病。这样一个对爱情热烈真挚、执着专一,近乎痴狂疯魔的青年书生形象,无疑是不符合封建礼教的规范的。但张生又不同于那种轻薄的风流才子,他的痴狂以真情为基础,并带有憨厚软弱的书生气,因而是一个前所未有的、独具特点的、富有喜剧色彩的可爱形象。这一形象的创造,正是表现情与礼斗争的需要。莺莺和张生为了爱情,不但无视父母已订的婚约,自主相爱,密约偷期,甚至把爱情置于功名富贵之上,认为"但得一个并头莲,煞强如状元及第",这种爱情对封建礼教的叛逆性质是十分突出的。但作品却对这种爱情给予了热情的歌颂,并进一步推而广之,"愿普天下有情的都成了眷属"。因此,以情反礼的戏曲作品虽然为数甚多,但思想的深刻性、彻底性和普遍性却要首推《西厢记》。

关汉卿《拜月亭》中蒋世隆和王瑞兰的爱情也独具特点。他们的爱情是一种建立在互相接触了解、互相帮助照顾的基础上的爱情。他们在战乱风雨中共同逃难，在结伴同行中产生了感情，由权做夫妻到旅店结合，这比那种一见钟情的爱情更加深厚牢固，也更加合乎情理。但即使如此，由于没有经过父母之命，也不能为封建礼教所容许：王瑞兰的父亲不管女婿重病在床和女儿的苦苦哀求，硬把女儿拖走。王瑞兰不禁惨叫道："阿马，你可怎生便与这般狠心！"在夫妻分离的日子里，王瑞兰苦苦思念着蒋世隆，偷偷地对月祈祷。封建礼教就是这样残酷地扼杀青年男女的爱情，形成了不可调和的对立。这种对立的表层原因主要是父母做主的封建婚姻制度，而其内在根源则是门第财产观念。当蒋世隆身为穷秀才时，王瑞兰的父亲把女儿和他拆散，而当蒋世隆中了状元之后，王父却又主动招蒋世隆为女婿。由此可见，情与礼的斗争不仅是自主的爱情与家长专制的封建婚姻制度的冲突，而且是真实的感情与门第财产观念的对立。

白朴《墙头马上》中的李千金和裴少俊一见钟情，便立即大胆地表白："休道是转星眸上下窥，恨不的倚香腮左右偎。便锦被翻红浪，罗裙作地席。既待要暗偷期，咱先有意，爱别人可舍了自己。"当夜她就和裴少俊密约私会，并在被嬷嬷撞破之后以自杀相胁："我待舍残生还却鸳鸯债，也谋成不谋败。"她不同意按照封建礼教的规范让少俊先去求官再来求婚，当即随少俊私奔而去。这是何等大胆热烈的爱情和坚决彻底的反礼教精神！但封建礼教是严酷无情的。当李千金和裴少俊在后花园结合七年之久并生下一儿一女之后，裴尚书一旦发现，仍然坚持说："禀知父母，方可成婚；不见父母，即是私奔。""聘则为妻，奔则为妾。"并强迫裴少俊将李千金休弃。然而李千金并不肯屈服，她理直气壮地说："这姻缘也是天赐的!"她责备裴少俊的软弱,并在裴少俊得官来寻和裴尚书前来赔礼时不肯相认,还用卓文君私奔相如的例子说:"怎将我墙头马上,偏输却沽酒当垆!"作品把市民女子的特点赋予李千金的形象,把情、礼双方都突出到极大的强度,通过二者的激烈撞击,把情与礼的斗争写得异常尖锐,表现了元杂剧爱情剧中强烈的反礼教精神这一时代特征。

郑光祖《倩女离魂》中的张倩女和王文举本系指腹为婚,他们的爱情并不违背封建礼教。但张母却以"三辈儿不招白衣秀士"为名,逼王先进京应试,这表明封建婚姻制度的基础乃是在于门第观念。而这也就造成了它与爱情的矛盾。张倩女魂离躯体,前去追赶王生,与之一同进京,而其躯体则在家卧病不起。倩女的躯体在家卧病呻吟,表现了被封建礼教束缚的痛苦,而她拒绝请医就食,说:"若是他来到这里,煞强如请扁鹊卢医。""若肯成就了燕尔新婚,强如吃龙肝凤髓。"则表现了对封建礼教的斗争精神。张倩女魂离躯体,与王生一同进京,这一浪漫情节实际上就是现实生活中私奔的曲折反映,表现了对自由爱情的追求和反礼教精神。作品对情与礼斗争的描写,不但以浪漫主义的情节与一般作品有别,而且作品中的王文举对张倩女的反礼教斗争不但不给予支持合作,反而加以怀疑责难,因而张倩女的反礼教斗争的对象不但包括封建礼教的代表张母,而且包括王文举的封建意识。倩女魂追王生,王生却说:"你怎生直赶到这里来?""若老夫人知道,怎了也?"甚至用"聘则为妻,奔则为妾"对她加以责备;而倩女则勇敢坚定地说:"做着不怕!""我本真情,非为相吓,已主定心猿意马!"由此可见,作品对情与礼斗争的描写是新颖而又深刻的。

无须更多地举例,已经可以看出,表现情与礼的斗争是元杂剧爱情剧的基本特征。这一特征的出现,首先是随着宋元时期工商业的发展和市民的壮大，争取爱情自由的市民意识日益高涨，与封建礼教形成了尖锐的对立，这不能不反映到杂剧创作中来。《墙头马上》中的李千金虽为大家闺秀，但却全无羞涩忸怩、温柔敦厚之态，而是带有市井女子直爽泼辣、大胆坚强的特点。梁廷枏《曲话》指责李千金"偶尔思春，出语那便如许浅露"，"闺女子公然作此种语，更属无状"。其实这正是市民女子的特点在李千金身上的折光。在元代大量出现的士子妓女剧中，妓女对鸨母空前激烈的诅咒和反抗，也同样表明了这一点。其次，蒙古入主中原对中国传统的思想文化形成了冲击，蒙古部族没有儒家文化的传统，因而元初封建礼教的束缚一度比较松弛，这也促进了反礼教斗争的发展。元杂剧爱情剧中大量出现了偷期、私奔、改嫁，不能不说是与此有关。此外，元杂剧多出自下层文人之手，而元代特殊的历史条件造就了这批文人的特殊性，他们比任何时代的文人都更加地位低下和接近民众，其中许多人终生不仕，混迹勾栏，因而他们的杂剧作品也就能更多地反映市井民众的反礼教思想。他们传统位置的失落，造成了他们对现实的愤激，也促进了他们对历史和传统的反思和怀疑，因而他们对现实和历史常常采取玩世不恭的态度，在生活上也往往狂放不羁，蔑视礼教，因此他们的爱情剧作品描写了那么多痴狂的书生和追求妓女的秀才，表现了较强的反礼教精神，并非偶然。但是我们也必须看到，这些文人毕竟不可能从传统思想中完全挣脱出来。因此在他们的爱情剧作品中，一方面描写青年男女对爱情的追求，一方面又常常插入早就曾指腹为婚的交代，以便为男女相爱找一个合法的借口。一方面揭露封建家长对青年男女爱情的摧残，一方面又常常以意在激其进取加以开脱，使父女翁婿言归于好。至于在青年男女以情反礼的斗争中，夹杂着宿命观和功名思想，也并不少见。中状元、大团圆的结局固然是以情反礼的胜利,但这种胜利是在满足了封建礼教的婚姻条件的基础上实现的,因而封建礼教也并没有完全失败。这都表现了元杂剧爱情剧以情反礼的局限性。

明代提倡程朱理学,创立八股取士制度,以朱注四书和宋元人注的五经作为士子学习的规定内容。程朱理学认为,人一降生,天就把"三纲五常"之类的"天理之性"放在人的心中了。但人所秉之气又有清浊之分,故"气质之性"有别。除了圣人秉至清之气外,一般人的"气质之性"都易为人欲诱惑蒙蔽。朱熹说:"性是未动,情是已动。"(《朱子语类五·性理》)"饮食者,天理也;要求美味,人欲也。"(《朱子语类十三·力行》)不一味追求饮食男女,是天理;一味追求饮食男女,就成了人欲。而人欲经常要蒙蔽天理,为罪恶之源,所以要"灭人欲而存天理"(《二程遗书》二十四)。而灭人欲的方法就是要"内无妄思,外无妄动","坐如尸,立如斋,头容直,目容端,足容重,手容恭,口容止,气容肃"(《朱子语类十二·持守》)。显然,这是一种扼杀人的合理追求的哲学。到了明代后期,随着资本主义萌芽的出现和个性解放思潮的高涨,程朱理学便遭到了许多进步思想家的抨击。反映到戏曲作品中,就是以情反理。如果说元代的爱情剧主要是歌颂自由爱情、批判父母做主的、以门第财产观念为基础的封建婚姻制度和婚姻观念的话,明代后期的爱情剧就常常是明确自觉地把情欲作为人的本性,肯定追求情欲的合理性,鼓吹至情的巨大力量,把矛头指向了扼杀人欲的程朱理学。

汤显祖《牡丹亭》是以情反理的最辉煌的戏曲作品。剧中深刻地揭露了程朱理学对人性的桎梏。剧中的女主人公杜丽娘被严密地闭锁在小庭深院,没有任何机会接触青年男子。她的裙子上绣有成对的花鸟都遭到指责,她的父亲还请了一个迂腐的教书先生向她宣扬什么"圣人千言万语,则要人'收其放心'"。从身躯到灵魂,封建礼教对她的束缚可谓严酷已极。甚至直到杜丽娘伤春而病时,陈最良还说:"你师父靠天也六十来岁,从不晓得伤个春!"杜宝也说:"一个哇儿甚七情?"他甚至把杜丽娘的相思而病说成是:"则不过往来潮热,大小伤寒,急慢风惊。"杜母则认为是"着鬼",于是叫陈最良下药,叫石道婆禳解。可见他们根本无视正常的人欲。另一方面,《牡丹亭》又描写了人欲的觉醒及其合理性。杜丽娘虽然遭受着理的严酷束缚,但是作为人之本性的情欲却是封锁不住的。她"为诗章,讲动情肠",游花园刺激了青春的觉醒,于是由感而梦,在梦中与一个陌生书生私合欢会,极尽缱绻。那书生"不是前生爱眷,又素乏平生半面,则道来生出现,乍便今生梦见?"这正好说明梦中的书生并非确指的"这一个",而只是杜丽娘预期爱情的对象化。杜丽娘梦中的私合是杜丽娘情欲的潜在意识和心理状态的表现,是情欲的觉醒和自然要求的反映。杜丽娘梦中的爱情只是强调生理的快感,她的要求只是"每夜得共枕席,平生之愿足矣",并不涉及爱情的社会观念。可见作品是以肯定情欲的本能,反对扼杀情欲的理,而不是宣扬某种爱情观念,批判封建婚姻观念及其制度。为了肯定情欲的合理性,作品极写杜丽娘梦中欢会的"千般爱惜,万种温存",并为他们安排了一个芍药栏前、湖山石边的美妙的背景,又由《寻梦》详写杜丽娘对梦中境界的神往,从而突出了情欲的美妙。作品还特意安排了花神来保护他们的欢会,甚至冥间的判官也不但不为此而降罪于杜丽娘,反而帮她寻找丈夫,把她放出枉死城,给以路引,让她与柳梦梅幽媾,并保存其肉身,让她还魂重生。这就形象地表明了情欲的正当与合理性。《牡丹亭》还强调了情欲的巨大力量。它不但不可抑制和扼杀,甚至能超越一切。杜丽娘因情而病,由病而死,但死后通过与活人幽媾,"俺冷香肌早偎的半热",于是又起死回生。正如作者在《牡丹亭题词》中所说:"情不知所起,一往而深,生者可以死,死可以生。"对情的巨大力量的强调,正是对扼杀人欲的理的批判。

《牡丹亭》以情反理的意蕴,不但表现在对男女情欲的描写与肯定,而且也把爱美之情作为人的本性与理相对抗。剧中的杜丽娘说:"可知我常一生儿爱好(即爱美)是天然。"杜丽娘顾影自怜,反复赞赏着自己的容貌和青春之美,并对这种美无限珍惜,唯恐其不为人知和倏然逝去。对于莺歌燕舞、姹紫嫣红的自然之美,杜丽娘更是赞叹不已。但在理的束缚下,杜丽娘的美却"恰三春好处无人见",春光明媚的自然美景也完全遭到理的漠视。"年光到处皆堪赏,说与痴翁总不知。"一座美丽的花园被弄得到处是一片断井颓垣,金粉零星。陈最良"从不曾游个花院",杜宝夫妇对花园从未提起,并禁止杜丽娘游园。作品围绕爱美之情,也表现了情与理的斗争。由此可见,《牡丹亭》中以情反理的斗争具有十分深广的内涵,它不仅是对男女之情的宣扬,而且表现了对个性自由的追求,反映了一种朦胧的美好的生活理想。

自《牡丹亭》高举起以情反理的大旗之后,鼓吹人性、高扬至情的戏曲作品纷纷出现,形成了一股强大的潮流。

孟称舜《娇红记》反映了人性自觉的普遍的觉醒。剧中不但描写了小姐王娇娘的爱情追求,而且丫鬟飞红也爱上了申生,并对小姐产生了妒意,暗中作梗。当小姐责备她时,她理直气壮地表示自己也有做人的权利:"难道女人家不是人那?"剧中的女鬼也对申生产生了爱情,并化为娇娘,与申生相会,"虽然是依花附草形儿假,人和鬼两女娃,真情一点不争差","年华有尽情无尽","则俺不灭幽魂,一样情非诳"。作品甚至强调虫蚁也一样具有人性："虫和蚁,一般儿谐婚媾。"这就把人性扩大到不受时空限制的整个宇宙,而且对人性的呼喊也更加公开直率,理直气壮。王娇娘对爱情的追求,通过对历史上正反两方面经验教训的反思,谨慎严肃,经历了一个逐步深入了解和反复考验的过程,而一旦认定,便宁死不变。申纯的爱情也超越了功名富贵。因此剧作中人性的觉醒不但更加普遍,而且也更加自觉深刻。

孟称舜在《贞文记》中也公开宣称世间万物皆有情性:"世间不特有知识的俱有情性,即花草之物,亦非无情,可不道天落(若)有情天亦老,月如无恨月长圆。"认为世间万物有生有灭,只有情是永恒的:"投至得山枯与海竭,看将来恨绵绵,只有情难绝。"因此,他"我情似海和谁诉,彩笔谱成肠断句"。可见他之所以要描写这个"生生死死两情连"的故事就是为了鼓吹至情。他的《桃花人面》也公开鼓吹"生还死情未灭,死还生恨早枯"。剧中的叶蓁儿为情而死,又为情而生,也表现了至情的巨大力量。

吴炳《情邮记》描写了一个发生在驿站里的爱情故事,借以说明人生之路正如驿路匆匆,却总离不开情的传送。剧中第四十三出说:"堪笑人生驿路,纷纷碌碌,总跳不出情字里。"作者在自序中又说:"盖尝论之:色以目邮,声以耳邮,臭以鼻邮,言以口邮,手以书邮,足以走邮,人身皆邮也,而无一不本于情。有情,则伊人万里,可凭梦寐以符招;往哲千秋,亦借诗书而檄至。非然者,有心不灵,有胆不苦,有肠不转,即一身之耳目手足,不为之用,况禽鱼飞走之族乎?信矣夫,情之不可已也。"可见作品表现了"情之不可已"的思想。他的《画中人》描写书生庚启呼唤画中美人与之相会和现实中女子郑琼枝死而复生的故事,其情节、命意均与《牡丹亭》相似。剧中有云:"唤画虽痴非是蠢,情之所到真难忍。"又借华阳真人之口说:"天下人只一个情字,情若果真,离者可以复合,死者可以再生。”“画上生魂原以情现,有情者见其为人,无情者见其为鬼。”可见此剧亦为歌唱真情至情、以情反理之作。

明代后期戏曲中以情反理的作品的出现,是当时以情反理的个性解放思潮的反映。明代后期,随着资本主义萌芽的出现,一些进步的思想家从理论上明确地肯定人欲,并以此反对理学。何心隐说:“性而味,性而色,性而声,性而安佚。性也,乘乎其欲者也。”(《何心隐集》卷二《寡欲》)李贽认为“如好货,如好色”(《焚书》)等人的欲望都是合乎礼仪的。唐甄说:“舍欲求道,势必不能。”(《潜书·性功篇》)他们肯定人欲都是针对理学的。因而明代后期戏曲作品中鼓吹人性、歌唱真情至情,都带有自觉地反理学的性质。元代杂剧中所描写的对自由爱情的追求,虽然在客观上也是和理学对立的,但它的矛头主要还是指向以封建婚姻观念为基础的封建婚姻制度和封建礼教。这正表明在不同的时代、不同的思想背景下,爱情剧所反映的矛盾冲突和思想意蕴是判然有别的。

清代社会发生了重大的变化。满洲贵族入主中原的时候,刚刚由奴隶制过渡到封建制,他们对中国的统治是野蛮落后的。清初虽然减免了一些徭役赋税,加上明末农民大起义扫荡了皇庄、王庄、官庄,产生了一大批自耕农和中小地主,促进了农业生产的恢复和发展;但由于清初的大屠杀和清代严格的闭关政策,使东南沿海的工场手工业和海外贸易受到摧残,初生的资本主义萌芽遭到了扼杀。在思想领域他们禁绝一切自由思想,大兴文字狱,并提倡程朱理学,实行八股取士,鼓励埋头考据,因而明代后期提倡个性解放的民主思潮遭到压抑。在这种情况下,有的戏曲作品虽继续鼓吹至情真情,但却没有了那种对理的明确针对性,有的作品则面对现实不得不以悲观的态度压抑甚至抛弃真情。这些作品所描写的可以说是情与责的矛盾。

　　李渔《玉搔头》写正德皇帝和妓女刘倩倩的爱情故事。作品一反历史的真实，按照民间的爱情理想，极力鼓吹真情和至情。正德皇帝说："从来富贵之人，只晓得好色宣淫，何曾知道男女相交，全在一个'情'字。民间女子随了富贵之人，未必出于情愿，终日承恩献笑，不过是慑于威严，迫于势利，那有一点真情！这点真情，倒要输与民间夫妇。那民间女子遇着个贫贱书生，或是怜才，或是鉴貌，与他一笑留情，即以终身相许，势利不能夺，生死不能移，这才叫做真情实意。若使他知道是个皇帝，纵使极力奉承，也总是一团势利，有些甚么趣味来！"他不顾一切阻挠，不惜放弃朝政，一定要微行私访，自选佳偶。当他得到了刘倩倩的爱情之后，又冒着大雪再次私访，并说："寡人就为他冻死，也自甘心！""万一有了差池，我也拼一死将他殉，做了九泉下两痴魂。"他甚至盼望发生战争，以便借机去寻刘倩倩。作品把真情、至情放在高于一切的位置，在情与责的矛盾中，宁可为情而弃责，这可以说是从一种新的角度对情的鼓吹。

　　洪昇《长生殿》也反映了情与责的矛盾。唐明皇作为皇帝，负有治理国家的重责；但他却因为迷恋爱情忘记了自己的政治责任，"占了情场"导致"弛了朝纲"，也造成了其爱情的悲剧。对这种情与责的矛盾，作品对唐明皇的为情弃责是有所批判的。但作品又要歌颂真情、至情，于是便让唐明皇交出了帝位，卸下了政治责任，并把他的爱情发展到生死不渝、感天动地的理想境界，这就通过为情卸责解决了情与责的矛盾，使唐明皇成了一个毫无责任、可以完全沉浸于爱情中的自由人。他的至情、纯情竟至感动了天孙，终于使他与杨贵妃月宫重圆。作品由此表明，至情、纯情可以超越一切。由此可见，《长生殿》对情的鼓吹也具有新的特点。

孔尚任《桃花扇》也反映了情与责的矛盾,但对这一矛盾,它既不是为情弃责,也不是为情卸责,而是为责弃情。它一方面描写了南明的兴亡,一方面描写了侯方域、李香君建立在反权奸基础上的爱情。作品把国家兴亡放在首位,让侯、李为国家兴亡而抛弃了爱情。当侯、李经千辛万苦于白云庵重会而喁喁情话时,张道士说:"当此地覆天翻,还恋情根欲种,岂不可笑!"侯方域以"从来男女室家,人之大伦"相对,张道士怒而当头棒喝:"呵呸!两个痴虫! 你看国在那里,家在那里,君在那里,父在那里,偏是这点花月情根,割他不断么!"于是侯、李醒悟,分别到南山、北山出家入道而去。作品让侯、李为责弃情,表面上看,是否定情欲,是由以情反理向以理灭情的回归,而实际上,则是在清初特殊的历史条件下民族意识的反映;是顾炎武"天下兴亡,匹夫有责"思想的艺术表现。侯、李入道乃是一种无可奈何的举动,反映了一种在民族压迫面前不愿当顺民而又别无出路的悲观情绪,带有清初戏曲普遍存在的悲观色彩,表现了清初的时代特征。因而它不是向以理灭情的简单回归,而是在新的条件下具有新的意蕴。

应该指出,明代后期以来戏曲作品中出现的以情反理思想也具有不彻底的一面。在资本主义萌芽时期从封建意识形态中萌生出来的以情反理思想,并没有完全从封建意识形态中挣脱出来。资本主义生产关系的弱小,封建意识形态的根深蒂固和强大的同化力,造成了以情反理思想的不彻底性,甚至逐渐被同化和逆转。汤显祖《牡丹亭》中的杜丽娘,在还魂重生以后,还要征求父亲对她婚姻的承认,并奉旨完婚,所谓"鬼可虚情,人须实礼",实际上是向理的妥协。孟称舜《贞文记》中所强调的情则带有浓厚的贞节观念。明代以情反理的旗手李贽说:"自然发于情性,则自然止乎礼义,非情性之外复有礼义可止也。"(《焚书》)固然是用以情代理的方法重在肯定情,但表面上也并没有把情和理完全对立起来。到了清初,由于对资本主义萌芽的摧残和对个性解放的民主思潮的扼杀,又出现了情理合一的倾向。王夫之说:"天理周充,原不与人欲相对垒。"(《读四书大全说》)戴震说:"理者,存乎欲者也。"(《孟子字义疏证》)反映在戏曲作品中,如李渔《慎鸾交》写华秀与妓女王又嫱相爱,但为遵守不娶妓女的祖训,华秀竭力压抑感情,然而最后还是情欲突破了道义,这当然是对情欲的肯定。但华秀持重,王又嫱守节,又可谓"义夫节妇",符合道义。因而剧中说:"毕竟要使道学、风流合而为一,方才算得个学士文人。""兼二有,戒双无,合当串作演连珠。"这不是情与理的合一吗? 李渔《玉搔头》和洪昇《长生殿》虽宣扬为情弃责和为情卸责,但以情反理的明确针对性却削弱了,它们没有写出情的对立面——扼杀人欲的理的典型环境,也缺乏明确的以情反理的语言。清代中叶以后,宣扬贞节观念的写情之作大量出现,则是以情反理的逆转。由此可见,由封建理学向个性解放的根本变革,需要新的时代到来才能完成。

　　由以上论述不难看出,元明清爱情剧中矛盾冲突和思想意蕴的演变轨迹是与各个时代的政治、经济、思想状况密切相关的。各个时代的爱情剧尽管反映的矛盾冲突和思想意蕴不同,但只要站在各自时代的进步方面,都可能成为优秀的作品。这就是我们从中得到的启示。

　　(原载《山东师范大学学报》社会科学版,1994 年第 3 期)

元明清戏曲中的近代意识

中国古代文学自元代以后发生了很大的变化：历来被视为正统的诗文走向衰落，再也没有达到唐宋的高度；而被视为小道末技、不登大雅之堂的戏曲、小说却蓬勃发展，成为元明清时期成就最为辉煌的文艺形式。产生这个变化的主要原因是，随着商品经济的发展和市民阶层的壮大，需要有符合市民阶层审美趣味的文艺。这种文艺不但在语言、结构、表现手法等形式方面要通俗化，容易为市民接受，而且在内容上也要能够反映市民的思想、感情和趣味。考察一下元明清戏曲，就会发现它们在思想内容上与以前正统诗文中的传统封建思想有着明显的不同。它们反映了市民的生活、思想和情趣；明代中叶以后，又反映了资产阶级思想意识的萌芽。这也就是我们所说的近代意识。

一

元明清戏曲中的近代意识首先表现在对男女情欲的生理本能的强调和对传统的封建礼法的否定。男女之情乃人之大欲，但封建理学却主张"存天理，灭人欲"，压抑人的合理感情，青年男女不能自由接近和表达感情，更不能自由结合。同时，中国古代诗文也要求"发乎情，止乎礼义"（《毛诗序》）。因此，在中国古代诗文中,除了《诗经·国风》、乐府民歌等民间诗歌中对男女之情有所描写以外,正统文人是不敢或不屑于描写的。正如朱自清所说:"中国缺少情诗,有的只是'忆内'、'寄内',或曲喻隐指之作,坦率的告白恋爱者绝少,为爱情而歌咏爱情的更是没有。"(《中国新文学大系·诗集导言》)即使偶尔涉及爱情,也不过限于精神上的恋爱,而肉体的接触是不能形诸笔墨的。齐梁宫体诗、唐五代花间派词描写了一些女人的服饰姿态也被认为庸俗、低级,李清照词写了一些夫妻离别相思之情,也被认为"自古缙绅之家能文妇女,未见如此无顾藉也"(王灼《碧鸡漫志》)。而古代戏曲是以市民为主要观众的,它不能不反映市民的思想和情趣。它们不但毫无顾忌地描写青年男女精神上的爱恋,而且公开地描写青年男女肉体的结合;它们把这些男女主人公作为正面人物加以歌颂,把他们这些思想、行为作为人之常理,一点也不认为是值得羞惭、见不得人的事情。白朴《墙头马上》中的裴少俊"惟亲诗书,不通女色",但一见美貌的李千金,便"从今已后,这相思须害也"。而李千金则:"呀,一个好秀才也!""休道是转星眸上下窥,恨不得倚香腮左右偎。便锦被翻红浪,罗裙作地席。"王实甫《西厢记》中的张生于佛殿上一见莺莺,便:"呀!正撞着五百年前风流业冤。颠不剌的见了万千,似这般可喜娘的庞儿罕曾见,只教人眼花撩乱口难言,魂灵儿飞在半天。""往常时见傅粉的委实羞,画眉的敢是谎;今日多情人一见了有情娘,着小生心儿里早痒、痒。迤逗得肠荒,断送得眼乱,引惹得心忙。"如此急情贪色,按照传统观念来看,岂不有悖于正人君子的形象?岂不被视为淫邪?把这样的内心世界毫不掩饰地和盘端出岂不可羞?但在戏曲作品中却被理所当然地写了出来。更有甚者,不少作品不但写男女主人公的内心之情,而且公开地描写他们肉体的结合。这些作品毫不掩饰,男女爱情并不只是纯粹精神上的思念，而且也包括肉体结合的生理本能。《西厢记》中的张生与莺莺花园相会，进园门就急忙要搂抱莺莺，以致错抱了红娘。作品写张生与莺莺偷期，公开写松扣解带，"檀口揾香腮"，甚至具体写出了交欢情状和生理的快感。这样的描写更要使道学家掩面了。但是，"檀口揾香腮"不过是"亲吻面颊"而已，在外国小说和现代小说中不过是很平常的描写，甚至在电影和戏剧中把亲吻付诸亿万观众的视觉也已司空见惯。至于交欢情状，作品是用比喻和隐语写出的，这也是古代戏曲的高明之处。唐代元稹的传奇《会真记》描写张生与莺莺的偷期，丝毫未敢公开描写张生和莺莺的肉体接触。在元杂剧以前的诗文、小说中，描写男女之情基本都是如此。而王实甫却冲破了传统的伦理观念，把它作为无损于正面人物的人之常情。金圣叹在《读第六才子书〈西厢记〉法》中说："人说《西厢记》是淫书，他止为中间有此一事耳。细思此一事，何日无之？何地无之？不成天地中间有此一事，便废却天地耶！细思此身自何而来？便废却此身耶！"既然男女之事是人的自然的生理要求，而封建礼教又极力压制这种欲望，那么，偷期和私奔就不可避免，而且是一种合理的行为。元杂剧中的许多男女就正是如此。《西厢记》中的张生和莺莺是偷期结合的，《墙头马上》中的李千金一见裴少俊就"既待要暗偷期，咱先有意，爱别人可舍了自己"。偷期不成，便私奔而去。对这种不合法的私自结合，元杂剧给予了热情的歌颂和肯定。基于男女之间的生理要求而生出真挚的感情，按照新的道德标准，这种结合就并非不道德的行为。正如恩格斯所说："不仅要问：它是结婚的还是私通的。而且要问：是不是由于爱情，由于相互的爱而发生的？"（《家庭、私有制和国家的起源》）因而肯定偷期和私奔也是对男女之情的生理本能的肯定，是对传统礼教的叛逆。

假如说元杂剧中对男女情欲的肯定还处于不自觉的状态的话，到明代中期以后，随着反理学的民主思潮的出现，人们便从理论上明确地肯定了本能、情欲的合理性。何心隐说："性而味，性而色，性而声，性而安佚。性也，乘乎其欲者也。"（《何心隐集》卷二）李贽则认为"如好货，如好色，如勤学，如进取，如多积金宝，如多买田宅为子孙谋，博求风水为儿孙福荫，凡世间一切治生产业等事"皆为人的欲望，因而都是合乎礼义的。"自然发于情性，则自然止乎礼义，非情性之外复有礼义可止也。"（《焚书》）冯梦龙认为情欲是压抑不住的。他说："情者，怒生不可閼遏之物。"（《情史类略》卷三）这些观点对于"存天理，灭人欲"的封建理学显然是一种对抗。明代后期，程朱理学已被越来越多的人所厌恶，鼓吹人性的故事受到人们的普遍欢迎。《明史》卷二八二《儒林传》云："嘉、隆而后，笃信程朱不迁异说者，无复几人矣。"屠隆《鸿苞节录》卷二说："闻以道德方正之事，则以为无味而置之不道；闻以淫纵破义之事，则投袂而起，喜谈传诵而不已。"

基于这样的认识和风气，汤显祖的《牡丹亭》通过具体感人的艺术形象生动地表明，男女之情乃是人的本性，无论如何封锁、防范、抵御，也不可能杜绝它的萌发。《牡丹亭》中的杜丽娘被严密地闭锁在小庭深院，从未接触过青年男子，她裙子上绣有成对的花鸟都要遭到指责。她的父亲还请了一位迂腐的教书先生向她宣传什么"圣人千言万语，则要人'收其放心'"。从身躯到灵魂，封建礼教对她的束缚可谓严酷已极。但随着年龄的增长，怀春慕色之情还是本能地油然而生。封建势力企图通过《诗经》向她灌输"有风有化，宜室宜家"的封建教条，她却"为诗章，讲动情肠"，感到"关了的雎鸠，尚然有洲渚之兴，可以人而不如鸟乎？"后花园那盛开的百花,成对的莺燕,进一步刺激了她青春的觉醒,使她渴望像古代的才子佳人一样早成佳配。因此她由感而梦,在梦中与一个陌生男子私合欢会,极尽缱绻。那书生"不是前生爱眷,又素乏平生半面,则道来生出现,乍便今生梦见?"书生柳梦梅并非确指的"这一个",而只是杜丽娘期待爱情的对象化。显然,作品不是描写杜丽娘与现实生活中某一具体男子相识相爱的爱情,而是借梦境描写杜丽娘的一种抽象的心理状态和自我意识,即对于男女之情的渴望。杜丽娘最初"闷无端",表明了情欲的非理性的潜在意识。游园归来则明确地发出了爱情的呼声。于是,作品托言写梦,表明了杜丽娘对人性的自然要求。作品写杜丽娘梦中的欢会和醒来的回忆,主要强调生理的快感。她的爱情并无高雅的情致,而是"每夜得共枕席,平生之愿足矣"。杜丽娘为此情不可得而死,所以花神说:"这女子慕色而亡。"吕天成《曲品》也说《牡丹亭》是"着意发挥怀春慕色之情"。可见,《牡丹亭》对杜丽娘的爱情描写强调了她的情欲本能。同时,《牡丹亭》也以形象的刻画肯定了这种情欲的美好与正当性、合理性。《惊梦》一出具体地描绘了杜丽娘与柳梦梅的欢会情景,极写欢会的"千般爱惜,万种温存",并为他们安排了一个芍药栏前、湖山石边、鲜花缤纷的背景。《寻梦》一出又详写杜丽娘再到花园访察梦中的境界,回味各种销魂的细节,其主要目的就是为了强调情欲的美妙。作品特意安排了花神来保护他们的欢会,甚至冥间的判官也不但不为此而降罪杜丽娘,反而帮她寻找情人,把她放出枉死城,给以路引,让她与柳梦梅幽媾,并保存其肉身,让她还魂再生。从而使男女欢会带上了一种神圣美丽的色彩和正当的性质。此外,《牡丹亭》还强调了男女之情的巨大力量。它一旦产生,便无法扼杀,不可抑制,能够超越一切、战胜生死。正如作者在《牡丹亭题词》中所说:"情不知所起,一往而深,生者可以死,死可以生。"《牡丹亭》从与理相对的角度,对情欲给予这样充分的描写和公开的、理直气壮的肯定,这是过去所没有过的。假如说过去的爱情作品或批判封建门第观念和家长专制,歌颂爱情的独立自主,或批判喜新厌旧和忘恩负义,歌颂爱情的真挚专一,主要都是一个爱情观的问题,《牡丹亭》则从人的本性方面提出问题,写出了爱情的自然的生理基础,并以此批判扼杀人性的封建理学,这种更实际更具体的思想反映了新的市民意识。汤显祖的追随者孟称舜的《娇红记》,同样肯定了这种男女情欲。作者认为:"自昔忠臣孝子,世不恒有,而义夫节妇时有之。即义夫犹不多见,而所称节妇则十室之邑必有之。何者? 性情所种,莫深于男女,而女子之情,则更无藉诗书理义之文以讽喻之。"(《娇红记题词》)他甚至认为这种情欲可与国家之情等而视之:"余昔谱鸳鸯家事,申生、娇娘两人慕色之诚,与二胥报仇复国之诚等。"(《二胥记题词》)在《娇红记》中,不但申生、娇娘情深意笃,至死不渝,婢女飞红也对申生产生了爱情,并坦率地说:"难道女人家不是人那?"女鬼也化成娇娘与申生幽会,"不灭幽魂,一样情非诳"。作品最后的齐唱道:"虫和蚁,一般儿谐婚媾。鸾交凤偶,三生夙世魂不朽,石上言非谬。人圆鬼辏,一样效绸缪。"公开申明,情欲作为一切生命的本能,是正当合理的。

到了清代,李渔的《慎鸾交》具体地描写了情欲是如何突破了道义。剧中的华秀爱上了妓女王又嫱,但为了遵守不娶妓女的祖训,便千方百计地压抑个人情感。但道义的堤防一步步崩溃,终于为感情征服,突破了不娶妓女的祖训。《缀白裘》所选《思凡》写尼姑色空孤居空门,"见人家夫妻们洒乐,一对对着锦穿罗,阿呀!天呀! 不由人心热如火! 不由人心热如火!"如能成就姻缘,"就死在阎王殿前,由他! 把那碓来春,锯来解,磨来挨,放在油锅里去煤,由他! 只见那活人受罪,那曾见死鬼带枷? 由他! 火烧眉毛,且顾眼下! 火烧眉毛,且顾眼下!"她终于逃下山去,"下山寻一个少年哥哥。凭他打我,骂我,说我,笑我。一心不愿成佛,不念弥陀般若波罗!""但愿生下一个小孩儿,却不道是快活杀了我!"作品表现了情欲的不可扼杀和对情欲的热烈追求。读者并不感到这位小尼姑淫荡,而感到她的人性要求是合理的。

二

　　元明清戏曲中的近代意识也表现在作品的个性解放思想。中国古代的传统是强调君主、家长的权力和整体的利益,人们只能绝对服从三纲五常之类的封建伦理和教条,不能有独立的人格,个人权利被扼杀,个人意识受到指责。但是随着市民意识的产生,个性意识抬头,人们开始考虑人生的价值,强调个人的权利与幸福,从而造成了对传统观念的冲击和否定。王阳明的心学强调主观内心,就是对个人的强调。李贽认为人们都是要考虑个人利害的:"趋利避害,人人同心。""士贵为己,务自适。"对这种个人意识不必压制,而要率性而行,亦即"不必矫情,不必逆性,不必昧心,不必抑志,直心而动"(《焚书》)。袁宏道也说:"率性而行,是谓真人。"(《袁宏道集笺校》卷四)他们的观点都反映了对个人利益和个性解放的要求。

　　早在元杂剧中,有不少描写隐居乐道的作品就具有某些个性解放的因素。其主要表现就是强调个人的不受约束、随心所欲。这些作品把隐逸生活写得那样自由潇洒,无拘无束,逍遥自在,表现了率性而行的特点。《陈抟高卧》中的陈抟夸耀着"田园自在身","散诞逍遥不拘系",并因此而拒绝了宋太祖请其入朝为官的要求。《七里滩》中的严光歌唱着"散诞心肠，放浪形骸"的自由自在："葛岭登岗，拽着个钝木斧，系着条粗麻绳，携着条旧担杖。我则待驾孤舟荡漾，趁五湖烟浪，望七里滩头，轻舟短棹，蓑笠纶竿，一钩香饵钓斜阳。"因而辞却了刘秀要其为官之请。这种对无拘无束、随心所欲的生活的歌颂，表现了个性解放的要求。在元代以前也有描写隐居、行乐之类的作品，但那大都是从怀才不遇出发，带有激愤情绪，隐居只是暂时的不得已的行动，他们终究还是要做官，并没有意识到做官与个性的矛盾。而元杂剧中描写隐居乐道的作品却着重表现了官场、现实与个性自由的矛盾。他们感到了在官场中自我丧失的恐惧，在现实中个人受压抑的痛苦，因而隐居入道，保性全真。他们为此而感到自由快乐，充满旷达乐观情绪，再也不肯为官入世。所以这些作品总是把隐居入道的自由自在与官场、现实的受拘、凶险加以对比的描写。《陈抟高卧》中说："俺便是那闲云自在飞"，而为官"这便是死无葬身之地，敢向那云阳市血染朝衣"。《赤壁赋》、《贬黄州》中的苏轼厌恶功名世情，甚至拒绝了圣命，不愿为官，"到不如农夫妇蠢，绕流水孤村，听罢渔樵论，闭草户柴门，做一个清闲自在人"。《七里滩》中的严光甚至认为做皇帝也不如隐居自由："您每朝聚九卿，你须当起五更，去得迟呵着那两班文武在丹墀候等，俺出家东纳被蒙头，黑甜一枕，直睡到红日三竿犹兀自唤不的我醒。"至于那庸碌烦扰、蝇争蚁忙的社会现实也束缚着人们的自由。《竹叶舟》中说："你则待日夜思量计万条，怎如我无事乐陶陶。"正统的封建思想认为，人应当用世做官，为国君尽忠，为社稷苍生尽力。而元杂剧却认为这些东西都是束缚人的个性和自由的，鼓吹要彻底摆脱它们，才能使自己的个性得到充分的自由。它表现了个体对社会束缚的反抗，反映了个性解放的要求。不过，这种个性解放不是通过消灭束缚个性的社会条件来实现,而是企图通过逃避现实来实现,实际上这是一种虚构的乌托邦,其中带有相当浓厚的虚无色彩和宗教气息,具有相当大的消极成分,因此可以说这是一种特殊形式的(或者说是消极的)个性解放思想。但无论如何,它把个性与现实对立起来,把个性自由放在第一位,对传统的封建精神来说,这不能不说是一种新的思想,并且是对传统思想的冲击与否定。

明清戏曲中也有对率性而行的强调,但却改变了元杂剧中逃避现实的消极形式,往往以反抗现实的积极态度出现。明代沈自徵的《簪花髻》写杨慎贬谪云南时的怪行痴语和佯狂玩世之态。他簪花涂粉,身穿女子衫裙,出外游春,对别人的嘲骂、掷打全不在意。古董商拿五十两银子买他的诗字,他视金钱如粪土而不肯出卖;而一旦诗兴大发,却在妓女的白衫上淋漓挥洒。由此可见,他也是率意而行,无拘无束,表现了孤傲高洁、我行我素的个性。但他与元杂剧中那些消极避世、不问人间是非、一味沉醉酣睡的隐士道人不同,而是与丑恶的现实针锋相对,嬉笑怒骂,充满了大胆的反礼教精神和对世俗庸人的鄙视,表现了改变不合理的社会的强烈要求。这种个性解放思想的发展是时代变化、社会发展的结果。元代是一个少数民族统治中国、民族歧视特别严重的特殊时代,元杂剧中的个性解放思想带有相当大的以此对抗民族压迫的成分。元代虽然工商业发展,城市繁荣,但元代的手工作坊以官方为主,其中的工人从全国拘掠而来,与奴隶相似;自由手工业者力量较弱。因此未能形成一股强大的个性解放思潮。加之严酷的民族压迫,也不可能开展争取个性解放的积极的斗争。所以元杂剧的个性解放思想只能是消极避世的。但到了明代中叶以后,民间手工业代替了官方手工业的主导地位。这些作坊规模大，人数多，分工细，并出现了工场主雇佣工人生产的资本主义生产关系，中国封建社会已到了崩溃的前夜，个性解放思潮日益强大。因此，在明代戏曲中，个性解放的思想也就带有更多的对社会现实的批判，充满强烈的斗争精神。

随着个性解放思潮的发展，对个人价值的认识也就更加自觉。因此，明清戏曲中的个性解放思想也常常表现为对个人尊严、个人价值、个人利益的强调和肯定。

沈自徵的杂剧《鞭歌妓》就是写张建封高度的个人尊严和高傲严正的气概。他困厄之时，仍然豪气勃勃，傲岸不屈。裴尚书以一船金帛、数十奴仆相赠，他一诺无辞，泰然受之，并立即主客易位，差役使仆，旁若无人。作品通过对张建封的自尊和保持独立人格的歌颂，表现了对个人尊严的肯定。

汤显祖的《牡丹亭》则十分明晰自觉地强调了个人价值。过去的诗词、戏曲作品，有不少描写女性美貌之作，但它们大都是由男子的眼光来欣赏女子的美色，有的甚至把女子当作玩物；女子则以色悦人，以色事人，并没有自觉地意识到自己的人格和价值。但《牡丹亭》中的杜丽娘顾影自怜，反复地赞赏着自己的容貌和青春之美，表现了她对自我价值的认识。不但如此，她还进一步要求表现自己的价值。她渴望把自己的美展现于人们面前；当自己的美不能表现时，她不禁心中埋怨："可知我常一生儿爱好是天然，恰三春好处无人见。"因此她外出游园，写真留影，唯恐"一旦无常，谁知西蜀杜丽娘有如此之美貌乎！"更进一步，她又希望自己的价值能得以充分地实现。她希望"早嫁了丈夫相爱"，不辜负美妙的青春。面对封建礼教的束缚，她认为是"诚为虚度青春"，因而出生入死地去追求。在过去的爱情作品中，青年男女追求的是选择爱人的自由，而《牡丹亭》中的杜丽娘却是比较清醒地认识、珍惜并追求实现自己的价值,从更一般意义的角度更自觉地提出了个性解放的要求。同时,杜丽娘的个性解放要求不仅限于爱情方面,而且涉及生活的其他领域。她向往着"这般花花草草由人恋,生生死死随人愿,便酸酸楚楚无人怨"。她要求赏爱自然的自由,生死的自由,只要能够自由地生活,可以忍受一切艰苦。在明代资本主义萌芽出现、民主思潮高涨的背景下,汤显祖提倡真性情,反对假道学,主张以情反理。他还提出"贵生说",认为"天地之性人为贵","天下之生皆当贵重"(《贵生书院说》)。因此,《牡丹亭》中强调个人价值的个性解放思想,正是特定时代和作者民主思想的反映。随着时代的发展,要求个性解放的思想在《牡丹亭》中得到了更明晰而自觉的表现。

　　清代李渔的剧作是被人们认为庸俗肤浅的,殊不知其中也包含着对个人意志和个人利益的肯定。《凰求凤》中的乔小姐之父说:"我想婚姻是桩大事,一念之差,便有终身之悔。""倒不如把婚姻之事索性丢开,任凭他自家做主,省得后来埋怨。"乔小姐果然自己选中才郎,千方百计去追求。这不是对个人意志的充分尊重吗?作品中的乔小姐和许仙俦为了争夺一个男子,一个施离间计,一个施拐婿计,都为个人利益而奋斗,甚至不惜损人利己,但作品却都对她们给予了肯定的描写。《玉搔头》中的正德皇帝甚至为所爱的人而放弃朝政,盼望发生战争。我们知道,中国古代有许多作品宣扬女宠亡国的观点,戏曲名著《梧桐雨》、《长生殿》对唐明皇弛了朝纲、占了情场的行为都有所批判。但《玉搔头》对正德皇帝的行为却加以肯定,甚至把它当作情真的表现而加以歌颂。这表明了个人利益高于一切,维护个人利益无可厚非的观点。这种极端自私的个人主义在今天看来固然是落后的,但对于扼杀一切个人意识的封建思想来说,却是具有破坏力的新意识。

　　明清戏曲中还有一些歌颂妇女才能、要求妇女解放的作品，也反映了个性解放的一个侧面。明代徐渭的《女状元》刻画了一个才女的生动形象，并且说："裙钗伴，立地撑天，说什么男儿汉！""世间好事属何人，不在男儿在女子。"中国古代对人的个性的扼杀，在妇女身上表现得尤为突出。因为妇女还多遭受着一重男人的压迫。而《女状元》却认为女子可以超过男子，这显然是对封建传统思想的挑战，表现了妇女解放的思想。清代洪昇的《四婵娟》分别写谢道韫、卫茂漪、李清照、管仲姬四个才女的咏雪联吟、传授书法、斗茗论古、泛舟画竹，颇有男女平等的意味，也可以说包含着妇女解放的要求。但是《女状元》中的女主人公最后还是回到了闺房，《四婵娟》中的才女们也只是徒具雅情而不能涉足社会活动。随着社会的发展，到了晚清时期，由于近代资产阶级启蒙思想的影响，妇女走向社会的要求便被提了出来。女作家吴藻的杂剧《乔影》，写谢絮才博学多才，但自恨身为女子，乃描一自己的男装小像，面对画像读《离骚》，饮酒痛哭，数说平生锐气，比较自觉地表现了妇女在封建礼教束缚下的寂寞苦闷、忧郁愤激和要求像男人一样在社会上有所作为的思想，这可谓戏曲作品中资产阶级启蒙思想的先声。严廷中《秋声谱》杂剧三种亦为同类之作。妇女解放的思想在清代地方戏中表现得更加鲜明而强烈。《穆柯寨》、《三休樊梨花》等作品中的女主人公都武艺超群，男子是她们的手下败将。她们再也不是深闺弱女，而是走向社会，驰骋疆场，在重大的斗争中起着关键性的作用。这些作品反映了妇女解放思想的进一步高涨。

三

元明清戏曲中的近代意识还表现在对市民的生活、思想和斗争的描写。元代疆域的扩大，保护工匠的政策，统治阶级的奢侈，刺激了工商业的发展，商人和妓女大量增加。据《马可孛罗游记》记载，当时的大都"每日商旅及外侨往来者，难以数计。此间所用的珍奇宝货为世界其他城市所无，商品交易亦至繁多"，仅大都娼妓"计有二万有余"。随着商人的经济力量壮大，便构成了官僚和地主之外又一支新的力量，他们凭借强大的经济力量展开了与士子争夺妓女的斗争。因此，元杂剧中出现了大量的有关商人、鸨母、妓女、士子的爱情故事。作品中的商人走南闯北，广有钱财，鸨母见钱眼开，世故圆滑，散发着新的时代气息。作品中的妓女多才多艺，歌舞弹唱，拆白道字，顶真续麻，无所不会；士子也精通诗词歌赋，善于惜玉怜香，类似关汉卿一类浪子才人。他们都与传统的闺阁千金和正统的腐儒不同。即使《西厢记》《墙头马上》一类才子佳人剧中的书生、小姐，也丝毫不以急情贪色为忌，敢于偷期私奔，恨母骂娘，具有热烈、大胆的市民气息。《黄花峪》中的秀才刘庆甫不但带其妻在酒店吃酒，而且要其妻唱曲，表现了市民的作风。至于净丑色的官吏、武将、夫役、奴仆等等，更不管其地位、身份、时代环境如何，都按照市民的趣味进行漫画式的描写，插科打诨，俗气十足。不过，这些作品中的鸨母、商人等市民人物都是被作为反面人物来加以描写的。鸨母无一不是贪财忘义、狡诈凶狠，商人无一不是粗鄙、村俗、丝毫不懂得爱情为何物，其他市民人物也都十分庸俗可笑。这说明市民意识还没有占据统治地位。

在明清戏曲中,有些爱情作品便以市民为正面主人公,表现了市民地位的提高和开始重视、肯定市民的意识,反映了市民的思想、感情和愿望。如明末清初李玉的《占花魁》,描写卖油郎秦钟与妓女王美娘的爱情故事。其男主人公不再是风流的才子,而是一个小商人。而且他不再像在元杂剧中那样,被写得村俗不堪,受到嘲弄,而是被写成一个忠厚、老实、诚恳、体贴的正面人物。他的诚挚和淳朴使王美娘受到了感动,改变了她的等级地位观念。在花花公子和小商人之间,她选择了后者,甘愿过布衣蔬食的生活,自行赎身嫁给了秦钟。作品站在市民的立场,把小商人作为劳动者,歌颂他们的高贵品质,并且战胜了富家公子。这表明市民已经开始得到社会的承认和肯定,反映了市民的爱情理想和思想愿望。清代方成培《雷峰塔传奇》中的白蛇精也没有找个书生才子,而是找了许宣这样一个生药铺伙计。许宣诚实、勤劳,同时也有些软弱动摇,真实地表现了市民的思想性格。但许宣基本上还是被作为正面人物加以描写的,从而表现了市民意识的发展。显然,这是市民阶层的力量不断发展壮大的产物。

明清时期,随着资本主义萌芽的出现和市民阶层的壮大,市民开始登上了政治斗争的舞台。因此,明清戏曲中不但描写了市民的爱情,而且也描写了大规模的市民群众的政治斗争,反映了市民的政治要求和思想品质。李玉《清忠谱》是描写市民斗争最成功的作品。这个作品描写明熹宗天启六年苏州市民反对魏忠贤党徒、挽救周顺昌冤狱的闹市斗争。作品中的市民领袖是做零工的颜佩韦和马杰、抬轿子的周文元、卖故衣的杨念如和牙行经济人沈扬。由于市民阶层在当时并不是一个独立的阶级,他们没有自己的阶级纲领,他们的斗争还必须从属于其他阶级的斗争。在《清忠谱》中,苏州市民站在东林党人周顺昌一边,反对魏忠贤阉党,亦即从属于封建统治阶级的内部斗争。但这场斗争毕竟与传统的忠奸斗争不同。在资本主义业已萌芽的条件下产生的东林党,代表了一部分工商业者的利益,与传统的"忠臣"有所不同。苏州市民站在东林党人周顺昌一边,反对魏忠贤阉党,实际上也是争取市民利益的政治斗争。在这场斗争中,周顺昌并不赞成市民闹事,浩浩荡荡的市民群众才是斗争的主力。在斗争的方式上,也不是过去的忠臣那种上疏、死谏,而是成千上万的市民群众冲开衙门,打死校尉,展开了轰轰烈烈的暴力斗争。作品特别把市民群众与甘心就逮的周顺昌和那些醉心写呈乞求的秀才们作了对比,颜佩韦说:"求他什么! 他若放了周乡宦罢了,若弗肯放,我们苏州人一窝蜂,待我们几个领了头,做出一件轰轰烈烈、惊天动地的事来。众兄弟不可缩头缩脑,大家并力同心便好。"这场斗争的政治性、群众性、暴力性、彻底性是前所未有的。作品歌颂了市民群众义气当先、团结一致、勇于牺牲、至死不屈的高贵品质,也是过去的戏曲史上所没有的。因而剧中对市民群众的描写具有崭新的特点。此外,李玉的《万民安》也是写市民斗争的作品。剧本今已不存。《曲海总目提要》云:"演葛成击杀黄建节事。谓因此而苏民得安,故曰《万民安》也。"据《乐府考略》,剧本写万历二十九年,太监孙隆到苏州办理税务,收税苛重,全城罢市,织工葛成,号召市民万人,火烧孙隆衙署,打死孙隆的属吏黄建节。官府捉拿乱民,葛成挺身而出,被判死罪。临刑时因地震而免死,后遇赦出狱。作品描写市民斗争,和《清忠谱》十分相似。清代地方戏《反徐州》写徐州市民迫使州官徐达一起暴动,杀死元朝亲王完颜龙父子,描写了大规模的市民武装斗争,并把市民斗争与阶级矛盾、民族矛盾以及统治阶级内部矛盾结合起来,也具有新的特点。这些作品表明,到明清时代,市民已经形成一种强大的社会力量，他们已经可以为了自己的政治经济利益而联合起来，进行大规模的群众斗争。当然，他们还不能取得最后的胜利。然而，强烈的市民意识已经使我们感到不再是细微的气息，而是一股强劲的春风了。

四

清代中期以后，随着帝国主义入侵和资产阶级思想的影响，有些戏曲作品表现了对君主专制的反抗和批判，鼓吹资产阶级改良和革命，具有更加鲜明的近代意识。

在中国漫长的封建社会中，天授君权的观念根深蒂固，忠君一直是政治生活中的最高准则。但是，随着封建社会的没落，封建君权也开始动摇。清代初年，黄宗羲就在《原君》中对君主专制提出了批判，指出："为天下之大害者，君而已矣。"其后，这种思想也反映在戏曲作品中。清代地方戏《反五关》写商朝内戚大臣黄飞虎因不满商纣王的荒淫暴虐，率兵造反，离商投周。《战樊城》写伍员因楚平王和费无忌杀其家人而反出樊城，投奔吴国。这些作品描写了反对朝廷昏君的武装斗争，与传统的愚忠不同，表现了对君主专制的反抗。但是，它们还没有明确地提出对君主专制制度的批判。汪笑侬的改良京剧《博浪锥》则有了进一步的发展。作品描写张良行刺秦始皇的故事。它把秦始皇塑造成暴君的典型。秦始皇声称"朕即国家"，"把公产当私财，行同强盗；把人民当奴隶，滥逞英豪"，因此张良"望国民起义师"，"我想把好乾坤重新构造，我想把专制君万剐千刀"。作品把批判的矛头直指君主专制制度，并提出了建立一个新世界的理想。但是，这个新世界究竟是怎样一副样子，作品并没有提出明确的构想。

同治、光绪年间，中国的资本主义有了初步发展，同时民族危机也日益加深。因此有些先进人物企图按照西方资产阶级的模式来改变中国的国家制度和社会制度，主张废除封建专制，实行君主立宪。所以，戊戌变法前后，有些杂剧、传奇明确地提出了实行君主立宪的资产阶级改良的主张。如梁启超《新罗马》描写意大利烧炭党人反对梅特涅的专制统治，要求宪法、人权和自由。惜秋《维新梦》写徐自立梦中得到重用，实行立宪，修路、开矿、操军、劝学、训农、经商，实现了大同。对于几千年的封建专制来说，这显然是一种前所未有的新观念。在封建生产关系之下，君主专制天经地义，君权神圣不可侵犯。历朝政权更迭，包括农民起义，无一不是推翻旧皇帝去做新皇帝，打倒旧的专制政权建立新的专制政权，本质上并无区别。相应的戏曲作品也无不肯定皇帝的权力，歌颂忠良的臣子。而戊戌变法前后的戏曲作品却要求以民权限制君权，这是一种与前不同的新思想，它反映了资产阶级的政治要求。只有在资本主义有了发展，资产阶级有了一定力量的条件下，这种新思想和相应的新作品才可能出现。

随着资产阶级改良运动的失败，资产阶级产生了分化。一些资产阶级中下层人物不再寄希望于清王朝，积极开展资产阶级革命运动。因此辛亥革命前后又出现了许多鼓吹资产阶级革命的戏曲作品。如无名氏《少年登场》，以剧中人少年批判了改良，鼓吹资产阶级革命。悲秋散人《秋海棠》、龙禅居士《碧血碑》、吴梅《轩亭秋》、嬴宗季女《六月霜》、萧山湘灵子《轩亭冤》、啸庐《轩亭血》等描写了秋瑾英勇献身的壮烈事迹；华伟生《开国奇冤》、孙雨林《皖江血》写徐锡麟刺杀安徽巡抚的壮举，都歌颂了资产阶级的英雄人物。资产阶级革命是一场反对封建制度的革命，它和历史上的农民革命有着本质的不同。农民革命并不以从根本上消灭封建制度为目的,而资产阶级革命,由于有了新的生产关系和新的阶级,却是要从根本上推翻封建制度,建立资本主义制度。资产阶级革命是一场彻底推翻君主专制的暴力革命,因而与资产阶级改良也有区别。假如说几百年来,古代戏曲中出现了各种各样的反对封建传统思想的近代意识,并且这种意识不断增长的话,到辛亥革命前后,戏曲作品中资产阶级革命思想的出现,可以说达到了近代意识的最高点。

鸦片战争以后,帝国主义侵入中国,把中国社会变成了半封建半殖民地的社会。资产阶级革命要反封建,就不能不反对帝国主义。因此,辛亥革命前后,有些作品也揭露了帝国主义对中国的侵略。如陈时泌《武陵春》写八国联军侵略中国的罪行,陈时泌《非熊梦》写沙俄侵略中国东北的野心,洪炳文《后南柯》、《警黄钟》用寓言形式写槐安国和黄蜂国面临外国瓜分的处境,都具有明显的反帝思想。帝国主义是近代社会的产物,反帝思想当然是一种具有新的时代色彩的近代意识。

在晚清时期,由于社会的变化,许多戏曲作品反映了前所未有的新思想、新意识。同时,不少作品是为了适应政治运动的需要而创作的,它们的思想宣传直接而显豁,可以说是借戏曲形式传播作者思想的传声筒。因此,虽然这些作品在艺术上成就不高,但从近代意识的角度上讲,它们却表现得最为突出和鲜明。

元明清戏曲中的近代意识是相对传统的封建思想而言,从历史发展的角度来看,它们比传统的封建思想是一种进步。用今天的观点来看,它们有的看来庸俗低级,有的显得自私狭隘,有的有严重缺陷,有的已经过时。但是在当时,"尽管这里充满了小市民种种庸俗、低级、浅薄无聊,尽管这远不及上层士大夫艺术趣味那么高级、纯粹和优雅,但它们倒是有生命活力的新生意识,是对长期封建王国和儒学正统的侵袭破坏。它们有如《十日谈》之类的作品出现于欧洲文艺复兴时代一样"（李泽厚《美的历程》）。因此我们仍应给它们以历史的肯定。长期以来，我们的古典文学研究，或重在考证、诠释，或重在寻找古代作品中的人民性，诸如描写民生疾苦、揭露社会黑暗等等，从先秦到近代，似乎几千年的古代文学都没有什么不同。但是，我们却很少注意研究随着社会的发展，各个时代的文学在思想意识和艺术手法上有些什么变化，出现了些什么新的特点；或者虽然看到了某些新的东西，但因为用今天的标准来衡量，这些东西显得庸俗、自私、落后，因而也就不敢给它们以历史的肯定。这样，我们历史悠久、光辉灿烂的古代文学看起来就确实成了单一的、保守的了，因而在世界上也似乎就难以取得应有的地位了。而类似的外国古代作品在历史上的积极因素却得到了充分的挖掘，并因此而得到广泛的肯定和流传。因此我们今天提倡更新观念，更新研究方法，首先要更新极"左"的、僵化的、非历史主义的观念和方法，真正用历史唯物主义的观点和方法研究古代文学，这样才能推动古代文学研究健康地发展。

（原载《文学评论丛刊》第 31 辑古典文学专号，《文学评论》编辑部编，文化艺术出版社，1989 年 3 月版）

怎样对待古代戏曲中的忠孝节义

中国的封建社会是以家庭为基础的宗法封建社会，儒家思想占据着统治地位。因此，对忠、孝、节、义的描写在中国古代戏曲中十分突出，甚至直到今天，戏曲舞台上演出的许多传统剧目仍在表现着这些内容。近几年来，传统文化遭到不少的贬词詈语，古代戏曲当然也不例外。那么，究竟应该如何对待古代戏曲中的忠、孝、节、义呢？还是让我们作一些具体考察吧！

忠在封建道德中占有压倒一切的地位，特别是描写政治斗争的作品几乎都离不开它，忠奸已经成了判断是非的首要标准。元杂剧《霍光鬼谏》中的霍光，为了使新君远女色，要求将得宠的女儿打入冷宫；死后知儿子谋反，其鬼魂还奏知新君，捉拿二子，处决祭土。明传奇《鸣凤记》中的夏言、杨继盛等八谏臣为了弹劾严嵩，相继被杀、被贬，置个人生死于不顾。清代秦腔《回府刺字》写岳飞抗金十二年回府探母，其母初不容见，后经家人说情相见，在岳飞背上亲刺"忠孝保国"四字，即令其再赴征途。这些人物都可谓为忠而忘私。他们的所谓忠，当然无非是忠于皇帝，或忠于封建统治阶级的根本利益。但我们决不能由此而对它全盘否定。因为古代戏曲中的忠总是和进步、正义、爱国密切地联系着，它不但符合皇帝和封建统治阶级的根本利益，而且在客观上也符合人民的利益，在历史上有一定的进步性。即使在今天，经过批判继承,发扬忠于祖国、为国忘私的精神,仍然具有极为重要的现实意义。

在中国封建社会中,忠是国家内部个人与皇帝政治关系的根本之德,而孝则是家庭内部个人与长辈的人伦关系的根本之德。《孝经》说:"子曰:'夫孝,天之经也,地之义也。'""子曰:'夫孝,德之本也,教之所由生也。'"因此古代戏曲中歌颂孝亲之德的作品也为数甚多。元代南戏《琵琶记》中的赵五娘,为公婆而糟糠自厌、祝发买葬、自筑坟台,表现了我国古代劳动妇女孝亲尽责的美德。元杂剧《降桑葚》《焚儿救母》中的主人公甚至为救母而叩头出血、滴血成冰、卖衣买米、焚儿还愿,以至感动了神灵。明代沈璟的传奇《十孝记》写了黄香温衾、缇萦救父、郭巨埋儿、王祥卧冰等十个孝亲故事,更可谓集孝子之大成。这些人物的孝亲,有的不免过于迂腐。封建统治阶级提倡孝,其目的也是要由家庭关系上的孝,引申至国家关系上的忠。但对于为子孙的成长付出了无数心血和劳苦的长辈,子孙们给予必要的奉养、照顾和尊敬,还是义不容辞的。过去如此,今天仍然是这样。

中国古代也十分重视"节"。所谓节,在男子主要是气节,在女子主要是贞节。在中国古代,许多文人面对社会的黑暗,不肯同流合污,因而弃官归隐,以保持自己的高风亮节。也有许多文臣武将,面对敌人的邪恶,英勇无畏,表现了崇高的气节。这种贫贱不能移、富贵不能淫、威武不能屈的高尚品格是中华民族的光荣传统,也是古代戏曲中所歌颂的重要内容之一。元杂剧中大量的隐士剧和神仙道化剧,都抒写了主人公对黑暗现实的不满和洁身自好的节操。明传奇《崖山烈》写文天祥、陆秀夫的宁死不屈,清传奇《桃花扇》写史可法的投江殉国,《清忠谱》写周顺昌的鄙视权奸,更是气节凛然。这当然都是值得肯定的美德。中国古代对女子贞节的重视恐怕是世界各国所罕见的。封建礼教要求妇女从一而终，甚至认为"饿死事小，失节事大"，各种史书、地方志都记载着贞节烈女的事迹，统治者有时还为她们立贞节牌坊。在古代戏曲中也出现了不少歌颂妇女贞节的作品。如明代朱有燉的杂剧《赵贞姬身后团圆梦》，写济南卫军卒钱锁儿出发口北，其妻赵氏不为富家子弟利诱所动；后钱锁儿病死口北，赵氏抱遗骨痛哭，自缢而殉。沈受先的传奇《商辂三元记》，写商霖聘妻秦雪梅，未娶而霖卒，秦氏至商门守节，抚养妾生之子商辂，使之连中三元。这样的贞节未免过于迂腐，带有浓厚的封建礼教色彩。但是在更多的古代戏曲中所歌颂的妇女贞节还是以坚贞的爱情为主要内容。元代石君宝的杂剧《曲江池》中的李亚仙，在郑元和沦为乞丐之际，仍然坚定地说："我和他埋时一处埋，生时一处生。任凭你恶叉白赖寻争竞，常拼个同归青冢抛金缕，更休想重上红楼理玉筝。"元代南戏《荆钗记》中的钱玉莲，拒绝改嫁富豪，投江殉节。明代孟称舜的传奇《娇红记》中的王娇娘，为拒嫁帅子，殉情而死。清代孔尚任的传奇《桃花扇》中的李香君因拒嫁田仰，血溅妆楼。这些女子的节都是出于坚贞的爱情。而坚贞的爱情与从一而终并不是一回事。元代关汉卿的杂剧《望江亭》中的谭记儿，是个改嫁的寡妇，石君宝《曲江池》中的李亚仙是个妓女，但作品都歌颂了他们坚贞的爱情。石君宝《秋胡戏妻》中的梅英，坚决拒绝了李大户的逼婚和陌生男子的调戏；但当知这个陌生男子就是丈夫秋胡时，她并没有被从一而终的教条所束缚，而坚决要秋胡的一纸休书。这就说明，对古代戏曲中歌颂妇女贞节的作品，要进行具体分析，其中的大部分还是歌颂了对爱情忠贞不渝的美德，是值得肯定的。

义,可指一切适宜、合理之事。儒家对义极为重视。孔子说"义然后取"(《论语·宪问》),孟子甚至主张"舍生而取义"(《孟子·告子上》)。因此,见义勇为一直被中国人民视为一种重要的美德,古代戏曲中的许多正面人物都具有这一美德。在元代李寿卿的杂剧《伍员吹箫》中,因同情伍员一家遭到无辜陷害,养由基故意将伍员放走,素不相识的渔夫和浣纱女不惜自杀为其保守秘密,鱄诸之妻为让丈夫去为伍员报仇而自刎。在纪君祥的《赵氏孤儿》中,为了除奸救孤,公主自缢而死,韩厥自刎身亡,程婴义舍亲生之子,公孙杵臼自愿献出了自己的生命。在李玉《清忠谱》中,面对阉党的倒行逆施,颜佩韦等五义士愤然而起,率领成千上万的市民展开了一场大规模的群众斗争,最后又为了保护群众挺身而出,慷慨就义。在元代的《水浒传》中,更是歌颂了梁山好汉们疾恶如仇、见义勇为的优秀品质。此外,在"义"这一概念中,还包含着恩义和信义,它们也是古代戏曲中经常歌颂的美德。元代宫天挺的杂剧《范张鸡黍》歌颂了范式、张劭的"生死交、金石友、至诚心"。明代沈璟的传奇《埋剑记》赞美了吴保安的弃家救友和郭仲翔的千里奔丧。元杂剧中的爱情剧也常常强调要遵守已有的婚约和抛彩球的诺言。这种对恩义和信义的重视亦有可取之处。

毫无疑问,忠、孝、节、义都是封建时代的道德观念。但仅从我们上面所举的几个简单的例子和并不系统的评说中,已经可以看到,在今天对这些传统观念仍然要进行具体的分析。作为道德观念,是要求全体人民共同遵守的准则,它不可能不包括人民的某些要求和愿望。特别在面向大众的戏曲中,更不能不对传统道德进行一些民众化的加工和改造。因此,它们的某些部分在今天仍有现实意义;而有些道德的出发点和目的虽然是为了维护封建统治阶级的利益,但经过批判继承,在今天仍可发挥积极的作用。社会主义道德固然不同于封建道德,但它也绝不拒绝吸收传统道德中那些进步的、有益的东西。有人认为,忠、孝、节、义等传统道德不强调个人的独立和权利,而要求个人服从权力和群体,因而是对个性的压抑,是与现代社会不相容的。用现代观点来看,传统道德当然有它落后的一面;但历史地看,又有其历史必然性。任何社会的发展都必然要有牺牲。奴隶社会的进步是伴随着奴隶自由的丧失和精神劳动的被剥夺而实现的。封建社会使奴隶得到了解放,但个人的独立和权利仍然要受到一定的限制,才能调谐人际关系,使社会得到发展。只有当生产力发展到一定阶段时,资本主义的和社会主义的个人意识和独立意志才能得到发展。人们常常指责中国传统思想的保守、落后,但中国偏偏在这种"保守"、"落后"的思想下创造了灿烂的古代文明。这就说明,特定的思想观念总是和特定的社会经济联系,把西方的或今天的观念放在中国古代未必就是合适的。即使在今天,个人意识和独立意志也不可能得到绝对的、完全的自由。在某些情况下,为了整体利益仍然要牺牲个人的利益。因此中国的传统观念在今天仍有可供借鉴之处。当然,我们今天的牺牲不再是为了封建统治阶级的利益,而是为了人民和国家。现实和历史是不可截然分开的,任何社会的发展都不可能完全脱离传统。试想,如果我们完全不讲忠于国家、孝敬长辈、保持气节、爱情专一、见义勇为、信义恩仇,我们的社会将会是一种什么样子?近几年出现的社会问题不是已经给我们敲起了警钟吗?因此对古代戏曲中忠、孝、节、义这些传统道德观念绝不能一概加以否定,而应该有分析地对待,让它们在今天发挥应有的作用。我想这大概不会被认为是复古倒退吧?至于社会主义道德应该有新的内容,当然更无须赘言,但那已不在本文论述范围之内了。

（原载《当代戏剧》,1991 年第 3 期）

元杂剧的人物塑造

我国古代历来以诗、文为正统文学。在我国文学史上，它们是成熟较早的文学体裁。我国诗、文从《诗经》和《尚书》开始，在长期的创作实践中积累了丰富的经验，到唐诗、宋词和唐宋散文便达到了它们的极盛时期。但它们是以抒情、记事为主的文学样式。而以塑造人物形象为主的小说、戏曲，其渊源虽然也很深远，但直到唐代传奇，真正意义上的小说才开始出现，正如胡应麟所说："变异之谈，盛于六朝，然多是传录舛讹，未必尽幻设语。至唐人乃作意好奇，假小说以寄笔端。"（《少室山房笔丛》三十六）到元代，形式完备的戏曲刚刚形成，但这时，关于人物形象的塑造还没有成熟的经验，还处于探索阶段。有的作品往往只偏重于交代情节、叙述过程，不能着眼于人物形象的刻画；有的甚至完全是某种主观思想或道德观念的图解。但是，元杂剧的人物塑造较之前代毕竟有许多新的发展，有许多作品也取得了不少可贵的成就，并且有自己的特点。有些经验在今天仍具有重要的参考价值。

首先，让我们从以下三个方面对元杂剧中的人物形象作一总的考察，以探索元杂剧中人物形象的特点，并从而窥测它在人物塑造方面由简单到复杂、由低级到高级、由幼稚到成熟的发展趋向和痕迹。

第一　人物的类型化和个性化

王骥德《曲律》说："元人杂剧，其体变幻者固多；一涉丽情，便关节大略相同。"梁廷枏《曲话》也说："元人杂剧多演吕仙度世事，叠见重出，头面强半雷同。"这种情节关目的雷同现象几乎成为一时之风气，从而表现了元杂剧通俗的民间特色。与这种情节的雷同性特点相联系，元杂剧的人物形象也常常有类型化的倾向：奸佞谗臣的狡诈凶残，滥官污吏的昏庸无能，商人的村俗粗野，才子的聪俊风流，秀才的叹穷嗟卑，小姐的美貌聪慧，僧道的乐闲厌世，医生的荒唐可笑，仆役村夫的粗野庸俗，流氓无赖的坑骗虚伪，权豪势要的飞扬跋扈，净色武将的愚笨无能，在各个作品中几乎都是同一类型。同一类型的人物甚至名字也往往相同，如清官用包公，公人用董超、薛霸或张千，无赖用柳隆卿、胡子转，小妻用王腊梅，儿女用僧住、赛娘，医生用赛庐医，村夫用王留、伴哥，权豪势要用×衙内。同类人物的上场诗也常用照例公式，如大官僚用："龙楼凤阁九重城，新筑沙堤宰相行；我贵我荣君莫羡，十年前是一书生。"书生用："黄卷青灯一腐儒，九经三史腹中居；试看金榜标名姓，养子如何不读书？"买卖人用："买卖归来汗未消，上床犹自想来朝；为甚当家头先白，日夜思量计万条。"同类人物的用语做事也往往相似，如昏官污吏往往说："那人命事，我那里断的？张千，与我请外郎来。"而外郎则说："那一日巡街去，来到他家门首，我讨个凳儿坐一坐，他就不肯拿出来。"于是他们互相勾结，受贿枉法，严刑逼供，造成冤狱。权豪势要常常是："嫌官小不做，马瘦不骑，打死人不偿命"云云。净色武将则常常是在阵上被骂时说："风大，听不见。"并自称："是你孙子哩。"理由是："若输了呵，拿住要杀，他便饶了，道是我孙子哩。"至于医生不会看病，妓女痛骂鸨母，才子相思成疾，秀才怨天尤人，其言行也大致相似。在现实生活中，性格绝对相同的人是没有的，但气质大体相近的人却大有人在。所以王国维在《古剧脚色考》中说："自气质言之，则亿兆人非有亿兆种之气质，而可以数种该之。此数种者，虽视为亿兆人气质之标本可也。"同时元杂剧中的典型化性格主要是净、丑色的喜剧性格，而喜剧性格常常是以其类型化造成可笑结果的。此外，元杂剧人物的类型化与中国戏曲演员划分角色行当的独特分工也有密切的关系。某一行当的演员适于演某一类型的人物，具有自己的特点，这样，为适应各行当的需要就要创造出不同类型的人物。

　　毋庸讳言，人物形象的类型化是一个缺陷，它是在人物塑造上比较简单化、在艺术上不够成熟的表现。但是在元杂剧和中国戏曲中，类型化和个性化又是密切联系的。人们根据人物的性别、年龄、职业、性格、气质创造出来的各种类型的人物，最初都是一个个创造的，而且往往是个性非常鲜明生动的人物。这个人物创造得好，大家便都来学习、模仿，如《㑇梅香》中的梅香显然是对《西厢记》中红娘的模仿，《抱妆盒》中的陈琳身上则明显地具有《赵氏孤儿》中程婴的痕迹。特别在元代尚雷同的风气下，更助长了许多作品中某些人物的类似。于是，某种个性鲜明的人物便成为一种类型。但是，同一行当的人物形成一种个性相似的类型，长此下去便会失去新鲜感。因此随着戏曲的发展，人们便进一步探索同一行当或类型的人物的大同小异之点，于是在大的行当或类型中便又分出许多各有特点的小的行当或类型。例如，旦又分为闺门旦、花旦、刀马旦、彩旦、老旦等。而且，即使这些小的行当或类型，优秀的戏曲演员仍然会演出各个具体人物的不同个性。

所以，类型化是个性化的暂时定型，同时其中又孕育着新的个性化。在元杂剧中，我们可以清楚地看到类型化和个性化的这种辩证关系和矛盾运动，从中反映了元杂剧对人物个性化的探索，表现了它在人物塑造上的前进趋势。在元杂剧中，同一行当或类型中的人物并非个性完全相同，往往是有相似之处，又有不同之点。如同样是追求爱情和婚姻自由的千金小姐，《西厢记》中的崔莺莺对母亲心中怨恨而又表面顺从，对张生心中爱之而因为红娘在面前又常常变卦，她的内心世界特别微妙复杂，敏感机巧。《倩女离魂》中的张倩女则"你把我越间阻越思量"，她不但魂追王生，而且"他若是赶上咱待怎么，常言道做着不怕"，爱得执着热烈；同时她又相思成疾，缠绵悱恻，充满缱绻哀怨之情。《墙头马上》中的李千金却一见裴少俊便"休道是转星眸上下窥，恨不的倚香腮左右偎，便锦被翻红浪，罗裙作地席"。直至以死相胁，毅然私奔，理直气壮地驳斥裴尚书，表现得特别大胆泼辣。《破窑记》中的刘月娥和《举案齐眉》中的孟光则不怕受穷，离家出走，着重表现了爱情的坚贞专一，而其中孟光又比刘月娥更多一些宿命思想和功名观念。在元杂剧中，即使像衙门公人这类很次要的人物，其面貌个性也有不同之处。他们有的凶狠狡诈、欺压平民，如《勘头巾》中的张千："手执无情棒，怀揣滴泪钱；晓行狼虎路，夜伴死尸眠。"买了庄家的草不给钱，还把人家关进牢中；有的阿谀逢迎，一副势利相，如《鲁斋郎》中的张龙说："比及爹有这个心，小人打听在肚里了。"并帮鲁斋郎设计抢占了李四的妻子；有的乖巧油滑，如《望江亭》中的张千为杨衙内捉虱子，并以试喝为名赚酒自饮；有的官报私仇，如《神奴儿》中的何正因曾被李德义恼骂，便乘审问李德义之机揪揸捆打；有的贪财好吃，如《蝴蝶梦》中的张千对牢中送饭的王母说："灯油钱也无，冤苦钱也无，俺吃着死囚的衣饭，有钞将些来使。"《陈州粜米》中的张千,一边埋怨包公的清廉,一边嘟哝着要吃肥草鸡儿,茶浑酒儿;也有的则比较善良,并有一定的正义感,如《潇湘雨》中的解子虽对张翠鸾催逼恐吓,但终于还是帮她找枣木梳,扶她涉水,把唯一的一个烧饼给她充饥,并在知道了实情之后说:"这等说来,是俺那做官的不是。"其他如许多志诚多情的才子,痛恨鸨母的妓女以及以粗豪著称的张飞、程咬金、李逵等等,如果仔细分析,也都不尽相同。可见,类型化的人物既有某些相似的气质或个性,又有各自不同的特点。因此李渔《闲情偶寄》说:"填词之理,变幻不常,言当如是,又有不当如是者。如填生、旦之词,贵于庄雅;制净、丑之曲,务带诙谐,此理之常也。乃忽遇风流放佚之生、旦,反觉庄雅为非;作迂腐不情之净、丑,转以诙谐为忌;诸如此类者,悉难胶柱。"所以,人物的行当或类型化和人物个性实质上并不是矛盾的。一定行当或类型的人物具有某种气质特点和鲜明生动的个性,而日益细致的行当或类型又产生更加丰富多彩的个性。这是中国戏曲描绘人物个性的特殊方法,是一个从积累经验到创造,到成型,以至进一步积累经验、再创造的稳步探索过程。而元杂剧就是这一方法的奠基者。它在塑造人物上这一独特的探索,只有从中国戏曲的特点出发才能正确地理解它的意义。否则,如果以现代一般文学理论去硬套,并简单地扣以公式化的帽子,那不但否定了中国戏曲的特点,而且对于刚刚在探索人物塑造的年轻的元杂剧来讲,也未免过于苛刻了。

第二　人物的单一性格和复杂性格

元杂剧体制固定,篇幅短小,加上作家们塑造人物形象的经验也还不足,因此元杂剧常常是抓住人物性格的一个方面集中描写,使之鲜明突出。这就形成了元杂剧的人物形象以单一性格为主的特点。如《墙头马上》集中刻画李千金大胆泼辣的反抗性格。她一上场就公开唱出要"招个风流女婿";她与裴少俊初次相见便"既待要暗偷期,咱先有意";她主动相约花园私会,宁死也不肯抛弃爱情,直至私奔;她在裴尚书面前据理力争,讽刺挖苦,使裴尚书不得不赔礼认错。全剧着力突出李千金的反抗性格,人物形象鲜明动人。《秋胡戏妻》则重点描写梅英爱情的坚贞。她的丈夫在婚后第二天便被抓走当兵,一去十年不归,且家中生活贫苦,度日艰难,但她守志不渝,决不肯改嫁李大户。后来秋胡荣归,在桑园以言行挑动,用黄金引诱,均被严厉拒绝。秋胡回到家中,梅英知桑园所遇乃是秋胡,宁可不要五花官诰和黄金,而要一纸休书。全剧紧紧围绕梅英的坚贞爱情选材,人物性格光彩照人。其他如《望江亭》中谭记儿的机智聪明,《周公摄政》中周公的忠心耿耿,《隔江斗智》中诸葛亮的神机妙算,都是抓住人物性格的一个方面加以突出描写,这些人物都可谓单一性格的人物。在今天看来,单一性格的人物自然不能像现实生活中的人那样血肉丰满,富有多面的立体感,因此不免有单薄之嫌;但在篇幅短小的戏剧形式中,要刻画多面性的、有发展的复杂性格,即使在今天也是十分困难的。元杂剧采取集中描写人物性格的一个方面的方法,造成突出鲜明的效果,虽然广度不足,但可加强深度,这是一种很有益的探索。《三国演义》就是继承并发展了这种方法。即使在今天,仍可供我们借鉴和学习。

同时,元杂剧中有的作品也已开始注意性格的丰富性,塑造了一些复杂性格的人物。有的是表现为优点和缺点兼而有之,融于一身。如《铁拐李》中的岳寿,一方面像一般公吏一样,仗势欺人,刁钻报复,"也曾在饥喉中夺饭吃,冻尸上剥衣穿"。但他又胆小怕事,一听说得罪了新上任的韩魏公,便惊吓成疾,且回想自己的过去所为,"便早死呵不敢怨天",又颇有悔悟之意。他对妻子儿女善良深情,但又有些心胸狭窄。如他到临死也不肯多穿衣服,以便留给妻儿;并三番五次询问妻子在各种情况下如何守节,一再嘱咐妻子不要嫁人。这是一个像生活中的人一样具有丰富复杂的感情和活生生的性格的人物。作品并没有把他写成一个绝对的坏人,也没有把他写成一个完美的好人,而是具体生动、细入微芒地写出了一个富有生活实感的活人。《遇上皇》中的赵元不理家业,恋酒贪杯;但他却不搞歪门邪道,而且为人善良,具有自知之明。他自知死在眼前,还要替赵匡胤偿还酒债。后来赵匡胤封他为东京府尹,他自知不称职,便要求辞职,与其害民,不如醉酒。《神奴儿》中的李德义,一方面不想与兄嫂分家,一方面又拗不过其妻;他既喜爱侄儿,为侄儿被其妻勒死而悲痛,但又害怕事露,不得不听从其妻摆布。总之,他们都不是简单化的非好即坏的人物。作品没有把他们彻底丑化。要么将真善美集中于一身,剔除一切非闪光的杂质,要么将假恶丑归之于一人,去掉他身上的一切人性,其结果,人物似乎是突出了,但血肉饱满的丰富多彩性却消失了。这种脱离了生活真实的人物当然是苍白无力的。人物的典型化应该是从现实生活出发,提炼概括那些具有活生生的个性的东西,而不是用概念的框子去套用、撷取甚至任意拔高。从这个意义上说,元杂剧中塑造人物的复杂性格的方法对我们是很有启发的。

元杂剧中的人物,有时又表现为性格的多面性。如《李逵负荆》既从李逵一口承担为王林报仇描写其疾恶如仇,见义勇为;又从他怒砍杏黄旗表现其鲁莽粗豪;还由其负荆请罪见其心胸宽阔,知错即改;甚至还写他欣赏梁山的美好春光,高兴地把桃花瓣儿放在水中，追逐玩耍，充满了天真和稚气；此外，李逵那独特的思想逻辑和小聪明也令人发笑。如他和宋江、鲁智深下山对证，宋江走得慢了，他说是："你只是拐了人家女孩儿，害羞也，不敢走哩。"赌输之后，他还想耍弄点小计谋，对宋江说："若不打，这顽皮不改。""打一下是一下疼，那杀的只是一刀，倒不疼哩。"并试图乘机溜走，说："不打，谢哥哥也。"说罢就走。他的狡黠也带有可笑而又可爱的特点。作品从各个侧面刻画李逵的性格，而且又揉刚、柔、幽默于一身，因而使这一人物丰满生动，多姿多彩。《陈州粜米》中的包公既有正直无私的人格，又有机智聪明的个性，既有清廉如水的品德，又有幽默风趣、平易近人的作风。《渑池会》也是既写蔺相如的智，又写他的勇，还描写了他顾全大局、不计个人得失的政治家的风度。这些作品都从不同的侧面刻画人物的复杂性格，扩大了性格的广度，增强了人物的立体感，显然，这比单一性格的人物是一个发展和进步。

在元杂剧中，人物的复杂性格也有的是表现在人物性格纵向的发展变化。在这方面，《西厢记》对崔莺莺的描写最为出色。寺警之前，莺莺是情窦初开，青春乍醒，虽脉脉含情，微带幽怨，但基本上还柔顺驯从。她与张生佛殿初逢就"临去秋波那一转"，眉目传情。加之花园联吟，不禁情思荡漾，"口儿里作念心儿里印"，希望有人"向东邻通个殷勤"，但又因"小梅香伏侍的勤，老夫人拘系的紧"，而感叹"系春心情短柳丝长，隔花阴人远天涯近"。这时的莺莺，是个情思萌动，期待和幽思萦绕心头的温顺少女。从寺警到送别，莺莺的内心感情开始沸腾翻滚，爱情与怨恨同时发展，顺从和反抗交织出现，性格中深沉的一面有了增长。老夫人的赖婚，加之张生抚琴悲歌，使莺莺对母亲的无情无义心怀怨恨，暗暗咒骂；同时又为张生的真情和痛苦而感动下泪，爱怜倍增。于是她开始心潮起伏,活力涌动。但当时的社会条件和她的特定身份不能不使她真真假假,矛盾动摇,时而鼓起了反抗的勇气,时而又屈服于封建礼教的压力,经过一番波折方才完成了与张生的结合。到惊梦,莺莺便成了一个热烈泼辣的形象,她爱得真挚热烈,反抗得勇敢大胆,以一种崭新的姿态出现在我们面前。当然,像《西厢记》这样细腻生动、层次分明地描写人物性格的发展变化,如果不是用五本二十折的形式,是很难做到的。但也有以四折的短小形式刻画了有发展的复杂性格。如《窦娥冤》中的窦娥,开始时把自己的悲惨遭遇归之于八字不好,"前世里烧香不到头",只不过想老老实实"将来世修"。但张驴儿父子闯进了她的生活。她厌恶这两个恶棍无赖,并不得不起而反抗。然而,她对官府却还抱有幻想,因此情愿与张驴儿去见官,并对桃杌说:"大人你明如镜,清似水,照妾身肝胆虚实。"直到"捱千般打拷"之后,才使她清醒起来。于是她不但咒骂官府,而且还怀疑和质问天地。窦娥的性格在斗争中逐渐发展到了顶点。《鲁斋郎》中的张珪从害人利己,投机钻营,到妻子被夺,苦痛万分,再到儿女失散,鲁斋郎所赐新妻又与李四相聚,终于灰心失望,出家而去。作品紧密联系人物的生活遭遇写其思想性格的变化,顺理成章,真实自然,同时也使人物性格得到了丰富和深化。

元杂剧从对人物单一性格的描写,到对复杂性格的刻画,表明了它在人物塑造上进行了许多有益的探索。它的人物性格描写,无论在广度和深度上,都比唐传奇、宋话本有了进一步的发展,其中有些东西至今仍值得我们学习。

第三　传奇人物和普通人物

孔尚任《桃花扇小识》说："传奇者，传其事之奇焉者也，事不奇则不传。"中国小说、戏曲向来以描写奇人异事为常，元杂剧也常常通过传奇性的浪漫故事来描写理想化的传奇人物。剧中那些进行军事政治斗争的历史人物，如伍员、蔺相如、诸葛亮、关羽、张飞、李逵、薛仁贵、尉迟恭、包公等，固然是叱咤风云、智慧过人的；神仙道化剧中的人物，如吕洞宾、铁拐李等，更是神出鬼没，变幻莫测的；伦理道德剧中的范式、张劭、小张屠等也是世上罕见、耸人听闻的；就连那些爱情婚姻剧中的秀才妓女、书生小姐也是才貌超群、品格出众的。在元杂剧中，这些传奇人物往往是通过传奇性情节和浪漫故事来加以描写的，带有较大的夸张性和浓厚的虚构色彩。这种刻画人物的方法比较容易突出人物形象和吸引观众与读者，因此常为中国古典叙事文学采用。但它往往偏重于重大情节的叙述，而缺乏生活细节的描写，所以有时也会感到生活气息不足。

在元杂剧中，除了这种传奇人物以外，也出现了许多日常生活中的普通人物。作品通过生动细致的生活细节，把这些人物写得生动逼真，充满了生活实感。如《拜月亭》写王瑞兰雨中逃难："啞，百忙里一步一撒，嗨，索与他一步一提。这一对绣鞋儿分不得帮和底，稠紧紧粘软软带着淤泥。"《潇湘雨》写张翠鸾雨中发配："行行里着车辙把腿陷住，可又早闪了胯骨。怎当这头直上急簌簌雨打，脚下滑擦擦泥淤。……好着我急难移步，淋的来无是处。我吃饭时晒干了旧衣服，上路时又淋湿我这布裹肚。吃交时掉下了一个枣木梳。"把在雨打泥滑中赶路的情形写得何等具体生动！而一个跌交时掉了枣木梳的细节紧扣人物身份，又是多么细腻真实！《魔合罗》写卖魔合罗的高山老汉途中遇雨则又是另一种情形："每年家赶这七月七入城来卖一担魔合罗。刚出的这门，四下里布起云来，则是瓮盆倾溙相似。早是我那婆子着我拿着两块油单纸，不是都坏了。我试看咱，谢天地，不曾坏了一个。这个鼓儿是我衣饭碗儿，着了雨，皮松了也。我摇一摇，还响哩。"老汉独特的职业、心理、动作、生活方式乃至家庭关系，都通过生活细节写得历历在目，充满浓厚的生活气息。《盆儿鬼》写张懊古向盆罐赵讨了个夜盆儿，回家途中，一边吹嘘不怕鬼，一边又心中疑惧，对各种反常现象做出各种解释。回到家中之后，一边生火、点灯、捉虱子，一边自言自语地骂隔壁王婆婆家的猫儿；小便时尿在盆外，又埋怨自己老糊涂了。通过一系列的生活细节把一个老年人的日常生活和性格写得栩栩如生，而又幽默风趣。如果没有对人物和生活的极度熟悉和深刻感受，是绝对写不出来的。由于元杂剧的作家们比较接近下层人民，所以元杂剧才能把许多普通人物写得特别生动。

熟练地运用生动细致的细节描绘来刻画人物是叙事文学成熟的标志之一。我国早期的古典小说大多是粗简的神怪故事，到唐传奇和宋话本才较多地描写了现实生活中的人物，并开始注意对生活细节的描绘。元杂剧在这方面有了进一步的发展。以后的《红楼梦》则在细节描写方面达到了中国古典艺术的高峰。任何艺术的发展都离不开前代的创作经验。因此元杂剧通过生动的细节刻画了许多普通人物，对以后文艺创作的发展是很有意义的。

从以上分析不难看到，元杂剧中的人物形象既有幼稚、简单、继承传统的一面，又有发展、进步、有所创造的一面。从中可以看出它前进的足迹。虽然它的人物塑造还不够成熟,但它正在走向成熟。作为一个必不可少的成长阶段,它的历史功绩是不可抹杀的。

此外,元杂剧在人物塑造的艺术方法上也有许多新的创造。在这里,我们仅从人物的外貌神态描写和心理感情描写两个方面作一初步的探索。

外貌神态是人物的直观形象,人物塑造当然离不开对人物外貌神态的描写。现代话剧只能通过人物的化妆和表演把人物的外貌神态直接展示给观众。而中国戏曲却可以通过人物的台词对人物的外貌神态自由地加以描述。这种描述虽出自剧中人物之口,实际上和小说中作者的描述具有同样的作用。这是中国戏曲的一大特点,也是一大优点。从现存的戏曲作品来看,元杂剧可算是这一方法的奠基者。

在元杂剧中,这种描述有的是通过剧中人的眼睛描写他人,如《玉壶春》通过李玉壶的眼睛写商人甚舍的外貌:"一弄儿打扮的实难赛,大信袋滴溜着三山骨,硬布衫拦截断十字街。……带着个高一尺和顶子齐眉的毡帽,穿一双连底儿重十斤壮乳的麻鞋。"这种写法既展示了另一人的外貌情态,又表现了此一人的心理和感受,一举两得,用笔经济。也有的是由剧中人自述其外貌,如《张生煮海》中龙女自述:"风飘仙袂绛绡红,则我这云鬟高挽金钗重,蛾眉轻展花钿动,袖儿笼指十葱,裙儿簌鞋半弓。"这种写法颇为奇特,因为实际上人们是不能看见自己的外貌的。但在元杂剧中却可以自我叙述,实际上这是一种变相的作者叙述。

元杂剧的外貌神态描写,写静态往往用写实手法,并常用比喻。如《西厢记》写崔莺莺:"恰便似檀口点樱桃,粉鼻儿倚琼瑶,淡白梨花面,轻盈杨柳腰。妖娆,满面儿铺堆着俏;苗条,一团儿真是娇。"《玉壶春》写李素兰:"见一朵娇兰种,似风前睡海棠。……睡浓时素体鲜红玉,觉来也蕙魄散幽香。眼濛濛如西子春娇困,汗溶溶似太真般浴罢妆。"都是运用写实手法,犹如精细的工笔画一样,画出了人物外貌的静态。而这种手法在元杂剧中只是少数。

元杂剧的外貌神态描写,写动态则往往用写意手法。我国绘画从唐代以后开始由提倡写实主义的形似转为提倡写意的神似。在戏剧方面,以写意手法描写人物外貌情态的动态,在元杂剧中用得最多,也最出色。

一种是以动传神法。莱辛说:"媚是在动态中的美……一般说来,我们回忆一种动态比回忆一种单纯的形状或颜色,要容易得多,也生动得多,所以媚在这种情形下比起美来,能产生更强烈的效果。"(《拉奥孔》)因而动态更易于传神和动人。如《西厢记》写张生:"我和他乍相逢记不真娇模样,我则索手抵着牙儿慢慢的想。""外像儿风流,青春年少;内性儿聪明,冠世才学;扭捏着身子儿,百般做作,来往向人前,卖弄俊俏。"把张生的神态写得栩栩如生,活灵活现,并由外及内,人物的内心活动也具体可感。《西厢记》写崔莺莺:"则见他宫样眉儿新月偃,斜侵入鬓云边。……未语人前先腼腆,樱桃红绽,玉粳白露,半响恰方言。……恰便似呖呖莺声花外啭,行一步可人怜。解舞腰肢娇又软,千般袅娜,万般旖旎,似垂柳晚风前。"作品写了莺莺的眉、鬓、唇、齿、腰,但并不是死板的实写,而是传神地写出了莺莺的神态和风韵。正是由于着重从莺莺腼腆多情的情态气质、娇柔袅娜的神韵风致来写外貌,并出之于张生的眼睛,寄托着强烈的感情,才使这一形象具有特别动人的美感。写人物神韵,当然以写眼睛最易于精炼传神。《诗经·卫风·硕人》写美女用了许多比喻:"手如柔荑,肤如凝脂。

领如蝤蛴,齿如瓠犀,螓首蛾眉。"都不能给人以鲜明的印象,而"巧笑倩兮,美目盼兮",以寥寥几字写了人物的眼神和动态,形象便立刻活了起来。《百花亭》写贺怜怜:"则见他寄幽情故将兰蕊儿折。端的个眉尖上芳信传,眼角头春意窈,……元来那脚踪儿也把心事写。"《西厢记》写红娘:"可喜娘的庞儿浅淡妆,穿一套缟素衣裳;胡伶渌老不寻常,偷睛望,眼挫里抹张郎。"以眼写情,借目传神,三言两语,便使人物神韵飞动。上述描写虽然也涉及人物外貌情态的某些具体形象,但写形疏宕,不用工笔,重点是在写情、写神。任二北《曲谐》说:"字字写貌,即字字写情,貌至处,即情浓处。"写貌与写情结合,便情态顿出,优美动人。

其次是朦胧联想法。在元杂剧中,有时对人物外貌本身并不作具体描写,而是通过描写与人物密切相关的其他事物,激发人们对人物外貌的想象,造成朦胧之美。如《玉镜台》写刘倩英:"则见脂粉馨香,环珮丁当,藕丝嫩新织仙裳。但风流都在他身上,添分毫便不停当。"《西厢记》写莺莺:"他那里尽人调戏軃着香肩,只将花笑拈。"作品虽然没有具体描绘人物的美貌,但脂粉和香气,环佩的叮当声,薄而柔美的衣服,娇嫩艳丽的鲜花,这些富有诗意的美好事物,自然会引起人们对剧中人美丽的形象和风姿的想象。人物的外貌情态本身虽然朦胧,但烟水迷离却可引起人们无穷的遐想,人们可以根据自己的生活经验赋予人物最美的形象。任何事物,不管你把它写得多美,如果具体到了极点,便限制了人们的想象,无法向更远的地方飞翔。而朦胧联想之法却可以创造无尽之美,给人以含蓄隽永、意味深长之感。

再次是侧面虚写法。元杂剧还常常通过他人的反应从侧面虚写人物的外貌。其中有的是写他人的心理反应,如《玉壶春》写李玉壶初见李素兰的反应:"呀,猛见了心飘荡,魂灵儿飞在天,怎生来这搭儿遇着神仙。……我这里腹热心煎……引的人意悬悬似热地蚰蜒。"由李玉壶的神魂颠倒、性急难耐,可见李素兰罕见的美貌。有的是写他人的动作情态反应,如《西厢记》写莺莺拈香时众僧的反应:"大师年纪老,法座上也凝眺。举名的班首真呆僗,觑着法聪头做金磬敲。……老的小的,村的俏的,没颠没倒,胜似闹元宵。……大师也难学,把一个发慈悲的脸儿来朦着。击磬的头陀懊恼,添香的行者心焦。烛影风摇,香霭云飘,贪看莺莺,烛灭香消。"把群僧见了莺莺而六神无主、昏头昏脑的情态写得有声有色,幽默风趣,从而衬托了莺莺的绝代美色。有的是写假设的他人反应,如《玉镜台》写刘倩英的美貌:"他那模样,花比腮庞,花不成妆;玉比肌肪,玉不生光。宋玉襄王,想象高唐,止不过魂梦悠扬,朝朝暮暮阳台上,害的他病在膏肓,若还来此相亲傍,怕不就形消骨化,命丧身亡。"楚襄王见了神女也不过相思成疾,但假如见了刘倩英,将会形消骨化,命丧身亡,可见刘倩英比神女还要美丽百倍。如果说朦胧联想法对人物的外貌情态总还有些绰约的具体描写的话,侧面虚写法则对人物的外貌情态不作任何具体描写,人们可以根据各人的生活经验和思维方式对它作各种无穷无尽的任意联想,从这个意义上说,侧面虚写法具有更大的想象自由。

以动传神法、朦胧联想法、侧面虚写法都是以写意为主的艺术方法。元杂剧用这种方法塑造了许多迷人的形象,给了我们无穷无尽的美感。这种方法是元杂剧在人物外貌情态描写上的一个重要特点,也是一个极其宝贵的艺术经验。

人物的心理感情描写是深化人物形象、增强人物实感和感染力的重要艺术手法。中国戏曲向来以善于抒情见长,它常常抓住人物一刹那的感受着力抒写,深挚的感情配以动听的歌唱和美化的舞蹈动作,把人物的感情抒发得淋漓尽致,感人至深。有时甚至整出折子戏全部由载歌载舞的抒情组成,其中虽然既没有众多的人物,也没有惊险的情节和复杂的冲突,但它却能真切地写出人物的心理和感情,故能以情动人,并且充满了诗情画意,给人以强烈的美感。这是中国戏曲不同于话剧的一个重要特点。这一特点在元杂剧中就已经开始出现。元杂剧有些作品,如《梧桐雨》、《汉宫秋》、《西厢记》等就是以善于描写人物的心理感情见长并因此而辉耀千古的。元杂剧的曲词也常常带有抒情的性质。在元杂剧中,人物心理感情描写的手段十分丰富,它主要包括:

1. 以人物语言写心理:在小说中,人物的心理描写主要通过作者的叙述来完成。而戏剧不允许插入作者的叙述,因此人物语言就成了表现人物心理和感情的重要手段。但在现代话剧中,人物的心理和感情大都潜藏在人物语言的内部或背后,很少由人物直接向观众自述其心理活动。而元杂剧中的人物却常用独白、旁白、对白和曲词直抒胸臆。如《西厢记》写张生准备赴宴时的独白:"我比及到得夫人那里,夫人道:'张生,你来了也?饮几杯酒,去卧房内和莺莺做亲去。'小生到得卧房内,和姐姐解带脱衣,颠鸾倒凤,同谐鱼水之欢,共效于飞之愿。觑他云鬟低坠,星眼微朦,被翻翡翠,袜绣鸳鸯。"把张生想入非非的心理写得生动传神。《黄鹤楼》写周瑜会见刘备时的旁白:"这厮好无礼也!他着言语讥讽我!如今待要走向前去,一剑挥之两段,着人便道,周瑜乃江陵大帅,酒酣之际,杀了刘备,着后代史官点笔,骂名不朽。待不如此来,可不干走了这大耳汉。我如今将机就计,着这渔翁推切鲙,走向前去,一剑刺了刘备,着后人便道刘备着个渔翁杀了,可也不干我事。"生动地写出了周瑜气愤而又狡诈的心理。《金钱记》中柳眉儿和梅香的一段对白，描写柳眉儿千方百计地想寻找机会与韩翊说话，而梅香却催她回家，她说："梅香，老相公教我来，便回去得迟也不妨事。""梅香，俺略再玩一会去。"梅香说："姐姐，你怎生眼不转睛看那秀才则甚？"柳眉儿说："我是个闺门中的女孩儿，岂有此事。梅香，咱回去来。"这几句对白真是一段绝妙的心理描写，把柳眉儿对韩翊恋恋不舍、脉脉含情而又竭力掩饰的隐秘心理写得细腻生动而又幽默风趣。至于以曲词直述心情，更是常用之法。如《西厢记》中张生的唱词："往常时见傅粉的委实羞，画眉的敢是谎；今日多情人一见了有情娘，着小生心儿里早痒、痒。迤逗得肠荒，断送得眼乱，引惹得心忙。"把张生那爱火燃烧的心胸和盘托出。元杂剧中的曲词大都以抒情为主，它常常抓住特定时机，用大段曲词，以浓笔重彩集中描写人物心理。如《西厢记》中的赖婚一折，抓住老夫人让莺莺为张生把盏、莺莺心中痛苦难言、欲递不递的一刹那，展开了大段的心理描写。直到今天，中国戏曲仍然善于以大段唱词淋漓尽致地抒情写意，可以说是继承了元杂剧的优良传统。

　　2.以人物情态动作写心理：在戏剧中，如果说允许有一点作者的叙述的话，那就是剧本中对人物的情态动作所作的舞台指示和说明。这种叙述只作为演出时的指导，并不由剧中人加以述说。在元杂剧中，这种叙述为数很少，而且极其简略。但有的在刻画人物心理方面也发挥了重要作用。如《拜月亭》中的王瑞兰对父亲介绍丈夫时，羞涩腼腆，（做羞科）。而当父亲强将她夫妻二人拆散时，她痛苦慌乱，（做荒打惨打悲的科），（做没乱意了），与丈夫难舍难分，（做艰难科）。与丈夫分开之后，她偷偷地拜月祈祷，（做烧香科）；被瑞莲撞破后先是羞臊，（做羞科）；谈及往事又悲伤，（打悲了）；见瑞莲啼哭又生疑惑，（做猛问科）；知瑞莲是世隆之妹又欢喜,(做欢喜科)。把人物复杂的感情变化写得细致生动。

在元杂剧中,更重要的是在它的唱词和宾白中所包含的对人物情态动作的大量叙述。它虽然出于人物之口,实则等同于作者的叙述。而且这种叙述具体生动,形象鲜明,其中有不少描写生动地反映了人物的心理活动。如《西厢记》写张生与莺莺分别时的情态:"我见他阁泪汪汪不敢垂,恐怕人知。猛然见了把头低,长吁气,推整素罗衣。"把张生心中痛苦难忍而又竭力掩饰的心理写得惟妙惟肖。《墙头马上》写李千金母子突然被裴尚书发现时的情态:"魄散魂消,肠慌腹热,手脚麋狂去不迭。相公把柱杖掂详,院公把扫帚支吾,孩儿把衣袂掀者。"把李千金的慌乱,裴尚书的难堪,院公的惧怕,孩子的怯呆,写得逼真自然。元杂剧还善于通过人物一系列的情态动作,写出人物矛盾复杂的内心世界。如《调风月》中的燕燕得知小千户另有新欢之后,"出门来一脚高,一脚低",回到房内,一会儿长吁短叹,一会儿"捣枕捶床","呼的关上笼门,铺的吹灭残灯",一系列的情态动作表现了燕燕的极度痛苦、伤感、愤怒、悔恨,种种感情混杂而生。《西厢记》中的莺莺,"对人前巧语花言,没人处便想张生,背地里愁眉泪眼"。她在无人时喜孜孜细看张生的简帖儿,见了红娘却又翻脸相骂。但当红娘真要把简帖儿送给老夫人时,她又拉住红娘,笑脸相求。她亲笔写回书约张生相会,而当张生一旦到来,她又突然变卦发怒。但当张生羞怨病重,她又疼爱不忍,终于羞答答地前去赴约。作品通过莺莺一系列的情态动作,把莺莺又爱又瞒、真真假假、忸怩作态的矛盾复杂的微妙心理写得真实细腻,生动逼真。人物的情态动作是其内心世界的外化,虽然它并不直接说出人物的内心活动,但却可以通过具体的直观形象把人物的内在感情生动形象地表现出来，并且蕴藉含蓄，耐人寻味。

3.以写景表现心理：中国戏曲以虚拟性为其表演特点，因此它不需要布景的设置。但它却可以用人物的唱词描绘景物来代替布景，而且唱词所提供的景象远比布景广阔复杂，灵活多变。同时，唱词的景物描写也是刻画人物心理的重要手段。如《西厢记》写张生月夜等候莺莺："玉宇无尘，银河泻影，月色横空，花阴满庭。罗袂生寒，芳心自警，侧着耳朵儿听，蹑着脚步儿行，悄悄冥冥，潜潜等等。"宁静明洁的月夜景色，恰切地表现了张生心中美好的期待，也写出了他屏心静气、全神贯注的心境。莺莺来到花园，隔墙烧香时："夜深香霭散空庭，帘幕东风静。……剔团圞明月如悬镜，又不是轻云薄雾，都则是香烟人气，两般儿氤氲得不分明。"这种充满诗意的景色与张生沉醉在梦境般的美好想象中的迷离恍惚的心情相融为一体。莺莺走后："我忽听，一声，猛惊，元来是扑剌剌宿鸟飞腾，颤巍巍花梢弄影，乱纷纷落红满径。……空撇下碧澄澄苍苔露冷，明皎皎花筛月影。"生动地写出了张生由如痴如迷的幻想中清醒过来以及悲哀、孤寂、怅然若失的心情。

元杂剧的景物描写不但写可见的物形和色彩，而且还常常间以可闻的声响，创造出一种充满特定感情的氛围。如《云窗梦》："孤鸿枕畔哀，乱蛩砌下鸣，西风鹤唳秋天静。霜寒鸳帐愁无寐，云冷纱窗月半明。添愁病，惊回一堂春色，万籁秋声。战西风竹叶鸣，捣秋霜砧杵清，一弄儿会把愁人并。恼人心半窗娬娬疏梅影，聒人耳万种萧萧落叶声。那堪听，檐间铁马，雨内梧声。"以云月、寒霜、疏梅之形和鸿啼、蛩鸣、鹤唳、杵声、叶响以及檐间铁马的摆动声，写出了一种凄凉、悲哀、烦躁的气氛，淋漓尽致地表达了郑月莲被迫与张均卿分离并被卖身的凄苦哀怨的心情。白仁甫的名作《梧桐雨》则抓住雨声进行集中的描写："一会价紧呵，似玉盘中万颗珍珠落；一会价响呵，似玳筵前几簇笙歌闹；一会价清呵，似翠岩头一派寒泉瀑；一会价猛呵，似绣旗下数面征鼙操。""……咮咮似喷泉瑞兽临双沼，刷刷似食叶春蚕散满箔。乱洒琼阶，水传宫漏，飞上雕檐，洒滴新槽。""……顺西风低把纱窗哨，送寒气频将绣户敲。莫不是天故将人愁闷搅。度铃声响栈道，似花奴羯鼓调，如伯牙水仙操。……斟量来这一宵，雨和人紧厮熬，伴铜壶点点敲，雨更多泪不少。雨湿寒梢，泪染龙袍。不肯相饶，共隔着一树梧桐直滴到晓。"彻夜连宵的秋雨忽大忽小，忽紧忽慢，敲打着翠条残叶，黄花枯荷，惊魂破梦，聒噪烦人，而且清冷昏暗，助恨添愁，再加上对往日柔情蜜意、歌舞繁华的回忆对比，把唐明皇的愁闷、痛苦、孤寂、凄凉、烦恼的心情写得深刻细腻，酣畅淋漓，具有回肠荡气的艺术力量。以景写情的方法，使作品充满了诗情画意之美，从这个意义上说，元杂剧的某些作品也可以说是优美的诗剧。

4. 以物写心理：中国古典诗词常有咏物抒情之作。元杂剧也常常通过写物来刻画人物心理。其中有的是物和人具有相同的命运，因而以物喻人，以人咏物，人、物相融，增强了抒情的力量。如《调风月》中的燕燕得知小千户另有新欢之后，回到房内，悔痛交加。见灯蛾绕灯飞舞，不禁见物生情，引以自比道："哎，蛾儿，俺两个有比喻。见一个耍蛾儿来往向烈焰上飞腾，正撞着银灯，拦头送了性命。咱两个堪为比并，我为那包髻白身，你为这灯火清。（云）我救这蛾儿。（做起身挑灯蛾科）哎，蛾儿，俺两个大刚来不省呵！〔幺〕我把这银灯来指定：引了咱两个魂灵，都是这一点虚名。怕不百伶百俐，千战千赢，更做道能行怎离得影！这一场了身不正，怎当那厮大四至铺排，小夫人名称？"以蛾自比，对蛾伤情,表达了燕燕被引诱受骗,极其痛苦、悔恨的心情。马致远的名作《汉宫秋》写汉元帝与王昭君分别之后闻雁伤情:"(雁叫科)却原来雁叫长门两三声,怎知道更有个人孤另。(雁叫科)(唱)〔白鹤子〕多管是春秋高筋力短,莫不是食水少骨毛轻。待去后愁江南网罗宽,待向前怕塞北雕弓硬。〔幺篇〕伤感似替昭君思汉主,哀怨似作薤露哭田横,凄怆似和半夜楚歌声,悲切似唱三叠阳关令。"……汉元帝闻雁动情,对雁抒怀,表达了他的伤感、哀怨、悲切、孤凄而又烦恼的心情。

在元杂剧中,有的物件与剧中人的感情并无相似之处,有时甚至是相反的,但人物的主观感情也可以把人和物互相联系起来,由人及物,人、物相关,刻画人物心理。如《金钱记》写韩飞卿与柳眉儿一见钟情,但又苦于无人可通信息,不禁对莺燕蜂蝶央求道:"〔金盏儿〕紫燕儿画檐外谩嘈杂,黄莺儿柳梢上日呱吼,蜜蜂儿只恁的你可也无闲暇,蝴蝶儿少罪我把你厮央咱。黄莺儿怕你寻友处迷了伴侣,紫燕儿怕你衔泥处老了生涯,蝴蝶儿我怕你怯春寒花内宿,蜜蜂儿又则怕迟了你日暮树边衙。"把韩飞卿情急难耐,想请莺燕蜂蝶传信但又怕它们不能完成这一任务的天真心理写得生动细致。《张天师》写陈世英因急于晚上会见桂花仙子,对太阳说:"呀,这早晚还是午时也。我央及你波!我与你唱喏,怎生不动?我与你下跪,又不动。我与你下拜,也不动。钉子钉着你哩。泼毛团是好无礼也,小生不才杀者波,也是国家白衣卿相。你则道我不认得你哩!想当初尧王时有十个日头,被后弈在昆仑山顶上,射落九乌,止留的你一个。你晓来夜去,催逼了多少好人!你若是欢喜呵,腆着你那红馥馥的脸儿;你若恼了呵,云生四野,雾罩八方。你则道我不认的你哩。"把陈世英的焦急心情写得幽默风趣。在中国戏曲中,常常由某一物件引起剧中人的大段歌唱和复杂感情的抒发,这是中国戏曲在心理描写上的一个重要特点,而这一特点在元杂剧中就已经可以看出端倪,在有的作品中甚至已经相当成熟了。

5. 以梦写心理:以梦境刻画人物心理,在现代话剧中并不多见,但元杂剧却因其不受布景的限制,场景变换自由灵活,因此常用这一手法。通过梦境可以反映人物的各种思想感情和心理状态。元杂剧常用梦境描写男女之间的离别相思。如《西厢记》写张生草桥店梦莺莺,《云窗梦》写郑月莲中秋夜梦张均卿,《汉宫秋》写汉元帝皇宫中梦王昭君,反映了他们对情人梦萦魂牵的思念;由梦中相会和醒而复离,再加上醒来之后凄凉氛围的描写,也表现了他们的怨恨和痛苦。元杂剧也用梦境描写人物悬悬不安的心情。如《来生债》中的磨博士得了庞居士一个银子,回到家中,唯恐被别人偷去,因此把银子揣在怀里,梦见人来抢,放在灶窝里梦见火来烧,放在水缸里梦见水来淹,埋在门限下梦见人来钯,以致整夜不得安睡。通过一连串的梦境反映了磨博士为一个银子悬悬于心、神魂不定的心情,把这个辛劳一生,但从未见过银子的穷雇工的心理状态写得真实可信,栩栩如生,于貌似幽默的描写中使人感到磨博士生活的苦难和酸辛。元杂剧还常用梦境把人物并不明朗的某种思想甚至是某种隐约的预感鲜明、形象地表现出来。如《硃砂担》中的商人王文用于利增百倍之际,在店中梦见自己到了一所美丽的花园,摘了一朵鲜花,却突然凋零;之后又来了一个强盗,凶狠地将其杀死。作品虽没有明确地交代他的思想活动,但这个梦境无疑表现了他为自己的安全暗暗担心的心情。而这对一个在动乱的社会中外出的商人来讲,是完全真实可信的。这种带有某种预感性质的梦境在元杂剧中常常出现。虽然作品往往使它带上某种神秘色彩,实际上它还是具有一定的现实基础的。

　　总之,元杂剧的人物塑造具有自己的鲜明的特点和独特成就。这些特点和成就是元代特定时代的产物,也是在前人基础上进一步探索的结果。元杂剧在人物塑造方面的成功经验,在后代的戏曲中得到了进一步的发展,并成为中国戏曲的突出特点。当然,作为一种年轻的戏剧,元杂剧在人物塑造上也有一些不够成熟之处,而这是不能用今天的标准苛求于它的。

　　　　　　　　　　　　　　(原载《文学遗产》,1983 年第 1 期)

元杂剧的语言风格

王国维《宋元戏曲考》说："古代文学之形容事物也，率用古语，其用俗语者绝无。又所用之字数亦不甚多。独元曲以许用衬字故，故辄以许多俗语或以自然之声音形容之。此自古文学上所未有也。"对于俗语的运用，有人认为是文学的退化，而梁启超则说："寻常论者，多谓宋元以降，为中国文学退化时代，余曰：不然。""文学之进化有一大关键，即由古语之文学变为俗语之文学是也。"（《小说丛话》）这一观点无疑是正确的。唐宋以前，我国文学作品基本上都是用文言写成的。到唐宋时期，由于城市和商业的发展，市民阶层开始兴起。随着他们力量的壮大，就必然要求适应他们欣赏习惯的文艺形式。于是运用口语创作的多种形式的说唱文学（如唐变文、宋话本等）便应运而生。社会的需要和这些作品的创作成就不能不给予文人文学以巨大的影响。因此在宋词中已有口语的运用，但为数不多。到了元代，由于元杂剧的主要观众是市民，因而不用口语便不能为他们所理解；同时，由于蒙古统治者不懂得中国的传统文化，因此他们也提倡白话，甚至连诏敕公文也用口语；再加上蒙古统治者喜欢繁音促节的胡乐，而文言不能自然和谐地配合这种乐曲。于是元杂剧的语言与过去的文学语言相比便产生了革命性的变化。但是元杂剧的语言风格并不能简单地用运用口语和方言俗语来概括。它既不同于文言作品的文言，也不同于宋话本的白话，它文而不文，俗而不俗，雅俗共赏，智愚皆宜，具有独特的语言风格。

第一，口语的运用

　　元杂剧的宾白几乎全用口语，无须多论。我们在这里主要是谈其曲词里口语的运用。元杂剧曲词里口语的运用主要表现在句式和词语上。而这在很大程度上得力于衬字的运用。由于衬字的运用，打破了格律严格的律诗和词不能因内容、情调的不同而改变形式的局限，使曲词成了随不同内容而变化的长短灵活的曲句。律诗整齐的五、七言句式和词的以五、七、四、六言为主的句式，显然是非口语化的。任讷《散曲概论》说："倘金元乐府仍旧承用南宋慢词之长短句法，整而不化，凝而不疏，静而不动者，则虽铸就甚多语料之新词在，亦格格不得入也。"而元杂剧的曲词却从每句一字到每句十几字都有，奇偶骈散、长短简繁，参差错落，自由变化，因而能够曲折尽情，摇曳多姿。同时，由于所加衬字又不必讲平仄，使曲的格律得到了解放，这样许多口语便可自由入曲。特别是虚词的运用，使之能够更好地来表达开阖顺逆、抑扬顿挫诸种变化，曲折地帮助语言的情态语气。早在唐诗就注意了发挥虚词的这种作用。李东阳《怀麓堂诗话》云："诗用实字易，用虚字难。盛唐人善用虚，其开合呼唤，悠扬委曲，皆在于此。"而元杂剧中的虚词衬字用得更加自由繁多，所以更加曲折生动。

　　试看《盆儿鬼》第一折〔六幺序〕："猛听得叫一声这花有主么，哎，天也恰便似个追人魂黑脸那吒。……哎哟，我这里观瞻罢，见了他恶势煞。他骨碌碌将怪眼睁叉，迸定鼻凹，咬定龀牙，则被你唬杀人那。"此曲不但句式自由多变，而且大量运用诗词中不多用的感叹词、语气词,增加了它的自由化和生活化色彩;曲内"则被你唬杀人那"完全是散文化的语言,"这花有主么"则纯粹是人们的日常口语。在有格律限制的情况下,能够把曲词写得如此自由灵活,如同脱口而出,丝毫不见斧凿痕迹,虽然貌似浅易,实则没有深厚的功力是写不出来的。

元杂剧的曲词还常用模仿自然声音的口语化的象声词,把事物写得有声有色。如《梧桐雨》:"疏剌剌刷落叶被西风扫,忽鲁鲁风闪得银灯爆,厮琅琅鸣殿铎,扑簌簌动朱箔,吉丁当玉马儿向檐间闹。"用一系列的象声词把落叶声、风声、鸣铎声、朱箔声、玉马摆动声写得杂沓纷繁,声如可闻。

元杂剧的曲词还特别喜欢运用口语化的形容词生动形式,即以一个形容词为主,缀以两个或三个表示辅助意义的口语化的字词,构成一个不可分割的口语化的形容词单位;而且这种形容词生动形式在元杂剧中经常是连续运用的。如《杀狗劝夫》:"白茫茫雪迷了人踪迹,昏惨惨雪闭了天和地。寒森森冻的我还窑内,滴溜溜绊我个合扑地。黑喽喽是谁人带酒醺醺醉,我我我定睛的觑个真实。"其中"白茫茫"、"昏惨惨"、"寒森森"、"黑喽喽"都是以一个形容词加上两个叠字后缀构成的形容词生动形式。又如《蝴蝶梦》:"他三个足丢没乱眼脑剔抽秃刷转,依柔乞煞手脚滴羞笃速战,迷留没乱救他叫破俺喉咽。"其中"足丢没乱"、"剔抽秃刷"、"依柔乞煞"、"滴羞笃速"、"迷留没乱"有的是由一个形容词辅以三个不同的口语字组成,有的甚至四个字全由口语字词组成。这些口语化的形容词生动形式常用来描绘事物的形态状况或人物的动作方式和情态,生动形象,清新质朴,令人耳目一新。

元杂剧还常用俗语来说明事理,而这种俗语则是活在群众口头上的一种固定词组。如《来生债》中的"大缸里翻油,沿路拾芝麻"，《青衫泪》中的"见钟不打更炼铜"，《墙头马上》中的"拾得孩儿落的摔"，《金线池》中的"驴生戟角瓮生根"，这类例子不胜枚举。它们常以比喻的形式出现，简练生动，通俗明白，具有很强的表现力。在元杂剧中，除了这种固定词组式的比喻外，其他比喻也往往用村巷市井所熟悉的日常事物，而且以通俗口语出之。如《蝴蝶梦》中的"浑身是口怎支吾，恰似个没嘴的葫芦"，《鲁斋郎》中的"唬的我似没头鹅热地上蚰蜒"，《遇上皇》中的"抬起头似出窟顽蛇，缩着肩似水淹老鼠，躬着腰人样虾蛆"等，都是生动的口语化的比喻，它们分别把有苦难言、惊慌失措、难忍风寒的人物情态写得栩栩如生，同时又具有一种通俗质朴的风格。

元杂剧中的口语和方言是密切相关的。由于它的口语基本上是北方口语，因此它的口语也就不能不带有北方的方言成分。前面举到的象声词、形容词的生动形式、俗语，都明显地表现了方言特色。即使一般用语中，也有许多方言词汇，如：不中、好歹、倒换、多嗒、一划、撺掇、去处、囫囵、头口、静办、情受、情愿、巴巴结结、出落、夜来、不着调……这些词汇直到今天还活在北方人民的语言中。因此，元杂剧的口语实际上是带有北方方言色彩的口语。

元杂剧运用口语的意义不仅在于通俗易懂，更重要的是它能用生动活泼的口语，摹写人情物态，委曲尽致，随物赋形，如喷泉腾涌，无拘无束，如行云流水，圆滑自然；而且活泼跳荡，气势飞动，一反凝重静雅之态。因而具有亲切晓畅、疏落俊爽之致。如《西厢记》："若今生难得有情人，是前世烧了断头香。我得时节手掌儿里奇擎，心坎儿里温存，眼皮儿上供养。"运用口语自然流美，写人物情致曲尽其妙，化工天机，不着痕迹。又如《合汗衫》写救火情景："我则见必律律狂风飒，将这焰腾腾火儿刮。摆一街铁茅水瓮,列两行钩镰和这麻搭。……则听得巡院家高声的叫吵吵,叫道将那头儿失火的拿下。……我则见这家那家,斗交杂,街坊每救火那。我则见连天的大厦,大厦,声剌剌,被巡军横拽塌。"把一片混乱景象写得有声有色,具有流荡飞动之势,表现了"词静而曲动"的特点。元杂剧运用口语能够摹写物情,体贴人理,自然真挚,生动活泼,而后世有些作品虽也用方言口语,但不能得其真谛,缺乏真挚自然之致,因而终究不能及之。所以王国维《宋元戏曲考·序》说元杂剧"能道人情,状物态,词采俊拔,而出乎自然,盖古所未有,而后人所不能仿佛也"。

元杂剧对口语的运用还造成了它的机趣横生、天真烂漫的风格,读来别有一种特殊的情味。李渔《闲情偶寄》说:"机趣二字,填词家必不可少。机者,传奇之精神;趣者,传奇之风致。少此二物,则如泥人土马,有生形而无生气。"黄周星《制曲枝语》说:"制曲之诀,虽尽于'雅俗共赏'四字,仍可以一字括之,曰:'趣'。……一切语言文字,未有无趣而可以感人者。趣非独于诗酒花月中见之,凡属有情,如圣贤、豪杰之人,无非趣人;忠孝廉节之事,无非趣事。知此者,可与论曲。"而机趣则不能不借助于生动活泼的口语。如杨景贤《西游记》中胖姑儿叙述唐僧的样子是:"官人每簇捧着个大榾柮,榾柮上天生得有眼共眉。我则道瓠子头葫芦对,这个人也索是跷蹊。"其他官人则是:"一个个手执白木植,身穿着紫搭背,白石头黄铜片去腰间系,一对脚似踏在黑瓮里。(张云)那是个皂靴。……官人每腰屈共头低,吃得醉醺醺脑门着地。(张云)拜他哩。"做院本的是:"伊伊呜呜吹竹管,扑扑通通打牛皮。见几个无知,叫一会闹一会。……见一个粉搽白面皮,红绖着油鬏髻,笑一声打一棒椎,跳一跳高似田地。"运用口语,写得天真烂熳,幽默风趣,表现了元杂剧的特有风格。

第二，大量的现成词组

所谓现成词组是指过去已经存在并为人们常用或熟悉的固定词组（或句子）。在一般情况下，我们说话或写作都是自己用一个个的词汇构成词组和句子，而元杂剧却常常用别人已经构成的现成的词组或句子。正如盖房子时不是自己用石子、黄沙、水泥浇铸出屋梁、楼板，而是直接采用别人的预制构件。元杂剧中的现成词组主要有俗语、成语、前人成句和元杂剧习用语。

俗语是一种杂言体的口语风格的熟语类型，它在元杂剧中常被大量运用。如《谢天香》中的："我正是闪了他闷棍着他棒，我正是出了筝篮入了筐。"《神奴儿》中的："你打破盆则论盆，休的要缠麻头续麻尾。……连你也迎风儿簸簸箕。"《荐福碑》中的："他每那里省的鸦窝里出凤雏，您兄弟常则是油瓮里捉鲇鱼。"《双献功》中的："呀，便问我要东西，叔待则你那没梁桶儿便休提。……谁有那闲钱补笊篱。"都是生动的俗语。这类俗语在元杂剧里数量很多。它具有淳朴活泼的口语风格，读来通俗生动，别有风味。同时，它又常用比喻、形容手段，具有具体的描述性。元杂剧中的俗语大都用得灵活自然，与其他句子浑融无间，所以读来流畅自然，毫无滞涩之感。有的俗语还表现了人物的特有风趣，突出了人物的鲜明个性。

成语则是一种以四言形式和骈体结构为主的书面语风格的熟语类型，在元杂剧中也被经常运用。任中敏《元人曲论》说："惟曲为合乐之韵文，曲调句法有定，纯粹语体，势难处处合调，虽有衬字办法，终不足以救济，有非杂以文言不可者也。"所以运用成语乃至少量文言势不可免。如《合汗衫》中的："则你也曾举目无亲,失魄亡魂,绕户蜓门,鼓舌扬唇。"《荐福碑》中的:"只为他财离人散,闪的我天宽地窄,抵死待要屈脊低腰,又不会巧言令色。"《蝴蝶梦》中的:"唬的我手忙脚乱,使不得胆大心粗。惊的我魂飞魄丧,走的我力尽筋舒。"都包含有不少的成语,元杂剧中的成语俯拾皆是。元杂剧成语的四言骈体形式和俗语的杂言散体形式相结合,使元杂剧语言既有严整之美,又具错落之致。成语的书面语风格和俗语的口语风格相辅相成,则使元杂剧的曲词文白相兼,相得益彰。同时,成语又言简意赅,凝练生动,结构规整,音调和谐,因而大大增强了元杂剧语言的表现力和节奏感。

　　运用前人诗句,在宋代诗词中就已经出现。但那毕竟是个别现象。而且化用尚可,直用则不被人们认可。而元杂剧却大量直用前人诗、词、曲、文中的成句,一时成为风气,甚至以此为能,以此为巧。直用前人诗句,如《望江亭》:"是看那碧云两岸,落可便轻舟已过万重山。"用李白《早发白帝城》诗。《梧桐雨》:"瑶阶月色晃疏棂,银烛秋光冷画屏。"用杜牧《秋夕》诗。《碧桃花》:"端的是笔落惊风雨,诗成泣鬼神。"用杜甫《寄李十二白二十韵》诗。《汉宫秋》:"红颜胜人多薄命,莫怨春风当自嗟。"用欧阳修《再和明妃曲》诗。直用前人词句,如《马陵道》:"庞涓也休猜做杨柳岸晓风残月。"用柳永《雨霖铃》词。《误入桃源》:"不觉的舞低杨柳楼心月,歌尽桃花扇底风。"用晏几道《鹧鸪天》词。《神奴儿》:"哎,却原来是云破月来花弄的影。"用张先《天仙子》词。直用元代之曲句,如《儿女团圆》:"呀,抵多少断肠人寄断肠词,今日弄璋人说与弄璋的诗。"用无名氏《小桃红》曲。《调风月》:"你又不是残花酝酿蜂儿蜜,细雨调和燕子泥。"用胡紫山《阳春曲》曲。《单刀会》:"端的是傲杀人间万户侯,自在优游。"用白朴《沉醉东风》曲。尤为奇特者,前人散文中的成句元杂剧也用而不忌。臧晋叔

《元曲选·序》云:"如六经语、子史语、二藏语、稗官野乘语,无所不供其采掇。"梁廷枏《曲话》云:"四书语入曲最难巧切,最难自然,惟元人每喜为之。"而其中又尤以用《论语》为最多。如《荐福碑》:"我犹自不改其乐,后来便为官也富而无骄。""谁肯学有朋自远方来。"《㑇梅香》:"他文质彬彬才有余,和俺这相府潭潭德不孤,更怕甚文不在兹乎。""留心在九大经,吾日三省。"都是用《论语》。元杂剧所用的前人成句多是为人们习见的名句,又用得恰切妥帖,妙合无痕,所以晓畅易懂,流利自然,并为其增添了动人的文采和特殊的风姿。

元杂剧习用语,指的是既非民间常用的俗语,又非凝练的成语,也不是前人成句,而是在元杂剧中彼此相沿、惯于使用的习用语。如《千里独行》中的:"叔叔你是那擎天白玉柱,架海的紫金梁。"《赤壁赋》中的:"这的是主人开宴出红粧,列金钗十二行。"《荐福碑》中的:"况兼今日十谒朱门九不开。"《倩女离魂》中的:"都做了一春鱼雁无消息。""则好拨尽寒垆一夜灰。"这类例子很多,它们都被元杂剧经常运用。元杂剧中各类人物的上场诗也经常被套用,很少有什么变化。还有些宾白,如准备赴约用的:"须索走一遭去。"夸官用的:"摆开头踏,慢慢的行。"等待结果用的:"眼望旌捷旗,耳听好消息。"写休书时用的:"我这里有剪鞋样儿的纸,描花儿的笔,都预备下了。"都彼此相同,几无例外。元杂剧中这些习用语在日常生活中和元杂剧以外的作品中,并不被作为固定的形式被套用,但在元杂剧中,它们却作为基本不变的形式被不断套用,实际上具有固定的现成词组(句子)的性质。

现成词组是帕利——劳德理论的重要内容之一。帕利(Millman Parry)和劳德(Albert B. Lord)是两位研究古代诗歌的西方学者。他们的理论阐述了口头叙事诗的作法、技巧和特点。

他们认为口头叙事诗的一个重要特点就是大量运用现成词组。现成词组犹如一个个金银珠宝的预制配件,而口头叙事诗的作者则犹如熟练的工匠,他们就是用这些原已储备的配件连缀成一件件精美的镶嵌工艺品。口头文学的词组化都在百分之二十以上。据美国王靖献统计,我国《诗经》的词组化程度也高达百分之二十一。由此可见,口头文学与书写文学的作法和技巧很不相同。因此对它们评论的标准也应当有所不同。人们对书写文学往往很重视其独创性,一篇诗文如果多用前人的现成词组便被目为陈腐,而口头文学作者的才能却往往表现为恰到好处地运用丰富的现成词组。所以劳德说:"如果不能挣脱已经形成的关于书写文学的评论标准,我们就不可能正确地欣赏和评价口头文学。"(《咏唱故事的人》)元杂剧并不是口头文学,它的词组化程度估计不会超过百分之十。但至少也可以说它受了口头文学很大的影响,带有浓厚的民间文学色彩。元杂剧曲不避熟,它是以大量运用现成词组为能,并由此见才的。元杂剧中词句的套用和雷同并非由于作者的无能,而是因为这是他们的特殊作法和技巧。因此对它们也就应该运用不同的标准,才能准确地评价其优劣。

第三,通俗的典故

使事用典是中国古典诗词的一个重要艺术方法。元杂剧也大量用典,但它运用典故却别具一格。李渔《闲情偶寄》说:"传奇不比文章,文章做与读书人看,故不怪其深;戏文做与读书人与不读书人同看,又与不读书之妇人小儿同看,故贵浅不贵深。"这段话指出了戏曲与诗文对象的不同。此外,戏曲与诗文还有一个重要的不同之处,那就是戏曲作为场上之曲,是唱给人听的,观众不可能停下来细细琢磨曲词的含义，这也要求戏曲曲词不可过于艰深费解。而由此就造成了元杂剧运用典故的特点。

元杂剧的典故常常采用群众所熟悉的民间传说和戏曲故事。如《玉壶春》："感谢你个曲江池李亚仙，肯顾恋这贬江州白乐天。愿你个李素兰常风韵，则这个玉壶生永结缘。双通叔敢开言，着你个苏卿心愿。……哎，你个谢天香肯把耆卿恋，我借住临川县，敢买断丽春园，一任着金山寺摆满了贩茶船。"双渐、苏卿的故事在当时广为流传，李亚仙、白乐天、谢天香、柳耆卿也都是元杂剧中的著名人物。而且作品直接用典故中的人物李亚仙、苏小卿、谢天香称呼李素兰，用白乐天、双通叔、柳耆卿称呼李玉壶，用典故中的人物直接代替剧中人，无须读者自己去联想，因而直露明白，通俗易懂。类似的典故在元杂剧中经常运用。至于元杂剧对前人诗文的引用，也多是为人们习见的名句，以上已经论及，此不复赘。

元杂剧也用史书典籍中的人物和故事，但所用人、事也尽量不取幽深隐僻，而且大都直接点出人名，以求显明，并常常大量连用同类之典，只要有一个懂得，其他不懂也不影响对意思的了解。如《杀狗劝夫》："似这雪呵教买臣懒负薪，似这雪呵教韩信怎乞食，似这雪呵郑孔目怎生迭配，晋孙康难点检书集。似这雪呵韩退之蓝关外马不前，孟浩然霸陵桥驴怎骑。似这雪呵教冻苏秦走投无计，王子猷也索访戴空回。似这雪呵汉袁安高眠竟日柴门闭，吕蒙正拨尽寒炉一夜灰。教穷汉每不死何为！"连用十个典故，都是有名的人物和故事，并且每个都直接点出人名，并扼要地举出事由，以免隐晦。同时，十个典故的含义全部相同，即使有几个不懂也无关大局。而且最后一句"教穷汉每不死何为"明确地点出了上述典故的含义，令人一目了然。用典如此繁复，如此显豁直露，如此大量排比人名，在诗词中是没有的，但它却正是曲的特点。

元杂剧中的典故还常常在不同的作品中重复出现，彼此相袭而终不生厌。如写男女相爱，经常会用到双渐、苏卿、张生、莺莺；写雪中受困经常会用到韩退之、孟浩然、朱买臣、吕蒙正；写名人出寒门则经常是："伊尹曾耕于有莘，子牙曾守定丝纶，傅说在岩前板大，夫子在陈蔡清贫。"（《追韩信》）长此以往，这些典故就成了耳根听熟之语。有些典故即使本来不为人们所理解，久而久之，人们也会了然于心、烂熟于口了。

李渔在《闲情偶寄》中谈到戏曲用典时说："其事不取幽深，其人不搜隐僻，其句则采街谈巷议。即有时偶涉诗书，亦系耳根听熟之语，舌端调惯之文，虽出诗书，实与街谈巷议无别者。"这段话完全符合元杂剧的用典情况。典故本来是一种典雅隐深的东西，如果没有丰富的历史知识和文学修养，不但难以运用，而且不易听懂。而元杂剧用典却不但尽力求俗、求熟而且通过不断重复，日熏月染，变僻为熟，变雅为俗，变深为浅，这实际上起到了普及典故的作用。所以在元代，即使张国宾、花李郎、红字李二这样的民间艺人所写的作品也能运用典故。元杂剧在普及典故上的作用，正如中国戏曲和说唱艺术在普及历史知识方面所起的巨大作用一样。元杂剧把本来高雅的典故变为浅近的东西，不但便于雅俗共赏，而且也使典故与元杂剧中通俗的口语和谐地融为一体，很好地解决了它们之间文白不一的矛盾。

第四，特有的巧体

元杂剧在语言的运用上还经常逞才弄巧，花样翻新，因此形成了它所特有的巧体。这种巧体种类繁多,而回环重叠、排比铺张则是它们的共同特征。

句尾连续使用同一字:即独木桥体。如《张天师》:"兀的不是月明千里故人来,抵多少洛阳花酒一时来。你呵休猜做春风来似不曾来。……咱两个去来。……偏撞着这满头风雪却回来。"每句都以"来"字押韵,别有风味。这种巧体在《杀狗劝夫》、《金安寿》、《抱妆盒》、《破窑记》、《金凤钗》等剧中也都可以找到。

连续嵌以数字:即嵌字体。如《倩女离魂》:"〔十二月〕元来是一枕南柯梦里,和二三子文翰相知。他访四科习五常典礼,通六艺有七步才识,凭八韵赋纵横大笔,九天上得遂风雷。〔尧民歌〕想十年身到凤凰池,和九卿相八元辅劝金杯。则他那七言诗六合里少人及,端的个五福全四气备占伦魁。震三月春雷,双亲行先报喜,都为这一纸登科记。"每句嵌以数字,而且由一到十,又由十到一,这是一种难度很大的技巧。这种巧体在《张天师》、《金线池》、《马陵道》、《气英布》、《遇上皇》等剧中也都曾被用到。

连续使用ABB叠字式:如《张生煮海》:"恰便似颤巍巍金菊秋风动,香馥馥丹桂秋风送,响珊珊翠竹秋风弄,伊呀呀偏似那织金梭揎断锦机声,滴溜溜舒春纤乱撒珍珠迸。"每句都用ABB叠字式,把事物的状态、气味、声音写得具体生动。这种ABB叠字式多为形容词的生动形式和象声词,因而常常具有生动的口语色彩。

连续使用AABB叠字式:如《调风月》:"时下且口口声声,战战兢兢,袅袅停停,坐坐行行;有一日孤孤另另,冷冷清清,咽咽哽哽,觑着你个拖汉精。"读来生动流利,音调和谐。

连续使用ABAC重字式:如《蝴蝶梦》:"争奈一家一计肠肚萦牵,一上一下语话熬煎,一左一右把孩儿顾恋,一把一把雨泪涟涟。"这种形式不是相邻两字的重叠,而是一字相间的重用,重用部位在一、三,它读来令人感到声急气促,一气贯串,具有加强感情的作用。

连续使用 ABCB 重字式:如《西厢记》:"见安排着车儿马儿不由人熬熬煎煎的气,有甚么心情花儿靥儿打扮的娇娇滴滴的媚。准备着被儿枕儿则索昏昏沉沉的睡,从今后衫儿袖儿都揾做重重叠叠的泪。兀的不闷杀人也么哥,兀的不闷杀人也么哥!久已后书儿信儿索与我恓恓惶惶的寄。"这种形式也是一字相间的重用,但重用部位在二、四。这段曲词连续运用 ABCB 式,同时还连用了 AABB 式,把莺莺的痛苦愁闷心情抒写得酣畅淋漓,感人肺腑。

连用比喻:即博喻。如《渔樵记》:"你似那碔砆石比玉何惊骇,鱼目如珠不拣择。我是个插翅的金雕,你是个没眼的燕雀,本合两处分飞,焉能够百岁和谐。你则待折灵芝喂牛草,打麒麟当羊卖,摔瑶琴做烧柴,你把那沉香木来毁坏,偏把那臭榆栽。"通过一系列的比喻,讽刺了玉天仙的好坏不分和蔑视英才,写得笔酣墨饱,极情尽致。

连用对句:元杂剧中的对句,不但三句对、隔句对、多句对为诗词所无,而且它的对句也多半不同于诗词的对偶,它们大都不是严整的对仗,而是灵活自由的散体对句,并也常常连续用之。如《西厢记》:"一个睡昏昏不待观经史,一个意悬悬懒去拈针指;一个丝桐上调弄出离恨谱,一个花笺上删抹成断肠诗;一个笔下写幽情,一个弦上传心事。两下里都一样害相思。"连用三个对句,一此一彼,循环往复,交插描写男女双方,把他们的相思情状写得历历在目,哀怨缠绵。

联珠:联珠要求上句的末尾几字和下句的开头几字彼此相同,借以加强句子之间的连接。在元杂剧中,这种联珠当然更是在一连串句子之间的连续使用。如《汉宫秋》:"他部从入穷荒,我銮舆返咸阳。返咸阳,过宫墙;过宫墙,绕回廊;绕回廊,近椒房;近椒房,月昏黄;月昏黄,夜生凉;夜生凉,泣寒螀;泣寒螀,绿纱窗;绿纱窗,不思量。〔收江南〕呀,不思量除是铁心肠,铁心肠也愁泪滴千行。"通过联珠,把汉元帝寻寻觅觅、凄凄惨惨的行动和心情写得淋漓尽致,扣人心弦,读来节奏紧凑,一气贯串。

连用象声词和连用人名在运用口语和用典两节中已经谈到,此不复赘。

元杂剧中的巧体种类很多,以上所举仅是常见的几种。巧体的运用是造成元杂剧特殊的语言风格的重要因素之一。它新颖生动,并因其常常连用而使它在表达内容和抒发感情方面更加充分,更加透辟。任讷《散曲概论》说:"曲以说得急切透辟、极情尽致为尚。"李渔《闲情偶寄》云:"填词一家,则惟恐其蓄而不言,言之不尽。"巧体的连用特点使之大力铺排、反复强调,从而造成了直露透辟、激越浩荡的特点,并从而形成了元曲豪辣奔放的风格。

综上所述,正是以上几个方面的特点形成了元杂剧独特的语言风格。这几个特点是融为一体,密不可分的。如果抽象地、孤立地说元杂剧运用通俗的口语,并不足以揭示它独特的语言风格。唐变文、宋话本、金诸宫调、南宋戏文都常用通俗的口语,现代诗歌更不待言。但元杂剧的语言风格显然与它们不同。元杂剧正是把通俗的口语和其他几方面的特点结合起来,才使其语言别有风姿。同时,元杂剧也并非全用通俗口语,有的甚至相当华丽,但由于运用了曲的语言技巧,仍然具有曲的鲜明特点。因此,元杂剧的语言风格是其多种语言特点的综合产物。在这几方面的特点中,口语和俗语本来具有通俗熟见的特点,符合一般群众的欣赏水平。但这些口语、俗语又常用新奇的巧体出之,这便俗中有巧，白中带文，熟中见新，使文雅之士也喜读乐闻。诗文成句和典故本来具有典雅隐深的特点，适合文人的欣赏习惯。但由于尽量采用习见之成句、典故，并借助于巧体的反复铺排，这就雅中带俗，深中有浅，隐中见显，使一般群众也能明白。所以，元杂剧的语言是俗与雅、白与文、浅与深、熟与新、显与隐的和谐统一，因而文人俗子皆可欣赏，"随听者之智愚高下，而各与其所能知"（徐大椿《乐府传声》）。元杂剧对口语、方言、俗语、谚语、成语和经史语、诗词语乃至筮诀、星历、卜筮、佛道、尺牍用语、外来语等等，广为采掇，雅俗兼收，经过加工改造，使之融为一体，串合无痕，形成了一种"文而不文，俗而不俗"（周德清《中原音韵》）、雅俗共赏的语言，这实在是一个了不起的创造。它给我们提供了如何丰富和发展戏剧语言的宝贵经验。戏曲史证明，只有雅俗结合，既能为群众理解又具有适当文采的作品，才能长期流传，为人民所喜爱（当然思想内容也是一个重要原因，这里只就文辞而论）。如《西厢记》的语言既有口语的自然流利、生动活泼，又有书面语的清俊研练、色泽润美、韵味醇厚，所以几百年来为人们传诵不息。因此戏曲史证明，元杂剧雅俗相兼的语言是一个正确的方向。

（原载《山东师范大学学报》哲学社会科学版，1982 年第 4 期）

元杂剧的科诨滑稽

滑稽讽刺是中国戏曲的传统特点。中国戏曲萌芽时期的"演员"称为俳优,"俳"即含有戏谑滑稽的意思。唐代滑稽戏主要是戏弄调笑,甚至一方戏弄另一方已成为一种固定的格式。宋杂剧和金院本也都是以诙谐滑稽为主的戏剧。所以耐得翁《都城纪胜》说:"杂剧……大抵全以故事世务为滑稽。"据宋代庄季裕《鸡肋编》记载,当时成都演戏,甚至以引起哄堂大笑的次数来比较戏的优劣,把滑稽当成了评戏的唯一标准。到元杂剧,虽然其内容大大丰富复杂起来,但滑稽调笑仍是其中一个重要的组成部分,这便是所谓插科打诨。

"诨"指人物的滑稽语言。元杂剧的诨主要通过语言内容和语言技巧造成可笑的效果。

语言内容滑稽的主要特征是运用夸张手法突出其内容的不合情理。元杂剧中的这一类诨语,可归纳为以下几种类型:

不符合人物身份:如《三战吕布》中的孙坚说:"某长沙太守孙坚是也。自幼而读了本《百家姓》,长而念了几句《千字文》。为某能骑疥狗,善拽软弓,射又不远,则赖顶风对南墙,箭箭不空。虽然我为大将,全无寸箭之功。"《窦娥冤》中的赛卢医说:"行医有斟酌,下药依《本草》。死的医不活,活的医死了。"他们的语言之所以可笑,就在于其语言内容与他们的身份极不相称。堂堂太守,却只读过《百家姓》《千字文》，并且不会武艺；名为医生，却对医道一窍不通。名实不符，因此就令人感到滑稽了。

不符合人物行动：语言与行动相反，即反语。如《遇上皇》中赵元之妻强索休书与臧府尹成婚，说："想我这等贞烈，天下少有。"《盆儿鬼》中的盆罐赵将杨国用杀死烧化，用骨灰做成瓦盆，说："可怜我盆罐赵这点好心，天也与我半碗儿饭吃。"都是用反语加以讽刺，尖锐犀利。柏格森在《笑——论滑稽的意义》中说："反语像是一部蒸汽机，汽烧得越足，说服力也越大。"话语与其实际行动距离越大，便愈加可笑，讽刺性也就越强。

不符合特定环境：如《荐福碑》中的张浩不管什么场合和特定环境，总是那句老话："知之为知之，不知为不知。"故作斯文，却又不符合特定环境，令人啼笑皆非。《西厢记》中的张生在素不相识的情况下主动向红娘介绍自己的姓名、籍贯、年龄、生辰、未婚等情况，也以其不合时宜而具有幽默滑稽的色彩。

不符合生活常规和生活实际：如《裴度还带》中的王员外找白马寺长老，行者说："去姑子庵子里做满月去了。"《潇湘雨》中的赵钱为其女招婿，其女问："招了几个？"《飞刀对箭》中的张士贵出兵时说："我领着些无鼻子、少耳朵、驼着腰、瘸着腿，都是些鹰嘴刺梨。"还有元杂剧中常见的考试时的庸俗试题和滑稽答卷，都违反生活常规，所以令人发笑。

不合逻辑：如《窦娥冤》中的张千说："我小人两个鼻子孔一夜不曾闭，并不听见女鬼诉什么冤状，也不曾听见相公呼唤。"两个鼻孔一夜不闭和不曾听见女鬼诉冤、相公呼唤都是事实，但二者并无因果联系，因此这种不合逻辑的推论便引人发笑。《哭存孝》中的康君立说："我两个若是说谎了呵，大风里敢吹了我帽儿。"《降桑椹》中的白厮赖说："我若虚言，哥就是我的孙子。"发誓赌咒的逻辑应该是假若如何，则受怎样的惩罚，这里的假设结果却不是受什么惩罚，甚至还占了便宜，因而产生了滑稽效果。

不合自然规律：如《刘弘嫁婢》中的王秀才算账时说："一八得八，二八一十八，三八二十六，四八一十七。"这是人人皆知的谬误。《降桑椹》中的兴儿说："我七钱银子买了一只肥鹅。您孩儿是孝顺的心肠，着我自家宰了，退的干干净净的，煮在锅里。煮了两三个时辰，不想家里跟马的小褚儿走将来，把那锅盖一揭揭开，那鹅忒楞楞就飞的去了。"这显然是违反自然规律的谎言。《蝴蝶梦》中的王三听张千说要把自己盆吊死从高墙丢过去，请求张千说："哥哥，你丢我时放仔细些，我肚子上有个疖子哩。"《陈州粜米》中的小衙内说："我做衙内真个俏，不依公道则爱钞。有朝事发丢下头，拼着帖个大膏药。"死后还能知道痛，掉了头还能贴膏药，当然是违反自然规律的。

嘲骂调侃：如《降桑椹》中的王伴哥说："我两个一生皮脸无羞耻，油嘴之中俺为祖。"《老君堂》中的高熊说："大小三军，听我放屁。"《飞刀对箭》中的张士贵与摩利支骂阵时说："某乃总管张士贵，是你的孙子哩。"都以人物的自我嘲笑为笑料。《降桑椹》中的兴儿说："气的我满腹疼痛，嗤嗤的则放大屁。猛可里一声响亮，恰似我员外出气。"《望江亭》中的李稍对杨衙内说："相公，鬓上一个狗鳖。"则以嘲骂侮辱别人作为笑料。这种滑稽虽然有时带有庸俗意味，但它以漫画式的笔法，用以针对反面人物，也常常能使人心大快，得到感情上的满足。

语言技巧滑稽，是指通过运用语言的技巧造成滑稽效果。其中包括：

双关：如《单刀会》中鲁肃对司马徽的道童说："你去说鲁子敬特来相访。"道童说："你是紫荆？你和那松木在一答里。"以"紫荆"双关"子敬"。《襄阳会》中刘琮对刘琦说："哥哥,想咱子父每在此镇守,久住无虞,无鱼则吃羊肉。"以"无鱼"双关"无虞"。这些都是谐音双关。《单刀会》中道童见司马徽说道："师父弟子孩儿。"司马徽说："这厮怎么骂我?"道童说："不是骂。师父是师父,弟子就是徒弟,就是孩儿一般,师父弟子孩儿。"以骂人语"弟子孩儿"双关徒弟之义,这是语义双关。

颠倒:如《三战吕布》中孙坚说："但听的吕布索战,唬的我便肚里头疼,上泻下吐。"《刘弘嫁婢》中的王秀才说："我从那清早晨起来,光梳了脸,洗净了头。呸! 又颠倒了。"都是用语言的颠倒,造成滑稽调笑之趣。

韵语:现代相声有一种滑稽方式是辙语。元杂剧中早就有这种韵语的滑稽方式。如《渔樵记》中玉天仙对朱买臣说："我可恋你些甚么? 我恋你南庄北园,东阁西轩,旱地上田,水路上船,人头上钱? 凭着我好描条,好眉面,善裁剪,善针线,我又无儿女厮牵连,那里不嫁个大官员!"《襄阳会》中的蒯越说："某乃前部先锋将,俺家老子是皮匠,哥哥便是轮班匠,兄弟便是芝麻酱。"用韵语打诨,别有风味。柏格森在《笑——论滑稽的意义》中说："将某一思想的自然表达移置为另一笔调,即得滑稽效果。"把人们日常说话常用的散文体,故意以韵文体表达,从而造成反常的不协调,使人感到一种滑稽意味。

语无伦次:如《千里独行》中的张虎说："帅鼓铜锣一两敲,辕门里外卖花糕,乌江不是无船渡,买卖归来汗未消。""买卖归来汗未消"本是生意人的陈词滥调,但加入乌江、花糕、帅鼓这类互不相关的概念,就变得语无伦次,荒谬可笑。

语义混用:柏格森在《笑——论滑稽的意义》中说："当一个表达方式原系用之于转义,而我们硬要把它当作本义来理解时,就得到滑稽效果。也可以这样说：一旦我们的注意力集中到某一暗喻的具体方面时，它所表达的思想就显得滑稽了。"如《陈母教子》中的陈良佐吹嘘自己应举是"掌上观纹，怀中取物，碗里拿带靶儿的蒸饼"。这里的掌上纹、怀中物、带靶儿的蒸饼本来用的是其比喻意义。但陈良佐落第之后说掌上指纹"手上生疮不见了"，怀中之物"衣服破把来掉了"，带靶儿的蒸饼"不知哪个馋弟子孩儿偷了我的吃了"，却把它们当作本义来理解和运用，因而就显得滑稽了。《博望烧屯》中的夏侯惇听说赵云要一人一骑厮杀，便说："我兵十万，他则是一人，越发不战了。"理由是兵书上说："一人舍命，万夫难当。"也是把词语的比喻意义机械地理解和运用，造成了滑稽效果。

人名滑稽：如《降桑椹》中的太医说："我这门中，有个医士，姓胡，双名是突虫，他老子就唤是胡萝卜。"王伴哥说："这个兄弟姓白，双名是厮赖，又唤着白吃白嚼白嚷。"《九世同居》中的贡官说："小官姓赃，名皮，表德字要钞。"这种人名滑稽不但令人可笑，而且还常常表现了人物的性格和品质，具有辛辣的讽刺意义。

元杂剧中的诨语十分丰富，以上仅是对它们的初步归纳和简单的举例说明。对于这些诨语，人们往往只把它们当作引人一笑的笑料，并不去加以研究，但是，大量运用诨语是元杂剧的一个重要特色，没有它们，元杂剧就不成其为元杂剧。同时，滑稽和笑本身也是一种艺术，元杂剧中的诨语也是研究滑稽艺术的重要资料，因此对它们的研究并非是无关紧要之举。

"科"本来泛指人物动作。插科打诨中的"科"习惯上则专指人物的滑稽动作。中国戏曲的曲、白、科在实际演出中是三者并重的。但在戏曲剧本中，对科泛动作的说明却非常简略。因此剧本较之实际演出的场上之曲便逊色得多。比如我们看《苏三起解》感到很有风趣,但如果只读剧本便兴味大减。在元杂剧中,虽然从其唱词和说白中可以透露出许多动作情态,但专门的科泛说明同样十分简略。因此历来研究戏曲剧本的曲家不但重曲轻白,而且尤其不重视科泛。这样就不可能全面地了解元杂剧的真实面貌,也不可能全面地评价它的艺术成就。这里我们仅把元杂剧中的滑稽动作略举几例:

怪相奇态:如《云窗梦》:(净做口眼歪斜科)、《争报恩》中店小二送粥:(店小二做一手拿一碗、口里一碗递科)以及元杂剧中经常出现的(做嘴脸科)、(发科),都是通过人物的怪相奇态引人发笑的。

反常动作:如《西厢记》中写众僧贪看莺莺:"举名的班首真呆傻,觑着法聪头做金磬敲。"而张生则是"扭捏着身子儿,百般做作,来往向人前,卖弄俊俏"。这些反常动作,表演起来一定是非常滑稽的。

难堪动作:如《赤壁赋》中的苏轼故意以"小娘子金钗坠也"引王安石夫人"用手抹头上",露出十指,又急忙"将帕藏手科",其难堪举止引人发笑。

自我否定动作:如《灰阑记》中的张海棠于押解途中在山坡滑倒,解差薛霸说:"千人万人走不滑,偏是你走便滑。待我先走,若是不滑呵,我不打折你这腿!"但他自己却"(做走跌科)",自己的行动否定了自己的话语,使人哄堂大笑。

张冠李戴动作:如《潇湘雨》中的赵钱除崔甸士为秦川县令,并为之送行说:"这幞头呵除下来与你戴只。(做除幞头科)这罗襕呵脱下来与你穿只。(做脱罗襕科)弄的来身儿上精赤条条的,我去那堂子里把个澡洗。"张冠李戴,洋相百出,滑稽至极。

中国戏曲剧本比实际演出要简单得多,大量精彩的表演动作在剧本中都难以见到。因此,元杂剧中具体写出的滑稽动作虽然为数很少,但在具体演出中,必有很多可笑的滑稽表演。净、丑色向以滑稽调笑为能事,伴随着大量的诨语,当有许多滑稽动作,这是不言自明的。

元杂剧中的语言滑稽和动作滑稽大都用在非主要人物净、丑身上,并常常运用极度夸张的手法,以讽刺嘲弄为主。同时,它们大都插用于剧中,与全剧关系不大,具有相当大的独立性。此外,在元杂剧中还有一种情节滑稽,它大半都用在末、旦等主要人物身上,因此是生、旦科诨。它一般是运用比较写实的方法,造成可笑的喜剧性情节,并与全剧有密切关系,是全剧情节发展或人物性格造成的必然结果。因此构思时要从作品和人物的整体出发,具有较大的难度。故李渔《闲情偶寄》说:"为净丑之科诨易,为生旦外末之科诨难。"这种情节滑稽,柏格森称之为情景滑稽,他并且指出其手法主要有重复、倒置和相互干涉三种,这对元杂剧也是适用的。

重复:即某些情景的重复出现。如《黄粱梦》的开始,吕洞宾来到黄化店中,向王婆买饭,并在黄粱差一把火儿未熟时不觉睡去。梦中过了一十八年,经历了许多荣辱变换。醒来之后,只见王婆还在煮黄粱,而且仍然"还饶一把火儿"。在《博望烧屯》中,诸葛亮遣将,唯不派张飞,张飞问之,诸葛亮问:"你那枪快么?"张飞答:"我枪快。"诸葛亮问:"你马饱么?"张飞答:"马饱。"诸葛亮问:"你敢厮杀么?"张飞答:"我敢厮杀。"诸葛亮说:"我可不用你,出去!"如此者一连四次,不但不感到重复,而且正因重复,才使之妙趣横生,令人大笑不止。

倒置:即事物的颠倒。其中有人物言行的颠倒,如《冻苏秦》,苏秦受穷时去见张仪,张仪说:"他不自家来,待着老夫接待他么?"苏秦拜他时,他让铺好拜褥,说:"则怕玷污了你那锦绣衣服。"苏秦得官之后,张仪前去拜见,苏秦倒过来也用这种言行对待张仪。其他如《误范叔》中的范叔得志之后对须贾,《王粲登楼》中王粲得志之后对蔡邕,都是反过来用过去受辱的言行对待对方。真假的倒置,如《拜月亭》中的王瑞兰,明明自己已有了丈夫,并为彼此分离而相思痛苦,却对蒋瑞莲假说无女婿快活;她口头上说不要女婿,并责备蒋瑞莲"春心儿动也",自己却偷偷地拜月,祈求夫妻团圆。《西厢记》中的莺莺,无人时对张生的书简颠来倒去孜孜细看,一见红娘却又"蓦的呵改变了朱颜",而红娘要去出首,她又拉住红娘求情。《双献功》中的李逵,表面上装作呆厮,实际上却在施展救孙孔目的妙计。他们都以真假的倒置使人忍俊不禁。用心与结果的倒置,如《隔江斗智》中,心高气盛的周瑜本想用美人计软禁或杀死刘备,夺取荆州;结果却弄巧成拙,不但赔了夫人,走了刘备,而且因张飞换乘了孙夫人的车子,周瑜反在车外跪在张飞面前。在《救风尘》中,周舍本想把赵盼儿弄到手中,结果却不但没能得到赵盼儿,反而连已经到手的宋引章也跟了别人。事与愿违,搬起石头打自己的脚,令人嬉笑称快。物件的倒置,如在《望江亭》中,谭记儿骗走了杨衙内的势剑金牌,并以二人所作相互调情的《西江月》、《夜行船》词调换了文书。当杨衙内要拿白士中时,说丢了势剑金牌,但还有文书。可是拿出来一念,却是"词寄《西江月》"和"词寄《夜行船》"。这样的倒置必使人嘻然而笑。

相互干涉:它在元杂剧中主要指误会。柏格森在《笑——论滑稽的意义》中说:"它之所以滑稽乃是由于它体现了两组不相干的事件的会合。"如《李逵负荆》,李逵从王林那里得知抢其女儿的是宋江和鲁智深,带着这样的误会,他回到梁山大骂宋江和鲁智

深,怒砍杏黄旗,并以头打赌,下山对证。在他的眼光看来,"花和
尚,你也小脚儿,这般走不动,多则是做媒的心虚,不敢走哩","宋
公明,你也行动些儿,你只是拐了人家女孩儿,害羞也不敢走哩"。
直到王林否认了宋江,李逵还说:"哥也,你等他好好认咱,怎么先
睁着眼吓他? 这一吓他还敢认你那!"李逵硬把鲁智深、宋江的表
现与抢王林之女这两组根本不相干的事件捏合在一起,深刻的误
会令人大笑不止。《杀狗劝夫》也运用误会,使孙荣和柳隆卿、胡
子转都把死狗真的当作死尸,从而导致了惊恐、躲避的可笑情景。
应该指出,只有剧中人不明真相,而观众已从剧中的介绍知道了
实情的误会,才能引人发笑。如果事先不把事实向观众交代清
楚,这样的误会只能在突然揭开时造成吃惊,而不能产生滑稽的
效果。

　　科诨滑稽是元杂剧的重要组成部分。王骥德《曲律》说:"大
略曲冷不闹场处,得净、丑间插一科,可博人哄堂,亦是剧戏眼
目。"张邦基《墨庄漫录》卷七云:"乐语中有俳谐之言一两联,则伶
人于进趋诵咏之间,尤觉可观而警绝。"他们把科诨滑稽提到了
"可观而警绝"的"剧戏眼目"的地位,并不是毫无道理的。

　　首先,科诨滑稽具有点染主题、突出作品的思想意义的作用。
如《窦娥冤》中的桃杌向告状的下跪,说:"但来告状的,就是我衣
食父母。"对于揭露官府黑暗这一主题来说,真是画龙点睛之笔。
在《救风尘》中,小二问周舍到哪里去找他,周舍说,"你来粉房里
寻我。"小二问:"粉房里没有呵?"周舍说:"赌房里来寻。"小二问:
"赌房里没有呵?"周舍说:"牢房里来寻。"表现了对不务正业的花
花公子的尖锐批判。它们都以滑稽的形式表达了严肃的内容。
而这种寓庄于谐的手法正是元杂剧的重要特点。

　　科诨滑稽还常常被用来刻画和突出人物性格。孔尚任《桃花

扇·凡例》说:"设科之嬉笑怒骂,如白描人物,须眉毕现,引人入胜者,全借乎此。"运用科诨可以把人物性格、面目、精神写得栩栩如生、跳跃纸上。如《看钱奴》中的贾仁说:"我那一日想烧鸭儿吃。我走到街上,那一个店里正烧鸭子,油渌渌的。我推买那鸭子,着实的捏了一把,恰好五个指头捏的全全的。我来到家,我说盛饭来我吃。一碗饭我咂一个指头,四碗饭咂了四个指头。我一会瞌睡上来,我就在这板凳上,不想睡着了,被个狗舔了我这一个指头。我着了一口气,就成了这病。"同时,他还嘱咐死后可用马槽代替棺材;如装不下可用斧子剁为两段,但要借别人家的斧子,不要用自己家的。否则,"若使我家斧子剁卷了刀(刃),又得几文钱钢"。这段诨语把贾仁的吝啬性格真是写得入木三分,其典型程度绝不亚于著名的严监生或葛朗台、阿巴贡。又如在《刘弘嫁婢》中,王秀才问李春郎是哪里来的,李说:"是亲眷。"王秀才说:"这两日卖五钱银子一个。"李说:"是什么?"王秀才说:"你说是青绢。"以"青绢"和"亲眷"谐音双关,插科打诨,恰切巧妙地写出了王秀才脑子里只想到钱财的性格。其他如前面列举的末、旦色的诸葛亮、崔莺莺、王瑞兰,净、丑色的昏官、庸医、无赖、公人、道童、花花公子、草包将领等等,他们的科诨也大都具有刻画其性格的重要作用。

科诨滑稽并不是纯客观的笑料,其中寄托着作者的爱憎和褒贬。如对李逵、诸葛亮等人的热爱和歌颂,对昏官、无赖的批判和嘲弄,对崔莺莺、王瑞兰等人的善意的打趣,都可以从他们的科诨中明显地透露出来。作者的爱憎势必会影响观众对剧中人物的态度和倾向性,从而使观众受到熏染和感发。同时,由于科诨滑稽大都是运用夸张的手法,把现实中存在的,甚至是人们习以为常的不合理的事物加以放大而揭示出来,使之变得突出、鲜明、醒目、动人,因此它的讽刺就特别辛辣,这就有可能使一部分丑恶者加以收敛,使昏迷者得以清醒,使原来清醒者在笑声中进一步加深认识。由此可见,科诨滑稽具有独特的教育作用和治世功能。

科诨滑稽还具有调节气氛的作用。李渔《闲情偶寄》说:"文字佳,情节佳,而科诨不佳,非特俗人怕看,即雅人韵士,亦有瞌睡之时。作传奇者,全要善驱睡魔。……若是,则科诨非科诨,乃看戏之人参汤也。养精益神,使人不倦,全在于此,可作小道观乎?"由此可见,科诨滑稽对活跃气氛具有很大的作用。在《救风尘》、《望江亭》之类的喜剧中固然少不了科诨滑稽;在《单刀会》那样的正剧中,为了防止气氛的单调沉闷也要设法插入道童的打诨;甚至在《窦娥冤》这样的悲剧中,也插入了赛卢医、张驴儿、桃杌、张千等人的诨语,以使气氛不致过于沉闷窒息,使戏剧节奏具有活泼跳荡之致。在元杂剧中,有些科诨一方面具有调节气氛的作用,一方面又作为全剧的有机部分,有一定的思想意义或刻画人物的作用。但也有的科诨与全剧并无关联,也没有什么思想意义,它的唯一作用就是引人发笑,活跃气氛。用现代话剧的观点来看,它们是不应该存在的。但是,第一,我们应当看到中国戏曲的特点。中国戏曲包含有唱、白、音乐、舞蹈、杂技、雕塑、美术等多种因素,其综合性超过世界上任何戏剧形式。同时,它的综合性与其他戏剧形式的综合性相比,又有其特殊之点。戏曲中的歌唱、舞蹈、武打、滑稽等虽然统一于表演故事,但它们又往往各自要亮一亮自己的技巧,它们的独立倾向尚未完全消失。在戏曲中,有些装饰性艺术因素与戏剧内容不一定有多大联系。如有些服装图案和舞蹈动作,主要为了给人以美感;还有些展览性的特技表演,如《醉打山门》中——装扮十八罗汉的形态,京剧中常见的杂技性表演,都与剧情关系不大。人们观看它们,是把它们作为一种独立的雕塑或杂技表演来看的。元杂剧中有些科诨,是插入剧中的独立部分,它表明元杂剧中对各种艺术的综合还没有完全融化,但这种科诨也可令人提神。第二,我们应当看到场上之曲和案头之曲的区别。案头之曲可以根据表达思想和刻画人物的需要任意挥写,但场上之曲却还要考虑到演员的条件、演出的特点和舞台的限制,因此好的文学剧本并不一定就适合演出。而要写出适合演出的剧本,就必须有一定的舞台经验或有关知识。比如一套十几支曲唱词如果连续歌唱,演员便可能难以负担,而中间插以宾白科诨,既可活跃气氛,又可调节劳逸。又如在人物需要换装或布景、道具需要更换时,插以科诨等待便不致冷场。在这些情况下,科诨虽无思想意义,却有演出意义。第三,我们不能只看到艺术的教育作用,而不看到它的娱乐作用。即使有些科诨没有思想意义,但它能引人发笑,使人得到轻松和娱乐,也未尝不是有益的(当然不包括淫亵、庸俗的科诨)。第四,我们应当看到元杂剧的民间文学特点,它的科诨滑稽大都来自民间的笑话和幽默语言,因而即使没有什么思想意义也可以得到他们的喜爱和欢迎。所以李渔《闲情偶寄》说:"插科打诨,填词之末技也。然欲雅俗同欢,智愚共赏,则当全在此处留神。"正因为这些原因,所以元杂剧中有些科诨虽然只限于调节气氛而并无深意,却仍然有它存在的理由。

总之,科诨滑稽是元杂剧的重要组成部分。它内容丰富,形式多样。科诨滑稽的运用使元杂剧亦庄亦谐,充分体现了寓教于乐的特点。这一特点一直影响到今天的传统戏曲。所以有些传统剧目虽然看来情节简单,缺乏明显的戏剧冲突,或人物可有可无,貌似多余,但却能以诙谐的情趣抓住观众,使他们嘻开嘴巴,看得津津有味,情绪活跃。由此可见,插科打诨并非微不足道的闲笔末技。但是,人们历来对于科诨不予重视,更谈不上加以研究。艺术之寓教于乐的特点直到今天也还没有在实践上得到充分的体现。外国已经有人对于滑稽幽默进行了专门的研究。我们的元杂剧具有如此丰富的科诨资料,如果认真加以研究,不但可以加深我们对元杂剧的认识,而且对发展今天的戏剧、相声艺术也一定会有很大的帮助。

(原载《曲苑》第二辑,《曲苑》编辑部编,江苏古籍出版社,1986 年 5 月版)

元杂剧中"悬念"的运用

戏剧作品要对观众产生强大的吸引力，从艺术技巧的角度来讲，一个重要的方面就是悬念手法的运用。我们把这个西方概念引入元杂剧的研究，并非是故作新奇时髦之谈。古今中外的戏剧，尽管各有特点，但在艺术技巧的基本原理上仍然有其相通之处。在元杂剧的创作中虽然并没有悬念这个术语，但实际上，元杂剧的作者们早就自觉或不自觉地运用这种手法，并且取得了很好的艺术效果。

戏剧造成悬念的方法常常不是对观众保密，而是早作预示。通过预示，让观众知道即将发生的事情的全部、局部或某种迹象，而剧中人却一无所知，从而使观众为剧中人未来的遭遇而感到焦急、紧张、高兴、可笑或疑惑，亦即产生悬念。

对未来的预示离不开对过去和目前情况的交代，这种交代是悬念产生的基础。在元杂剧中，人物一上场，用自报家门的形式介绍自己和有关人物的姓名、年龄、身份、住址，有时还介绍自己的性格、品德。是正直清廉、满腹才学，还是奸贪跋扈、油滑无能，人物一上场，好坏美丑便一目了然。元杂剧还常常一开始就介绍背景和有关情况。如《单刀会》第一折，鲁肃一上场便点明了三国鼎立的时代背景，补叙了刘备借荆州、东吴招亲等过去的有关事件，介绍了荆州正由关羽镇守的现状，并立即转入正题，提出了索取荆州的三条计策,指出了未来剧情发展的方向。由于一开始就让观众明白了人物概况、相互关系、时代背景、事件的有关情况以及剧情发展的方向,这就使观众决定把同情寄予哪一方面,从而为悬念的产生奠定了基础。

元杂剧造成悬念的预示方法主要有三种:

一种是剧中人把自己的打算全部说出来让观众知道,但剧中人却一无所知。如《谢金吾》中的王钦若一开始就透露陷害杨景的计划说:"我料得杨景那厮,闻知拆倒了他家门楼,必然赶回家来,与我诘奏其事。那时间我预先差人拿住他,奏过圣人,责他擅离信地、私下三关之罪。"这样,当杨景得知拆倒他家门楼果然私离边关赶回家来时,观众便为他担心和焦急。又如《连环记》中先交代了王允利用貂蝉和吕布除董卓的计划,再描写董卓一步步进入圈套,便造成观众对坏人步步走近死亡的喜悦和兴奋。这种方法在喜剧中也是适用的。如《杀狗劝夫》先由杨氏交代了"我将这个狗儿把头尾去了,穿上人衣帽,丢在我家门后首,我将前门关了,员外必然打从后门来,等他见了,看说甚么",于是观众便等待着出现可笑的情景。孙大归来,果然把死狗误为死人,并去找柳隆卿、胡子转帮忙,而柳、胡果然惧怕推辞,并去告官,因而造成了可笑的效果。

另一种是剧中人对未来的打算部分透露,使观众知其一不知其二,知其略不知其详。如《救风尘》第二折,赵盼儿说:"我到那里,三言两句,肯写休书,万事俱休;若是不肯写休书,我将他揣一揣,拈一拈,搂一搂,抱一抱,着那厮通身酥、遍体麻。将他鼻凹儿抹上一块砂糖,着那厮舔又舔不着,吃又吃不着,赚得那厮写了休书。"她透露了利用色相骗取休书的打算,但又不说明具体做法;另外,对于自带羊、酒、红罗,复制休书,安排宋引章伪装相骂,安排安秀实状告周舍等等,也未明白透露,观众既欲知其详及全部情况又期待她的成功,因而便产生了悬念。

再一种是只作提点或暗示,具体内容全部保密,从而引起观众的好奇或猜疑。如《望江亭》第二折,谭记儿决心亲自去见杨衙内救白士中,用"(做耳暗科)则除是恁的",点出用计,但计将安出却并不说明。《梧桐雨》中的安禄山被派往渔阳时说:"罢罢罢,我这一去,练兵秣马,别作个道理。正是:画虎不成君莫笑,安排爪牙好惊人。"暗示了将有惊人之举,但并不具体透露。这是一种预示,但却不是预述,从而使观众产生多种猜测和期待,造成悬念。

早作预示,当然以符合现实生活的逻辑为最好。但在元杂剧中,也常常运用占卜、鬼神做梦等方法。但这种做法很多都带有宣扬封建迷信的色彩,应当有分析地去认识它、运用它。有些用法显示了在那种极不安定的社会里,人们出于对安全的担心而产生某种可怕的预感,也还是具有一定的现实性的。

悬念造成之后,如果立即解决,便会失去持久的吸引力,也就没有起伏曲折的艺术魅力。狄德罗说:"如果打击不立即发生,如果我看到雷电在我或者别人头顶上聚集而长期地停留在空际不击下来,我会有怎样的感觉?"(《论戏剧艺术》)这个例子生动地说明了拖延悬念的力量。因此元杂剧常常对悬念进行加剧或延宕。其主要方法有:

逐步加剧:

如在《谢金吾》中,王钦若设下陷害杨景的圈套,造成了悬念。杨景与焦赞偷离边关已令人担心,接着又为巡军所捉,更加紧张。再加上焦赞杀死谢家一十七口,并被捉住,则进一步扩大了事态。直到王钦若骗过天子,将杨、焦二人押赴法场,马上就要开刀问斩,使紧张气氛达到了顶点。最后长国姑劫法场,孟良押来给王钦若递送密信的番军，才使矛盾得到解决。这种方法在造成悬念之后，逐步加剧，一直推进到顶点，才予以解决，便增加了吸引力的持久性。

一张一弛：

如在《赵氏孤儿》中，观众已知道程婴药箱内藏有赵氏孤儿，并为其能否混过守门官兵的检查而担心。因此，当守门的韩厥命令"拿回那抱药箱儿的人来"并盘问药箱内有什么物件时，气氛便立刻紧张起来。但查问一番之后，韩厥却说："这等你去。"气氛有了松弛。不料程婴刚刚走出几步，韩厥突然叫道："程婴回来！"并再次询问箱内有什么夹带，又是一阵紧张。后来又说："你去。"气氛又一次缓和。程婴刚走，韩厥第三次叫："程婴回来！"说出："你这其中必有暗昧。"揭开箱子，查出婴儿，紧张到了极点。然后经程婴说明原因，韩厥放了程婴，并拔剑自刎，这一悬念才得到解决。下面屠岸贾知道走掉了赵氏孤儿，下令将全国半岁以下、一月以上的婴儿全部杀死，程婴与公孙杵臼设下假出首之计，又产生了新的悬念。程婴出首，屠岸贾却说："咄！你这匹夫！你怎瞒的过我！你和公孙杵臼往日无仇，近日无冤，你因何告他藏着赵氏孤儿？你敢是知情么？"气氛一紧。程婴以挽救全国婴儿和自己的儿子加以解释，得到屠岸贾的相信，气氛又一松。但捉到公孙杵臼之后，屠岸贾却令程婴以棍棒毒打，公孙杵臼说："我招我招……莫不是那孤儿他知道，故意的把咱家指定了。……俺二人商议要救这小儿曹。"又是一紧。但另一人是谁，公孙杵臼却"一句话来到我舌尖上却咽了"，并撞墙而死。于是程婴得到信任，悬念又得到解除。这样一波刚息，一波又起，一张一弛，起伏曲折，使悬念保持一段较长时间，既扣人心弦，又跌宕错落。

一擒一纵：

如《西厢记》写张生与莺莺相见到正式结合的过程，几擒几纵，波澜起伏，最后才得到成功。先是张生热恋莺莺，莺莺也有意于张生。张生解了普救寺之围，老夫人宴请张生，似乎好事已近，但老夫人却突然来了个赖婚；后来经过弹琴、送简，莺莺约张生花园相会，不料莺莺却又来了个赖简，翻脸斥责张生；后来莺莺再次相约，木已成舟，老夫人只得允婚，看起来两人已接近成功，但老夫人却又逼张生赴试；张生考中归来，郑恒谎说张生另娶，老夫人又以莺莺再许郑恒，最后张生说明实情，才得团圆。全剧的悬念当然是张生和莺莺能否结合，但作品却不急于解决，而是四擒四纵，极力摇曳之、延宕之，左盘右旋，"如狮子滚球相似，本只是一个球，却教狮子放出通身解数"（金圣叹《读第六才子书西厢记法》）。这样，既增加了故事的丰富性，又曲折跌宕。当然，这种延宕不能是故弄玄虚，而应当以符合人物性格和当时的社会条件为原则。

欲此先彼：

如《绯衣梦》第二折，梅香被杀，观众已经看得明白，但剧中人王闰香却并不知道。因此王闰香来到花园，观众当然期待知道她的反应。而作品却故意拖延。王闰香说："我道是谁，原来是梅香。这丫头兀的不吃酒来。我试叫他，梅香！（做着手摸科）这妮子可不吃酒来！吐了也，摸了我两手。趁着这朦胧月色，我试看咱。（做慌科）呀呀，兀的不做下了也。"王闰香先把梅香的尸体当作梅香醉倒在地，后把梅香的血当作所吐之物，最后才知为死尸，欲此先彼，曲折生动。同时，这样处理也符合夜间不能立即看清死尸的客观实际，因而更富有生活实感。《碧桃花》中的张道南，因夜会徐碧桃之鬼魂，思念成疾。徐端派嬷嬷前去探病，张道南是否会说出实情,当然为观众所关心。作品在这里故作延宕。张道南开始不说病因,先由嬷嬷一再作其他多种猜测:"你莫不是断王事费精神?""莫不是因茶饭伤脾胃?""莫不是风寒感冒,因病成疾?""莫不是文章上苦用心?""莫不是鞍马上多劳力?"张道南都说"不是"。直到请太医也断不准病情,张道南才说出此病因风月而起。由彼及此,既增加了曲折,也符合人们不肯轻易说出风月之疾的常情。

暂时悬置:

如《拜月亭》在蒋世隆得中状元之后,却不马上解决其夫妻二人与其父亲的矛盾,让其夫妻二人得以团聚,而是又来了个错配鸳鸯,让王瑞兰嫁武状元,蒋瑞莲嫁文状元(其兄蒋世隆),从而造成曲折。而王瑞兰诉说嫁武状元如何不好,因此当要将错配鸳鸯颠倒过来的时候,又引起蒋瑞莲的不满,造成了新的矛盾。经过一番波折之后,方才双双成婚。这种方法通过节外生枝,把原有的矛盾和事件暂时搁置一边,去描写新的矛盾和事件,既抑制了悬念的解决,增强了作品的吸引力,同时也丰富了作品的戏剧性情节,避免了平直单调,因而更加扣人心弦,趣味盎然。

悬念的安置和剧作的结构是一同产生的。悬念的解决,往往是戏剧的高潮部分。元杂剧的高潮多在第三折,结局在第四折。由于高潮之后紧张便松弛下来,而且元杂剧的结局多为大团圆的套子,所以往往便减弱了吸引人的力量。一方面有结构上的原因,另一方面也是因为历史条件的限制,作者看不到真正的出路,只能从清官、鬼神、科举和多种偶然的因素勉强解决矛盾,草草收场。但是,元杂剧有些作品也常常把悬念的最后解决放到第四折,到高潮一过,戛然而止,遒劲有力。如《救风尘》中赵盼儿粉碎周舍多种形势的反扑,《马陵道》中孙膑活捉并处死庞涓等最紧张的情节,以及《汉宫秋》中汉元帝思念王昭君、《梧桐雨》中唐明皇思念杨贵妃等感情强烈的高潮,都是安排在第四折,因此使作品把紧张的情绪或强烈的感情保持到最后,强弩发机,力透纸背。

（原载《艺谭》,1983 年第 3 期）

一曲国破家亡的哀歌

——《梧桐雨》新探

李调元《雨村曲话》云:"元人咏马嵬事无虑数十家,白仁甫《梧桐雨》剧为最。"王国维在《录曲余谈》中称《梧桐雨》、《汉宫秋》、《倩女离魂》为元剧三大杰作,而其《人间词话》则云:"白仁甫《秋夜梧桐雨》剧,沉雄悲壮,为元曲冠。"这些看法虽然有的失之偏颇,但《梧桐雨》作为元杂剧的一部优秀作品,却是普遍地为世人所首肯。

然而,由于《梧桐雨》的思想内容比较复杂,人们对它的认识也不尽相同。比较通行的看法是:作品以安史之乱为背景描写李杨爱情,一方面揭露了唐明皇的荒淫误国,一方面又歌颂他对杨贵妃的真挚爱情,既有批判,又有同情。这种看法貌似不偏不倚,实际上它只是从作品的一些表面现象出发,并没有真正地把握住作品的深刻意义。而且,它也很难解释,既然作品的思想内容是互相矛盾的,它就不是一件和谐统一的艺术品,它何以能置于优秀作品之列呢?

如果我们对《梧桐雨》作一番认真的考察,就不难看出,唐明皇并不是它所批判的对象,作品中深厚动人的抒情也并非针对爱情而发。《梧桐雨》描写的是外敌内奸所造成的唐明皇的悲剧,从而抒写了国破家亡之叹,反映了一定的民族意识。

　　《梧桐雨》是把安禄山、杨贵妃作为外敌、内奸和唐明皇悲剧的制造者来加以描写的。作品一开始就指出安禄山"积祖以来为营州杂胡","母阿史德,为突厥觋者",后又屡次强调安禄山为"失机番将"、"狂胡"、"逆胡";他起兵的目的就是"抢了贵妃,夺了唐朝天下"。显然,作品是把安禄山叛乱作为一种具有异族入侵性质的民族矛盾来加以描写的。作品中的杨贵妃也是一个否定人物,与白居易《长恨歌》、洪昇《长生殿》大相径庭。《长恨歌》隐去了杨贵妃原为寿王妃的事实,说"杨家有女初长成,养在深闺人未识",并写她死后成了海上仙山的仙子,对唐明皇怀着真挚坚贞的爱情。而《梧桐雨》却强调杨贵妃原为寿王妃的事实,并几次描写杨贵妃与安禄山的私情。在作品中,是贵妃先提出将安禄山留在身边解闷,并认为义子,为他做洗儿会,二人在后宫喧笑,当时就"有些私事"。"七月七日长生殿,夜半无人私语时",白居易《长恨歌》和洪昇《长生殿》都强调李杨缠绵缱绻的爱情,而在《梧桐雨》中,杨贵妃在七夕之夜却在思念安禄山,认为"此人猾黠,能奉承人意","妾心怀想,不能再见,好是烦恼人也"。她感叹牛女的分离,实际上是为与安禄山的离别而伤情;她要唐明皇盟誓,实际上是要巩固自己的荣华富贵。但杨贵妃却始终没有对唐明皇表示一点情意,实际上是同床异梦。只有在马嵬之变中,杨贵妃曾说过:"数年恩爱,教妾怎生割舍?"但那只不过是请求救命的托词而已。因此,《梧桐雨》中的杨贵妃实际上是一个对唐明皇毫无爱情、私通番将的否定人物。我们不能无视作品中的客观描写而用其他作品中对杨贵妃的描写或历史上的杨贵妃来评价《梧桐雨》中的杨贵妃形象,也不能因为我们不赞成"女人是祸水"的观点而凭主观愿望改变《梧桐雨》中杨贵妃的形象。《梧桐雨》之所以这样描写杨贵妃,恰恰体现了作者独特的艺术构思和创作意图。

《梧桐雨》的意图不在于歌颂李杨真挚的爱情,而在于从民族矛盾的角度揭示唐明皇悲剧的根源,抒写亡国之叹。因此,作品不但把安禄山和杨贵妃写成否定人物,而且进一步把他们的私情当作安史之乱和唐明皇悲剧的重要原因。安禄山被任为渔阳节度使,就说:"别的都罢,只是我与贵妃有些私事,一旦远离,怎生放的下心? 罢罢罢,我这一去,到的渔阳,练兵秣马,别作个道理。"安禄山起兵时又说:"抢了贵妃,夺了唐朝天下,才是我平生愿足。"众军到马嵬而变,要求处死杨国忠,一方面因为他"似有反情",同时也是针对杨贵妃。故而杀了杨国忠,再以"贵妃在陛下左右,岂敢自安"为由,坚持要将杨贵妃正法,并马踏其尸。这也表明,众军认为杨贵妃对安史之乱负有罪责。由此可见,在《梧桐雨》中,安禄山是一个异族入侵者,杨贵妃是一个导致异族入侵的人物,他们是作品批判的主要对象,而唐明皇则是一个异族入侵的受害者,是值得同情的。

那么,唐明皇难道对安史之乱就没有责任吗? 假如作为一个历史人物,当然他应负主要责任。但在《梧桐雨》中,唐明皇既然是一个异族入侵的受害者,在尖锐的民族矛盾面前,对他的谴责也就变得十分轻微了。作者虽然写了唐明皇沉醉酒宴歌舞的享受与欢乐,甚至"朝纲倦整",但这是出于对杨贵妃的极度眷爱和迷恋,同时也是为后面唐明皇在安史之乱以后对繁华欢乐生活的怀念服务的。作品虽然写了四川道使臣奉旨进贡荔枝,但却只是一提而过,丝毫不提限期短促及由此给人民带来的灾难,与《长生殿·进果》大不相同;同时,唐明皇的语气也表明这不过是唐明皇因深爱杨贵妃而作出的讨好之举。作品对唐明皇的谴责最重之处,要算是其"眼不识人"了。他被安禄山"惟有赤心"的谎言所迷惑,不知其野心,赦了其死罪,并封其官职,最后导致了安史之乱。

但在作品中,唐明皇最初只是说不杀安禄山,并未准备重用;是杨贵妃称赞安禄山"又矬矮,又会舞旋",提出"留着解闷倒好",唐明皇才把安禄山给杨贵妃做义子,并委以重职。可见作品是极力为唐明皇推脱罪责的。而且,唐明皇在安史之乱爆发后又痛悔了自己"眼不识人"的过错,自责"深居九重,怎知闾阎贫苦",并听纳百姓忠言,把帝位交给儿子,让其破贼救国。这样,在异族入侵的关头唐明皇即使原来有些过错,也就可以原谅了。当然,唐明皇的"眼不识人"也表现在对杨贵妃的不察,他始终不了解杨贵妃与安禄山的私情。杨、安私情导致了安史之乱,唐明皇却还在竭力保护杨贵妃;杨贵妃死后,唐明皇又表现了极度的哀痛和深沉的思念。这一方面通过反衬加强了对杨贵妃的批判,同时也深化了唐明皇的悲剧,从而激起人们对他更深切的同情。

　　弄清了安禄山和杨贵妃是《梧桐雨》批判的主要对象,而唐明皇是异族入侵的受害者,再联系元代的历史背景,我们就不难理解,《梧桐雨》第四折中所抒写的唐明皇那种凄凉、痛苦、烦恼的心情究竟具有什么样的含义了。第四折是《梧桐雨》的情绪高潮,它以秀雅含蓄的文笔,借景抒情,运用大量新颖贴切、个性鲜明、饱含感情的比喻,刻画唐明皇的精神世界,把他的凄清、痛苦和烦恼写得有声有色,生动细腻,酣畅淋漓,取得了震撼人心的艺术效果。这是一个国破家亡的受害者的凄苦的倾诉,是一个亡国的苦难灵魂的悲凉的歌唱。在元代,广大人民深受异族侵略者的蹂躏,饱尝了国破家亡、战乱流离之苦。唐明皇同样因为异族的入侵而国家残破,失去了地位,失去了生活的繁华和欢乐。在某种意义上,唐明皇的遭遇和元代人民的遭遇有某种相似之处,因而《梧桐雨》可以借唐明皇抒写亡国之叹,并且能够引起人们的共鸣。文学作品不是历史,我们不能用研究历史的方法就事论事地来对待文学作品。文学作品可以通过某种有联系的事物来抒写作者的感情,可以赋予历史题材以新的思想。在元杂剧中,借历史故事和历史人物来表现民族意识或作者的主观感情的作品不胜枚举。马致远的名作《汉宫秋》描写匈奴强索昭君所造成的汉元帝的悲剧,最后也有大段凄苦悲凉的歌唱,与《梧桐雨》有类似之处。联系元代的历史,我们就可以更清楚地理解它们的时代特色和深刻意义。《梧桐雨》和《汉宫秋》都以大段抒情描写而著称,它们可以说是一种优美的抒情诗剧。它们的重点在于后半部的强烈感情的抒写,前半部的故事情节写得十分简略,可以说是为后面的抒写所作的必要的准备。不把握作品的这一特点,也就难以对作品的思想意义作出恰当的解释。

那么,我们应当怎样看待《梧桐雨》第四折中所描写的唐明皇对杨贵妃的思念呢? 首先,《梧桐雨》第四折的大量篇幅是抛弃了杨贵妃的具体形象来描写唐明皇的凄清和痛苦的。在〔蛮姑儿〕一曲之后,作品精雕细刻地反复描写梧桐夜雨,并不提及爱情相思。作品所极力渲染的是一种悲凉冷寂的典型意境和感情,我们完全可以把它看作一种亡国之痛,并不一定要和杨贵妃相联系。此外,《梧桐雨》第四折的前几曲虽然描写了唐明皇对杨贵妃的思念,但其中没有甜蜜的爱情,而主要是良辰美景和酒宴歌舞的欢乐。其主旨是为了表现唐明皇对过去繁华欢乐生活的追忆,以反衬眼前生活的孤寂和凄清,从而表现兴亡之叹,并不一定说作品的目的在于歌颂唐明皇对杨贵妃的真挚爱情。否则就很难理解,为什么作品要反复强调杨贵妃与安禄山的私情,为什么作品不像《长生殿》那样通过幻想的形式让李杨重新团圆,一反元杂剧大团圆的结局而以悲剧结束。

白朴通过《梧桐雨》抒写他的民族意识和亡国之叹并非偶然。

白朴的幼年恰逢元兵攻陷汴京，其母为元兵所掠，其父白华"如邓州召兵"（《金史·哀宗本纪》），随邓州节度使移剌瑗降宋，孤苦无依的白朴由元遗山挈以北渡，所以他经历了国破家亡、颠沛流离的生活。故王博文《天籁集序》云："自幼经丧乱，仓皇失母，便有山川满目之叹。逮亡国，恒郁郁不乐，以故放浪形骸，期于适意。中统初，开府史公（史天泽）将以所业荐之于朝，再三逊谢，栖迟衡门，视荣利蔑如也。"可见白朴对元人的统治是极为不满的。他的词中也有不少慨叹历代兴亡的作品。如《沁园春》（我望山形）怀念建康往昔的繁荣，慨叹今日的寂寞与悲凉；《石州慢》（千古神州）描写神州陆沉的一片动乱荒凉，亡国之痛令人饮恨痛哭，秋日独居，又十分孤寂悲凉。这种思想感情与《梧桐雨》是完全一致的。因此，白朴通过《梧桐雨》寄托他的亡国之叹是十分自然的。

当然，《梧桐雨》的思想内容是复杂的，我们并不想用某种单一的思想来囊括它的全部内容。《梧桐雨》描写的是一个历史故事，它不可能完全无视有关的历史记载和传说。同时，在白朴之前，描写李杨故事的作品就已经有了白居易《长恨歌》、陈鸿《长恨歌传》、乐史《杨太真外传》、金院本《击梧桐》、宋元南戏《马踏杨妃》等，它们不能不对白朴产生一定的影响，从而造成作品的某种历史继承性。因此，白朴用这个故事寄托自己的亡国之叹，不可能完全消除这个故事原来的固有意义。这也正是造成《梧桐雨》思想内容的复杂性和人们对它的分析产生分歧的一个重要原因。本文只是略陈己见，当否，尚有待于讨论。

（原载《东岳论丛》，1990 年第 2 期）

《西厢记·长亭送别》讲析

  《西厢记·长亭送别》描写张生被迫赴京应试、崔莺莺长亭送别的情景。全折以优美的抒情诗的语言刻画了莺莺缠绵悱恻、复杂微妙的内心感情，表现了封建礼教给青年男女造成的巨大痛苦，反映了封建礼教与青年男女自由爱情的深刻矛盾。

  《长亭送别》可分四个层次。第一层次写莺莺和张生去长亭路上的感触。作品紧扣途中景物，抒写莺莺恋恋不舍的缱绻之情和内心痛苦。莺莺一上场就说："今日送张生上朝取应。早是离人伤感，况值那暮秋天气，好烦恼人也呵！"下面的唱词就抓住"暮秋天气"、"离人伤感"八个字加以生发。作品首先用〔端正好〕一曲描绘了一片萧瑟的秋景。深秋的天空碧云沉沉，如同莺莺那暗淡沉重的心情。广阔的大地上黄花憔悴，不禁使人联想到"人比黄花瘦"的离人的愁苦形象。凉飕飕的西风增加了离人的凄清，北雁南飞正如张生远行一样，更添离人一分悲伤。还有那经霜的枫叶像喝醉了酒一样一片通红，然而在离别亲人的莺莺看来，那却是痛苦的血泪所染成。这段曲词情景交融。它一开始就创造了一种凄清的氛围和悲伤的感情，为全折涂上了底色，奠定了基调。接着，〔滚绣球〕一曲又联系途中景物描写莺莺对张生的恋恋不舍之情。莺莺刚与张生结合就被迫分离，相亲相守的时间太短了。痴情的莺莺，看见路边飘拂的柳丝，恨不得用它拴住张生的马,留下张生;看见西边的树林,又恨不得请它挂住西斜的太阳,让时间停止流逝,永远像现在这样与张生待在一起。莺莺的车儿紧紧地追随在张生的马后,她多么害怕张生离她而去!然而,莺莺那天真痴情的幻想毕竟不可能实现,张生还是要走,十里长亭就在眼前,莺莺不禁寸心俱碎,玉肌顿减。她这种痛苦之情,别人难于理解,所以红娘问:"姐姐,今日怎么不打扮?"下面〔叨叨令〕一曲,不但写眼前由于离别之痛而无心打扮,而且进一步预言分别之后生活的凄清和痛苦,从而更深化了对莺莺内心感情的描绘。

　　第二层次写莺莺为张生饯别的情景。作品紧扣宴上的把盏、供食,描写莺莺的痛苦和怨恨之情。作品先用〔脱布衫〕、〔小梁州〕二曲,描写莺莺为张生把盏时张生的情态。在西风黄叶、寒烟衰草的萧瑟秋景中,张生"酒席上斜签着坐的,蹙愁眉死临侵地","我见他阁泪汪汪不敢垂,恐怕人知。猛然见了把头低,长吁气,推整素罗衣"。那无精打采、愁眉泪眼的情态,表现了张生忍受着巨大痛苦。由于元杂剧只能以一个角色主唱,所以这里通过莺莺的唱词,由莺莺的眼光描写张生的情态,这样既写了张生,同时也表现了莺莺的感受,具有一举两得之功。接着,作品又用三支曲子抒写为张生把盏时莺莺的复杂感情。她为离别而悲啼愁苦,痛极之际,竟埋怨张生忘旧情而轻远别。这种怨正是爱极痛极的一种变态心理,是一种深情的痴语。在莺莺看来,状元及第并不值得羡慕,最重要的是夫妻并蒂相守。而实际上张生赴试是被逼的,他们的分离乃是封建势力的压迫所致。因此,〔满庭芳〕以下四曲又由红娘供食生发出莺莺对封建势力的怨恨。莺莺是多么想与张生"举案齐眉"、"共桌而食"啊,但在封建礼教的束缚下,由于母亲在场,她不能与张生亲近,只能是"眼底空留意"而已。一个"合"（应该），一个"空"，表露了莺莺对封建势力的代表老夫人的不满和怨愤。而老夫人之所以要逼试，主要是由于门第观念和功名富贵思想，所以莺莺又进一步把怨恨指向那可恶的名利思想："蜗角虚名，蝇头微利，拆鸳鸯在两下里。一个这壁，一个那壁，一递一声长吁气。"世俗的名利观念造成青年男女的爱情悲剧，而莺莺却对这种虚名微利表示了极大的蔑视与痛恨，这就把莺莺的思想感情由一般的离别之苦，推到一个更高的水平。

　　第三层次写宴后将别时莺莺对张生的赠言和叮咛。宴会结束，离别在即，因此这一层次不再从眼前事物着笔，而从设想别后写开去，表现莺莺对未来的忧虑、对坚贞爱情的要求，以及对张生的无比关怀。在封建社会里，男子得官另娶现象非常普遍，因此莺莺口占一绝，以示己忧。同时，莺莺又以女性的细心和温柔，对张生的衣食住行详加叮咛，表现了对张生无微不至的关怀和爱护。另一方面，莺莺也预想到离别以后自己的痛苦将会更加巨大：一个人哭哭啼啼地回到家中，傍晚闷倚西楼，眼望夕阳古道、衰柳长堤，夜里翠被生寒，是何等寂寞冷清！现在还有人可以对之诉苦，以后纵有满腹苦情又向谁诉说？只有泪流如河了。但是只要有张生的爱情，再大的痛苦她也能忍受，张生的爱情是她唯一的希望和生命，因此她反复叮咛张生不要"停妻再娶妻"，不要"一春鱼雁无消息"，不要"金榜无名誓不归"，不要沾惹异乡花草。这是莺莺与张生离别时最后的，也是最重要的话语，它深刻地表明，封建势力不但造成青年男女的相思离别，而且也有完全破坏他们爱情的危险；在当时的历史条件下，妇女的精神负担更加沉重，她们的命运更加不幸。

　　第四层次写张生走后的情景。作品紧扣眼前景物，描写莺莺的孤寂和愁闷。张生渐渐远去了，他绕过青山，转过疏林，淡烟暮霭遮蔽了他的身影,莺莺伫立在寂无人声的夕阳古道上,远处传来了张生的马嘶声。多么难忍的寂寞和冷清! 莺莺终于不得不上车回家,但"遍人间烦恼填胸臆,量这些大小车儿如何载得起?"最后以无限的烦恼总结全折,再一次强调突出了全折的基调,感情浓郁,力重千钧。

由此可见,《长亭送别》主要是描写莺莺和张生离别时的痛苦和怨恨,表现了青年男女的爱情与封建礼教的深刻矛盾。

《西厢记·长亭送别》对人物心理感情的刻画极为细腻、丰满、真实、动人。作品多侧面地描写了莺莺极为复杂的内心感情,其中有离别相思的巨大痛苦,有缠绵缱绻的无限深情,有无微不至的细心关切,有因爱极痛极而产生的埋怨,有对未来前途的忧虑,有对功名富贵的蔑视,有对封建礼教的憎恨……这一切都写得那么细致入微、具体生动、真实感人,人物形象有血有肉,鲜明丰满,栩栩如生。作品对人物内心感情的描写,主要是通过唱词来直抒胸臆。中国戏曲具有独特的美学原则。它的唱词主要用以抒情,具有抒情诗的某些特点。它不像话剧那样禁止剧中人与观众的交流,而可以由剧中人直接向观众表白、倾诉他的内心感情,并假定其他人物不会听到。《长亭送别》中的唱词大部分都是这种直抒胸臆的描写。此外,作品有时也通过对人物情态动作的描绘来间接刻画人物的内心感情。如"马儿迍迍的行,车儿快快的随"。张生的马儿之所以走得慢,是因为舍不得离开莺莺;莺莺的车儿之所以走得快,是因为怕张生离去,两人恋恋不舍的心情不难由此窥见。又如张生"阁泪汪汪不敢垂","猛然见了把头低,长吁气,推整素罗衣",既表现了他内心的痛苦,又表现了他竭力掩饰,唯恐莺莺伤心的微妙心情,情态惟妙惟肖,心理真实自然。更为突出的是,作品尤善于通过景物和环境气氛的描写来表现人物的内心感情。作品自始至终,反复用萧瑟的秋景渲染凄苦悲凉的气氛,使景物带上了浓厚的感情色彩,把抽象无形的感情融化在形象如画的景物中,情景交融,充满诗情画意。如开始的第一曲〔端正好〕,就用一片萧瑟秋景渲染出深切的离别之痛;第二曲〔滚绣球〕,又由"柳丝"、"疏林"生发出留人、留时的痴情痴语;到了宴会上,又用"下西风黄叶纷飞,染寒烟衰草萋迷",再次描绘凋零、凄迷的景色,渲染冷清迷惘之情;宴会之后,莺莺设想张生走后,自己"到晚来闷把西楼倚,见了些夕阳古道,衰柳长堤",运用虚写手法写景,表现莺莺的相思之苦;最后,张生走后,又通过青山疏林、淡烟暮霭、夕阳古道、禾黍秋风来表现莺莺的孤寂凄苦,一种浓郁的悲剧气氛袅袅不绝,余味无穷。景耶?人耶?情耶?画耶?诗耶?浑融一片,难解难分。我们只是沉浸在它那动人的艺术境界里,久久难以平静。

《西厢记·长亭送别》的语言流利生动,自然华美。朱权《太和正音谱》说王实甫杂剧的语言"如花间美人",具有优美的抒情诗的特色。他能把优美的诗词语言融化成明快流畅而又平易的语言,又能把日常生活中的口语点化为清丽谐美而富有诗意的语言,并把二者熔铸在一起,既具有诗词的精炼华美、含蓄隽永,又具有口语的生动活泼、自然流畅。如〔叨叨令〕、〔满庭芳〕、〔快活三〕诸曲,大量运用口语,通俗易懂,又用了许多虚词,疏宕流动,而且句式多变,灵活自然,如同脱口而出,具有浓厚的生活气息,但又经过排比、重叠、押韵,音韵和谐,流转如珠,具有文学语言之美。〔端正好〕、〔耍孩儿〕、〔四煞〕诸曲,运用典雅精炼的诗词语言;"碧云天,黄花地",化用范仲淹〔苏幕遮〕词中的语句;"一春鱼雁无消息",袭用秦观〔鹧鸪天〕词中的语句;还用了"举案齐眉"、"蜗角虚名"、"蝇头微利"、"比司马青衫更湿"等典故,增加了文学色彩,但却并不凝重晦涩、生硬牵强,读来仍然轻灵活泼,极为自然。〔滚绣球〕、〔脱布衫〕、〔一煞〕、〔收尾〕,则既有诗词格调、典雅整齐的对偶句,又有通俗错落的口语,二者有机地结合在一起,极为自然和谐。《长亭送别》的语言能够如此雅俗相兼,本色与文采结合,在整个戏曲史上的确堪称楷模。

（原载《中文自修》,1986 年第 1 期）

《汉宫秋》艺术评析

　　马致远的杂剧《汉宫秋》，被列为《元曲选》百种之首，是元杂剧中的一颗明珠。

　　《汉宫秋》描写的是昭君出塞的故事。中大夫毛延寿奉汉元帝之命刷选天下美女，农家女子王昭君被选入宫中。毛延寿因求贿不遂而点破王昭君的画像，致使昭君被打入冷宫。后被汉元帝发觉，毛延寿畏罪逃往匈奴，唆使匈奴王强索昭君，昭君被迫出塞和番，行至汉番交界的黑龙江而投江自杀。匈奴王发觉自己受骗，于是将毛延寿绑赴汉朝处治，依旧与汉朝和好。

　　《汉宫秋》之所以为人们所赞颂，除了它反映出元代人民反对民族压迫的爱国主义思想，表现了要求民族和睦的良好愿望，主题思想有积极意义之外，一个极为重要的原因还在于它高度的艺术成就。

　　《汉宫秋》充满浓厚的抒情色彩，具有优美的抒情诗的风格。一般来说，戏剧作品特别重视戏剧冲突的展示，人们常说："没有冲突就没有戏剧。"但中国戏曲具有自己独特的美学原则和艺术形式。由于上下场的演剧方法，虚拟的表演手段，人物唱、白的叙述性质，它极少受时间和空间的限制，非常自由灵活；它具有唱、念、做、打等丰富的表现手段，表现力十分丰富。因此它对激烈的戏剧冲突的要求不像话剧那样迫切，有不少作品是以载歌载舞的优美抒情见长的。《汉宫秋》没有惊心动魄的情节，没有紧张激烈的冲突，甚至没有用明场描写呼韩邪、毛延寿与汉元帝、王昭君的直接交锋，但却用大段唱词描写汉元帝凄苦的离别相思之情，淋漓尽致地展示了人物的内心世界。它并不以紧张激烈、迅速推进的冲突令人心急气促、始终紧张，但人物强烈的内心感情也能产生巨大的艺术感染力。如第三折中汉元帝送别昭君时，那"散风雪旌节影悠扬，动关山鼓角声悲壮"和"迥野悲凉，草已添黄，兔早迎霜，犬褪得毛苍，人搦起缨枪，马负着行装，车运着餱粮，打猎起围场"的寥廓、萧瑟的深秋景色，那寒雁南翔、满目牛羊、毡车远去的凄凉情景，那昏月凉夜、纱窗寒蛩的冷落的深宫环境，充满了诗情画意，把汉元帝忧伤悲凉的心情衬托得极为动人。特别是在第四折中，汉元帝在落叶萧萧、烛暗人静的宫中听着那紧一声、慢一声的孤雁的哀鸣，闻声伤情，反复吟唱，忽悲忽恼，把他的凄怆悲切之情写得酣畅淋漓，回肠荡气，真是令"铁心肠也愁泪滴千行"。《汉宫秋》把这种抒情描写作为它的核心部分，历来称为绝唱。它之所以为人们所喜爱，很大程度上也是得力于此。如果说剑拔弩张的双方冲突是戏剧冲突的一种形式的话，那么这种人物内心的感情冲突则是戏剧冲突的另一种形式。前者以紧张引人，后者则以感情动人。浓厚的抒情色彩，优美的抒情诗的风格，是《汉宫秋》的重要特点，也体现了中国戏曲的独特风格。中国戏曲常常安排长篇的抒情唱段，《汉宫秋》的艺术成就值得我们加以借鉴。

　　《汉宫秋》的语言清俊潇洒，音调流美，生动形象。朱权《太和正音谱》说马致远的作品"如朝阳鸣凤"，"宜列群英之上"，虽不免有些过誉，但马致远那清俊潇洒的语言风格介于关汉卿的雄肆朴实和王实甫的艳冶研炼之间，可以说是元杂剧中三种主要风格之一的代表。元杂剧以运用生动活泼的口语为其特点，《汉宫秋》在这方面也堪称妙绝。如："你便晨挑菜，夜看瓜，春种谷，夏浇麻，情取棘针门粉壁上除了差法，你向正阳门改嫁的倒荣华。俺官职颇高如村社长，这宅院刚大似县官衙。谢天地，可怜穷女婿，再谁敢欺负俺丈人家！"它具有口语的通俗平易，自由灵活，但又经过了加工提炼，具有生动的情趣与和谐的韵律。《汉宫秋》还运用了许多丰富多彩、工整自然的对仗句式，读来音调流美，和谐动听。如："旧恩金勒短，新恨玉鞭长。""散风雪旌节影悠扬，动关山鼓角声悲壮。""环珮影摇青冢月，琵琶声断黑江秋。"全用实词，对仗工整，用语典雅。"疑了些无风竹影，恨了些有月窗纱。""画檐间铁马响丁丁，宝殿中御榻冷清清。""草已添黄，兔早迎霜，犬褪得毛苍，人拥起缨枪，马负着行装，车运着馓粮……"虚词与实词并用，对仗疏宕而流畅，节奏鲜明，音调铿锵。特别是第三折中以一连串的短句构成联珠句式，更是千古绝唱："返咸阳，过宫墙；过宫墙，绕回廊；绕回廊，近椒房；近椒房，月昏黄；月昏黄，夜生凉；夜生凉，泣寒螀；泣寒螀，绿纱窗；绿纱窗，不思量！呀！不思量，除是铁心肠！铁心肠，也愁泪滴千行。"节奏跳荡流走，音调优美动听，真如大珠小珠落玉盘，具有极为鲜明的音乐性和强烈的美感。《汉宫秋》的语言也极为生动形象，描绘景物氛围有声有色，摹写人情物态曲尽其妙。如王昭君登车远去，那旌旗的影子在漫天风雪中晃动，那凄厉的号角声在荒山大漠中回荡，寒雁哀鸣，牛羊遍野，旷野悲凉，衰草连天；而汉元帝宫中却是昏黄的月色，凄清的椒房，悲泣的寒螀，哀鸣的孤雁，萧萧的落叶，还有一个孤凄痛苦的汉天子。形象鲜明如画，感情饱满动人。马致远以他驾驭语言的高超技巧，给人以强烈的艺术感染。

《汉宫秋》在结构上也具有自己的特点。作品的情节是由毛延寿推动和连接起来的。毛延寿是个次要人物，他在剧中只出场了三次，而且每次都是寥寥几句宾白便下场而去。但在结构上他却是个中心，具有重要的作用。作品一开始就通过呼韩邪单于大兵临境"欲请公主"，造成了呼韩邪单于和汉元帝的矛盾形势。但这个矛盾和王昭君无关。正是靠了毛延寿这个人物才把王昭君拉了进来，使之与汉元帝和呼韩邪发生了联系，并成为矛盾的焦点。是他唆使汉元帝刷选美女，并把王昭君选进宫来；是他点破美人图，并在事发之后逃往匈奴，挑动呼韩邪单于强索昭君，造成了王昭君和汉元帝的悲剧；也是他被绑赴汉朝处斩，使全剧的矛盾得到了解决。毛延寿造成了人物之间的复杂关系，推动着人物关系的变化，决定着故事情节的发展，作品以他为线索把不同的人物和事件连接成一个整体。因此通过毛延寿这个人物的穿插，便使作品的结构严密紧凑，完整统一，情节也更加丰富多彩，曲折复杂。此外，《汉宫秋》第四折的安排也独具匠心。在第三折中，昭君已投江自杀；呼韩邪单于也已命令将毛延寿拿下，绑赴汉朝处治，故事到此已经结束。但作品却又写了一个第四折，反复缠绵地描写汉元帝的孤苦相思之情，生动有力地渲染了一种浓郁的悲剧气氛，从而进一步抒写了国破家亡的痛苦和感慨，突出了反抗民族压迫的爱国感情，这对于强化作品的主题发挥了很大的作用。

（原载《群众艺术》，1984 年第 6 期）

两个不同时代的宠儿

——《赵氏孤儿》与《哈姆雷特》

中国元代作家纪君祥的《赵氏孤儿》是一部著名悲剧,王国维说它"即列之于世界大悲剧中,亦无愧色也"。它于十八世纪初传入欧洲,拥有英、法、德、俄、意五种外文译本。在《赵氏孤儿》问世三百年之后,英国莎士比亚的名剧《哈姆雷特》诞生了。《哈姆雷特》是莎氏四大悲剧之一,也是一部蜚声世界的名作。这两部优秀作品在某些方面颇为相似:它们的题材都源于历史故事,并借以表现当时的时代和思想;它们的故事都是以王侯(或将相)之子为父复仇为出发点和归宿,并都以曲折紧张的情节造成了浓烈的艺术魅力。但诞生于封建时代的《赵氏孤儿》和分娩于资产阶级文艺复兴时期的《哈姆雷特》,又不能不打上各自时代的烙印,因而它们在思想内容、人物性格以及斗争结局上又有不同的特点。

《赵氏孤儿》和《哈姆雷特》虽同为历史复仇故事,但它们的思想倾向却不相同。《赵氏孤儿》取材于《左传》和《史记》,是春秋时期的故事。但由于作品写成于元代,因而它在思想上又有元代的时代特点,间接、曲折地反映了元代的社会矛盾,寄托着元代人民的感情和愿望。元代社会是一个民族压迫和阶级压迫都很残酷的封建社会。蒙古灭金亡宋,入主中原,大批汉族知识分子和人民群众惨遭掳掠杀戮,幸存者在政治、文化等方面也处于被压迫地位。因此,不少元杂剧通过古代遭受追害的历史人物来反映元代人民的命运,借以表现了他们的悲愤和反抗意识。在《赵氏孤儿》中,公孙杵臼愤慨地揭露当时的社会说:"正遇着不道的灵公,偏贼子加恩宠,着贤人受困穷。"奸臣屠岸贾倒行逆施,"他只将那会谄谀的着列鼎重裀,害忠良的便加官请俸,耗国家的都叙爵论功"。作品生动地展示了一幅触目惊心、恐怖残忍的大屠杀情景:奸恶狠毒的屠岸贾疯狂地斩杀了赵盾全家三百余口,连刚刚出世的婴儿也不放过,甚至声言要将全国半岁以下、一月以上的婴儿统统杀绝,忠良之士和人民群众陷于极为悲惨的境地。屠岸贾的暴虐激起了一切正直人们的反抗。鉏麑、提弥明、灵辄、公主、程婴、韩厥、公孙杵臼等人为了反对屠岸贾的残杀,或捐躯,或舍子,前赴后继,演出了一场壮烈动人的悲剧。由于作品产生于封建时代,作品中的斗争是从封建忠义出发的。义士的助赵救孤是为了保护忠良,反抗奸佞,因此这个斗争的实质乃是忠奸斗争,带有清晰的封建时代的印迹。但在元蒙灭亡赵宋的特定条件下,为赵氏复仇的描写又含蓄地寄托着对故国的怀念,蕴藏着复宋反元的民族意识。宋人习惯于把赵氏当作宋朝的代号,宋朝皇帝也自认为是赵氏孤儿的后代,并为程婴、公孙杵臼、韩厥立庙加封。因此,《赵氏孤儿》极力强调"赵家枝叶千年永"和"威压诸邦尽伏拱"的威力,并非偶然。而且这是一场又涉及全国人民的斗争,英雄们如此视死如归,气氛如此悲壮激昂,岂不是充分体现了中华民族的不屈性格吗? 由此可见,《赵氏孤儿》不但反映了封建社会的忠奸斗争,同时也曲折地反映了元代的民族斗争,从而使它和元代这一特定时代产生了密切联系,倾向的时代性也就更加鲜明。

《哈姆雷特》取材于丹麦历史学家萨克索在十二世纪末所著的《丹麦史》,这是一个发生在八世纪的丹麦历史故事。但莎士比亚在这个故事中注入了英国伊丽莎白时代的丰富内容,把这个中世纪的复仇故事写成了一个具有新时代特点和深刻意义的社会悲剧。与产生于封建社会的《赵氏孤儿》不同,莎士比亚作为一个文艺复兴时期的作家,他借一个中世纪故事艺术地反映了他的时代的矛盾和斗争。《哈姆雷特》诞生在伊丽莎白末年(1601年),正是英国封建关系瓦解、资本主义关系兴起的交替时代。一方面,君主专制进一步加强,并日益暴露出它的腐朽性和反动性;另一方面,随着资本主义的原始积累,也加紧了对农民的掠夺。因此,封建贵族、资产阶级、劳动人民之间的矛盾日益突出。《哈姆雷特》通过一个丹麦故事,反映了英国社会现实,"给时代和社会看一看自己的形象和印记"。作品深刻地揭露了社会的丑恶:哈姆雷特的叔父克罗迪斯杀兄奸嫂、篡夺王位,并设置了让哈姆雷特出使英国和比剑等圈套欲置之于死地;哈姆雷特所敬爱的母亲匆匆改嫁;连哈姆雷特的好友和情人也当了克罗迪斯的密探。资产阶级人文主义者所向往的善良、爱情、道德等一切美好的东西都变成了丑恶。因此哈姆雷特痛苦地呼喊着:"时代整个儿脱节了!""丹麦是一所监狱!""全世界也是一所监狱!"这是封建专制末期的腐朽社会的生动写照。哈姆雷特通过装疯、演戏、比剑与丑恶的社会展开了斗争,直至与邪恶势力同归于尽,反映了资产阶级人文主义者与反动封建势力的坚决斗争。由此可见,《哈姆雷特》艺术地体现了莎士比亚时代的社会本质,真实地揭示了当时的阶级矛盾,崭新的时代使它的思想内容呈现出一种崭新的面貌。

《赵氏孤儿》和《哈姆雷特》思想内容的不同,又造成了其主要人物的差异。在《赵氏孤儿》中,孤儿仅连结起作品的结构线索,而不是作品的主要人物。他只是在第四折才出场,并一举报仇成功。作品描写的重点是"救孤",主要人物是程婴和公孙杵臼。因为作品主要是歌颂封建时代的忠义行为,曲折地反映救赵复宋的民族斗争,所以壮烈的忠良便成了作品的主要人物。由于作品反映的是中国封建社会的矛盾和斗争,因而作品中主要人物的思想性格便具有鲜明的封建时代特点和阶级特点。程婴、公孙杵臼、韩厥等认为赵盾"专一片报国之心,无半点于家之意",是个志士,而屠岸贾"不廉不公,不孝不忠","损坏忠良",因而他们要见义勇为:"有恩不报怎相逢,见义不为非为勇。""你又忠我可也又信,你若肯舍残生我也愿把这头来刿。"作品最后更明确地说:"忠义士各褒奖……落的个史册上标名留与后人讲。"显然,作品的主要人物是从忠义出发反暴救孤的,作品歌颂的也正是他们的忠义行为。忠义带有浓厚的中国封建社会的时代色彩,也带有鲜明的中国封建阶级的阶级特点。但在元代,强调封建正统的忠具有反元复国的意义,正如李卓吾在《忠义水浒传序》中所说:"施罗二公,身在元,心在宋,虽生元日,实愤宋事。"而义,则主要表现为反暴救危,见义勇为,亦即坚持正义,反对邪恶,也代表了封建社会人民的意志和愿望。

《哈姆雷特》与《赵氏孤儿》不同,为父复仇的王子哈姆雷特是作品的主要人物。他不像赵氏孤儿那样仅作为一个次要人物在最后才长大出场,而是一开始就明白了父亲的被害经过,作品主要就是写他与邪恶的克罗迪斯的斗争,并细致地描写了他的内心矛盾和性格发展。《哈姆雷特》是文艺复兴时期的产物,因此作品的主人公哈姆雷特不同于中国封建社会中的忠臣义士,而是一个文艺复兴时期资产阶级人文主义者的典型。他不是为了忠义,而是为了新的信念和理想而斗争。他曾在人文主义思想的堡垒——德国威登堡大学读书;他正直热情,肯定人的生活,颂扬人的力量。然而，当他看到叔父杀兄娶嫂、母亲害夫嫁弟、好友和情人充当密探时，他又深感到处都是罪恶、败行和残暴，整个世界就像大监狱，丑恶的现实动摇了他追求美好生活的理想。他要惩罚罪恶，又感到动摇疑虑，人文主义理想与丑恶现实的矛盾使他陷入了苦闷和忧郁。然而，他终于通过上下求索而摆脱了精神危机。他借装疯和演戏揭露丑恶的社会，在精神上打垮了克罗迪斯，证明了斗争的价值。最后，他抱着必死的决心，杀死了罪魁祸首克罗迪斯，同时也牺牲了自己。庄严的军乐和炮声为他送葬，人们对他表示深深的悼念。哈姆雷特的思想性格正是资产阶级人文主义思想的体现，这个人物带有新的时代和阶级的特点。他所进行的斗争反映了资产阶级人文主义者和封建邪恶势力的斗争，这场斗争是新旧两个阶级的斗争。资产阶级人文主义的理想符合当时人民的愿望，与封建社会的忠奸斗争相比，具有更大的进步意义。

　　《赵氏孤儿》和《哈姆雷特》同为悲剧，但它们的结局却并不都是悲剧性的。按照西方戏剧理论，悲剧应该是主人公由顺境转入逆境，并因遇到不可逾越的障碍而毁灭。但是中国的悲剧却常常以正义的胜利、惩办邪恶、大团圆等喜剧方式作为结局，甚至主人公死了以后，也要通过幻想的形式实现其生前的愿望。《赵氏孤儿》的结局就是孤儿得以报仇，忠义之士各受褒奖。但是，全剧的高潮乃至绝大部分是悲剧性的，正义的胜利付出了巨大的牺牲，因此全剧仍具有悲剧基调。中国人民有自己独特的审美心理和欣赏习惯，好有好报、恶有恶报是中国人民的信念，最后的惩恶扬善使人得到感情上的慰藉和审美心理的满足，表达了正义必定战胜邪恶的乐观精神和美好愿望。同时，《赵氏孤儿》的复仇也具有历史可能性。因为这是封建阶级内部的忠奸斗争，忠良人物的除奸是符合统治阶级的根本利益的,客观上也符合人民的利益。所以这场斗争得到了人们的广泛支持,八位义士前仆后继地付出了巨大的牺牲(故明传奇改为《八义记》),上卿魏绛奏本相助,晋主也终于明白屠岸贾对自己地位的威胁而下令捉杀,并对忠臣义士给予了褒奖。因此,《赵氏孤儿》的喜剧性结局是真实可信的。

《哈姆雷特》的结局是悲剧性的,善恶人物都遭到了毁灭。它以淋漓的鲜血和惨痛的场面震撼人心,深化了对生活本质的揭示,加强了对社会现实的控诉,这完全符合西方的悲剧观念。然而,《哈姆雷特》和《赵氏孤儿》的不同的结局,并不只是由于不同民族的不同审美心理,更重要的还是在于它们思想内容的不同。从作品的思想内容来看,哈姆雷特的悲剧有其必然性。他是资产阶级人文主义者的代表,他所进行的斗争是资产阶级和封建阶级的斗争。当时正在兴起的资产阶级力量还不够强大,还没有造成大量的现代工人阶级,因此还不足以推翻整个封建阶级。《哈姆雷特》写成(1601年)不久,伊丽莎白一世逝世,斯图亚特王朝詹姆斯一世即位(1603年),君主专制政权与资产阶级的同盟解体了,贵族反动势力日益加强。社会现实的发展恰好与哈姆雷特的悲剧结局相印证,表明当时的资产阶级还不能取胜。同时,哈姆雷特虽然得到人民的爱戴,但他却并不懂得依靠人民,他只是孤军奋战,而靠个人改造罪恶社会是不可能的。因此,哈姆雷特的悲剧不仅是他个人的悲剧,也是时代悲剧和当时资产阶级人文主义者的悲剧,这个悲剧有着丰富的社会内容和深刻的时代意义。

通过《赵氏孤儿》和《哈姆雷特》的思想内容、人物思想性格和斗争结局的比较,不难看出这两部作品虽然都取材于历史故事,但由于作家所处时代的不同,他们在历史题材中注入了各自时代的不同的社会内容和时代意识,使作品带上了各自时代的鲜明特

点。这又一次表明,时代对作家作品具有何等重大的影响。文学
艺术作品是时代的镜子,即使写历史题材也莫不如此。因此,评
价一部文艺作品,只有联系当时的时代才能准确地加以把握。同
时,这也给我们一个启示,历史剧的写作应该允许作者赋予作品
以作者所处时代的思想和内容,即"古为今用"。当然,时代特点
与历史题材的结合应该是自然的,而不应是生硬勉强的。在这方
面,《赵氏孤儿》和《哈姆雷特》无愧为典范。

（原载《比较文学三百篇》,智量主编,上海文艺出版社,
1990 年 5 月版）

中国的看钱奴和法国的吝啬鬼

吝啬鬼的形象是中外讽刺喜剧中写得颇为成功的一类人物。中国元代杂剧作家郑廷玉的《看钱奴》和法国喜剧作家莫里哀的《吝啬鬼》可谓这类作品中的名作。这两部产生于不同的国度，相距三百多年的喜剧作品，尽管有许多不同之处，但却具有异曲同工之妙。

《看钱奴》和《吝啬鬼》以讽刺悭吝的剥削者为其基本内容。《看钱奴》中的贾仁"虽然做个财主，争奈一文也不使，半文也不用"。若有人问他要一贯钱，就如挑他一条筋一般。他想吃烧鸭子，又舍不得花钱去买，便在店里的烧鸭子上"着实揸了一把"，油了五个指头，回家吃饭，一碗饭咂一个指头。恰好瞌睡上来，剩下的一个指头被狗舔了，便一气得病。临死舍不得买棺材，还嘱咐儿子把他剁成两段装在马槽里，并特意交代要借别人家的斧子剁，免得用自己的斧子剁卷了刃，又得几文钱钢。作品以漫画式的夸张，把他的吝啬写得入木三分。《吝啬鬼》中的阿尔巴贡是个有名的富翁，他把家里的东西和钱财都锁住或埋藏起来，处处怀疑别人偷他的财物。一旦丢了钱，简直如疯似狂，痛不欲生。他请客吃饭又舍不得花钱，故意叫厨师做一些不对胃口的东西，并交代在酒里多兑水，人家不多次要酒就不要去添。他的仆人的制服破得有了窟窿，他的马饿得走不动路，他为子择妻、为女选夫完全以嫁妆、金钱为条件，甚至自己在金钱与爱情面前也宁可为金钱而放弃年轻的姑娘。法国的吝啬鬼和中国的看钱奴真是异母所生的两个性情相似的兄弟,他们的共同特点就是贪财吝啬,两部作品都对他们作了尖锐的讽刺和批判。

然而,《看钱奴》和《吝啬鬼》在思想内容上也有所不同。

《看钱奴》描写贾仁的吝啬,并没有仅仅归结为他的个性,而是从为富不仁的角度进行深入开掘,把他的吝啬和狠毒相联系,从而揭示了残酷的阶级压迫,抒写了作者对社会的不满。贾仁偷走了周荣祖埋在墙下的金银,使周荣祖一家在风雪严寒中冻饿交加:"饿的我肚里饥失魂丧魄,冻的我身上冷无颜落色。"周荣祖被迫卖子,贾仁却只肯给一贯钱,而这,"便买个泥娃娃儿,也买不的"。但周荣祖迫于无奈,不得不忍痛舍子:"则俺这三口儿生扢扎两处分开……做娘的伤心惨惨刀剜腹,做爹的滴血簌簌泪满腮,恰便似郭巨般活把儿埋。"而贾仁并不到此为止,他刚买到孩子,便加以毒打:"那员外伸着五个指十分的便搊,打的他连耳通红半壁腮。说又不敢高声语,哭又不敢放声来,他则是偷将那泪揩。"如果作品仅仅是刻画贾仁的吝啬,就不必如此酣畅淋漓地描写周荣祖一家的悲惨遭遇。在一个讽刺喜剧中穿插上这样惨绝人寰的悲剧性描写,其意义显然不限于表现贾仁的吝啬,而是突出了贫富对立,深刻地揭露了残酷的压迫和剥削给人民造成的苦难。因此,周荣祖狠狠地咒骂道:"发背疔疮是你这富汉的灾,禁口伤寒着你这有钱的害。有一日贼打劫火烧了您院宅,有一日人连累抄没了旧钱债。怎时节合着锅无钱买米柴,忍饥饿街头做乞丐,这才是你家破人亡见天败。"作品从对贾仁的痛骂又进一步扩展到对不公平的社会的诅咒和抗议:"似这等无仁义愚浊的却有财,偏着俺有德行聪明的嚼韭菜,这八个字穷通怎的排?"这样,作品就远远超出了对吝啬性格的描写,具有了更深广的社会意义。

此外，贾仁的吝啬又与奸诈相联系，他靠花言巧语向神灵乞求福力，一旦成了财主，便一毛不拔，损人利己。他买周荣祖的儿子，故意不在文书上写明钱数，只写明反悔者罚钱一千贯。事后，不但不想给钱，还要罚周荣祖一千贯。他开解典库要加倍的利息，而且"纳了利从头儿再取索，还了钱文书上厮混赖"。作品一针见血地指出，贾仁就是靠这种奸诈的手段"害众成家"，"富了他这一辈人，穷了他那数百家"。这样，作品就深刻地揭示了剥削阶级发财致富的真相和本质，深化了作品的思想意义。然而，作品对罪恶的揭露虽然是深刻的，却提不出消除罪恶的正确方法，它只能用神佛的力量惩罚罪恶，劝人念佛敬神，积善修心。周荣祖的父亲因为"一心只做人家"，为修宅舍毁了佛院，所以人死财空；贾仁因曾敬乞神灵，许以斋僧布施，修桥补路，惜孤念寡，敬老怜贫，因而得以富贵，而一旦为富不仁，财产又物归原主。这正是"人间私语，天闻若雷，暗室亏心，神目如电"，好有好报，恶有恶报。所以周荣祖最后醒悟，重谢当年行善之人，并将多余的银子都散与那贫难无倚的穷人。作品宣传用神佛的威力和因果报应来改造现实，显然是不正确的。由于历史时代的限制，作者在当时还难以找到正确的出路。

《吝啬鬼》对阿尔巴贡吝啬性格的刻画，则主要是以爱情为线索，从资产阶级家庭关系的角度展开了深刻的描写。阿尔巴贡的吝啬不仅表现在日常物质生活中，而且扩展到了爱情这个神圣的领域；不仅表现在对别人的关系，而且表现在自己的家庭关系中。他要把女儿嫁给一个五十岁的阔绰的爵爷，"这门亲事有一种好处，是别处找不到的，那就是：他答应娶她，不要嫁妆"。女儿要寻死，他说："你寻死不了，还要嫁他。"女儿跪在地下苦苦哀求："爸爸，我求您看在父女的情分上……"他说："不不，我一句也不要听。"为了节省嫁妆,可以完全不顾女儿的幸福和死活,金钱使他变得冷酷无情,完全丧失了父女的情分。同时,他也完全漠视儿子的爱情。他要给儿子娶一个年老的有钱寡妇,自己却要娶儿子的情人。他放高利贷,而借贷者就是他的儿子。他与儿子的对立既表现在爱情上,又表现在经济上。尤为突出的是,即使对自己的爱情,他首先考虑的也是金钱。他要娶一位姑娘,最关心的是她能带来多少财产。最后,当要他在钱匣子和姑娘两者之间选择其一时,他最终还是选择了"我的宝贝匣子"。在他的眼里,金钱就是上帝,就是生命,就是一切。他的钱被偷之后,有一段发疯似的道白:"哎呀!我可怜的钱,我可怜的钱,我的好朋友!人家把你活生生从我这边抢去啦;既然你被抢走了,我也就没有了依靠,没有了安慰,没有了欢乐。我是什么都完啦,我活在世上也没有意思啦。没有你,我就活不下去。全完啦,我再也无能为力啦,我在咽气,我死啦,我叫人埋啦。"这唠唠叨叨的哭叫,活生生地表现了一个爱财如命的守财奴的可笑嘴脸,把他的吝啬性格推向了高峰。作品以生动的艺术形象深刻地揭示了:"在资本主义生产方式的历史初期——并且每个资本主义暴发户都必须个别地通过这个历史阶段——致富冲动和贪欲是当作绝对的情欲起统治作用。"对金钱的贪欲把崇高的爱情变成了冷酷无情的现金交易,把家庭关系上的温情脉脉的面纱撕掉,"变成了纯粹的金钱关系","一切神圣的东西都被亵渎了"。人类社会从封建社会发展到资本主义初期阶段,一切古老的关系和观念都被金钱代替了。因此,《吝啬鬼》不像《看钱奴》那样从封建仁义出发批判吝啬贪财和贫富对立,而是从新的角度出发,由神圣的爱情和家庭关系被金钱所吞噬,被吝啬贪财所破坏,来揭示一切情感和关系都淹没在利己主义的冰水之中的资本主义的本质,这样,对吝啬贪财的批判就具有了新的时代特点,作品也就更加新颖而深刻。当然,作品只是暴露,而没有提出任何改造社会的药方,因为这在当时是不可能的。

　　不同时期、不同国度的文艺作品在思想内容上常常会有较大的不同,而在艺术上却往往会有较多的共同之处。因为既然同为文艺作品,就会具有某些相通的艺术规律。作为讽刺喜剧,《看钱奴》和《吝啬鬼》在艺术上也具有更多的共同之处。当然也不排斥它们也具有各自的特点。这主要表现在喜剧手法和人物塑造上。

　　巧合、夸张、误会这些常用的喜剧手法都出现在这两部作品中。在《看钱奴》中,周荣祖埋在墙下的银子被贾仁偷去,受穷卖子时恰恰又卖给贾仁。贾仁的养子长寿继承家业之后,又恰逢其生父而团圆,家产又归原主。贫富轮回,奇巧生趣。而在《吝啬鬼》中,阿尔巴贡和他的儿子、女儿同时都想诉说自己的爱情,而阿尔巴贡要娶的姑娘恰恰就是儿子的情人,他的女儿所爱的男子恰恰就是他为女儿所选择的丈夫的儿子,亦即两个老头儿要娶的姑娘恰好是彼此的女儿,又恰好是各自儿子的情人。阿尔巴贡放高利贷,借贷者又恰好是他的儿子。这同样是奇巧之至,令人哄堂。在《看钱奴》中,贾仁因被狗舔了一个指头的烧鸭子油而得病,临死时又嘱咐儿子把尸体剁开装入马槽,极尽夸张之能事,令人不禁绝倒。而在《吝啬鬼》中,阿尔巴贡对于请客吃饭的悭吝的安排,金钱被偷后的歇斯底里,福洛席娜对阿尔巴贡的年龄和相貌的虚假的恭维,对于玛丽雅娜姑娘厌恶年轻人而偏为老头儿神魂颠倒的编排,也以夸张手法使人忍俊不禁。在《看钱奴》中,贾长寿一提父亲,周荣祖就打喷嚏,周荣祖一提长寿儿,贾长寿就打喷嚏,而贾长寿因不知周荣祖为其生父,竟要"打那老弟子孩儿",以误会造成了喜剧效果。而在《吝啬鬼》中,阿尔巴贡女儿的情人法赖尔以假言恭维赢得了阿尔巴贡的信任,他竟把管教女儿的权柄交给了法赖尔；他因不知儿子和他要娶的玛丽雅娜的关系，又让儿子代为招待，同样也以误会造成了强烈的喜剧性。当然，《吝啬鬼》的喜剧手法更加丰富，它还运用了有意捉弄、言不由衷、喜剧性发现等手法，因而它的笑料更多，喜剧性也更强；而《看钱奴》在喜剧中插入悲剧描写，又表现了中国古典喜剧的特殊之点。

在人物塑造上，由于元杂剧体制短小，人物性格常常是单一的。《看钱奴》基本上是写贾仁的吝啬，他的狠毒、奸诈都由吝啬生发而来。而莫里哀的喜剧，作为法国古典主义文学的作品，由于受唯理主义的影响，也往往侧重写人物的类型，突出人物的某一性格待点，忽视人物的其他个性，因此他的《吝啬鬼》中的阿尔巴贡也是一个单一性格的人物，几乎成了"吝啬"的同义语。当然，贾仁的经历是有发展变化的，他经历了无财——有财——无财这样一个轮回过程。作品把这种变化归结为神灵的安排和应有的命运，并把这种观念公开加以强调，这表现了中国古典戏曲爱憎分明、善恶有报的艺术传统。而阿尔巴贡的性格则以静态著称，而且作品着重人物的性格刻画，并不公开强调作者的主观意图，这表现了西方文学寓主观思想于客观描写的美学原则。

通过《看钱奴》和《吝啬鬼》的比较不难看出，不同时代的作品即使写的是同一类人物、同一种性格，也可以表现不同的内容、反映不同的时代本质；不同国度的作品即使没有直接的相互影响，也会由于受到普遍的艺术规律的制约而不约而同地运用某些艺术手法，表现出某些艺术共性；而不同民族的审美心理特点又会使它们具有自己民族的艺术个性。

（原载《比较文学三百篇》，智量主编，上海文艺出版社，1990 年 5 月版）

明杂剧讽刺作品的兴盛

王国维《宋元戏曲考》云:"唐之诗,宋之词,元之曲,皆所谓一代之文学,而后世莫能继焉者也。"元杂剧的辉煌成就固然为后世所莫能及,故论及明代杂剧,人们似乎都不屑多言。然而任何事物总是在不断地发展着,即使它的发展高潮已过,为了寻求继续生存,它也往往要竭力进行一些新的开拓,并从而形成自己新的特点。如古典诗歌在唐代达到了顶峰,宋诗却在议论化、散文化方面加以发展,虽然总体上的成就不如唐代,却也具有自己独特的风貌。明杂剧的总体成就虽然远逊于元杂剧,但它也并没有裹足不前,在某些方面也出现了一些与元杂剧不同的新东西,讽刺作品的兴盛就是其中之一。

在灿若群星的元杂剧中,讽刺作品寥寥无几,大概只有《看钱奴》、《风光好》可以称之。而在屈指可数的明杂剧优秀作品中,讽刺作品却占了不小的比重,令人耳目一新。

在明杂剧中,思想内容比较深刻的剧作大都是讽刺作品。它们无情地揭露了封建政治的黑暗和腐朽,辛辣地嘲弄了封建社会人情世态的丑恶和鄙下,嬉笑怒骂,令人心舒气快。徐渭的《歌代啸》是讽刺喜剧中的一部杰作。但因此剧从无刻本,流传极少,甚至《也是园藏书古今杂剧目录》、《重订曲海总目》中亦无著录,且此剧以谐谑为主,故不为世人所重视。实则此剧长歌当哭,于荒诞滑稽中深寓作者愤世之情与悯时之痛,正如柳诒徵跋云:"要其意以滑稽当铸鼎,非漫作也。冥梦瞀乱,终古如斯。涉世稍深,即知逻辑为无用,而一切礼教、法制、戒律罔非涂饰耳目之具。"作品通过李和尚偷走了冬瓜,却说是冬瓜成精而走;丈母牙疼,却灸女婿脚跟;李和尚行奸,却捉张和尚判刑;老百姓救火,却以明火执仗定罪;只许州官奶奶放火,却不准黎民百姓点灯等情节,表现了封建社会中到处充满了虚伪,一切都是黑白颠倒。对封建社会的法制、宗教、家庭进行了辛辣无情的嘲弄和全面深刻的揭露,确实并非漫不经意的曼倩诙谐。茅维《闹门神》描写新门神到任、旧门神不肯退位的争执,貌似无聊,实则借九天监察神者批评旧门神以顺风耳为帮凶,"吃粮不管事","弄得那家门面,直恁破败",但又"贪位慕禄",不肯退位。嘲讽那些尸位素餐、贪图爵禄的官僚,具有深刻的政治意义,直到今天还值得我们深思。王衡《郁轮袍》根据薛用弱《集异记》中的王维故事变化逆用之,通过真假王维的故事,揭露递条子、走门路、文才无凭的科场弊端,并在最后让王维弃官归仙,由文殊大士说:"与天下文人墨士做个榜例,不要输气在衣冠文墨死套子中。""我要二位,数百年后再化身,做一个不由科目、不立文字干出名宰相事业的,与世上有气的男子立个法门,势利的小人放条宽路。"从根本上否定了科举制度。在以八股文取士、文人醉心于科举的明代,这是十分难能可贵的,比元杂剧中大量出现的描写变泰发迹、得官团圆的作品也要深刻得多。竹痴居士《齐东绝倒》讽刺舜的护父枉法和皋陶的徇私违条,对千古称颂的圣君贤臣加以嘲弄,表现了敢于反传统、反礼教的可贵精神。其他如王衡《真傀儡》讽刺世态炎凉,王九思和康海《中山狼》讽刺忘恩负义,徐复祚《一文钱》讽刺悭吝贪婪,也都具有积极的意义。

　　明杂剧的讽刺作品在艺术上也颇多创新。在戏剧体裁方面，它开创或发展了闹剧和寓言剧这两种新形式。中国古典戏曲历来十分重视科诨滑稽。根据目前所见到的资料和剧目名称，可以肯定唐宋杂剧和金院本中有许多是以科诨滑稽为主的闹剧。但它们当是十分简短，也没有剧本留传下来。到了元代杂剧，科诨滑稽变成了剧中的偶然穿插，全剧可视为闹剧者则并无所见（指现存剧本）。而明杂剧中的《歌代啸》、《闹门神》等却是全剧以反面人物为主，它不但通过科诨的穿插刻画人物，而且全剧运用漫画式的手法和情节来刻画人物，极尽嘲弄挪揄之能事，因而可以称之为闹剧，而且比唐宋杂剧和金院本中的简短闹剧要复杂得多，成熟得多。王九思一折本《中山狼》和康海四折本《中山狼》，把狼、牛和杏树搬上舞台，让它们开腔说话，与人物合演一剧，以寄寓嘲世骂人之情，开创了寓言剧这一新形式。在体例上，《闹门神》、《真傀儡》和王九思《中山狼》均为一折，而《郁轮袍》则为七折，都打破了元杂剧一本四折的体例。《歌代啸》以杂剧体例为基础，但它以楔子叙说全剧大意，剧中分"出"而不分"折"，第二出用了两个宫调，全剧由不同角色主唱，显然是受了南戏的影响。这种体制上的创新，打破了死板的元杂剧体制的束缚，使作品更加自由活泼。在结构和语言方面，《一文钱》结构灵便，《中山狼》关目紧凑，祁彪佳《远山堂剧品》谓《真傀儡》"境界妙，意致妙，词曲更妙，正恨元人不见此曲耳"，谓康海《中山狼》"曲有浑灏之气，白多醒豁之语"。沈德符《顾曲杂言》谓《真傀儡》"大得金、元本色，可称一时独步"。《歌代啸》的曲词通俗流畅，诙谐活泼，句句本色，直追元人；而其宾白又有时长达一千几百字，一反重曲轻白的传统。由此可见，明杂剧的讽刺作品在艺术上也具有较高的成就。

　　明杂剧讽刺作品的兴盛是时代的产物。在元代，民族压迫是一个突出的问题，这就造成了元杂剧在思想内容上的特色，许多作品反映了广大人民在民族压迫下的痛苦、呻吟和斗争。公案剧中那些权豪势要、贪官污吏大都是蒙古特权阶级的化身。历史剧中那些遭贬谪、被陷害、受饥寒的文臣武将和穷儒身上，也往往寄托着在民族压迫下汉族人民的遭遇和抑郁不平之气。同时，由于许多文人在民族压迫之下混迹勾栏或隐逸山林，因而也产生了大量的爱情剧和神仙道化剧。但是到了明代，民族矛盾下降为次要矛盾，明政府又明文规定："士大夫不为君用者，罪该抄杀。"故明代文人大多为官用世，而不像元人那样痛恨异族统治，浪迹市井，隐息山野，因此明杂剧中描写民族压迫、爱情和隐居之作相对减少了。《大明律讲解》中还规定："凡乐人搬做杂剧戏文，不许妆扮历代帝王后妃、忠臣烈士、先圣先贤神像，违者杖一百。"故明杂剧中描写历代帝王将相、忠臣烈士的作品数量也相应下降。因此，针对官场仕途人情世态的讽刺之作便兴盛起来。

　　明杂剧讽刺作品的兴盛也是戏曲艺术本身发展的结果。元杂剧中的爱情剧、公案剧、神仙道化剧已达到极盛程度，雷同重复者为数不少。王骥德《曲律》云："元人杂剧，其体变幻者固多，一涉丽情，便关节大略相同。"梁廷枏《曲话》也说："元人杂剧多演吕仙度世事，叠见重出，头面强半雷同。"这些题材已经写滥了，因此需要在题材和写法上进行新的开拓，而讽刺作品的出现打破了陈陈相因的旧习，使人们耳目一新，于是便应运而起。同时，元杂剧的剧本大都是供演出之用的，加之剧本的作者多系书会才人和勾栏艺人，他们比较熟悉演出，因此剧本比较适于演出。而明杂剧的作者大多与舞台演出缺乏密切的联系，他们借杂剧抒情写意，使杂剧日趋案头化。这样，有些在舞台表现上比较困难的内容也就出现了。如用狼、牛、杏树展开故事，让它们开腔说话，从而也就产生了寓言讽刺剧。

明杂剧是我国古典戏曲史中不可缺少的一环，而讽刺作品又是其中的优秀部分，应该引起我们的重视，值得我们认真加以研究。

（原载《当代戏剧》，1986 年第 3 期）

明清杂剧中的写心剧

中国戏曲是独特的中国古典美学的产物。与重摹仿的西方古典美学不同，中国古典美学把情作为艺术的核心，并认为情要通过不同于生活形态的形式活跃、能动地表现出来。《毛诗序》有这样一段著名的话："情动于中而形于言，言之不足，故嗟叹之；嗟叹之不足，故永歌之；永歌之不足，不知手之舞之、足之蹈之也。"这段话可以说是中国古典美学的基本思想。它表明情要通过言、诗、歌、舞等形式来表现。这一美学思想一直影响着中国艺术的发展，也形成了中国戏曲重视抒情美的特点。有许多戏曲作品并不重在情节的曲折和快速进展，而是常常创造充满诗情画意的场面和意境，常有大段的抒情歌唱，舞蹈身段、器乐伴奏也大都是为突出感情服务的。《惊梦》、《情探》等著名的折子戏几乎主要就是写人物的内心冲突。因此可以说戏曲是在人物的抒情描写中再现生活的。

早在元杂剧中，以唱词为主和一个脚色主唱的体制就奠定了以抒情为主的基础。著名的《梧桐雨》、《汉宫秋》的第四折几乎全部是一个人物的抒情歌唱，以细腻优美的文笔把人物凄凉、痛苦、烦恼的心情写得有声有色、酣畅淋漓，取得了震撼人心的艺术效果。不过，这些抒情描写虽然也寄托着作者的某些感慨，但总的说来还是剧中人物感情的抒发。到了明代中叶，随着北曲杂剧唱腔的逐渐绝响,杂剧基本上成为文人的案头之作,不少文人便把杂剧作为一种抒写个人感情和志趣的形式。同时,随着北曲杂剧四折一楔子体制的被突破,一折短剧开始兴起,这种短小灵活的形式比较适于抒情写志。此外,随着明代传奇的兴盛,篇幅宏大的传奇担负起了描写曲折复杂的故事的任务,篇幅短小的杂剧不能与之竞争,自然就转向了个人抒情的方面。

　　明杂剧中的一折短剧有不少作品描写文人酒宴、诗赋、风情、雅遇,借以抒写文人的闲情逸致,一般没有多大的思想意义,姑置不论。但也有一些短剧抒写文人的怀才不遇、愤懑不平,揭露社会的黑暗和不公,是明杂剧中的佼佼者。它们不以情节取胜,而以主观抒情为主,可谓抒情写心剧。这类作品的突出代表是沈自徵的《渔阳三弄》,包括《霸亭秋》、《簪花髻》、《鞭歌妓》三种。朱彝尊《静志居诗话》云:"而君庸亦善填词,所撰《鞭歌妓》、《霸亭秋》诸杂剧,慨当以慷,世有续《录鬼簿》者,当目之为第一流。"吴梅《中国戏曲概论》亦云:"君庸为词隐先生之侄,狂游边徼,意欲有所建树,卒偃蹇以终,牢骚幽怨,悉发诸词。"三剧皆以失意文人为题材,写其怀才不遇的痛苦、愤懑、牢骚不平之情和狂放傲兀之态,表现了他们对社会的不满和反抗。但三剧却一哭、一笑、一骂,以三种不同的方式出之,具有不同的风味。《霸亭秋》演宋代杜默下第哭于霸亭一事。《曲海总目提要》云:"自徵落拓不羁,故借杜默以自喻。"作品巧妙地以项羽战绩比杜默一篇篇雄文,但"以大王之英雄不得为天子,以杜默之才学不得作状元",诚所谓同命相怜,故杜默放声大哭,项羽泥神亦长嘘下泪。杜默激动地抗议呼号,愤激不平之情淋漓满纸,催人泪下。故祁彪佳《远山堂剧品》云:"有杜秀才之哭,而项王帐下之泣,千载再见;有沈居士之哭,即阅者亦唏嘘欲绝矣。长歌可以当哭,信然。"《簪花髻》演杨慎贬谪江南、佯狂玩世之态,嬉笑痴狂,主旨在抒写遭贬被谪之愤懑。《曲海总目提要》云:"借慎之簪花跌宕以自况也。"作品通过杨慎的醉醒论、雌雄论、财文贵贱观和簪花女装等痴言狂行,骂世嘲人,表现其孤傲和反抗,而在玩世不恭中又蕴含着巨大的痛苦。杨慎悲愤地慨叹:"则杨升庵出卖一副冷淋浸鲜血颈子,向普天下寻不着一个买主!"面对花落春归,不禁转笑为哭,一抒哀痛之情。《鞭歌妓》写唐张建封的穷通遭遇及意气昂然、高傲严正的气概。他于困厄之时,怀一腔孤愤,却仍然骄岸豪壮,痛骂世俗之势利丑态和社会的智愚倒置。裴尚书以一船金帛、数十奴仆相赠,他一诺无辞,泰然受之,并立即主客易位,役使奴仆,威严难犯,旁若无人。作品以夸张之笔,写张建封磊落的胸怀和得志后的气魄威严,为穷儒扬眉吐气。故《渔阳三弄》抒发了穷儒遭受压抑的痛苦、愤慨,也描写了他们志气得伸的愿望,可以说是为儒士(也是为作者)写心的佳作。徐渭《四声猿》之一的《狂鼓史》写祢衡在阴间应判官之请,重拘曹操亡魂,再演当年骂座情状,实为借以痛斥邪恶,发抒抑郁不平之气。徐渭在《哀沈参军青霞》诗和《与诸士友祭沈君文》中,曾把严嵩目为曹操式的奸相,把被严嵩迫害致死的他的姊丈沈炼喻为祢衡,可见此剧是作者骂世之作。董玄《文长问天》(已佚),"牢骚怒骂,不减《渔阳三弄》,此是天孙(按:董玄字天孙)一腔魂礴,借文长舒写耳"(祁彪佳《远山堂剧品》)。王九思《杜子美沽酒游春》也是作者以杜甫自况,抨击朝政,发抒感慨。总之,这些作品都不重在写故事,而是文人借历史故事抒情写心之作。

　　清代杂剧进一步向案头化发展,抒情写心剧数量很多。吴伟业《通天台》写南北朝梁亡后,尚书左丞沈炯流寓长安,郁郁寡欢,登郊外汉武帝所筑通天台而痛哭,草表文一道诉说心事。醉卧间，梦武帝召宴，并欲授以官职，沈炯力辞，帝乃送之出关南返，梦亦遂醒。作者以沈炯自况，沈炯之痛哭即作者之痛哭。沈炯有云："沈炯国破家亡，蒙恩不死，为幸多矣！陛下纵怜而爵我，我独不愧于心乎？"从而表达了作者被迫仕清后怀念故国，希望归隐的心情。尤侗《读离骚》写屈原被放江南，行吟泽畔，作《天问》、《九歌》，投江自杀，剧中怨恨交加，声泪俱下。其中有云："夺他人之酒杯，浇自己之块垒，有何不可？"可见作品实为借古抒怀，表现其怀才不遇的不平和牢骚。嵇永仁《续离骚》包括四个一折短剧。其中《刘国师教习扯淡歌》写刘伯温致仕闲居，与张颠对饮，把古今兴亡编成《扯淡歌》，教徒弟演唱；《杜秀才痛哭泥神庙》写落魄书生杜默哭于项王庙，指责项羽轻视人才、功败垂成，项羽泥神感动下泪；《痴和尚街头笑布袋》写布袋和尚街头笑语，痛骂儒、道、释、玉帝、阎罗和皇帝；《愤司马梦里骂阎罗》写穷书生司马貌骂阎罗不公，"文章一道贱如泥土"，梦中被拘至地府，与阎罗辩论得胜。四剧均为作者狱中所作，借以发泄忧愤。前引有云："屈大夫行吟泽畔，忧愁幽思而《骚》作；语曰：歌哭笑骂，皆是文章。仆辈遭此陆沉，天昏日惨，性命既轻，真情于是乎发，真文于是乎生。虽填词不可抗《骚》，而续其牢骚之遗意，未始非楚些别调云。"邹兑金《空堂话》写书生张籹一人与虚设的唐寅、祝允明仿佛相邀共话，空堂自伤。女作家吴藻《乔影》写谢絮才自恨身为女子，乃描一自己的男装小像，面对画像读《离骚》，饮酒痛哭，数说平生锐气，表现了作者在封建礼教束缚下的寂寞苦闷、忧郁激愤和争取妇女解放的思想。如果说上述作品还是作者借剧中人以抒情写心的话，廖燕《柴舟别集》四种则直接以作者名字入剧，作为剧中主角，可谓以作者直接出面抒情。其中《镜花亭》写作者与水月道人谈论诗文，表现了对人生的厌弃；《醉画图》写作者独酌，无知己相陪,乃与画上的杜默、马周、陈子昂、张元昊共话痛饮,联系个人境况对古人加以评论;《诉琵琶》写作者请诗伯、酒仙驱逐穷鬼,共同以诗酒取乐。傅惜华《清代杂剧全目》云:"剧皆自出其名,以己身登场,乃纯然自述之作。以贞不羁之才,困顿风尘,抑郁无聊,故所作直抒其胸臆也。"徐爔杂剧则直接名之为《写心杂剧》,以作者一生事迹分为十八节,每节一折。其自序云:"写心剧者,原以写我心也。心有所触则有所感,有所感则必有所言,言之不足,则手之舞之足之蹈之而不能自已者,此予剧之所由作也。"

写心剧的出发点不是通过故事和人物反映客观世界,而是抒写作者的主观感情。它们常常是选取那些与作者的身世和感情有一定联系的题材,以作品中的人物为作者的代言人,甚至直接以作者为作品的主人公,因而具有浓厚的主观抒情的色彩。作品中人物很少,甚至只有作者一个人物;故事简单,甚至几乎没有什么故事和冲突。作品只不过是抒情言志的工具而已。这些作品多为案头之作,但作为文学作品,仍有其审美价值。在抒情手法上,有些作品成功地运用了夸张、渲染、铺垫等手法,把感情写得酣畅饱满,感人肺腑。如《霸亭秋》写杜默哭拜于项王泥神面前,摊卷案上,慷慨陈词,泥神亦长嘘流泪,通过夸张和衬托,渲染出一种强烈的感情色彩和悲剧气氛,声泪俱下,动人心弦。在语言上,《霸亭秋》〔青歌儿〕一曲,悲壮慷慨,遒劲苍凉,笔歌墨舞,酣畅淋漓。《簪花髻》中杨慎对二妓女所唱几曲,诙谐讪笑,妙趣横生;〔煞尾〕则文采斐然,润美流丽,连续三十六句,句句用"春"字,如天女散花,把一片缠绵深浓之情写得淋漓满纸。尤侗《读离骚》驱使屈赋各篇,浑然无迹,文辞雄奇壮丽,气势纵横,〔混江龙〕一曲写屈原题壁问天,长七百余字,想象丰富,气魄宏大,曲中罕见。作品充分显示了作者的学问和才华,表现了高度的文学修养。故吴梅谓尤侗的杂剧"其运笔之奥而劲也,使事之典而巧也,下语之艳媚而油油动人也,置之案头,竟可作一部异书读"(《中国戏曲概论》)。写心剧以抒情为主,人物、情节都十分简单,多为不宜演出的案头之作。但也并非全部如此,有的作品也写得生动活泼,并不单调乏味。如《霸亭秋》在杜默的大段哭诉中又插以书童、庙祝的哭、笑、科诨,《簪花髻》在杨慎的奇行怪谈中又间以王留、胖姑、妓女、古董商之类的滑稽言行,便使作品活泼热闹,妙趣横生。这样的作品付诸演出,也会十分引人。所以,写心剧在艺术上的成就是不可忽视的。

写心剧的出现说明中国戏曲的类型是多种多样的。目前有些戏剧、电影作品正在进行强化抒情探索,而中国戏曲早就出现了这类作品。因此,我们对写心剧不妨做些认真的研究,这对于我们今天戏剧创作的探索也许会有某些启发和帮助。也许我们将会发现,古典文学的研究与文艺的现代化并不是矛盾的,而是不可分割的。

（原载《当代戏剧》,1990 年第 2 期）

《歌代啸》初探

徐渭是我国明代的一个天才人物。关于他的奇行逸事，在民间长期流传。其诗文书画，均堪称卓绝。而尤可注目者，是他在我国戏曲史上的突出地位。他的《南词叙录》是宋、元、明、清四代唯一的一篇系统地研究南戏的专著。他的杂剧作品《四声猿》被王骥德称为"天地间一种奇绝文字"，"高华爽俊，秾丽奇伟，无所不有，称词人极则，追躅元人"（《曲律》）。汤显祖也极力称赞说："《四声猿》乃词场飞将，辄为之唱演数通。安得生致文长，自拔其舌！"（清晖阁评本《牡丹亭序》）但是徐渭的另一杂剧《歌代啸》却历来为人们所忽视。著录明代杂剧的专书《远山堂剧品》不见记载，《也是园藏书古今杂剧目录》、《重订曲海总目》中亦无其名。当然更谈不上对它的整理和研究。盖一因此剧在长时期内作者不明，明代袁中郎（宏道）的序中就说："《歌代啸》不知谁作。"《徐文长文集》亦未收录；二因此剧流传极少，至今未见刻本；三因此剧以谐谑为主，故不为世人所重视。但正如其剧名所示，此剧长歌当哭，于荒诞滑稽之中深寓作者愤世之情与悯时之痛，具有深刻的思想内容。作为一个讽刺喜剧，它的巧妙的构思，丰富的想象，卓绝的喜剧手法，也是前所未有，别开生面。因此，这样一部独树一帜的优秀作品应该受到我们的重视。

1931年南京国学图书馆据抄本影印之《歌代啸》后有柳诒徵

跋云:"要其意以滑稽当铸鼎,非漫作也。冥梦瞀乱,终古如斯。涉世稍深,即知逻辑为无用,而一切礼教、法制、戒律罔非涂饰耳目之具。"此论甚是。确实,《歌代啸》辛辣地讽刺、无情地嘲弄了封建社会的戒律、礼教、法制的虚伪,对封建社会的宗教、家庭、政治给予了全面而深刻的揭露。

其一,《歌代啸》通过对张和尚、李和尚的刻画,揭开了宗教的神圣外衣,使我们看到这些道貌岸然的佛门弟子原来是酒色财气俱全的丑恶人物。剧中的张和尚贪财好利,吝啬狭隘,比自私鄙琐的世人俗子还要有过之而无不及。他积私房,赎菜园,并企图诱使李和尚投资,从中取利。他唯恐李和尚要吃菜园的蔬菜,但对李和尚的酒却连饮不止。及至丢了冬瓜,更是气得如疯似狂,寻死觅活。这样一个爱财如命的人物,哪里是什么看破红尘、超脱荣利的空门弟子?剧中的李和尚则诡诈狡猾,荒淫好色。他不但未上张和尚诱他投资的圈套,而且还用蒙汗药将张和尚麻倒,偷走了张和尚的冬瓜,并编造梦境,诡称土地老儿放走了冬瓜,把张和尚弄得糊里糊涂。他与王辑迪的妻子私通,为患牙痛病的王妻之母撞见,他却自称精通医道,并编造出一个丈母牙痛灸女婿脚跟的奇方,不但化险为夷,而且折磨了其情妇的丈夫。当王辑迪告他之后,他又旁敲侧击州官之短,使州官心虚手软,并与王妻密谋,嫁祸于张和尚,结果自己反而代张和尚做了住持。这个身披袈裟的僧徒却原来是个市井无赖之辈。作品把他的荒淫狡诈写得堪称妙绝。作品还通过张和尚之口说道:"紧自人说,我等出家人父亲多在寺里,母亲多在庵里,今我等儿孙,又送在观里。"对僧侣极尽揶揄嘲弄之能事,并从而表明诸如李和尚的荒淫乃是一种普遍现象,所谓宗教的禁欲,不过是一种骗人的把戏而已。

其二,《歌代啸》以李和尚为线索串连了王辑迪和州官两个家庭,通过这两个家庭,我们也可以看到封建社会家庭关系的种种矛盾和真实面目。在王辑迪一家中,其妻对不自主的婚姻非常不满:"览镜自照,容颜颇不后人,不期嫁了王辑迪,偏生得刁钻丑陋,异样猥獕。"而且在王辑迪家为童养媳时,又为王父所奸。她的命运当然是不幸的。这就导致了她另寻外遇。而对她的丈夫,她却连面也不想见。为治其母之牙疼,她一定要强灸王辑迪的脚,即使灸死也在所不惜。王辑迪告官之后,王妻又与李和尚和她的母亲密谋,争取借此与王离异,同李和尚永做夫妻。通过王辑迪一家的种种矛盾,反映了封建婚姻制度所造成的弊端,揭露了封建社会家庭内人与人之间的对立以及伦理道德的败坏。在州官一家中,专横的州官却极其怕老婆,动不动就被州官奶奶(奶奶,此指老婆)揪耳朵、打骂训斥。而州官虽然表面上下跪请罪,满口阿谀奉承之词,但却完全是在欺骗和撒谎。一离开州官奶奶,他就偷丫头,调妇女,并在后门设置栅栏,对其妻加以防范。而州官奶奶也对州官严密监视,痛加责罚,甚至以放火迫其下堂。他们之间充满了虚伪、欺骗、拈酸吃醋、明争暗斗,表现出一种极不正常的家庭关系。而家庭是社会组织的基本细胞,夫妻是家庭中最基本的关系,因此《歌代啸》通过王辑迪和州官两个家庭中的各种矛盾,实际上反映了封建社会人与人之间尔虞我诈、钩心斗角的关系,表现了封建礼教和伦理纲常的虚伪与破产。

其三,《歌代啸》描写最为深刻之处还是在于对封建政治的揭露。这主要体现在州官的形象上。剧中的州官是一个昏官的典型。他好色惧内:在家中调戏丫鬟,在堂上则见了美女便一身轻薄,问起男女情事津津有味,以至被老婆揪着耳朵打骂,烧了草屋迫其退堂。而他一见老婆便战战兢兢,称卑道小,百般奉承,丑态百出。他贪财好利:当要治李和尚之罪时,他问道:"靴州路可要走么?"(即是否肯拿钱)。他不准百姓点灯,甚至让百姓把每夜省下的灯油钱也送给他! 他昏庸无能:把张和尚帽子上的"三清观张"四字中的"三"字看成"王"字,并对王辑迪说:"这帽子是你的,里面头一个字,不是'王'字么?"他把李和尚和王辑迪之妻编造的一套假话当作实情,并从而作出了颠倒是非的判决:毫无关系的张和尚被绑扎下狱,真正的淫夫李和尚却被认为高僧,做了住持,而捉拿李和尚的差役反被罚谷三石。王辑迪之妻得以离异,无辜被捉弄的原告王辑迪反被诬为"视丈母而不救"。尤为可恨的是,他还有意地颠倒是非,恩将仇报:他明知百姓救火当赏,只因一时州官奶奶嗔怒,便马上变赏为罚,说火乃本州有意放之,应由本人起灭;诬蔑百姓救火是想乘机掳劫,拐带妇女,应定明火执仗之罪。由此可见,州官的昏庸专横究竟达到了何种地步! 作品通过州官的形象揭露了封建官僚的丑恶面目,反映了封建政治的黑暗,表明了封建法律不过是掩人耳目之具,而实际上官吏们是可以指鹿为马、为所欲为的。

在《歌代啸》中,一切社会现象都充满了欺骗和虚伪,一切事件都是黑白颠倒的:李和尚偷走了冬瓜,却说是冬瓜成精而走;丈母牙疼,却灸女婿脚跟;李和尚行奸,却捉张和尚判刑;老百姓救火,却以明火执仗定罪;只许州官奶奶放火,却不准黎民百姓点灯。甚至连人情世态也一样不分曲直,人人都吹牛撒谎:李和尚说冬瓜成精而走,长工也说:"是呀,此想甚是有理。"丈母牙疼,要灸女婿脚跟,王辑迪不肯,众乡邻闻讯前来,也说应该从命。王妻说豆芽菜长在滋泥里,他们便说不假;王妻说嫩姜芽生在柳树上,他们就说死树上还能长出香蕈来。就连他们的名字也是"赵公公号小桥"、"钱叔叔唤次塘"、"裁缝孙皮匠"、"精光下颏周胡子"、"肚大累堆郑俏娘"这一类自相矛盾、名实不符的名称。由此可见，在《歌代啸》所描写的社会中，一切都是颠倒着的。在这个社会里，到处都是邪恶和黑暗，没有任何公理和光明。一个社会到了这种地步，还有什么可以救药呢？这样的社会已经使人绝望，不值得为其痛哭，因此，便"啸不尽，聊且付歌词"，通过喜剧的形式冷嘲热讽，所谓狂歌当哭是也。徐渭曾因郁闷而发狂，晚年白眼与世绝交，归卧乡里，困穷老死，就恰好反映了这种愤世嫉俗的态度。

众所周知，明代在政治上进一步加强了中央集权，在思想文化上的统治也非常严酷。统治者提倡四书五经和程朱理学，以八股文取士，大兴文字狱，因而明代诗文的复古保守之风甚炽。在戏曲方面，从明初到明代中叶也出现了许多宣扬封建礼教和点缀升平的作品，朱有燉的某些作品和丘濬《伍伦全备记》、邵灿《香囊记》就是这类作品的典型代表。在这种形势下，徐渭的《歌代啸》大胆地揭露、无情地嘲弄了封建礼教、法律和宗教的虚伪和腐败，有力地抨击了封建社会的黑暗和混浊，其惊人的胆识和进步意义是卓然突出的。联系到徐渭《四声猿》也反映了蔑视封建礼教、要求男女平等的思想，可见徐渭的作品表现了明代民主思想的产生。因此，《歌代啸》绝不能视之为一般的滑稽戏谑之作。早在明代，袁中郎就在他的《歌代啸·序》中说："此岂才富者后出愈奇，抑讽时者之偶有所托耶？"但他当然不可能完全认识作品的深刻意义，因此只能"竢知音者"。时至今天，《歌代啸》应该遇到知音者，它杰出的思想成就再也不应被埋没了。

《歌代啸》作为一个讽刺性的喜剧、闹剧，在我国喜剧史上占有重要地位。我国古代的戏剧向来以滑稽调笑为能事，从先秦的俳优到唐代的参军戏，到宋金杂剧，都以滑稽戏谑为主。但它们的情节都十分简单，也没有剧本流传下来。在流传至今的最早的剧本《永乐大典戏文三种》和元代杂剧中,虽然包含着不少插科打诨,但全剧作为讽刺喜剧的却极为罕见。在现存的明代以前的剧作中,唯元杂剧《风光好》可算是讽刺喜剧,但其喜剧性并不强烈,思想意义也不能与《歌代啸》相比。因此,《歌代啸》可称为最早出现的优秀讽刺喜剧。其后出现的讽刺喜剧,如汪廷讷的《狮吼记》、徐复祚的《一文钱》等都远逊于《歌代啸》。因此,《歌代啸》不但在思想的深刻性上值得重视,它的喜剧艺术也值得我们认真研究。

首先,《歌代啸》在情节构思上一反陈规旧套,具有新奇的独创性。其具体表现是:

《歌代啸》的情节具有强烈的喜剧性,而这种喜剧性在手法上又具有新的特点。在一般戏剧作品中,喜剧情节往往是运用重复、倒置、误会等手法构成的。但是,《歌代啸》却独出心裁,它以情节的荒诞造成喜剧效果。如李和尚以蒙汗药麻倒张和尚,偷走冬瓜,却编造出一个冬瓜成精而走的荒诞离奇的梦境,以至张和尚痛打瓠子出气。再如李和尚冒充牙医医治王辑迪丈母的牙疼,说丈母牙疼可灸女婿脚跟,这已使人忍俊不禁,而王辑迪之妻和丈母又要按住王辑迪强灸,更演出了一场令人哄堂的闹剧。显然,这些情节都是现实生活中难以找到的,但并非是离开现实生活的任意编造,而是在现实生活基础上的夸张。这种夸张不但没有歪曲生活,而且把现实生活中的矛盾和丑恶以更尖锐、更强烈、更鲜明的形式展现出来,因而也就更能引起世人的震惊和深思,产生更强烈的艺术效果。正如柳诒徵跋中所说:"游戏之笔,前人所不甚重视。要其意以滑稽当铸鼎,非漫作也。"徐渭在《狂鼓史》中也说:"提醒人多因指驴说马,方信道曼倩诙谐不是耍。"荒诞的情节,严肃的内容,正是此剧的一个重要特色。

　　《歌代啸》的情节构思不但荒诞可笑,而且善于生发那辗,着意铺排,层层推进,愈出愈奇,因此写得丰富多彩,酣畅浩荡,曲折有致,妙趣横生,从而表现了作者思路的活跃开阔,才情的奔放不羁。如第二出写丈母牙疼灸女婿脚跟,而让李和尚介绍此方时说漏了嘴,说"妻母灸过小僧",于是又解释说邻居齐母如何灸其侄婿小曾,又如何灸活了一株已经枯死的桃树。奇闻逸事,随口发挥,既增活泼之趣,又把李和尚吹牛撒谎的性格写得更加鲜明。当王妻要灸王辑迪时,王又再三不肯,于此又引出众街邻上场,纷纷劝王从命,并引出王妻一系列的可笑谎言,于是更加诙谐热闹。第四出写州官判救火百姓以明火执仗之罪,却又步步引申,谈及张灯三害,并进一步提出明令禁灯,直至禁止月明。此外,还引出读书人、买卖人、出家人和普通百姓的一一发问以及州官分别教以度夜之计。层层推进,渐次生发开去,越来越鲜明地突出了州官的无理可笑。作品随机应变,巧妙发挥,写得生动灵活,挥洒自如,表现了作者敏捷飞腾的才思。

　　《歌代啸》的情节虽貌似信笔挥洒,实际上情节的组织却颇具匠心,而且其组织方法也常常独出心裁。其《凡例》有云:"四事虽分四出,而穿插埋照俱各有致,观者亦未宜草草。"具体来看,其一,《歌代啸》四出分别写一个寺院、两个家庭、一个官府,但以李和尚为线索予以贯串,仍不失为一个整体。第四出虽离开了州官判断李和尚、张和尚、王妻的纠葛这一中心事件,似属节外生枝,但从全剧意在揭露黑白颠倒这一总的主题来看,它却是表现这一主题的一个极为重要的部分。它把州官的昏庸、专横发展到更为可笑可鄙的地步,因此也就使作品的主题更加突出、鲜明,具有更大的艺术力量。而且李和尚与丈母仍作为救火的人物在此出出现,丈母又言及新招和尚为婿,使前后仍相联系。其二,《歌代啸》

的埋伏照映也十分细密。如第一出中特意点出张和尚（气倒落帽介，李暗拾帽入袖），为以后王辑迪在衣袖中发现张和尚的帽子、状告张和尚作一伏笔。第三出写李和尚"我如今要到母亲处知会去也"，下面丈母作假证便不令人奇怪。第一出由李和尚随口说出曾见州官因偷丫头而被州官奶奶打骂一事，第三出受审时影射此事便自然妥帖。如此前呼后应，均经着意布置。其三，《歌代啸》在组织情节时还常用比较新奇的突转和小跌宕之法。如第一出中李和尚与张和尚喝酒时，突被马蜂所蛰而大叫，追赶马蜂时突然发现了菜园中的冬瓜；第二出中李和尚正与王妻调情，丈母突然闯入，李和尚紧张之时又临时编出了医牙之方；第三出中州官宣判完毕，忽报后宅起火；第四出中州官奶奶教训州官之际，忽又火光烛天。都是以突转的形式实现了情节的发展。而第一出中李和尚随口说出了自己没有帽子，第二出中李和尚错说"妻母灸过小僧"，第三出中李和尚忽然招认行奸，第四出中丈母说出"新女婿又还出家"，都造成了小小的跌宕，如同长河中不时掀起一些小小的浪花，使之更加曲折多姿。其四，《歌代啸》每出戏的末尾也尽量造成悬念，避免平淡的写法。如第一出末尾写李和尚藏张和尚的僧帽，第二出末尾写王辑迪抱衣逃走，并点出衣内有李和尚的帽子，第三出末尾写忽报后宅起火，第四出末尾写州官叫拿李和尚，李急下。都含有悬念，写得紧张、简洁，不落旧套，毫无平淡松懈之感。

此外，《歌代啸》在人物描写上也很有特色。它主要采用漫画式的笔法来刻画人物。这种笔法常常通过对人物性格特点的夸张使之更加突出、鲜明，而这种夸张又往往达到滑稽可笑的程度，这也就是古典戏曲中的所谓科诨。我国古典戏曲向来十分重视科诨。王骥德《曲律》云："大略曲冷不闹场处，得净、丑间插一科，可博人哄堂,亦是剧戏眼目。"李渔《闲情偶寄》则说:"科诨非科诨,乃看戏之人参汤也。"孔尚任《桃花扇·凡例》也说:"设科之嬉笑怒骂,如白描人物,须眉毕现,引人入胜者,全借乎此。"但是在一般戏曲作品中,科诨主要用于净、丑等次要角色身上。它在作品中偶尔穿插用之,并不处于主要地位。而《歌代啸》作为一个讽刺喜剧,全剧几乎没有一个正面人物,其主要人物亦为净、丑角色。因此剧中科诨便比比皆是,甚至成为一种刻画人物的主要手段。如李和尚一上场就说:"咳,我的佛,你也忒狠心! 若依愚见看来,佛爷爷,你若不稍宽些子戒,那里再有佛子与佛孙!""我等既自幼为那人父之子,如今这等老大,也该替那人子作个父亲了。"就连种菜,他也说要种鸡棕、猴头、羊肚、鸡腿蘑菇、鹌鹑茄子,并说:"我的鸡腿儿呀,鹌鹑儿呀,几时到口也。"此类语言出自和尚之口,便觉滑稽可笑。而在滑稽的形式中,一个不守戒律的酒色之徒的形象便跃然纸上。李和尚伪装做梦、编造丈母牙疼灸女婿脚跟的医方更令人绝倒。作品以谐谑之笔,把他的狡诈油滑、吹牛撒谎的无赖面目写得栩栩如生。剧中另一主要人物州官也是一个漫画式的人物。他未上场就由李和尚叙述了他因偷丫头被州官奶奶揪耳朵打骂的逸事。在堂上断案时,他一见王妻,便百般调戏。王妻言及下跪求欢,他便学样下跪,说:"就如此向前下跪?"但州官奶奶一声:"歪材料那里?"他便急上答应:"有!有! 下官静候多时,未敢擅离寸步。"他自称:"从来未敢犯浑家,但见你俊庞儿我梦中也怕。"并奉承说:"只想上司,不过是个老大人,奶奶你现是个老夫人,只夫人的'夫'字,此(按:应为比)大人的'大'字,现多了上面这等一勒,岂非夫人还大似他!"运用科诨的手法把他的好色惧内性格刻画得得入木三分。至于他硬判救火百姓以明火执仗之罪,并强说点灯之弊,找出种种可笑的理由为其禁灯辩解,甚至要禁月明,更把他的颠倒黑白和蛮横无理写得令人啼笑皆非。作品用漫画式的笔法把李和尚和州官这两个人物写得鲜明生动,呼之欲出。王妻和州官奶奶虽着墨不多,也声容毕现,勃勃欲生。作品中科诨层出,笑料迭见,于嬉笑怒骂之中,将人物推上舞台,寄寓着作者鲜明的感情,表现了作者卓绝的喜剧才能。

其次,《歌代啸》在语言上力抗以时文为曲之风,以本色见长。提倡本色,反对以时文为曲,是徐渭一贯的主张。他在《南词叙录》中就大力推崇"中国村坊之音"的南戏,谓其"句句是本色语,无今人时文气"。在《题〈昆仑奴〉杂剧后》中又说:"与其文而晦,曷若俗而鄙之易晓也。""越俗越家常,越警醒,此才是好水碓,不杂一毫糠衣,真本色。"王骥德《曲律》也说:"先生好谈词曲,每右本色。"明代自邵灿《香囊记》开了以时文为曲之风,至郑若庸《玉玦记》则更变本加厉,"一味孜孜汲汲,无一句非前场语,无一处无故事,无复毛发宋、元之旧"(《南词叙录》)。在这样的社会风气下,徐渭却能在理论和实践上大力倡导宋、元戏曲的本色传统,其重要意义是不容忽视的。《歌代啸》作为一个讽刺喜剧,其语言尤为通俗本色。其《凡例》云:"此曲以描写谐谑为主,一切鄙谈猥事俱可入调,故无取乎雅言。"《歌代啸》的曲词全用口语,几乎不用任何典故。如张和尚唱:"过几日担将去,到长街,籴换些米和柴,我与你门谨闭,酒频筛,只吃的醉醺醺帽儿歪。"王妻唱:"你只看这一桩,想那两桩,还将奴撇漾。咳,这世上真没有慈悲和尚。"不但具有口语的通俗明白,而且具有曲的流畅潇洒、活泼爽朗,表现了曲所特有的诙谐调笑的风趣。其描摹人情物态,也曲尽其妙。故其语言之本色,直追元人。《歌代啸》的宾白当然更是全用口语,散句单行,绝无骈俪之迹和八股时文气息。徐渭在《题〈昆仑奴〉杂剧后》中认为该剧"散白太整,未免秀才家文字语,及引传中语,都觉未入家常自然"。因此,徐渭《歌代啸》的宾白实践了他自己的主张,写得自由活泼,妙趣横生。如李和尚说:"我晓得治鸟牙! 我只记得师父说,凡牙疼者要灸间续骨。我知道间续是什么? 想来或是女婿。待我说与他,也是个阴骘。(沉吟介)且住,这不好。他女婿一身都是骨头,灸他那一处的是? 有了,只拣他一块不致命所在,灸他娘!"以生动自然的语言把李和尚的心理活动和无知又兼无赖的面目写得栩栩如生,风趣盎然。《歌代啸》宾白甚多。不但全剧各支曲词之间都插有宾白,即使一支曲词内部,也几乎都插有夹白或带白。而且有时一段宾白即达一千几百字。它一反重曲轻白的传统,表现了作者对宾白的重视。当然,宾白的插科打诨,也有的失之粗俗,这是不足为法的。

最后,《歌代啸》在体制上也颇多改革。它以杂剧体制为基础,但又吸收了南戏的体制,对杂剧的体制有所突破。如它遵循了元杂剧一本四折的旧规,但又不称"折",而称"出"。它一仍元杂剧设"楔子",但其楔子又并非剧情的一部分,而是以〔临江仙〕开场,叙说全剧大意和主题,实同南戏之副末开场。它因"一剧自宜振纲势",故改变元杂剧中置题目正名于最后的通例,仿照南戏,将正名移到开场楔子之末;但其正名长达六十字,全用散体句法,又与南戏不同。全剧结束后又有四句韵语,似下场诗,而又无人念诵,也颇为别致。它虽为杂剧,但人物动作表情却不照杂剧称"科",而依南戏称"介"。它突破了元杂剧旦本、末本的格套,全剧不由一个角色主唱,有时净、丑角色主唱,有时旦角主唱;而在一出之中又始终是一人主唱。在曲调上,它均用北曲,联套亦照旧规;用韵依《中原音韵》,入派三声,一出一韵,但它在第二出用了〔中吕〕和〔般涉调〕两个宫调,〔中吕宫〕中又用了〔脱布衫〕、〔小梁州〕这两个〔正宫〕曲调，却为变格。徐渭这种对杂剧体制的突破，在《四声猿》中也表现得十分明显。他这种创新，使其剧作更加自由活泼，别开生面。这种以杂剧体制为基础而又吸收了南戏体制的作品，戏曲史上便称为南杂剧。所以，《歌代啸》在戏曲体制的发展上也是卓有贡献的。

总之，《歌代啸》无论在思想上还是在艺术上，都突破了陈陈相因的旧习，使人耳目一新，它的光辉成就应该受到我们的重视。但是，《歌代啸》至今仍无刊本，它不但为一般读者所不知，即使古典戏曲研究者也无人加以整理研究，这是很不公正的。我们希望这种状况能够有所改变。

（原载《山东师范大学学报》哲学社会科学版，1984 年第 4 期）

明清传奇的语言与音律之流变

　　明清传奇是元杂剧之后古代戏曲的又一个高峰。明清传奇的成就，当然主要取决于它们的思想水平和艺术上多方面的因素。而在艺术上争论最大、形成各种不同流派的一个重要方面就是语言和音律问题。语言的骈绮、本色、清丽，音律的协和、拗捩，反映着不同的美学观点，形成了不同的艺术风格，也是戏曲品评中议论最多的问题。戏曲作为一种合乐的、口耳相传的艺术形式，语言和音律问题至关重要，甚至可以说，在一定程度上关系着它的成败和兴衰。事实上，明清传奇语言和音律的流变从某一个角度上反映了各个戏曲流派的消长，反映了传奇的发展历程和某种规律性。

　　吴梅《中国戏曲概论》论明代传奇作家流别有云："若夫作家流别，约分四端。自《琵琶》、《拜月》出，而作者多意拙素。自《香囊》、《连环》出，而作者乃尚词藻。自玉茗"四梦"以北词之法作南词，而傎越规矩者多。自词隐诸传，以俚俗之语求合律，而打油钉铰者众。于是矫拙素之弊者用骈语，革辞采之繁者尚本色。正玉茗之律而复工于琢词者，吴石渠、孟子塞是也；守吴江之法而复出以都雅者，王伯良、范香令是也。"这段话实际上是根据语言和音律把明传奇作家分为五个流别。其中有的作家作品有共同的创作纲领或某种联系，可以构成流派；有的只是艺术倾向上的类似，难以说是一个流派，只可以说是某类作家的类别。但为了论述的方便，我们也不妨姑均以流别称之。

明初传奇继承了宋元南戏的质朴风格，以拙素类作品为主。宋元南戏乃村坊之音，语言本色，音律自由。徐渭《南词叙录》云："句句是本色语，无今人时文气。""本无宫调，亦罕节奏，徒取其畸农、市女顺口可歌而已，谚所谓'随心令'者，即其技欤？间有一二叶音律，终不可以例其余，乌有所谓九宫？"现存的早期南戏剧本《张协状元》也证明了此论之不谬。明初传奇有不少是无名氏的作品，估计作者是一些民间艺人。如《古城记》第二十九出〔中吕引〕："结义桃园，徐州分散，古城中又得团圆。夫妻会合，弟兄重见。"《同窗记》所存散出《山伯千里期约》中〔滚遍〕一曲："小哥听原因，教导你的路程。转个弯儿下个岭，前面一座高房子，门前粉壁画麒麟。祝员外年登六旬，祝小姐不出闺门。看看不远他乡郡，祝九家中是那门。"语言通俗，明白如话。其他如《金貂记》（薛仁贵、尉迟恭事）、《珍珠记》（高文举、王金真事）、《荔镜记》（陈三、黄五娘事）、《织锦记》（董永、七仙女事）、《长城记》（杞良妻事）等，从语言到故事也都具有民间特色。此外，有些作品的作者虽有姓名可考，但其生平事迹多不能详知，估计是些下层文人。这些作品虽有一些文人气息，但尚无雕琢堆砌之病。如苏复之《金印记》，吕天成《曲品》称其"写世态炎凉曲尽，真足令人感喟发愤，近俚处具见古态"。其他如沈采《千金记》（韩信扶汉灭楚事）、姚茂良《精忠记》（岳飞精忠报国事）、《双忠记》（张巡、许远抗贼殉节事）、陈罴斋《跃鲤记》（姜诗及妻孝母事）等，亦尚可谓拙素之作。但在内容上，这些作品则常常教忠教孝，含有宣传礼教的气息。

随着文人、官僚染指于传奇创作，明初传奇的拙素之风逐渐改变。大约在成化年间，骈俪一派开始出现，至嘉靖年间而登峰造极。骈俪派作品在艺术上的主要特点是语言上骈偶藻丽,以时文为南曲。骈俪派最早的作品一般认为是邵灿的《香囊记》。作品多用骈语藻句,引经据典。如第十出有历夸状元鞍马的《马赋》和罗列宴席食品的《宴赋》,骈四俪六,极尽铺张之能事。第三出报人名也引经据典。有时用华丽的诗词语言和典故,如"巨鼎腾烟,华灯散影","衡阳雁杳,湘浦鱼沉",谓之诗词则可,谓之曲则实非当行。故徐渭《南词叙录》云:"以时文为南曲,元末国初未有也。其弊起于《香囊记》。《香囊》乃宜兴老生员邵文明作,习《诗经》,专学杜诗,遂以二书语句匀入曲中,宾白亦是文语。又好用故事作对子,最为害事。"至嘉靖年间,郑若庸作《玉玦记》,在艺术上进一步发展了《香囊记》的骈俪风格,大量使事用典。王骥德《曲律》谓其"句句用事,如盛书柜子,翻使人厌恶",郑若庸是个类书编纂家,故其《玉玦记》大量用典,如同类书。因此《玉玦记》可谓骈俪派的登峰造极之作。至万历年间,骈俪派作家有张凤翼、屠隆、梅鼎祚等人。张凤翼《红拂记》,曲词雅丽,音律比较讲究。张凤翼精通音韵,自魏良辅以后,群起而宗之。屠隆的《彩毫记》、《昙花记》也语言华美绮丽。徐麟《长生殿传奇序》说《彩毫记》"其词涂金绩碧"。祁彪佳《远山堂曲品》谓《昙花记》"学问堆垛,当作一部类书观,不必以音律节奏较也"。梅鼎祚《玉合记》亦为骈俪之作,沈德符《顾曲杂言》云:"宾白尽用骈语,饾饤太繁,其曲半使故事及成语。"骈俪派作品虽在早期受明初传奇的影响,常有礼教的宣传,但嘉靖以后则有所改变。这是它的一个进步。然而在艺术上,骈俪派变明初传奇的拙素质朴为典雅藻丽,使宋元、明初以来民众化、口语化的中国戏曲开始走向文人化、雅丽化,这又是一条错误的道路。

万历年间出现了吴江派。其领袖人物是江苏吴江人沈璟。

从沈璟的早年创作《红蕖记》来看,他早年也受过骈俪派的影响。后来为了纠正骈俪派的藻丽和脱离舞台实际的弊病,他主张语言通俗本色,并且十分重视音律。王骥德《新校注古本西厢记》附沈璟《词隐先生手札二通》云:"鄙意僻好本色,殊恐不称先生意指。"沈璟〔二郎神〕套曲云:"名为乐府,须教合律依腔。宁使时人不鉴赏,无使人挠喉捩嗓。说不得才长,越有才越当着意斟量。""怎得词人当行,歌客守腔,大家细把音律讲。"明确地表现了他的本色论和音律论的主张。沈璟反对骈俪,提倡本色,这是对的。因为戏曲作为一种面向广大群众的、口耳相传的艺术,使广大观众听懂是一个十分重要的问题。但他的本色论主要是强调对民间俚语的运用,不加提炼地一味摹勒家常语言,缺乏真挚自然的机趣神情,"以鄙俚可笑为不施脂粉,以生梗雉率为出之天然"(凌濛初《谭曲杂札》),实非当行。他的声律论也有一定的积极意义。南戏初期不寻宫数调,而昆山腔产生以后便对音律提出了严格的要求。沈璟通音律,蓄声伎,著有《南九宫十三调曲谱》,把传奇格律定型化,使南戏由无途径的较自由的写作转为定型成谱的写作,有利于演唱。但他的声律论脱离了内容,把声律强调到不适当的程度,甚至说:"宁律协而词不工,读之不成句,而讴之始叶,是曲中之工巧。"(王骥德《曲律》引)这样,就由骈俪派在文词上的形式主义走向了在音律上的形式主义。更重要的是,他反对骈俪派只是着眼于形式,对骈俪派作品在思想内容上宣传礼教的倾向却不但没有纠正,反而变本加厉。他的剧作有不少宣传了封建伦理和宿命论思想,因而没有堪称第一流的作品传世。

吴江派作家阵容强大,人数颇多。沈璟的侄子沈自晋《望湖亭》传奇中〔临江仙〕一曲列举了吴江派的主要作家:"词隐(沈璟)登坛标赤帜,休将玉茗称尊。郁蓝(吕天成)继有槲园(叶宪祖)

人。方诸(王骥德)能作律,龙子(冯梦龙)在多闻。　　香令(范文若)风流成绝调,幔亭(袁于令)彩笔生春。大荒(卜世臣)巧构更超群。鲰生(沈自晋)何所似,颦笑得其神。"这里除沈璟外,列出了八位作家。这些人中有剧作家,有戏曲理论家,鼓噪一时,声势浩大。但实际上,这些人的主张和创作也并不完全同于沈璟。他们主要是在音律论上与沈璟相同,在本色论上则与沈璟有异。如王骥德对有俗有雅的汤显祖就极为倾慕,他在《曲律》中说:"于本色一家,亦惟是奉常一人。其才情在浅深、浓淡、雅俗之间,为独得三昧。"而认为追求俚俗的沈璟"毫锋殊拙"。他说:"本色之弊,易流俚腐;文词之病,每苦太文。"因而主张"兼而用之",本色与文采相结合。吕天成、卜世臣是严守吴江之律者,"衣钵相承,尺尺寸寸,守其矩矱者二人,曰吾越郁蓝生(吕天成),曰檇李大荒通客(卜世臣)"(王骥德《曲律》)。但吕天成也说:"本色不在摹勒家常语言。""倘能守词隐先生之矩矱,而运以清远道人之才情,岂非合之双美者乎?"(《曲品》)沈自晋的剧作守吴江之法而兼妙神情,吴江、临川二派共推服之。由此可见,吴江派的许多作家已既讲声律,又注意文词才情,作品思想内容也很少礼教的宣传,因而在纠正骈俪派之弊方面取得了一定的成就。

　　万历年间开始出现的另一戏曲流派是临川派。其领袖人物是江西临川人汤显祖。从汤显祖早年的剧作《紫箫记》来看,他早年也受到了骈俪派的影响。但后来有所改变。吴江派反对骈俪派没有抓住思想内容这一根本问题,而只是反对骈俪派的藻丽和脱离舞台实际,提出了本色论和声律论,而且把本色和声律片面化、绝对化。汤显祖却首先强调作品的思想内容,他主张戏曲作品要言情,而情与理是相对的。他的《牡丹亭》就表现了以情反理的思想。这样就彻底纠正了宣传礼教的倾向。在内容与形式的关系上,他认为首先要从内容出发,主才情,不忌丽词,不拘音律。他说:"凡文以意、趣、神、色为主。四者到时,或有丽词俊音可用,尔时能一一顾九宫四声否?"(《答吕姜山》)这就是说,为了抒写作者的性情或表现某种意趣神致,可以用丽句,也不必死守音律,形式要为内容服务。这样,他反对骈俪派的锭钉堆砌,但又坚持了必要的文采;同时也反对了吴江派对音律的绝对化。当然,汤显祖也曾经说:"余意所至,不妨拗折天下人嗓子。"(王骥德《曲律》引)汤显祖这种说法在理论上也有其片面性。汤显祖的思想艺术主张体现在他的名作《牡丹亭》中。《牡丹亭》充满着理想主义和浪漫主义气息,语言本色而又美丽。汤显祖酷嗜元杂剧,收藏元杂剧近千种,"比问其各本佳处,一一能口诵之"(姚士粦《见只编》)。朱彝尊《静志居诗话》云:"义仍填词,妙绝一时,语虽崭新,源实出于关、马、郑、白。"故《牡丹亭》的语言继承了元杂剧的本色传统,自然流利,生动传神。同时,《牡丹亭》还熔铸了唐诗、宋词、六朝辞赋的华美绮丽风格,优美含蓄,文采斐然。如《惊梦》一出中的〔皂罗袍〕、〔好姐姐〕等曲,用抒情诗的手法把写景和抒情结合起来,其中既有自然流利的语言和衬字虚词所造成的空灵动宕,又有精工典丽的语言和诗词用语所造成的含蓄隽永;既有元曲的本色疏宕,又有玉谿生诗、欧晏词的俊雅秾丽。故吴吴山评《牡丹亭》说:"试观记中佳句,非唐诗即宋词,非宋词即元曲,然皆若若士之自造,不得指之为唐、为宋、为元也。"王骥德《曲律》亦云:"其掇拾本色,参错丽语,境往神来,巧凑妙合,又视元人别一谿径。"拙素派为艺人之曲,骈俪派为学人之曲,吴江派为曲家之曲,而汤显祖则为才人之曲矣。但《牡丹亭》在音律上不严守昆山腔之法,"记中以北词法填南曲……吕玉绳、臧懋循以南词法绳之,又何怪凿枘也"(吴梅《瞿安读曲记》)。"记中舛律处颇多,往往标名某曲，而实非此曲之句读者。清初钮少雅，有《格正还魂》二卷，取此记逐句勘核《九宫》，其有不合，改作集曲，使通本皆被管弦，而原文仍不易一字"（吴梅《中国戏曲概论》）。不合音律不能说不是一个缺点。但汤显祖后期的作品《邯郸记》、《南柯记》在结构、语言、音律等方面都更加成熟。王骥德《曲律》云："至《南柯》、《邯郸》二记，则渐削芜纇，俯就矩度，布格既新，遣词复俊。"

　　追步汤显祖的作家有吴炳、孟称舜、阮大铖等。吴炳《画中人》写书生庚启唤下图中美人，与之结合。郑女琼枝觉有人呼，魂离而亡。后庚生开棺活之，结为夫妻。作品歌颂真情的力量，语言"雅而不巧，腴而不艳，字字从性灵中发，遂能于研炼中别开生面"（吴梅《瞿安读曲记》）。情节、思想、语言等方面都模仿《牡丹亭》。孟称舜《娇红记》也歌颂至情诚心。王娇娘说："吾今年及笄，未获良缘，光阴荏苒，如同过隙，每对花浩叹，不能自已。""才子佳人，共谐姻眷，人生大幸，无过于斯。""与其悔之于后，岂若择之于始。"与《牡丹亭》中的杜丽娘极为相似。阮大铖的剧作在思想上不能与汤显祖相比，但在文词上却力求模仿汤显祖。总之，临川派在语言上风格相似，在情节、思想上也或有模仿之迹。但在音律上，汤显祖的追随者与汤显祖的不拘音律不同，比较注意曲词的协律。故吴梅说："正玉茗之律而复工于琢词者，吴石渠、孟子塞是也。"（《中国戏曲概论》）"园海能度曲，故诸词皆谐洽。"（《瞿安读曲记》）

　　由此可见，主音律的吴江派也有讲究才情者，主才情的临川派也有注意音律者。他们已经开始看到把音律或才情绝对化的片面性，二者离则两伤，合则双美，两派已有取长补短、互相调和的趋势。但他们一般都有一个主要倾向，因此还是可以分别划归吴江派和临川派。此外，还有一些不属于吴江、临川二派，但又声律和文词兼而重之的作家,可以谓之调和派(或双美派)。如高濂《玉簪记》曲词优美,刻画细腻,祁彪佳《远山堂曲品》谓"手笔轻倩,每有秀色浮动曲白间,当是时调之隽"。试看《追别》一出〔小桃红〕:"秋江一望泪潸潸,怕向那孤篷看也。这别离中生出一种苦难言,自拆散在霎时间。心儿上,眼儿边,血儿流,把我的香肌减也。恨杀那野水平川,生隔断银河水,断送我春老啼鹃。"曲中虽有衬字、虚词,但数量较少,不像元杂剧那样自由挥洒铺排,浩荡淋漓。曲中用语气词"也",乃系文言,与"孤篷"、"香肌"、"野水平川"、"春老啼鹃"等诗词字面相结合,显得优雅斯文,全无古鲁兀剌之气;但又并不像诗词那样凝重晦涩。可谓本色与文采相兼,清丽生动。徐复祚《红梨记》,曲词本色而有润泽,音律和谐,《亭会》、《三错》、《咏梨》等出,用犯调而又稳惬动听,非深于音律者不能。故吴梅《中国戏曲概论》谓其"协律修辞,并臻美善"。此外,周朝俊《红梅记》、孙仁孺《东郭记》等,也都是文词、声律兼善的作品。但是,由于这些作品在思想内容上没有达到《牡丹亭》的水平,所以它们也就并非至善至美,没能超过或比肩于《牡丹亭》。

　　到了明末清初,苏州地区出现了苏州派作家群。由于这一地区商品经济和市民斗争的蓬勃发展以及民族矛盾、阶级矛盾的尖锐,苏州派作家的剧作反映了当时的政治斗争和现实生活,作品的思想内容有了新的发展。同时,由于这些作家都是下层文人,苏州地区又是当时戏曲演出最盛的地区,所以他们都熟悉戏曲演出,他们的作品文词本色而有文采,音律和谐,适于演出。因此他们的作品便达到了一个新的水平。如李玉《清忠谱》描写明代魏忠贤逮捕东林党人周顺昌所引起的轰轰烈烈的市民运动,表现了新的题材、新的人物和新的思想。作品的语言自然圆熟,既不过分华美,又不过分俚俗,既有文学性,又不晦涩。作品在音律上也十分讲究。如第二十出写五义士与周顺昌的灵魂在空中相遇,除序曲〔红纳袄〕外,全用集曲。而〔倾杯赏芙蓉〕、〔刷子带芙蓉〕、〔锦芙蓉〕、〔普天插芙蓉〕、〔朱奴戴芙蓉〕五支集曲前半段各不相同,用于写景抒情等不同的方面,后半段都用〔玉芙蓉〕,强调复仇决心,既有变化,又有周期性的重复,音乐和谐统一,曲调与文词配合适当。故吴梅说李玉的作品"案头场上,交称利便"(《顾曲塵谈》)。因此,甚至有人认为《清忠谱》的思想艺术成就超过了《牡丹亭》。不过,我感到《清忠谱》中周顺昌的愚忠并不可取,在细腻的心理描写方面也逊于《牡丹亭》一筹,其地位不应在《牡丹亭》之上。

清代初年,稍后于苏州派的是吴伟业、尤侗等历史抒情剧作家和李渔、万树等风情剧作家。吴伟业、尤侗的作品大都借历史故事表现个人的故国之思或怀才不遇之感,曲词雅丽,具有抒情诗的风格,可以说是文人的案头之作。李渔和万树都精通音律,其作品适于场上演唱。但在文词上,李渔主要是通俗浅显,万树虽为吴炳外甥,也未达到临川派的水平。因此,历史抒情剧作家和风情剧作家仍未取得超越前人的地位。

明初以来,不同的流派关于本色与骈俪、才情与音律的长期对立、争论与融合,推动着传奇艺术的发展,清康熙二十七年(1688年),终于出现了洪昇《长生殿》这样本色与文采兼善、才情与音律双美而又具有高度思想成就的集大成的作品。《长生殿》批判了帝王后妃爱情的缺陷,也歌颂了诚挚坚贞的爱情理想。同时,作品围绕李杨爱情,揭开了安史之乱的广阔的社会背景,反映了当时的阶级矛盾和民族矛盾,抒写了兴亡之感和爱国思想。作品既有现实主义的深刻描写,又有浪漫主义的幻想和抒情,排场精妙,语言清丽,音律和谐,艺术上达到了传奇艺术的顶峰。《长生殿》的曲词晓畅自然而又优美生动。如《夜怨》一出〔风云会四朝元〕第三曲语言本色，如泣如诉，委曲尽致。《惊变》一出〔南扑灯蛾〕细腻地写出了美人醉中的神致，宛然一幅醉杨妃图，"虽仇十洲妙笔，不能得其仿佛也"（杨恩寿《续词余丛话》）。《闻铃》、《哭像》、《雨梦》等出写唐明皇对杨贵妃的思念，《弹词》一出抒写兴亡之感，充满浓郁的诗意，哀感动人。《长生殿》的音律尤为精妙绝伦。吴梅《中国戏曲概论》云："曲成赵秋谷为之制谱，吴舒凫为之论文，徐灵昭为之订律，尽善尽美，传奇家可谓集大成者矣。"《瞿安读曲记》又谓"文律曲律两擅其美"。在宫调方面，前一出和后一出宫调绝不重复。《定情》、《密誓》、《埋玉》等出皆在一出之内移宫换调。如《定情》前半用大石调写杨玉环受封的热闹场面，后半用越调写李杨月下低声细语，《密誓》首尾用越调写牛女七夕相会，中间用商调写李杨盟誓，《埋玉》用南吕过曲、中吕过曲写六军哗变，用仙吕入双调过曲写御林军继续护送唐明皇入蜀，宫调与剧情的转换紧密配合。曲牌的安排也能随剧情而变化。作品中生旦诉情用细曲，净丑作乱调笑用粗曲。《弹词》一出〔九转货郎儿〕时而哀叹，时而激昂，曲调与情绪的配合恰如其分。《絮阁》一出用南北合套，杨玉环唱北曲表现其怨恨和恼怒，唐明皇、高力士唱南曲表现其无可奈何、息事宁人的心情，构成了性格化的对比。《舞盘》一出〔羽衣第二叠〕撷取十一支曲子的片段构成集曲，描绘杨玉环舞态的变化，妥帖巧妙。在遣词用韵方面，字字审慎，"平仄务头，无一不合律"（吴梅《瞿安读曲记》）。如《春睡》一出〔祝英台〕四曲，第六句均作"平仄仄平平平"，《疑谶》一出〔集贤宾〕第七句作"仄平平仄平平去上"，《絮阁》一出〔醉花阴〕首句作"仄仄平平去平上"，平仄阴阳，处处和谐。故王季烈《螾庐曲谈》云："予谓古今曲词，词采、结构、排场并胜，而又宫调合律，宾白工整，众美悉具，一无可议者，莫过于《长生殿》。"

《长生殿》之后出现的孔尚任《桃花扇》也是一部思想艺术成就很高的优秀作品。孔尚任早年即通音律，曾拜访过词曲家贾凫西。治河期间，在泰州谱《桃花扇》，"更阑按拍，歌声呜呜，每一出成，辄邀映碧共赏"（《小说枝谈》引《脞语》）。可见作者也是十分注意曲词音律的。但吴梅认为："通本乏耐唱之曲，除《访翠》、《眠香》、《寄扇》、《题画》外，恐亦寥寥不足动听矣。"（《中国戏曲概论》）其语言也典雅有余，生动不足。故《桃花扇》在文词、音律上没有达到《长生殿》的水平。

南洪北孔之后，蒋士铨的剧作追步临川遗风，融合诗词的清婉风致，又谨守吴江之法，文词、音律均属上乘。梁廷枏《曲话》云："蒋心余太史士铨九种曲，吐属清婉，自是诗人本色。不以矜才使气为能，故近数十年作者亦无以尚之。"但其思想成就远在《牡丹亭》、《长生殿》、《桃花扇》之下。清代中期以后，民族矛盾的淡化，经济的繁荣，文字狱的严酷，使许多人歌功颂德，粉饰太平，埋头考据，传奇创作也日益脱离现实。同时，昆曲经过文人的长期琢磨，以及随着它的进入宫廷，题材日益狭小，曲词日益典雅，曲调日益细密，逐渐脱离了群众。加之花部的兴起，夺走了广大的观众。从此，传奇便走向了衰落。

明清传奇的发展表明，戏曲语言应该雅俗共赏，并且要讲究音律。这对于今天的戏曲创作仍有现实意义。同时，明清传奇的发展史也表明，传奇艺术是在不同流派的论争、对立、不断否定和相互收吸中，在长期的艺术实践中，逐步发展到辉煌的高峰的。不同艺术流派的出现是艺术繁荣发展的标志和动力。每一个艺术流派都可能有它的可取之处，也有它的缺陷。多个艺术流派既有差异、争论甚至否定，也有在这个过程中的互相吸收和融合。

一个艺术流派常常是在否定另一流派的缺陷而又发扬其长处的基础上使自己得到发展的。在这里，任何绝对的片面的态度都是错误的，它终将会被后来人所纠正。这就是艺术的辩证法。传奇的发展史还表明，艺术的发展不但取决于艺术形式的完美，同时也取决于思想水平的高度。只在艺术形式上刻意追求，但缺乏具有时代意义的深刻思想，也不可能出现辉耀千古的伟大作品，达到艺术的高峰。这也是艺术发展的规律。这都是人们熟知的道理，但却又是在艺术实践中容易为人们所忽视的道理。明清传奇的发展史又一次证明了这些真理，值得我们牢牢记取。

（原载《山东师范大学学报》社会科学版，1987 年第 4 期）

《牡丹亭》是怎样以情反理的

在中国古代戏曲史上,描写爱情的作品数以千计。人们评论这类剧作的优秀作品,几乎都可以谓之表现了追求爱情自由和反对封建礼教的思想。汤显祖的名剧《牡丹亭》当然也不例外。但是,如果对《牡丹亭》仅限于这种一般的评论,就不能揭示它的独特之处。事实上,《牡丹亭》的爱情描写与它以前的爱情剧是不同的。《牡丹亭》以前的爱情剧主要是批判封建的门第观念和家长专制,歌颂爱情的独立自主,批判喜新厌旧和忘恩负义,歌颂爱情的真挚专一,它们所表现的主要是一个爱情观的问题。但是随着封建理学的产生和发展,理学家主张"存天理,灭人欲",压抑人的欲望,这就进一步提出了一个更带有根本性的问题,即如何对待作为人的本性的情欲的问题。《牡丹亭》的爱情描写,虽然也涉及对门第观念的批判,但主要地却是表现了对人的本性——情欲的肯定,并以此来批判扼杀人性的封建理学。因此,我们说《牡丹亭》"以情反理",这里的"情"乃是一种抽象的人的本性,而不是过去爱情剧中那种具体的爱情观。

《牡丹亭》把男女之情作为情欲的主要内容。首先,作品以生动的艺术形象表明,男女之情乃是人的本性,是必然要产生的。无论如何封锁、防范、抵御,都不可能杜绝它的萌发。杜丽娘被严密地闭锁在小庭深院,从未接触过青年男子;她的裙子上绣有成对的花鸟都要遭到指责;她的父亲还请了一个迂腐的教书先生向她灌输封建思想,宣扬什么"圣人千言万语,则要人'收其放心'"。从身躯到灵魂,封建礼教对她的束缚可谓严酷已极。但随着年龄的增长,怀春慕色之情还是本能地油然而生。封建势力企图通过《诗经》向她灌输"有风有化,宜室宜家"的封建教条,她却"为诗章,讲动情肠",感到"关了的雎鸠,尚然有洲渚之兴,可以人而不如鸟乎?"后花园那盛开的百花,成对的莺燕,进一步刺激了她青春的觉醒,使她渴望像古代的才子佳人一样早成佳配。因此她由感而梦,在梦中与一个陌生男子私合欢会,极尽缱绻。那书生"不是前生爱眷,又素乏平生半面,则道来生出现,乍便今生梦见?"显然,作品不是描写杜丽娘与现实生活中某一具体男子的相识相爱的爱情,而是借梦境描写杜丽娘的一种抽象的心理状态,即对男女之情的渴望。杜丽娘自己也不明白何以会有此梦,正表明了情欲产生的本能性质。后来她为此情不可得而死,所以花神说:"这女子慕色而亡。"吕天成《曲品》也说《牡丹亭》是"着意发挥怀春慕色之情"。而封建礼教却企图漠视人的男女之情。陈最良说:"你师父靠天也六十来岁,从不晓得伤个春。"杜宝也说:"一个哇儿甚七情!"他甚至把杜丽娘的相思而病说成是"则不过往来潮热,大小伤寒,急慢风惊"。杜母则认为是"着鬼"。于是叫陈最良下药,叫石道婆禳解。他们根本不理解杜丽娘的内心感情。作品一方面强调作为人的本性的男女之情产生的必然性,另一方面又描写封建礼教对人性的漠视和压制,从而表现了以情反理的思想。

其次,《牡丹亭》以具体的艺术描写强调了至诚的男女之情的巨大力量。它一旦产生,便无法扼杀,不可抑制,能够超越一切。杜丽娘因追慕此情而病、而死,其鬼魂仍要与活人幽媾;而通过这种幽媾,"俺冷香肌早偎的半热",终于又起死回生。正如作者在

《牡丹亭题词》中所说："情不知所起，一往而深，生者可以死，死可以生。"情既然可以战胜生死这样的自然常理，所谓封建的"天理"就更不屑一顾。汤显祖正是通过这种对情的力量的夸张表示了对理的蔑视。

此外，《牡丹亭》以形象的艺术刻画肯定了男女之情的美好与正当性、合理性。《惊梦》一出极写杜丽娘与柳梦梅欢会的"千般爱惜，万种温存"，并为他们安排了一个芍药栏前、湖山石边、鲜花缤纷的美妙的背景。那醉人的情景使杜丽娘难以忘怀，因而《寻梦》一出又详写杜丽娘再到花园访察梦中的境界，回味各种销魂的细节。其中虽有一些男女交欢的描写，但其主要目的还是为了强调情欲的美妙。既然这种情欲是人的本性，是人们应该享受的欢乐，那么它就是正当的，合理的。作品特意安排了花神来保护他们的欢会，甚至冥间的判官也不但不为此而降罪于杜丽娘，反而帮她寻找丈夫，把她放出枉死城，给以路引，让她与柳梦梅幽媾，并保存其肉身，让她还魂再生。从而使男女欢会带上了一种神圣美丽的色彩和正当的性质。在作品中，杜丽娘读了《关雎》篇后叹曰："圣人之情，尽见于此矣。今古同怀，岂不然乎?"甚至陈最良也说，孔子曾言"吾未见好德如好色者也"。可见圣人也有男女之情，与常人并无不同。从而表明，即使从孔孟之道来看，男女之情也是合理的。《牡丹亭》以前的爱情剧都没有像《牡丹亭》这样给男女情欲以如此公开的、理直气壮的肯定。

《牡丹亭》中的情欲不但包括男女之情，而且包括爱美之情。作品把爱美也当作一种人的天然本性，因此剧中的杜丽娘说："可知我常一生儿爱好是天然。"作品以充满诗情画意的笔触谱写了一曲曲美的颂歌，并以此来批判封建理学对美的漠视和毁灭。在作品中，这种美主要表现为容貌美、青春美和自然美。在《惊梦》

和《写真》中，杜丽娘顾影自怜，反复地赞赏着自己的容貌和青春之美，并渴望把它展现于人们面前。她外出游园，写真留影，唯恐"一旦无常，谁知西蜀杜丽娘有如此之美貌乎?"她希望"早嫁了丈夫相爱"，不辜负美妙的青春。但封建礼教却把她闭锁深闺，并且不及时关心她的婚事，因而她感叹着"恰三春好处无人见"，"则怕呵，把俺年深色浅，当了个金屋藏娇"，认为"年已及笄，不得早成佳配，诚为虚度青春"。作品表现了对容貌和青春之美的赞颂与珍惜，也表现了对扼杀这种美的悲愤。在《牡丹亭》中，作品还极为生动地为我们描绘了燕语莺歌、姹紫嫣红的大好春光，充分地为我们展示了令人迷醉的自然之美。杜丽娘惊叹这动人的自然美景。这位多情的小姐，感到那花草鸣禽、云霞烟波无不像人一样充满了感情："睡荼蘼抓住裙钗线，恰便是花似人心好处牵。""元来春心无处不飞悬。"但是，"年光到处皆堪赏，说与痴翁总不知"。封建礼教也完全漠视这种自然之美。一座美丽的花园被他们弄得到处是一片"断井颓垣"、金粉零星。陈最良"从不曾游个花院"，杜宝夫妇对花园从未提起，并禁止杜丽娘游园。他们自己对自然之美是如此的麻木无知，也企图扼杀杜丽娘这种热爱自然的感情，这引起了杜丽娘的埋怨和不满："恁般景致，我老爷和奶奶再不提起。""锦屏人忒看的这韶光贱。"这样，作品的景物描写就超出了一般意义而具有了反理学的性质。在《牡丹亭》以前，不少剧作也描写了容貌美、青春美和自然美，但它们不像《牡丹亭》写得这样细腻优美、饱含感情，尤其是把对这种美的热爱当作一种人的天然本性，并以此批判封建礼教对这种爱美本性的扼杀，更是前所未有，后亦罕见。

《牡丹亭》以肯定人的本性——情欲来反对理学，这种描写爱情的新特点的出现，一方面是由于明代理学否定人欲，对于这种思想的批判，要求戏剧作品从情欲的角度描写爱情；另一方面是由于随着明代中叶以后资本主义萌芽的出现，民主思想高涨。如李贽就提出"好货好色"是人的合理要求，"道"不在于禁欲，而在于满足人们的合理需要。《牡丹亭》对情欲的肯定就是这种民主思想的反映。在"三言二拍"和《金瓶梅》中也表现了类似的思想倾向。

　　长期以来，我们评价爱情作品总是说它们以"纯洁"的爱情反对封建礼教，而不敢涉及情欲。一方面，根深蒂固的中国封建思想，使我们总觉得谈论情欲羞人答答，难以启齿，似乎总是有伤体面，不那么正当光彩；同时，如果说作品主要是肯定情欲，似乎就降低了作品的思想意义；此外，如果说作品把情欲归之于人的本性，那就更犯了宣传抽象人性的大忌。然而，我们既然自称是唯物主义者，就不能不承认确实人人都有情欲这一客观现实，也不能无视有些作品确实肯定了情欲这一客观存在。面对现实讲真话，大可不必害羞。有的作品从反理学的角度肯定情欲，在当时具有巨大的进步性，并不会因此而降低它的思想意义。作品把情欲归之于人的本性，用以批判否定人欲的理学，是当时的历史时代的产物，反映了当时作家的认识水平。我们今天肯定这种描写，是给作品以历史的评价，并不等于我们今天也要宣传抽象的人性。我们对欧洲文艺复兴时期反对教会禁欲主义的文学作品给予了历史的肯定，对中国古代类似的作品难道就不能一视同仁吗？让我们解放思想，实事求是地评价中国的古代文学作品吧！

　　　　　　　　　　（原载《中文自学指导》，1986 年第 11 期）

绝妙的心理描写

——《牡丹亭·惊梦》片段欣赏

明代著名戏剧家汤显祖的《牡丹亭》,是我国古代戏曲史上一颗光辉灿烂的明星。沈德符《顾曲杂言》说:"《牡丹亭》梦一出,家传户诵,几令《西厢》减价。"作者用他那枝生花妙笔,驰骋丰富的想象,描绘了一个奇妙美丽的爱情故事,满腔热情地唱出了一支生死不渝的爱情的颂歌,笔蘸着血泪向冷酷虚伪的封建礼教提出了沉痛愤怒的控诉。

《惊梦》是《牡丹亭》最精彩的一出,其中的游园部分尤为人们所传诵。这一段文字"蓄意发挥怀春慕色之情,惊心动魄,且巧妙叠出,无境不新"(郁蓝生《曲品》)。几百年来为人们击节赞叹;就是今天,它仍然具有令人心驰神往的艺术魅力。

《牡丹亭》中的杜丽娘是一个名门闺秀,自幼被父母视若掌上明珠。她的父亲按照封建社会贵族女子的典范对她精心培养,希望她成为一个知书达礼、贤德淑慧的女子。但是杜丽娘却像一只被喂养在精致笼子里的鸟儿一样,对于那种虽然精美但却没有自由的生活感到十分寂寥和厌倦。因此,当她一旦读到《诗经·关雎》中的"窈窕淑女,君子好逑",便激起了她内心的波澜,不禁废书而叹,沉吟不已:"关了的雎鸠,尚然有洲渚之兴,可以人而不如鸟乎?"(《牡丹亭·肃苑》)而春香所发现的一座花明柳绿的花园,更成为杜丽娘所追慕的美丽自由的天地。于是便生出游园惊梦这一段美丽动人的故事。

《牡丹亭》通过对杜丽娘游园的描写，生动细致地刻画了杜丽娘微妙复杂的内心世界和鲜明的个性。这一段描写可以分为游园前、游园中和游园后三个部分。

游园之前以人物的动作描写为主而间以景物渲染，重点刻画杜丽娘情思动荡、渴望自由和自身的封建思想的内心矛盾。作品一开始就以生动凝练的语言展示了一派明媚秀丽的春光："梦回莺啭，乱煞年光遍。"一个"乱"字，不仅使春光五彩缤纷，生机勃勃，气韵生动，而且从杜丽娘的眼光中传神地反映出这位久锁寂寞深闺的千金小姐突见春光而眼花缭乱、心神动荡的特有感受和心理变化。春日的美景扰动着杜丽娘的心房，使她再也不能忍受那种孤锁深闺、伴着袅袅沉烟终日刺绣的寂寥生活。于是她"炷尽沉烟，抛残绣线"。作者只用一个"炷尽"，一个"抛残"，便写出了杜丽娘对那种无聊生活的厌倦。杜丽娘抛开针线走出了绣房，但"人立小庭深院"，庭"小"院"深"，封建礼教仍然像阴冷狭窄的牢狱深深束缚着她的自由，禁锢着她的青春，因而她只能"侧着宜春髻子恰凭阑"。这逼真的凭阑远眺的动作，形象地表达了杜丽娘对广阔自由的天地、明媚动人的春色的无限憧憬和向往。作品虽然没有用任何语言直接描写杜丽娘的心理活动，却通过她的动作把她的内心世界形象地展现在我们面前。

杜丽娘那颗被封建礼教桎梏的心终于开始了青春的跳动，爱情的波纹在她的心中荡漾。作品用"袅晴丝吹来闲庭院，摇漾春如线"的景物描写，既写出了那缠绵轻软的游丝被春风吹进终日闭锁的闲庭深院，在碧空中轻轻摇漾的美景，又形象含蓄地写出了杜丽娘心中那冲破封建礼教的禁锢而开始萌生的绵绵"情思"，一语双关,情景交融,词丽句秀,历来称为绝唱。

　　然而,出闺游园在当时的特定环境和特定人物的条件下,具有反抗封建礼教的意义。因而饱受封建礼教熏陶的杜丽娘要把这荡漾的情思化为行动却并非易事。作品正是抓住这种典型环境中的典型人物,把杜丽娘走向花园的内心活动写得曲折动人。杜丽娘先是心中矛盾踟躇,但"停半晌"之后,终于"整花钿",而开始打扮了。然而,"没揣菱花,偷人半面,迤逗的彩云偏。(行介)步香闺怎便把全身现?"当镜子偷偷地照见了她的美丽的面容时,她不禁联想到爱情而羞羞答答,把鬓卷也弄歪了。作者在此活灵活现地写出了怀春少女羞涩腼腆、欲行又止的矛盾心情,同时又给观众(读者)以想象、回味的余地,具有丰富的潜台词。

　　杜丽娘一方面有青春少女的羞涩,另一方面又有千金闺秀的矜持自信。她欣赏自己那"翠生生"的"裙衫儿",那"艳晶晶花簪",表明她"可知我常一生儿爱好是天然"。她更相信自己的天然之美,为自己"沉鱼落雁鸟惊喧"、"羞花闭月花愁颤"的美貌而自负。因此她虽然害羞但又希望别人看见她的青春之美,甚至埋怨"恰三春好处无人见"。杜丽娘就是这样含情脉脉而又羞于现身,但顾影自怜、充满自信,而又要出门展现自己的"三春好处",几经曲折,最后才走出了闺门。这一段文字简练含蓄,情味盎然,引人遐想,充满浓厚的诗情画意,更给人以美的享受。

　　假如说游园之前主要以人物动作刻画杜丽娘那跃跃欲试的矛盾心理,下面的园中游赏则以回肠荡气的景物描写来刻画杜丽娘对青春虚掷的感伤和哀怨,由追求和兴奋,转入感伤和怅惘。扬而后抑,不但具有抑扬顿宕、波澜起伏之妙,而且完全符合杜丽娘这一特定人物思想发展的逻辑。因为在封建礼教桎梏之下的杜丽娘,越是看到春光的美好,越是为不能得到一种美好的生活而伤感。杜丽娘到花园之后，整个游赏过程描写，就是把美丽的春色和伤感的心情这两个似乎相互矛盾的方面交织在一起予以表现的。吴衡照说："言情之作，必借景映托，乃具深宛流美之致。"(《莲子居词话》)这一段正是借景映托的绝妙文字。作品首先写出了这段脍炙人口的曲辞："原来姹紫嫣红开遍，似这般都付与断井颓垣。良辰美景奈何天，赏心乐事谁家院。……朝飞暮卷，云霞翠轩。雨丝风片，烟波画船。锦屏人忒看的这韶光贱。"那绚烂艳丽的鲜花，那韶光明媚的良辰，那云霞烟波、雕廊画船，都是那么旖旎动人，但"恁般景致，我老爷和奶奶再不提起"。这一切都被封建礼教看得如此轻贱，以致这良辰美景都付与断井颓垣而无人关情；赏心乐事不知抛向何处，大好春光都被辜负，岂不可伤！接着，作者进一步写道："遍青山啼红了杜鹃，荼蘼外烟丝醉软。"眼见得那杜鹃花、荼蘼花，甚至其他细弱如丝的无名小花，都乘春天的美好时节及时地开得火红灿烂，漫山遍野，馨香醉熏，自己虽然才貌超群，如同那百花之王的牡丹，但"牡丹虽好"，却要春归才开，错过了良辰，岂不可叹！这一段文字写静止的景物，以百花的娇艳喻别人的幸福，由见百花芳蕾早放而叹自己的青春被延误，从反面渲染衬托，对比映照，写得迷离幽婉，字中带泪。最后，作品又描写"成对儿莺燕"，"生生燕语明如翦，呖呖莺歌溜的圆"。用极为明快流丽的语言写出了"成对儿莺燕"的自由和欢乐，以此拨动杜丽娘的心弦，形成对杜丽娘更大的逗引和刺激，又怎不使她痛苦！茅盾说："一般风景描写，不论写得如何动人，如果只是作家站在他自己的角度来欣赏，而不是通过人物的眼睛、从人物当时的思想情绪，写出人物对于风景的感受，那就会变成没有意义的点缀。"(《鼓吹集》)杜丽娘花园游赏的景物描写正是因为从杜丽娘的具体感受出发，诗情画意中浸透着点点血泪；象征比喻中又有对比反衬，情景交融，所以才能把杜丽娘的思想感情写得如此饱满深切，具有勾魂摄魄、回肠荡气的艺术效果。而杜丽娘无法忍受的感情的压抑感伤，又为下面感情的爆发蓄势，极尽抑扬曲折之妙。

试想，作为杜丽娘这样一个千金闺秀，难道能让她一开始就公开表白爱情吗？但是，当她的感情积聚到难以遏制的程度，而且由花园回到家中，春香又不在的时候，作品便一反前面的委婉含蓄，让杜丽娘的感情潮水一泻而出，以大段内心独白和唱词让杜丽娘痛快淋漓地倾吐她的满腔深情。她先是低头沉吟，由古人因春伤情而公开说出："吾今年已二八，未逢折桂之夫；忽慕春情，怎得蟾宫之客？"并进而想到韩夫人与于郎、张生与崔氏如何得成秦晋，明确表现了她对爱情的追求。但当她想到年已及笄，不得早成佳配，诚为虚度青春，不禁凄然下泪道："可惜妾身颜色如花，岂料命如一叶乎！"内心充满了极度的痛苦。而痛苦的积聚促使着娇怯羞涩的杜丽娘性格的变化，她终于开始了反抗。她无情地咒骂："甚良缘，把青春抛的远！"她愤怒地抗议："迁延，这衷怀那处言！淹煎，泼残生除问天。"她明白，她的愿望在现实中无法实现。但她一旦觉醒，便决不肯停止对爱情的追求。这种坚定和执着，促使她进一步到梦中去追求现实中不能得到的幸福。作品以优美的想象和动人的浪漫主义方法，把梦境写得十分美妙迷人、旖旎缠绵，使之成为与黑暗冷酷的现实构成鲜明对比的理想境界。写梦实为写实，使理想与现实紧密结合，奇幻与真实构成了有机的统一。杜丽娘在梦中把对爱情的追求化为行动，也正标志着她的爱情由心中藏之，到口中说出，到具体行动，层层推进，她的反抗和斗争也就进入了一个新阶段。

从以上简单的分析可以看到，《牡丹亭·惊梦》所描写的杜丽娘的心理活动具有鲜明的个性特征,写出了杜丽娘内心世界的丰富性和复杂性。同时,对其思想感情的发展也写得层次分明,忽而波光粼粼,忽而浪花跳跃,忽而幽咽暗流,忽而波涛滚滚,"浓丽淡白,随境变化手法……自由自在驱使笔端,显示入神妙技"(青木正儿《中国近世戏曲史》)。而这一切,仅仅是通过不到一千字来完成的,不能不令人叹为观止!

（原载《戏剧界》,1981 年 6 月）

《娇红记》的新成就与继往开来的地位

一提起中国古代戏曲中的爱情剧,人们马上就会想到才子佳人一见钟情、密约偷期和中状元、大团圆之类的情节,似乎这已经成为一种固定格套。这种现象确实存在。但文学艺术是时代的反映,随着社会的发展,新的历史时期的新思想、新观念必然会在爱情剧中反映出来;而新的思想内容对艺术形式的要求,观众在审美上求新的愿望,作家艺术经验的积累,也必然会使爱情剧在艺术上有所发展和前进。对文学作品的考察,只有从历史发展中看它们比前人提供了哪些新的东西,对后人产生了什么影响,才能正确地评价它们在文学史上的地位和价值,才能克服在文学史的研究中单纯罗列作家作品的现象,更好地把握文学史发展的脉络。从这个角度考察中国古代的爱情剧,我们就可以发现,孟称舜的《娇红记》是一部在思想和艺术上都具有新的特色,对后世也具有积极影响的继往开来的优秀作品。但是,长期以来它没有得到应有的重视。自从《中国十大古典悲剧集》把它收入其中之后,才开始引起了人们的注意。

《娇红记》的故事从唐代传奇文开始,元明戏曲作家王实甫、邾经、金文质、汤式、刘兑、沈受先、孟称舜等纷纷把它改编为杂剧和传奇。而除刘兑《娇红记》杂剧、孟称舜《娇红记》传奇现存、邾经《鸳鸯冢》杂剧仅存一套佚曲外,余皆失传。刘兑的《娇红记》杂剧于唐传奇文之外，添出申纯、娇娘为金童玉女，因思凡降谪，复归仙界，并改二人殉情而死的悲剧为团圆喜剧，陷入俗套。沈受先《娇红记》传奇，对于"娇之妒红，红之污娇，生之感鬼，娇之远别，种种情态，未经描写，亦堪恨恨"（吕天成《曲品》）。而孟称舜的传奇《娇红记》，却被王业浩称为"情史中第一佳案"（《娇红记》序）。孟称舜《娇红记》"佳"在何处？我们的理解当然和古人不尽相同。从文学史的角度来看，我们认为它的价值主要是在于它在思想和艺术上的发展创新和承前启后。

　　首先，《娇红记》反映了人性的普遍觉醒。作为人之本性的男女之情，在中国古代是受到压抑的。中国古代诗文要求"发乎情，止乎礼义"（《毛诗序》），因此除了《诗经》风诗和乐府民歌等民间诗歌中对男女之情有所描写外，正统文人是不敢或不屑于描写的。齐梁宫体诗、唐五代花间词描写了一些女人的服饰姿态也被认为庸俗低级；李清照词写了一些夫妻离别相思之情，也被斥为"无顾藉"。无怪朱自清说："中国缺少情诗，有的只是'忆内'、'寄内'，或曲喻隐指之作，坦率的告白恋爱者绝少，为爱情而歌咏爱情的更是没有。"（《中国新文学大系·诗集导言》）以市民为主要对象的戏曲小说兴起以后，不能不反映市民的思想情趣，描写男女之情的作品多了起来，有的甚至敢于公开描写青年男女的急情贪色、密约偷期。不过这种对于男女之情的肯定还处于一种不自觉的状态。到了明代中期以后，随着资本主义萌芽的出现和反理学的民主思想的高涨，人们便从理论上明确地肯定了作为人之本性的男女之情的合理性。何心隐说："性而味，性而色，性而声，性而安佚。性也，乘乎其欲者也。"（《何心隐集》卷二）李贽则认为"如好货，如好色"等人的欲望，都是合乎礼义的，"自然发于情性，则自然止乎礼义，非情性之外复有礼义可止也"（《焚书》）。冯梦

龙则说："情者,怒生不可閟遏之物。"(《情史类略》卷三)明代中期
以后,对于人性的鼓吹受到人们的普遍欢迎。屠隆《鸿苞节录》卷
二说:"闻以道德方正之事,则以为无味而置之不道;闻以淫纵破
义之事,则投袂而起,喜谈传诵而不已。"汤显祖的《牡丹亭》通过
杜丽娘的艺术形象,描写了她的青春的觉醒,生动地表明了作为
人性的自然要求的情欲是无法封锁、抵御的,充分地展示了情欲
的美妙,公开地、理直气壮地肯定了其正当性和合理性。这是过
去所未曾有过的。作为临川派的一员,孟称舜更是不遗余力地肯
定男女之情。他说:"自昔忠臣孝子,世不恒有,而义夫节妇时有
之。即义夫犹不多见,而所称节妇则十室之邑必有之。何者? 性
情所种,莫深于男女,而女子之情,则更无藉诗书理义之文以讽喻
之。"(《娇红记题词》)他甚至认为这种男女之情可与报国之情等
而视之:"余昔谱鸳鸯冢事,申生、娇娘两人慕色之诚,与二胥报仇
复国之诚等。"(《二胥记题词》)基于这样的认识,他的《娇红记》对
人性的觉醒写得更为明确而深刻。

　　《娇红记》描写了娇娘和申纯对青春和爱情的清醒认识以及
对其价值的无限珍视。王娇娘说:"奴家每想,古来才子佳人共谐
姻眷,人生大幸,无过于斯。若乃红颜失配,抱恨难言。所以聪俊
女子,宁为卓文君之自求良偶,无学李易安之终托匪材。至或两
情既惬,虽若吴紫玉、赵素馨,身葬荒丘,情种来世,亦所不恨。吾
今年已及笄,未获良缘,光阴荏苒,如同过隙。每每对花浩叹,不
能自已。"她为历史上的"红颜失配"、"终托匪材"而遗憾,对自求
良偶的幸福姻缘深表赞同;她为现在的"年已及笄,未获良缘"而
叹息,深感青春虚掷的痛苦;她深知在封建社会中妇女的命运,万
一失配将会酿成巨大的悲剧,因此把"共谐姻眷"视为至高无上的
大幸,甚至为此而虽死无憾。在青春、爱情和婚姻问题上,她既清

楚历史上正反两面的经验和教训，又明白自己当前的处境；既懂得青春与爱情的价值和追求幸福的权利，又显示了以死追求的决心。这样清醒的认识表现了她的人性觉醒已经具有理性的、自觉的意识，这与那种出于本能的、自发的一见钟情的爱情要求和朦胧的个性自由的意识是不同的。为了捍卫爱情的价值和人性的尊严，她以实际行动殉情而死，这种爱情和个性至上的描写，正如恩格斯所说："仅仅为了能彼此结合，双方甘愿冒很大的危险，甚至拿生命孤注一掷。"（《家庭、私有制和国家的起源》）而这正是现代（资本主义时代）性爱的特点。殉情而死的描写固然早已有之，但这种建立在自觉的清醒认识基础之上，为了捍卫"同心子"的爱情这一明确目标，双双约定而死，却表现了人性觉醒的更自觉的色彩。申纯作为一介书生，也从功名富贵的枷锁中解放出来，即使中试得官以后，婚事难谐，他也说："我如今富贵二字早置之度外，泼功名，视作春昼雪。"娇娘死后，尽管父母兄长以荣华富贵、似玉佳人的锦绣前程苦言相劝，但还是改变不了他与娇娘同生共死的决心。长期以来，统治阶级以忠孝功名这些所谓天理压抑人欲，而申纯却再也不受天理的迷惑，宁愿以死追求个人的幸福，这正是人性觉醒的表现。

《娇红记》中，丫环飞红也表现了对人性的追求。她虽身为婢女，但"二八花容侍女身，随他无事度芳春。也知一种伤情思，秋波暗里去撩人。"她一见申生，也产生了爱慕之情。她说："俺看申家哥哥，果然性格聪明，仪容俊雅，休道小姐爱他，便我见了，也自留情。"她与申生扑蝶戏耍，花前相会，"俊书生，我为你逗春情，几次花前陪笑迎"。她感慨自己的"痴心"，申生的"情薄"；甚至对娇娘产生妒意，暗中作梗。她为青春虚度而痛苦，"看年年花柳冷烟迷，恁韶光把人轻掷"，"长伴着春风翠帏，肠断也燕双栖"。当娇娘出于醋意而责备她时,她更理直气壮地说:"难道女人家不是人那?"婢女卷入了主人们的爱情纠葛,并且坦率地表示自己也有做人的权利,从而表现了婢女人性的觉醒。在中国古代,婢女与小姐争夺一个男子是不堪设想的。但《娇红记》却打破了常规,这正表现了作品对婢女人性的肯定。

《娇红记》还描写了女鬼对申生的爱情。她虽然死而为鬼,但"地老天荒际,一点情难化"。因而她化为娇娘,与申生幽会。"虽然是依花附草形儿假,人和鬼两女娃,真情一点不争差。""则俺不灭幽魂,一样情非诳。"从而表明,情可以超越时间,千古不灭,可以超越人世,达及鬼魂。

作品在最后的合唱中更进一步写道:"虫和蚁,一般儿谐婚媾。鸾交凤偶,三生凤世魂不朽,石上言非谬。人圆鬼辏,一样效绸缪。办取真情种,终须有。"情不仅可以三生不灭,达及鬼魂,甚至连虫蚁也一样有情,而这一切都是天经地义的,同样都应该得到满足。显然,作品把作为男女之情的人性的自由,不仅由男女主人公扩大到婢女,而且进一步扩大到包括鬼魂、虫蚁在内的不受时空限制的整个宇宙,表现了广泛而普遍的人性的觉醒和彻底的个性解放的思想。

《娇红记》对于人性觉醒的描写,与《牡丹亭》是一脉相承的。第四出中王娇娘"奴家每想,古来才子佳人共谐姻眷……每每对花浩叹,不能自已"一段话语,与《牡丹亭》第十出中杜丽娘"常观诗词乐府,古之女子……可惜妾身颜色如花,岂料命如一叶乎"一段独白,几乎如出一辙。娇娘、申生殉情而死和杜丽娘因情而亡,女鬼和申生幽会与杜丽娘的鬼魂和柳梦梅的幽媾,也十分相似。但杜丽娘的因情而亡,仅仅是由于梦境而引起的对爱情的渴望,并非源于同现实生活中某一具体男子相识相爱的爱情,缺乏明确的追求目标；她的爱情仅仅是男女欢会中出于本能的生理快感，并无男女双方互相接触而形成的思想感情的基础；她对于爱情的追求还没有完全摆脱功名富贵、父母之命的影响。而娇娘和申纯却是在现实生活中经过长期的接触而建立了深厚的感情，为了捍卫同心子的爱情、反抗帅府的强媾这一明确目标，双双约定，殉情而死；他们对于功名富贵不屑一顾，宁愿以死换取个人精神的自由。显然，《娇红记》对人性觉醒的描写更明确、更自觉、更深刻。《娇红记》对婢女飞红的人性要求的描写，对于虫蚁之情的肯定，也表现了它对人性觉醒的描写更加广泛、深刻。至于在言词上，《娇红记》对人性的呼喊也更加公开坦率，理直气壮。由此可见，《娇红记》对《牡丹亭》既有继承，又有所发展。

《娇红记》关于人性觉醒的描写，又为《红楼梦》所继承和发展。林黛玉为情而死，贾宝玉因爱情被毁而出家，与娇娘、申生的双双殉情有某些类似。当然，宝黛的爱情悲剧有着更深刻的社会原因，他们有着更明确的反封建的思想基础，他们对现实的认识更为尖锐、深刻，作品对封建社会的批判也更加全面、深入得多。《娇红记》一反常规，描写了婢女飞红对男主人公的爱情，《红楼梦》同样描写了丫头晴雯对宝玉的一片真情。只要看一下晴雯临终前的言行，就可以知道，晴雯虽然不敢妄想登上宝二奶奶的宝座，但心中并非没有对宝玉的男女之爱。当然作品对晴雯的描写显然比对飞红的描写要生动感人得多。《红楼梦》还描写了其他婢女对于爱情的追求，更广泛地表现了对人性的肯定。此外，贾宝玉与申纯不同，他除了对意中人林黛玉有着集中稳定的爱情之外，对其他女性，如宝钗、湘云、晴雯等，有时也会流露出一种男女之爱。也许人们不愿意承认这一点，因为人们看惯了文学作品中男女主人公绝对纯洁的爱情，似乎非此便有损于正面主人公的形象。殊不知《红楼梦》的成就之一正在于它打破了对人物绝对化的描写，而这恰恰真实地表现了人物性格和人性的复杂性与丰富性。

其次，《娇红记》提出了"同心子"的恋爱观。中国古代的文学作品几乎总是描写才子佳人的一见钟情。这比门当户对、父母之命的爱情观念虽然是一种进步，但它基本上还只不过是由外貌引发的异性间的自然吸引，并没有内在的共同基础。《娇红记》一开始虽然也写申纯、娇娘的一见钟情，但申纯早就听说过娇娘"聪慧异常"，娇娘也不仅感到申纯"神清玉朗"，而且对申纯"全不露半米儿疏狂"和"淹润温和性格良"产生了好感。况且，一见钟情并不等于一见定情。在封建社会里极少有接触机会的青年男女，一旦见面而油然产生一种对异性的爱慕之情，这是一种很自然的感情。但是在这突发的情热之后，娇娘就陷入了深沉清醒的思考。她想到了古代女子终托非才的遗憾，自求良偶的幸福，深感婚姻事关重大，"人生大幸，无过于斯"。她想到了自己目前的处境，"年已及笄，未获良缘"。她也深知在封建社会里妇女的命运，"薄命红颜，好花易折"。万一嫁给豪富村郎，"这段姻缘怎教宁贴？"即使是读书的才子，也不尽相同，"临邛客轻把文君舍，白头吟长叹嗟，聪明人自古多情劣"。因此必须找个"死共穴，生同舍"的"同心子"。出于这种慎重的态度和标准，她虽然初步感到申纯"相其才貌，良可托以终身"，但她并没有轻易地以身相许，而是对申生"似真似假，如迎如拒，去之则迩，即之复远"。因为她还有疑虑和担心，还要了解和试探。通过观看申生的题诗，她了解了申生的才华和感情："胸如锦，情似魔。"通过灯下分烬，她说："申生，申生，你的衷肠我已尽知。""我看申生，料不是寡情薄幸的人。"但到拥炉共坐之时，她还是故意试探申生"何事断肠"。当申生直言相告倾诉衷情之后,她才一吐心曲:"妾知兄心已久,但恐不能终始,其如后患何? 妾亦比月来诸事不复措意,寝梦不安,饮食俱废,君那知道呵!"二人定情以后,娇娘仍不肯苟合,并在不断消除误会的过程中进一步加深了解。她曾因申生遇雨未能赴约和申生熟睡未为她开门而误认为申生无情,经申生剪发书盟,而重归于好。她曾因自己的绣鞋由申生处落在飞红手中和飞红的春怨词为申生所得,而怀疑申生与飞红有私。也曾因申生听信化为娇娘形象的女鬼的言语,对娇娘不理不睬,而怀疑申生变心。但通过申生对明灵大王发下大誓和说明真情,而更加深了对申生的了解和相互的感情。从此,她对申生坚信不疑,二人的爱情达到了坚如铁石、同生共死的程度。由此可见,娇娘和申生的恋爱过程比那种一见钟情的恋爱过程要复杂深刻得多。这个过程之所以这样复杂,并不仅仅是为了追求情节的曲折动人,而更重要的是它是追求同心子的爱情所必需的,是追求同心子的恋爱观的具体体现。

那么,所谓"同心子"的具体内容是什么? 作品通过王娇娘提出,首先要有比较高雅的修养和性格情趣,要像申纯那样有才华,有感情,不疏狂,淹润温和;而那些"气势村沙,性情恶劣"的豪门子弟,即使"金珠堆满穴"也是不足取的。即便是读书才子,也须两情相惬真心到底,"死共穴,生同舍"。在封建社会里,妇女随时有被遗弃的危险,所以王娇娘对这一点特别重视,并在这一点上对申生进行反复的试探和考验。她之所以坚持殉情而死,就是因为她相信申生的忠诚。甚至当飞红说申生已另议亲贵族,并有佩、钗为证时,她说:"相从数年,申生心事,我岂不知?""我固知申生非负心者。"因此"我固不惜一死以谢申生也"。在忠于爱情方面同心,这是《娇红记》写得最突出、也最动人的地方。此外,申生和娇娘对功名富贵的态度也是基本一致的。申生自与娇娘相爱之后，便把仕途经济置之脑后，他说："我不怕功名两字无，只怕姻缘一世虚。"他和哥哥同去赴试时，哥哥踌躇满志，他却是"回首妆楼，暗里自伤神"，"一路风物萧条，不胜愁闷，更有何念及于功名也"。像贾宝玉一样，完全是"一团私欲愁闷气色"，对功名表现得十分冷淡。即使中试得官之后，知亲事难谐，他说道："我如今富贵二字早置之度外，泼功名，视作春昼雪。"最后终于自缢、绝食而死。娇娘虽在《愧别》一出说过"此去转眼是秋榜之期，只愿一举高登"，但那只不过是为了"重遣求婚，或俺爹爹见许，也未可知"。从全剧来看，娇娘从不关心申生的功名，甚至申生荣归，作品也没有一字提及她为此而欢喜。因此申生娇娘在漠视功名上也可以说是同心的。

追求同心子的爱情在《娇红记》之前的戏曲作品中并非没有出现过，"同心子"的内涵也与《娇红记》大体相同。在元杂剧中，要求配偶的聪明多才、温柔多情、真挚专一是相当普遍的现象。如《西厢记》中的崔莺莺追求的是"内性儿聪明，冠世才学"，《对玉梳》中的顾玉香向往的是"那劳承那敬爱那温存"，而《救风尘》中的宋引章终于嫁给了真心至诚的安秀实。至于男女双方对功名的漠视，崔莺莺说："但得一个并头莲，强煞如状元及第。""你休忧文齐福不齐，我则怕你停妻再娶妻。"张生赴试时的"蹙愁眉死临侵地"和含泪吁气，都和娇娘申生并无二致。《娇红记》显然吸取了这些前人的思想资料。但它却把追求同心子的过程写得更加复杂细致，从而表现了它对于同心子的追求更加慎重自觉。它把"同心子"三字公开地提了出来，也比过去更加理智、明确。作品中的申纯得官之后仍然抛弃功名富贵，殉情而死，比之于《西厢记》等作品中的得官团圆，夫贵妻荣，也更彻底地否定了功名富贵。

　　但是,《娇红记》中的同心主要还是爱情上的同心,它的社会政治内涵(如否定功名富贵)还是十分薄弱、模糊和不自觉的。只有到了《桃花扇》和《红楼梦》中,同心子的恋爱观才有了深刻、明确的社会政治内容。在《桃花扇》中,李香君和侯方域的爱情是建立在反对阉党、挽救国家危亡的共同思想基础之上的。在《红楼梦》中,宝黛不是在爱情与功名产生矛盾时暂时地置爱情于功名之上,而一旦爱情顺利,仍然要走功名富贵的道路,而是以反对科举功名作为他们一以贯之的根本思想;他们不但反对科举功名,而且鄙视那整个黑暗丑恶的社会。因此《桃花扇》和《红楼梦》中的爱情不仅是男女之情意义上的情投意合,而且是社会政治意义上的志同道合。无疑,这是恋爱观的一个带有根本性的变化。

　　此外,《娇红记》在戏剧冲突上也可以说是集前代爱情剧之大成。作品先由申生、娇娘的题诗、分烬、拥炉写他们的了解、试探以及佯怒娇嗔之类的小儿女纠纷,再写因天降暴雨和申生熟睡造成两次约会不成而导致娇娘的误会,次叙申父两次催归造成的离别和王父拒婚造成的痛苦,接写因飞红作梗造成的申娇误会以及由妖迷而造成申娇又一次误会,最后写帅府强媾导致申娇的生离死别。其中有因主人公内心情与理的矛盾而造成的小儿女的虚假纠纷,有偶然的因素导致的误会,有双方父母造成的障碍,有第三者插足造成的误解,有豪强势力对爱情的破坏。这些戏剧冲突是如此广泛复杂,几乎包括了过去全部爱情剧的种种冲突。

　　在这一方面,不少地方可以明显看出《娇红记》对前人作品的继承。如男女主人公的了解试探和因内心矛盾导致的佯怒娇嗔,《西厢记》和《玉簪记》都曾经写过,甚至连《娇红记》中王娇娘谎说"我向爹娘行去诉告",与《玉簪记》中陈妙常假言"我就对你姑娘说"这样的细节也十分相似。《娇红记》中因熟睡错过了约会这种偶然性事件所造成的误会,在元杂剧《留鞋记》中也有过类似的描写,而且从《娇红记》中"我做了赴元宵留鞋的月英"这句唱词来看,显然孟称舜在构思这一冲突时想到过《留鞋记》。《娇红记》写女鬼化为娇娘与申生幽会,并由此造成误会,在明传奇《鱼篮记》中也写过鲤鱼精化为金牡丹与书生张真相会,并由此而造成一桩公案。至于双方父母的障碍,豪强势力的破坏,在《娇红记》之前更是被无数作品反复描写过。但是,过去的爱情剧仅仅是在一部作品中描写一两种类型的冲突,而《娇红记》却把各种类型的冲突集中在一部作品中,使作品的戏剧冲突更加复杂丰富,多姿多彩,作品的戏剧情节更加曲折跌宕,生动引人;同时也使申生娇娘的爱情经受了更严峻的考验,更充分地表现了慎重、坚定地追求同心子的爱情思想。

《娇红记》在男女爱情方面的丰富多彩的矛盾冲突,给了《红楼梦》以显著的影响。试看《红楼梦》第二十三回写宝玉以《西厢记》中的词句挑逗黛玉,黛玉"桃腮带怒,薄面含嗔,指着宝玉道:'你这该死的,胡说了! 好好儿的,把这些淫词艳曲弄了来,说这些混帐话,欺负我。我告诉舅舅、舅母去!'"而宝玉则连忙拦住求饶。这与《娇红记》第九出申生挑逗娇娘,娇娘佯怒娇嗔,要去告诉爹娘(亦即申生的舅父、舅母),申生跪倒求饶,是何等相似!《红楼梦》第二十六、二十七、二十八回,写林黛玉到怡红院敲门,丫头不知是她而没有开门,黛玉因而产生误会,不理宝玉,宝玉感叹:"既有今日,何必当初?"并剖白心曲,发誓赌咒,这与《娇红记》第十四出写申生因熟睡没有给娇娘开门,造成误会,以及第二十九、三十一出写因飞红作梗造成申生和娇娘的误会,娇娘一再不理申生,感叹"今昔异志",直至申生对神灵盟誓,也有某些类似之处。《红楼梦》中由于宝钗、湘云的出现而造成黛玉的醋意、误会以及与宝玉的摩擦,与《娇红记》中由于飞红的插入而造成娇娘申生的误会和矛盾,也属于同一类型的冲突。至于男女主人公和封建家长的矛盾,当然更是两部作品所共有的。但是,在矛盾冲突方面,《红楼梦》并不仅仅是简单地承袭了《娇红记》,它对种种矛盾冲突的描写要比《娇红记》复杂、广泛、深刻得多,对矛盾冲突具体过程的描写也更加细致、生动、感人,这个明显的事实无须赘言了。

最后,我们不能不提一下《娇红记》凤尾式的悲剧结局。中国古代没有"悲剧"的概念,这一概念是王国维在《宋元戏曲考》中从西方引进的。但这并不等于中国古代没有悲剧作品。从南戏《王魁》、《赵贞女》,到元杂剧《窦娥冤》、《赵氏孤儿》、《梧桐雨》、《汉宫秋》四大悲剧,到明清传奇《精忠旗》、《娇红记》、《长生殿》、《桃花扇》,难道能不承认它们是悲剧吗?但是由于中国的具体历史条件、独特的文化传统、观众心理,中国古代的悲剧有着与西方悲剧不同的特点。其中一个重要的方面就是它的结局常常不是正面人物的彻底毁灭。它们或者让正面人物斗争复仇,或者由清官、皇帝为民申冤,或者通过幻想、象征的方式(如仙圆、化蝶等)来造成精神上的胜利。《娇红记》就属于第三种类型。它描写了申生、娇娘殉情而死的爱情悲剧,但又让他们死后合葬,化为一对鸳鸯飞舞,并在仙界升授官职,"谐仙偶,结凤俦"。申生和娇娘在现实生活中因无法得到自由的爱情而死,反映了自由爱情与黑暗现实的不可调和的矛盾,表现了作者正视现实的严肃态度。它打破了那种中状元、大团圆的格套,推动了爱情剧的发展。同时,作品又通过化鸳鸯、谐仙偶,表现了他们精神上的胜利。这并不是阿Q式的精神胜利和自我麻醉,而是对美好理想的追求,是正义和美好的事物必将胜利的坚定信念和乐观主义精神的表现;同时它也符合有头有尾、结构完整的要求,符合中国人民要求得到和谐、平静的审美习惯和欣赏心理。

《娇红记》凤尾式的悲剧结局并非没有先例。明初传奇《同窗记》就曾描写过梁山伯与祝英台的爱情悲剧,并写他们死后化为一对蝴蝶,双双飞舞。我们可以认为,《娇红记》曾经受到过《同窗记》的启发。但它把申纯和娇娘的悲剧写得更加缠绵宛转,血泪斑斑,凄切动人。这种悲剧结局在以后的爱情作品中又进一步得到了继承和发展。如《长生殿》中的李杨悲剧及月宫重圆,《红楼梦》中的宝黛悲剧及这两个原来的神瑛侍者和绛珠仙子复归仙界,我们完全可以认为它们从《娇红记》中吸取了营养。但它们与《娇红记》又不尽相同,因为作为优秀的文学作品,它们不可能只是对前人的承袭而没有自己的创造和发展。

综上所述,我们认为,《娇红记》在思想和艺术上取得了新的成就。它在爱情作品中继往开来,特别是在《牡丹亭》和《红楼梦》之间起了过渡性的桥梁作用。因此它在文学史上的地位应该得到充分的肯定,我们对它应该给予应有的重视。

(原载《山东师范大学学报》社会科学版,1989年第3期)

李渔剧作思想成就刍议

李渔是清初著名的曲家。芥子园主人《弁言》说："海内文人，无不奉为宗匠；鸡林词客，孰不视为指南。"包璿《李先生〈一家言全集〉叙》甚至说："今天下妇人孺子，无不知有湖上笠翁矣。"李渔既然如此为当时文人乃至妇孺所推崇，当然不会只是由于他在戏曲理论方面的建树，而主要是由于他在戏曲创作方面的成就。但是近几十年来，人们只是专力于对他的戏曲理论的研究，而他的戏曲创作则几乎无人问津。偶尔论及，也只是以庸俗肤浅而嗤之以鼻；"创作是蹩脚的"似乎已成定论。究其原因，主要是过去我们习惯于只是简单地在古代作品中寻找阶级斗争或人民性之类的东西，习惯于用今天的思想来要求古代作品，未能把它们放在当时的历史条件下加以考察。而李渔的剧作则基本上是风情剧，自然便免不了庸俗肤浅之讥。但是，如果我们全面地、历史地分析他的剧作就不难发现，无论在思想上和艺术上都取得了超越前人的独特成就。对此，日本、德国、美国等外国学者把他放在世界戏剧发展史上进行研究，并提出了一些新的观点。关于李渔剧作的艺术成就，比较容易为人们所接受，将另文论述。本文只是对李渔剧作的思想成就谈几点看法。

李渔所处的时代是资本主义萌芽已经出现的时代，李渔的剧作反映了这个新时代的新思想、新观点，打上了新时代的烙印。

　　首先，李渔的剧作对传统的婚姻观念批判更彻底，斗争更坚决。在元明戏曲的爱情作品中，已经出现了对门第观念和父母之命、媒妁之言的婚姻形式的批判，但这种批判往往是不彻底的。它们往往以中状元的方式改变男方门第，使男女双方门当户对，然后结为婚姻；又常常以男女双方曾经指腹为婚的交代证明他们并未违背父母之命，使他们争取爱情的斗争合法化。即使元代最优秀的爱情剧《西厢记》也没有无条件地肯定张生和莺莺的爱情，而是安排了孙飞虎兵围普救寺、老夫人许婚于解围的张生，使张生与莺莺的相爱偷期有了"正当的"理由；而且他们在老夫人的赖婚、逼试面前无能为力，只能暗暗痛苦怨恨、妥协让步，他们的正式成婚是在张生得中之后才得以实现。明代最优秀的爱情剧《牡丹亭》虽然肯定了自发的爱情的合理性，但杜丽娘还是要求柳梦梅去获取功名富贵，去争取父母的承认。这说明过去的爱情作品还没有理直气壮地从理论上和行动上彻底否定门第观念和父母之命、媒妁之言的束缚。李渔的剧作在这个基础上前进了一步。如《凰求凤》中的乔国用曾经官拜奉议大夫，其女才貌双全，"有许多名门之子，央媒妁来议亲。老夫才有个迁就之心，却早被他看破，做出许多愁容怨态，使老夫许不出口。我想婚姻是桩大事，一念之差，便有终身之悔，这也怪他不得"。门当户对，又有媒妁之言，父亲同意，但女儿不同意，父亲也就认为"怪他不得"、"许不出口"，而且还说出了婚姻由父母做主可能造成"终身之悔"的大弊，最后认为"倒不如把婚姻之事索性丢开，任凭他自家做主，省得后来埋怨"。而乔小姐主张："良媒从来忌说声势也，只要是才郎，也不须荣贵。告君知，遴才选貌，不问他门户高低。"她不论门第，不听媒婆的花言巧语，而是自己选中了才郎，让媒婆去说媒。这显然是从理论上和行动上对传统的婚姻观给予了彻底的否定。《巧团圆》中的姚克承与曹小姐,《蜃中楼》中的龙女与柳毅,都是私订终身,自主许婚。龙女还公开向父母说:"已将身子许他过了。"因而坚决抗婚,拒绝拜堂,并且理直气壮地对泾河龙王说:"罗敷自有儿郎,宋弘定下糟糠。漫道生前不忘,便死后东西分葬,也做个鬼团圆地府成双。"垒庵居士评曰:"大义凛然,使观者听者无不敛容作色。"可见作品充分肯定了他们私订终身的正义性。《比目鱼》中的谭楚玉和刘藐姑一生一旦在舞台扮作夫妻,就自认为已经订婚。刘藐姑对其母自称"孩儿是有了丈夫的人","这个丈夫是一定要嫁的!"二人为了反对父母作主的婚姻,双双投江殉情。但神灵却使他们紧紧相抱,并变为浑然一体的比目鱼。这样一对未经父母许婚的青年男女,搭救他们的慕容介不但承认他们是夫妻,并称之为"义夫节妇","可敬! 可敬!"作品充分肯定了他们的自由爱情和斗争精神,并把美丽的神话和封建社会的最高荣誉"义夫节妇"赋予他们,给予了热烈的歌颂。在《玉搔头》中,正德皇帝是至高无上的皇帝,刘倩倩是社会最下层的妓女,门第的悬殊已达到极点。但作者一反历史真实,按照自己的爱情理想来描写正德皇帝,极力强调他的情真情深和不重门第。他认为:"从来富贵之人,只晓得好色宣淫,何曾知道男女相交,全在一个'情'字。民间女子随了富贵之人,未必出于情愿,终日承恩献笑,不过是慑于威严,迫于势利,那有一点真情! 这点真情,倒要输与民间夫妇。那民间女子遇着个贫贱书生,或是怜才,或是鉴貌,与他一笑留情,即以终身相许,势利不能夺,生死不能移,这才叫做真情实意。若使他知道是个皇帝,纵使极力奉承,也总是一团势利,有些甚么趣味来!"正德皇帝的观念是反传统的。他不顾一切劝谏和阻挠,一定要微行私访,自选佳偶。当他得到了刘倩倩的爱情之后,冒着纷纷大雪,再次私访。他说:"他既有这般情意,寡人就为他冻死，也自甘心！""万一有了差池，我也拚一死将他殉，做了九泉下两痴魂。""宁使我受颠连，把奇穷遭遍，暂脱衮衣旒冕，也不教他再受熬煎。"表现了极度的深情。显然，作者认为，在深挚的爱情面前，皇帝也不是神，他和俗人没有什么两样；在深挚的爱情面前，没有什么皇帝的至尊，也没有什么妓女的下贱，爱情可以超越一切界限和障碍。在封建社会里，皇帝与妓女的恋爱是不符合门第观念的，更何况皇帝为妓女不顾一切，甚至宁可为之而死呢？由此可见，作品通过对正德皇帝追求爱情的歌颂，否定了爱情婚姻中的门第观念，而且这种否定是十分大胆、彻底的。

其次，李渔的剧作表现了个人的正当欲望高于一切的新的道德评价。在中国长期的封建社会里，君臣、父子、夫妻、兄弟、朋友等伦理秩序一直是人们做人的标准，人们只能按照这种封建秩序在社会上尽自己的义务，而不能有自己的独立的人格，个人意识受到指责。明代后期，随着资本主义萌芽的出现，个人意识逐步增长，从个人出发考虑问题开始突破传统的道德观念。为了满足个人的正当欲望，有时不免要损人利己，按照传统的观念来看，这是不道德的。但李渔却从肯定个性意识出发加以描写，打破了根深蒂固的歌颂传统的理想人物的文学传统。如《凰求凤》中的许仙俦，才貌双全，深爱吕生，但身为地位低下的妓女，不能做吕生的正妻，因此她便自己出钱主动为吕生谋妻。不料由于乔小姐的离间，反遭到吕生的怨恨。为了捍卫自己的爱情，在吕生要与乔小姐成婚时，她巧妙地布置了一个拐婚计：令人假装乔家的轿子把吕生接到了自己选中的曹小姐处成了亲，封锁吕生于院中；并伪造了吕生的书信骂乔小姐轻佻嫉妒，又冒乔小姐之名到处撒帖寻夫，败坏乔小姐的名声。作品不但肯定了许仙俦的善良方面，而且对她为了个人利益而损害别人的行为也给予了肯定，强调个人欲望高于一切,表现了一种新的道德评价。《玉搔头》中的正德皇帝,为了妓女刘倩倩可以丢掉皇帝的身份,可以突破皇帝与妓女的界限,可以为之而死,甚至可以放弃朝政,盼望发生战争。但作品也以肯定的态度加以描写,表现了爱情高于一切的道德观念。我们知道,《长生殿》对于唐明皇为了杨贵妃而"弛了朝纲,占了情场"是否定的,而《玉搔头》对类似情况却予以肯定,可见它表现了一种新的道德观念。它反映了在资本主义萌芽出现以后对个人欲望的肯定,是对传统伦理道德的破坏。

再次,李渔的剧作中还表现了对于情欲的肯定。过去的爱情作品主要是批判门第观念和家长专制,批判忘恩负义,歌颂爱情的真挚专一,它们所表现的主要是一个爱情观的问题。随着封建理学的产生和发展,提出了"存天理,去人欲"的主张,压抑人的欲望,这就进一步提出了一个更带有根本性的问题,即如何对待情欲的问题。明代中叶以后,反理学的思想出现,李贽认为"好货好色"是人的合理欲望,"道"不在于禁欲,而在于满足人们的合理需要。在这种思想的影响下,文学作品中对爱情的描写也开始强调情欲。《牡丹亭》中的杜丽娘虽被闭锁深闺,从未与青年男子接触,但还是自发地产生了怀春慕色之情,在梦中与一陌生男子幽媾欢会,极尽缱绻。在这里,作品主要地不是表现杜丽娘对某个具体情人的追求,而是对人之本性的情欲的追求。她为此情在现实中不能实现,痛苦而死。最后,因其情至,又还魂复生。显然,作品说明了男女之情乃是人的本性,是无法扼杀、不可战胜的。作品以情反理,表现了情战胜理的巨大力量。明代拟话本和《金瓶梅》中出现了不少男女关系的描写,也都与这种反理学思想的影响不无关系。在李渔的剧作中,对情欲也给予了充分的肯定。《凰求凤》中的吕哉生说:"小生负却这种才华,又生就这副躯貌,风流二字,是分明受之于天,这个道学先生如何做得到底!只除非娶个绝代佳人做了妻室,使风流愿饱,色欲途穷,才能勾守义终身,不走邪路。"由此可见,作品认为情欲与道义是有矛盾的,情欲具有突破道义的力量,只有满足了情欲,才能遵守道义。《慎鸾交》则通过人物的具体行动描写了情欲是如何战胜了道义。剧中的华秀深爱"可称国色"的妓女王又嫱,"若说见了这样妇人心上不喜,就是违心之论了"。但为了遵守不娶妓女的祖训,"只怕一经相识,就有许多烦恼出来",难以自拔,因此竭力抵御情欲。他在宴会上见了王又嫱就逃席而去;王又嫱又以社友名义相访,他就以"贱体有些小恙"为由,安排王又嫱宿于静室,数日无犯。后来伴宿的妓女邓蕙娟嫁与侯隽,华秀身边无伴,乃与王又嫱同宿,但又以"只可暂交,不能久聚"为约。哪知一旦同居,"竟成莫逆之交,着意矜持,反入多情之障"。后虽竭力挣脱,但终于约为婚姻,突破了不娶妓女的祖训。因而此剧可谓情欲战胜道义之作。但李渔还没有达到完全否定道义的地步,他认为最好还是情欲与道义的统一。因此他通过剧中的华秀说:"我看世上有才有德之人,判然分作两种;崇尚风流者力排道学,宗依道学者酷诋风流。据我看来,名教之中不无乐地,闲情之内也尽有天机。毕竟要使道学、风流合而为一,方才算得个学士文人。"李渔对情欲的肯定,反映了明代中叶以后要求个性解放的民主思潮,在当时有一定的进步意义。这与欧洲文艺复兴时期反对教会禁欲主义的文学作品有某些类似。我们对欧洲文艺复兴时期的文艺作品给予了适当的、历史的肯定,而对于中国的类似作品为什么就不能给予应有的地位呢?

最后,李渔的剧作热情地歌颂了女性的才能,表现了进步的民主思想。

　　李渔的剧作虽以才子佳人为主要人物，但其中的佳人却并不是一般的美貌多情的女子，而往往是文才出众的才女。早在元杂剧中，有些女子就是能诗善文的。但她们主要地还不是作为才女的形象出现的。明代徐渭的《四声猿》，其《女状元》中的黄春桃，女扮男装，考取状元，周丞相试其书法、诗、文、绘画、弹琴，无不妙绝。作品刻画了一个才女的生动形象，并且说："裙钗伴，立地撑天，说什么男儿汉！""世间好事属何人，不在男儿在女子。"这显然是对重男轻女的封建社会的挑战，表现了一定的民主思想。然而徐渭最终还是让她恢复女身，回到了闺房。清代洪昇的《四婵娟》分别写谢道韫、卫茂漪、李清照、管仲姬四个才女的咏雪联吟、传授书法、斗茗论古、泛舟画竹，颇有男女平等的意味，但这要晚于李渔。在李渔的《怜香伴》中，两个才女崔笺云和曹语花吟诗唱和，她们的诗篇使崔笺云的丈夫范介夫也不得不佩服。尤为奇特的是，曹语花情愿嫁给崔笺云的丈夫范介夫，倒并非出于对范介夫才能的钦慕，而是为崔笺云的诗才所倾倒，甚至相思成疾。崔笺云宁愿与曹语花共一丈夫，也是因为佩服曹语花的诗才。相比之下，范介夫的才能只是平平，地位并不那么重要。至于那些劣等文人，更不在话下。周公梦在参加考试时将作弊的文章藏于粪门之内，被搜了出来，与二位才女构成了鲜明的对比，真令男儿汗颜。在《意中缘》中，穷秀才之女杨云友模仿名士董思白的字画，妓女林天素模仿名士陈继儒的字画，均惟妙惟肖，足以乱真。杨云友在京师卖画，轰动全城，真是："男子多才未足奇，盛名今喜在蛾眉。仁看一笔千人扫，愁杀长安轻薄儿。"林天素自信超过男子，所以女扮男装起来毫无女子气质。她说："须要自家认定我是个须眉如戟的丈夫，把那些男子反当做妇人看待，自然气雄胆壮，不露纤弱之容。"作品强调女子的才华可以超过男子，不必自卑，这种描写表现了一定的民主思想。

李渔剧作中的女子不仅文才过人，而且能够随机应变地处理各种实际问题。《怜香伴》中的崔笺云在丈夫束手无策的情况下，化名考取曹语花的诗伴，巧妙地使曹父将曹语花嫁给范介夫。《意中缘》中的杨云友联合黄天监和丫鬟妙香，巧计处死了骗婚的是空和尚；并与黄天监伪装夫妇，至京师卖画，自力谋生；又为黄天监捐官，抵御了邪恶势力的欺压。林天素在为强盗所掳的险境中，沉着机智，假做强盗书记，暗传密信，请来救兵平寇，不愧为有应变之才的女中豪杰。《凰求凤》中的许仙俦和乔梦兰机智聪明，各设巧计，敢作敢为，大胆泼辣，连那才貌双全的丈夫吕哉生也被玩弄于股掌之上。在上述作品中，女子都是占据主要地位的最活跃的角色，她们出谋划策，身体力行，有胆量，有魄力；而那些男性才子则相形之下黯然失色。在这里，我们所看到的不是男子主宰一切，而是女子超越男子的出色才干。这样的描写是过去很少见到的。

李渔的剧作都是风情喜剧，如果我们一定要从中找出多少重大的社会内容，那是不切合实际的。这些作品所描写的不过是世俗的日常生活，其中有不少地方反映了市民的思想感情和趣味，无怪乎今天有不少人谓之为"庸俗"了。殊不知正是这些今天看来所谓"庸俗"的东西，在当时却是新生的、反传统的东西。李泽厚同志说得好："对人情世俗的津津玩味，对荣华富贵的钦羡渴望，对性的解放的企望欲求，对'公案'、神怪的广泛兴趣……尽管这里充满了小市民种种庸俗、低级、浅薄无聊，尽管这远不及上层士大夫艺术趣味那么高级、纯粹和优雅，但它们倒是有生命活力的新生意识，是对长期封建王国和儒学正统的侵袭破坏。它们有如《十日谈》之类的作品出现于欧洲文艺复兴时代一样。"（《美的历程》)因此,用历史的观点来看,李渔的戏剧作品反映了某些新的思想,应该给予充分的注意和肯定,至少不能认为是蹩脚的。如果说过去由于种种原因,我们没有对李渔的剧作加以细致的分析研究并给予恰当的评价的话,那么现在是应该认真进行这一项工作的时候了。

（原载《山东师范大学学报》社会科学版,1986 年第 2 期）

李渔剧作的艺术成就初探

　　李渔和尤侗、吴伟业并称清初三大曲家，名噪一时。芥子园主人《弁言》说他"声霏北玉，名重南金。海内文人，无不奉为宗匠；鸡林词客，孰不视为指南"。包璿《李先生〈一家言全集〉叙》甚至说："今天下妇人孺子，无不知有湖上笠翁矣。"李渔之所以在当时的文人乃至妇孺中享有如此高的声誉，恐怕主要地还不是由于他的戏曲理论，而是由于他的戏曲创作。但是近几十年来，人们只是专力于对他的戏曲理论的研究，并给予高度的评价；而对他的戏剧创作则几乎无人问津。偶尔论及也只是以庸俗肤浅而嗤之以鼻，似乎已成定论。究其原因，主要是过去我们习惯于只是简单地在古代作品中寻找阶级斗争或人民性之类的东西，并以此作为臧否作品的唯一标准，而李渔的剧作则基本上是风情喜剧，自然便免不了庸俗肤浅之讥。但是，如果我们不是从单一的角度，而是从多角度来考察作品的独特之点，如果我们不是孤立地，而是联系戏曲发展的历史来分析作品取得了哪些超越同类作品的新成就，我们就不难发现，产生于资本主义萌芽已经出现、戏曲艺术已经高度繁荣和成熟时期的李渔剧作，无论在思想上和艺术上都取得了不少超越前人的独特成就。对此，日本、德国、美国等外国学者已经开始进行了一些研究，有的甚至把他放在世界戏剧发展史上进行研究，并提出了一些新的观点。本文仅拟就李渔剧作的艺术成就做一些初步的探索。

新奇的情节

　　李渔十分重视戏剧情节的新奇性。他说:"填词之家,务解'传奇'二字。"并且指出:"古人呼剧本为'传奇'者,因其事甚奇特,未经人见而传之,是以得名,可见非奇不传。新,即奇之别名也。若此等情节,业已见之戏场,则千人共见,万人共见,绝无奇矣,焉用传之!……欲为此剧,先问古今院本中曾有此等情节与否。如其未有,则急急传之,否则枉费辛勤,徒作效颦之妇。"因此,他力主脱窠臼,求新奇。但是,他之所谓新奇,并非荒唐,因此他又提出"戒荒唐"。他认为:"凡作传奇,只当求于耳目之前,不当索诸闻见之外。无论词曲,古今文字皆然。凡说人情、物理者,千古相传;凡涉荒唐、怪异者,当日即朽。"因为"世间奇事无多,常事为多;物理易尽,人情难尽。……性之所发,愈出愈奇,尽有前人未作之事,留之以待后人"。因此他认为奇中有常,要常中出奇。他在戏剧创作中充分体现了自己的主张。他的戏剧情节大都新异奇巧,前所未见,标新立异,令人耳目一新,但又出之于常事人情,并非远离生活的牛鬼蛇神之类。具体来说,大概有以下几种情况:

　　一是生活中之反常者。在现实生活中,一些长期以来形成的世俗观念和生活习惯往往被人们视为常规定理,人们按照这种常规行动,许多事情是司空见惯、习以为常的,而一旦出现一些违反常情的行动便被人们视为奇闻逸事。李渔的剧作常常选取这样的事件加以描写。如相爱钟情、相思成疾之事,在世上一般多发生于男女之间,而李渔的《怜香伴》却描写才貌双全的范介夫之妻崔笺云与曹有容之女曹语花一见钟情，相思成疾。为终生相依，崔笺云让曹语花嫁给自己的丈夫，曹语花也欣然依允。作品中说："非是矫情甘寂寞，要思越俗擅风流。"这样的事件确是越俗的。但作品所写的并非病态的同性恋，也并非宣传庸俗的一夫二妻婚姻，而是歌颂两位女子的"破格怜才"，毫无嫉妒之意，寓有在现实社会中无人怜才的感慨。《凰求凤》写三个女子争求一个男子，正如剧中吕生的管家所说："世上的婚姻，都是男人去求女子，古来叫做凤求凰。独有我家老爷，偏与别人相反，这三头亲事，都是女家倒去求男，翻来做了凰求凤。"长期的封建礼教的束缚，形成了妇女在社会上的被动地位与柔顺内向的性格，因此妇女对爱情的主动追求便一反常态而给人以新异之感。但在实际上，无论凤求凰还是凰求凤，都是人类感情的自然表现，不过李渔敢于打破世俗的观念，不加掩饰地写出妇女的真感情而已。故冷西梅客评曰："笠翁诸作无一笔不与人殊，却又不曾离却眼前，别寻怪异，可学而不可学，真异人也。"在现实生活中，婚姻一般是讲究才貌相当的。在文艺作品中，也大都是才子与佳人相配。但李渔的《奈何天》却是别出心裁，描写丑夫佳人的婚姻。剧中说："多少词人能改革，夺旦还生，演作风流剧……此番破尽传奇格，丑旦联姻真叵测。"但是，在金钱支配一切的社会里，丑夫佳人的结合并非没有可能，这种反常的现象正是不合理的社会的产物，因而仍有其现实性。《巧团圆》写姚克承买叟为父，购妪为母，被人传为笑谈。在只顾一己私利的世人看来，确是不可理解的奇事。但对于怜老惜贫的人们来说，却又是人情之必然。故莫愁钓客、睡乡祭酒评曰："妙从家常情事里翻出新奇，真驱山鞭石手。"樗道人在序中说："是剧于伦常日用间忽现变化离奇之相。无后者鬻身为父，失慈者购妪作母，凿空至此，可谓牛鬼蛇神之至矣。及至看到收

场,悉是至性使然,人情必有。初非奇幻,特饮食日用之波澜耳;
至观其结想摛词,段段出人意表,又语语仍在人意中。陈者出之
而新,腐者经之而艳,平者遇之而险,板者触之而活。不独此也,
事之真者能变之使伪,伪者又能反而使之即真;情之信者能耸之
使疑,疑者又能使之帖然而归于信。神乎,神乎,文章三昧遂至此
乎!"笠翁剧作中这种反常的情节正是他的反俗的思想的表现。
这并不只是一个艺术技巧的问题。倒是李渔同时代的人比较敏
感,觉察到了他的反传统的地方。而我们今天有些人却只看到其
中的一夫多妻、争风吃醋等一些表面现象,而看不到李渔对传统
观念的冲击。这大约是因为今古是两个全然不同的社会,以今人
的标准对照古人的缺点是显而易见的,但要找出古人和他的前人
或同时代人的同中之异,指出他在历史上的某些进步性,却并不
那么简单。而这恰恰是历史唯物主义对我们的要求。难道我们
不应该加以深思吗!

二是生活中之巧合者。巧合是两个或几个事物的带有特殊
意义的偶然性的遇合。在现实生活中,偶然性的巧合是经常发生
的。但是由于它们比较分散,因而也较少产生强烈的影响。而艺
术作品则把生活中的巧合加以集中和夸张,把多种偶然性集合到
一个狭小的时间、地点和人物的范围之内,因此就变得十分稀奇
罕见,给人以新奇之感。李渔的《风筝误》是一部以巧合著称的名
作。貌丑才劣的戚生放风筝断线,为美貌女子淑娟所得,并题诗
于其上。但恰因戚生午睡,家僮把找回的风筝托与貌美才高的韩
生。韩生为追求淑娟而另作一风筝,题诗其上而放之,却被丑陋
女子爱娟获得,并约韩生密会。韩生误以为爱娟即当日之淑娟,
喜而赴约,及见爱娟丑甚,惊而逃归。后来以淑娟配韩生,韩生却
又误以为淑娟丑极而力辞。直至花烛之夜,又经一番曲折,方才

真相大白。以假为真，又以真为假，一系列的巧合误会，使作品充满奇趣。故朴斋主人的总评说："是剧结构离奇，熔铸工炼，扫除一切窠臼，向从来作者搜寻不到处另辟一境，可谓奇之极、新之至矣。然其所谓奇者，皆理之极平，新者，皆事之常有。……讵知家常事中尽有绝好戏文未经做到耶！"《巧团圆》如其剧名所示，更是奇巧之至。尹小楼因幼子失踪，年老无子，欲卖身为父。恰有姚克承自幼无父母，遂买之为父。时逢兵乱，尹小楼的老妻与姚克承的情人曹小姐被掳。军中把妇女装入布袋出卖，姚克承欲购得曹女，不料却买来尹小楼的老妻，乃认之为母。经尹妻指点，克承购得曹女，遂成夫妇。后知尹小楼夫妇乃姚克承的亲生父母，一家喜庆团圆。买父购母之事极奇，而弄假成真，遇合极巧。家庭团圆之巧又配合以夫妻姻缘的巧合，更是巧上加巧。故樗道人序云："笠翁之著述愈出而愈奇，笠翁之心思愈变而愈巧。读至《巧团圆》一剧，而事之奇观止矣，文章之巧亦观止矣。"现实生活是丰富复杂的，必然性往往寄寓在偶然性之中。在艺术作品中，必然性是经常要通过偶然性来表现的。否则人物便只能按照重复刻板的公式行动，而不能真实地表现现实生活的丰富性和复杂性。艺术作品中对偶然巧合的集中和夸张是现实生活中矛盾饱和状态的反映，它更深刻地反映了生活的本质，因而能给人以特别强烈的感受。所以人们常说："无巧不成书。"可见巧合在艺术创作中占有极为重要的地位，这对戏剧尤为重要。李渔剧作的情节抓住了这一特点，因而具有新奇引人的力量。

三是生活常事而未经人道者。有人认为："家常日用之事，已被前人做尽，穷微极隐，纤芥无遗，非好奇也，求为平而不可得也。"李渔不同意这种看法。他认为人情常事是难以写尽的。因为同一人情，可以有各种不同的表现形式，"尽有前人未作之事，留之以待后人"。因此剧作家可以在平常的事中开拓新的领域,写出创新的情节。"即前人已见之事,尽有摹写未尽之情,描画不全之态",也可以"伐隐攻微",不落旧套。李渔有志于此。在李渔的剧作中,有些情节并非惊心动魄的大事或耸人听闻的奇事,它们只不过是现实生活中的常事常情;但它们未被人们所注意,也未被前人在作品中加以描写过,因此一经李渔写出,便给人以新鲜之感。如《比目鱼》写戏剧演员刘藐姑与谭楚玉相爱,但囿于封建礼教,二人无法接近,因此只好在戏台上我叫一声妻,她叫一声夫,借题说法,诉说衷肠。为了在台下寻求接触的机会,刘藐姑乘谭楚玉与人争斗之际,假装去拉架,一来帮谭楚玉出气,二来顺便捏住谭楚玉的手,以表情意。而谭楚玉也乘机传一纸团给藐姑;藐姑苦于无法回字,便以唱曲传意。后来当爱情受阻时,二人于演《荆钗记》之《抱石投江》一出之际,真的跳入了戏台下的江水中。这样的恋爱方式对当时的演员来说是十分自然合理的,它也不过是平凡的日常生活事件;但过去的爱情作品多以吟诗递简、遗佩赠钗之类描写男女相爱,至于演员台上台下的爱情却未经人道,笠翁一旦写出,便觉耳目一新。《巧团圆》写姚克承于外出之前,心里"却像有些甚么物件丢不下一般",不知不觉"来到竹篱之下,忽然停住,脚根走不开去,却是为何?"仔细一想,才意识到"这篱笆西首就是曹小姐的卧房,他时常隔着篱笆将一双娇娇滴滴的眼儿觑我,所以走到这边就觉得依依难舍"。于是导致题帕定情。这样细微的情节并无什么奇特,本不足以惊人,它对于一个初恋的青年来说亦系常情;但它以下意识的行动描写处于朦胧状态的爱情心理,却十分罕见,确系"摹人欲摹而摹不出之情,绘人争绘而绘不工之态"(樗道人序),而且写得如此真实自然,因此给人以清新之感。故莫愁钓客、睡乡祭酒评曰:"两人心事,总以迂回出之者,非但文心贵曲,亦由两人钟情皆出,自是知其然而然,非有意相挑者比。此等文字,若不神游其域,乌知其美?"李渔把平中出奇视为"最上一乘",并努力实践,这是很有见地的。这一正确的方向在今天仍有重要的现实意义。

四是超现实的幻想。在中国古代戏曲作品中,超现实的幻想情节是经常出现的。它们是现实生活中不可能有的现象,因而以其诡异而令人惊心骇目。李渔当然也不拒绝这样的情节。他的《奈何天》写面貌极为丑陋的阙里侯经过一番沐浴而变得俊雅聪慧,以奇想制胜。但它表现了好有好报、佳人不应薄命的愿望,故读者并不觉其不自然。他的《蜃中楼》把柳毅传书和张生煮海两个神话故事融合无痕,海市蜃楼、龙宫仙境、煮海奇术,固为光怪陆离,子虚乌有;但龙神的人伦关系、婚姻观念、思想感情均与人间无异,显然是现实生活的折光,因而仍不失亲切真实之感。

五是一步一态,屡变屡新。李渔的剧作不但力脱前人的窠臼,而且自己的作品之间也绝不互相蹈袭雷同。再进而言之,甚至在自己的同一作品之中,哪怕是描写前后类似的情节,也能同中有变,一步一态,屡变屡新。如《意中缘》中写了两次代娶事件:第一次是以失阳的黄天监冒充董思白为卑鄙的是空和尚代娶杨云友,第二次则是以才貌双全的妓女林天素女扮男装为多才的董思白代娶杨云友。其善恶性质、计谋方法、后果、情趣全然相异。故禾中女史评曰:"传奇关目有不厌雷同,反以重出为妙者,此类是也。""即使万人观场,看到此处,未有一人不叫绝者。笠翁作词,真是千古绝技。"《奈何天》写阙里侯三次娶妻,也各不相同。第一次娶邹氏,乃幼时订婚;唯恐新妇嫌其貌丑,乃灭灯度过新婚之夜;次日新妇惊其貌丑,乃于书房修行念佛,闭门不出。第二次娶何氏,系由别人代相得到何氏允婚;新婚之夜不掩丑容,强新妇酒醉而同居;次日,何氏以巧言欺骗,同去书房,亦入书房修行不出。第三次娶吴氏,乃媒婆瞒了本欲嫁韩生的吴氏而成亲;但吴氏以死相胁,获得阙里侯的允许,乃由前二妻迎入书房修行。三次娶亲,同房、修行的方式各有特点。故紫珍道人评曰:"无论成亲关目绝不雷同,即入静室之法亦自迥异:初系自去,次系新郎送去,此系二女伴迎去。"《凰求凤》描写了三次计谋:一次是乔梦兰出人意料的离间计,使吕哉生与许仙俦反目为仇;二次是许仙俦装聋作哑的拐婿计,使即将与乔梦兰成婚的吕哉生与曹小姐结为夫妻;三次是殷四娘两头说谎的诈财计,使许、乔二女终于和好,同嫁吕生。构想精巧,绝不重复。《巧团圆》写姚克承买父、买母、买妻,"明买得父,暗买得母,不明不暗而得妻,错综变化,合成一片,又不见斧凿痕,真无尽藏,不可思议"(莫愁钓客、睡乡祭酒评语)。假如说戏剧情节脱出别人作品的窠臼已经不易,那么要使自己的戏剧情节互不沿袭就更为不易。尤其是把同一作品中的同类情节写得同中有异,富于变化,就更为难得。它充分表现了李渔的艺术才能。

精巧的戏剧结构

李渔一反只重曲词的传统观念,对戏剧结构给予充分的重视。他说:"填词首重音律,而予独先结构。""尝读时髦所撰,惜其惨淡经营,用心良苦,而不得被管弦、副优孟者,非审音协律之难,而结构全部规模之未善也。"因此他的剧作在结构上匠心独运,"不独时贤罕与颉颃,即元、明人亦所不及"(杨恩寿《词余丛话》)。括而言之,其剧作的结构特点主要有三:

第一是集中简明。针对明传奇冗杂拖沓的弊端,李渔指出:

"头绪繁多,传奇之大病也。"因此,他提出了著名的"立主脑"、"减头绪"的主张。他说:"主脑非他,即作者立言之本意也。……一本戏中,有无数人名,究竟俱属陪宾;原其初心,止为一人而设。即此一人之身,自始至终,离合悲欢,中有无限情由,无穷关目,究竟俱属衍文;原其初心,又止为一事而设。此一人一事,即作传奇之主脑也。"过去,人们常常认为"一人一事"即作品中的主要人物和贯串全剧的整个事件,实际上这不符合李渔的原意。李渔把蔡伯喈重婚牛府作为《琵琶记》的主脑,因为"二亲之遭凶,五娘之尽孝,拐儿之骗财、匿书,张大公之疏财、仗义,皆由于此"。他把张生白马解围作为《西厢记》的主脑,因为"夫人之许婚,张生之望配,红娘之勇于作合,莺莺之敢于失身,与郑恒之力争原配而不得,皆由于此"。可见,李渔所谓"一人一事"是指造成其他人物的活动和其他事件所由产生的原因的关键人物和事件,是全剧的一个局部,一个点,是全剧的结构中心,而并非整个线索的本身。但它影响着全剧人物、关目的发展和线索的构成,具有牵一发而动全身的作用,对全局具有黏着力,使作品的结构集中简明,避免了旁见侧出,松懈冗杂。如《风筝误》中戚生的题鹞、鹞误,导致以后的惊丑、拒婚、诧美等事件;《蜃中楼》中洞庭龙女的蜃楼双订,造成以后的抗姻、牧羊、传书、煮海等事件;《玉搔头》中正德皇帝的微行隐名,造成了抗节、误投等情节。此一人一事便是根源,是主脑。它推动牵连着其他人物和事件,相互构成因果联系,从而避免了散乱。如果"不讲根源,单筹枝节","尽此一人所行之事,逐节铺陈",事件缺乏因果联系,就会"有如散金碎玉"。由于围绕主脑展开情节,自然也就减去了无关的头绪,使作品集中简明,"三尺童子,观演此剧,皆能了了于心,便便于口"。

但是"立主脑"、"减头绪"、结构集中简明并不等于线索单一,情节简单。一个主脑可以生出不同的分支和线索。如《风筝误》由题鹞、鹞误，生出韩生与淑娟和戚生与爱娟两条线索；《蜃中楼》由蜃楼双订生出柳毅与洞庭龙女和张生与东海龙女两条线索；《玉搔头》由微行隐名生出刘倩倩和范淑芳两条线索，这样就造成了故事的复杂性和曲折性。但由于出于同一主脑，而且两条线索中又有主副之别，复杂曲折和集中统一便统一于一体。这就既吸取了明传奇情节丰富的优点，又避免了其结构散乱的弊病。

第二是错综变化。中国戏曲作品自《琵琶记》运用双线对比结构以来，大都注意不同线索和场面的交错调剂，但往往死板生硬，冗杂混乱。而李渔的剧作在角色的调配、排场的布置、关目的安排等方面，巧妙地安排生、旦、净、丑的穿插、文武冷热的调剂、前后关目的变化，灵活多变，自然浑成，已达成熟老练之境。

许之衡《作曲法》云："安排角色，宜注重于均劳逸。……应将全部角色，相间分配之，生旦虽有连场，总以勿使过劳为准。"李渔深明此理。如《怜香伴》在二旦角崔笺云、曹语花和生角范介夫相爱相慕的缠绵气氛中，插入净角周公梦和丑、末角秀才陷害范介夫的科诨，既调节了气氛和角色劳逸，又推动了情节发展，二者密切相连，并非游离的穿插。《凰求凤》中丑角殷四娘为行诈财计，走马灯似的奔走于一生三旦之间。一生装病，三旦各为所爱的生之病而悲，各为救生而让步，又各为对方的苛刻条件而怒。作品轮流分写各个角色，人物、场面、情绪层层变换，而以殷四娘贯串其间，以说谎、诈骗、劝说推动各方，步步紧逼，终致妥协统一。故错综变化，而又一以贯之，集中紧凑。

李渔在《闲情偶寄》中提出了"剂冷热"的要求。他的剧作于文武冷热的布置也颇费心机。他的剧作大都是风情喜剧，但于缠绵之情中几乎都有雄壮热闹的战争场面的穿插。如《蜃中楼》中有钱塘君与泾河龙王的"龙战"，《风筝误》中有詹承武、韩世勋赴蜀讨乱的"蛮征"，《意中缘》中有镇海大将军平寇救林天素的"救美"，《奈何天》中有袁滢平定边界女寇的"师捷"，《玉搔头》中有王守仁平宸濠之乱的"擒王"，《慎鸾交》中有华秀擒魔劫天王的"就缚"，《比目鱼》中有谭楚玉平山贼的"奏捷"，《巧团圆》中有写李自成起义的"掠妪"。以金鼓振生旦排场，文武冷热相剂，柔刚静闹相间，使作品的气氛情趣错综变化，避免了沉闷和单调。

许之衡在《作曲法》中指出："布局不宜重复。如以前已有送别、开宴等事，则以后再有类似此者，宜避去为是；如不能避去，则场子须稍变换。"类似的关目，全部避去并不甚难，而能做到犯中有避，同中有异，则殊为不易。毛纶说："文有不与前文相避，而故与前文相犯者。不相犯，不见文心之巧也。文有既与前文相犯，而又与前文相避者。不相避，不见文心之变也。"（《琵琶记》第三十九出批语）李渔于此堪称高手。他的《奈何天》写阙里侯三次娶妻、三次妻逃，方式各不相同。《意中缘》写二次代娶，不但方法、情趣相异，而且一是为卑鄙的是空和尚代娶，一是为高洁的董思白代娶；一是由庸俗失阳的黄天监代娶，一是由才貌双全的林天素代娶；第一次代娶，杨云友认假为真，第二次说媒，杨云友却接受了第一次的教训而以真为假。二事貌似相类，实则有正反真假之别。《风筝误》中韩生的两次男女之会，一次以丑为美，欣然赴约，于是惊丑；一次以美为丑，拒绝合婚，最后诧美。前后对照，极富错综变化之妙，产生了强烈的喜剧效果。

三是针线细密。李渔在《闲情偶寄》中提出了"密针线"的主张。他说："每编一折，必须前顾数折，后顾数折。顾前者，欲其照映；顾后者，便于埋伏。""即于情事截然绝不相关之处，亦有连环细笋，伏于其中，看到后来方知其妙，如藕于未切之时，先长暗丝以待,丝于络成之后,才知作茧之精。"李渔的剧作细针密线,精心缝合,可谓一针不漏,天衣无缝。

　　李渔的剧作极注意事物的照应。如《巧团圆》开始写姚克承梦中登一小楼,有一邻舍老者相告,此乃其生身之地,帐后箱内物件均为其幼时戏耍之具,这就与以后姚克承到了尹小楼家中识家认父相呼应。但在姚克承的梦中,小楼之内却并无人,邻居老者也不肯告知其父母姓名,这就使姚克承后来与其父相逢而不识成为可能。梦中老者又言一把玉尺关系姚克承的婚姻,以后姚克承以玉尺赠曹小姐,曹小姐被装在布袋中出卖,姚克承以其所持玉尺而买之,果然由玉尺而结为夫妇,因而前后照应,结构细密。

　　李渔的剧作也很注意人物的照应。尤其在全本收束之处,"如一部之内,要紧角色共有五人,其先东、西、南、北各自分开,到此必须会合"。使主要人物都有着落,结局都有交代。如《奈何天》先写阙里侯三妻一一离去,而最后以三妻同至结束。《巧团圆》的结尾不但写姚克承与父母妻子一家团圆,而且其岳父岳母也找上门来,又起一争子波澜,终致两家团圆。《风筝误》的结尾写詹承武二女完婚后,詹承武由西川回乡,其二妻、二女、二婿共同迎接,使他们的误会和疑惑得以冰释。甚至连曾经为爱娟设计的乳母,也为她安排一个送茶的机会让其出场,并由韩生认出。这样,作品中的主要人物、次要人物以及他们的纠葛,在最后一出都有所交代和照应,因此结构严密而完整。

　　李渔的剧作甚至在人物的语言上也字斟句酌,以使其与有关情节相呼应。如《奈何天》第二出阙忠说丑陋已极的阙里侯"十不全是极富极贵之相",初看似属无意的诔辞,到最后阙里侯变形受封,才知是为以后情节的发展所作的埋伏。《巧团圆》开始由尹小楼自述其子幼时上山玩耍而失踪,"彼时正有虎灾,寻觅多时,不见踪影,定是落于虎口无疑了。所以至今无后"。对其子之死,故意用推测之词,为以后父子重圆留下余地,前后呼应,真实自然。

新型的人物形象

在我国古代戏曲中,才子佳人的形象占了很大的比重,而且这些形象往往是郎才女貌,千人一面,缺少新的特点。这些形象又往往是理想化的类型,才子风流多才,佳人美貌多情,性格单一,缺乏现实人物性格的复杂性。李渔的剧作基本上都是风情剧,当然也以才子佳人的形象为主。但随着新时代、新思想的出现和现实主义创作方法的发展,李渔剧作中的才子佳人的形象往往面目异常、性格独特,还有的并且摆脱了理想化的框子,如实地表现了现实化的人物性格的复杂性。因而这些形象不同于传统的才子佳人,给人以新异之感。在李渔的剧作中,对才子佳人以外的人物,也有的突破了简单化的性格描写,表现了现实主义创作方法的新发展。

李渔剧作中的人物有的具有多元化的复杂性格。鲁迅在评论《红楼梦》时说:"其要点在敢于如实描写,并无讳饰,和从前的小说叙好人完全是好,坏人完全是坏的,大不相同。所以其中所叙的人物,都是真的人物。总之,自有《红楼梦》出来以后,传统的思想和写法都打破了。"(《中国小说的历史的变迁》)《红楼梦》作为古典小说的现实主义高峰,对人物复杂性格的描写当然是极为真实自然、浑然一体的。而在《红楼梦》之前,《金瓶梅》对西门庆、潘金莲等人的性格刻画就已经表现了这种倾向。李渔的剧作出现在《红楼梦》一百多年以前,在这一方面也取得了一定的成就。如《蜃中楼》中的钱塘君,擅自做主将侄女许配泾河小龙;听说侄女与书生柳毅有婚姻之约,便怒气冲天,要杀掉侄女;张羽至龙宫传书,求钱塘君玉成两桩婚事,钱塘君怒而逐之。显然,钱塘君扮演了一个扼杀青年男女的爱情自由的封建家长的角色。但他与一般作品中的封建家长又有所不同。这种不同不仅在于他的龙王身份,而且在于他的性格是多侧面的。如他勇于认错:他得知侄女婚后真情以后,便痛快地承认"当初是小弟不是",并发兵问罪,杀了泾河小龙。他有正义之心:因赏识张羽的传书义举而为侄女求婚,而听了张羽一番允婚害义的议论,又"通身汗下",自称"愚昧"。他性情暴烈,不惧天庭,但一场龙战又杀生六十万,伤禾八百里。由此可见,钱塘君的性格是多元化的复杂性格,既非全坏,又非全好。《奈何天》中的阙里侯是一个丑角,但却并不是一个简单的脸谱化的反面人物。他体貌奇丑,家财万贯。他曾请别人代己相亲骗婚,也曾以恐吓手段迫人就婚。甚至还曾因欲娶周氏,造成周氏自缢身死。但他并不是我们经常看到的那种蛮横强暴的富家公子。他有自知之明,认为自己"这等一副嘴脸,只该寻个将就些的","只求他当家生子,连追欢取乐四个字也不敢说起了"。他陆续娶了三房妻子,都因嫌他丑陋而避往书房另居,他都听之任之。尤为不同寻常的是,他还听从家人阙忠之言,对穷苦人家焚券免债,对国家捐十万金以助边战。可见他又是个笃厚恬淡、能够惜贫爱国的人物。正因为如此,他才得到了神灵的帮助,最终得到了三个才貌双全的女子。因此,阙里侯不是一个一切都好或一切都坏的人物,而是一个好坏相兼、肯定大于否定的丑角。作品一反以品貌双全的生旦为主人公描写才子佳人的格套,而以品貌有缺的丑角为主人公描写丑角与佳人的婚姻,而丑角又是以正面描写为主的具有复杂性格的人物,这不能不说是一种新的创造。

　　李渔的剧作还塑造了一些新型的女性形象。在过去的才子佳人作品中，女子一般都是美貌多情的人物。而李渔剧作中的女性却不止于此，她们往往又是才华超群、能力过人的女性。

　　富有文才的女子，在李渔之前的剧作中就已经出现过。早在元杂剧中，有些女子就是能诗善文的。但她们主要地还不是作为才女的形象出现的。明代徐渭的《四声猿》，其《女状元》中的黄春桃，女扮男装考取状元，周丞相试其书法、诗、文、绘画、弹琴，无不妙绝。作品刻画了一个生动的才女形象。但徐渭最终还是让她恢复女身，回到了闺房。清代洪昇的《四婵娟》分别写谢道韫、卫茂漪、李清照、管仲姬四个才女的咏雪联吟、传授书法、斗茗论古、泛舟画竹，新颖别致，但这要晚于李渔。在李渔的《怜香伴》中，两个才女崔笺云和曹语花吟诗唱和，她们的诗篇使崔笺云的丈夫范介夫也不得不佩服。尤为奇特的是，曹语花情愿嫁给崔笺云的丈夫范介夫，倒并非出于对范介夫的才能的钦慕，而是为崔笺云的诗才所倾倒，甚至相思成疾。崔笺云宁愿与曹语花共一丈夫，也是因为佩服曹语花的诗才。相对之下，范介夫的才能只是平平，地位并不那么重要。在《意中缘》中，穷秀才之女杨云友模仿名士董思白的字画，妓女林天素模仿名士陈继儒的字画，均惟妙惟肖，足以乱真。杨云友京师卖画，轰动全城，真是："男子多才未足奇，盛名今喜在蛾眉。伫看一笔千人扫，愁杀长安轻薄儿。"林天素自信超过男子，所以女扮男装后真的有大丈夫气概，她说："须要自家认定我是个须眉如戟的丈夫，把那些男子反当做妇人看待，自然气雄胆壮，不露纤弱之容。"这样毫无自卑感的女性形象的出现，是明末民主思想高涨所产生的新现象。

　　李渔剧作中的女子不但才华出众，而且能力超群。她们不是那种仅会舞文弄墨的文人，而是能够随机应变地处理各种实际问题的有才有能的女子。《意中缘》中的杨云友联合黄天监和丫鬟妙香,巧计处死了骗婚的是空和尚;并与黄天监伪装夫妇,至京师卖画,自力谋生;又为黄天监捐官,抵御了邪恶势力的欺压。林天素在为强盗所掳的险境中,沉着机智,假做强盗书记,暗传密信,请来救兵平寇,不愧为有应变之才的女中豪杰。《凰求凤》中的许仙俦和乔梦兰机智聪明,各设巧计,敢作敢为,大胆泼辣,连那才貌双全的丈夫吕哉生也被玩弄于股掌之上。这些女子在作品中都是占据主要地位的最活跃的角色,她们出谋划策,身体力行,有胆量,有魄力,表现了超越男子的出色才干,而那些男性才子则相形之下黯然失色。这样的女性形象是过去很少见到的。

在李渔的剧作中,还出现了一些体现着新的道德观念的人物。在中国长期的封建社会里,君臣、父子、夫妻、兄弟、朋友等伦理秩序一直是被人们奉为做人的标准。人们只能按照这种封建秩序在社会上尽自己的义务,而不能有自己独立的人格,个人意识受到指责。明代后期,随着资本主义萌芽的出现,个人意识也逐步增长,从个人出发考虑问题开始突破传统的道德观念。为了满足个人的正当欲望,有时不免要损人利己。按照传统的观念或今天的观点,这是不道德的。但李渔的剧作却以新的道德观念对这种人物给予了肯定的描写,打破了根深蒂固的只歌颂完全符合旧道德的理想人物的文学传统。如《凰求凤》中的许仙俦,才貌双全,深爱吕生。但身为地位低下的妓女,不能做吕生的正妻。因此她便自己出钱主动为吕生谋妻。不料由于乔小姐的离间,反遭到吕生的怨恨。当她得知吕生要与乔小姐成婚时,恨不得"重重的咬他几口",但"又怕啮伤潘岳,咒杀王魁,好教我害心疼难罪伊"。听说吕生有生命危险,她情愿自己到阴司受罪,并答应让吕生娶乔小姐。但听说乔小姐条件苛刻,又不禁怨声大骂。她的心是善良的,她的爱是深沉的,她的感情是复杂的。为了捍卫自己的爱情,反击乔小姐的离间计,她巧妙地布置了一个拐婿计:令人假装乔家的轿子把吕生接到了自己选中的曹小姐处成了亲,封锁吕生于院中;并伪造了吕生的书信骂乔小姐轻佻嫉妒;又冒乔小姐之名到处撒帖寻夫,败坏乔小姐的名声。作品不但肯定许仙俦的善良方面,而且对她为了个人利益而损害别人的行为也给予了肯定,强调个人欲望高于一切。因此在她的身上体现着一种新的道德评价。在这一点上,《玉搔头》中的人物表现得更加明显。剧中极力强调正德皇帝的情真情深,他说:"从来富贵之人,只晓得好色宣淫,何曾知道男女相交,全在一个'情'字。民间女子随了富贵之人,未必出于情愿,终日承恩献笑,不过是慑于威严,迫于势利,那有一点真情! 这点真情,倒要输与民间夫妇。那民间女子遇着个贫贱书生,或是怜才,或是鉴貌,与他一笑留情,即以终身相许,势利不能夺,生死不能移,这才叫做真情实意。若使他知道是个皇帝,纵使极力奉承,也总是一团势利,有些甚么趣味来!"作为一个皇帝,他的爱情观是反传统的。因此,他不理朝政,外出微行私访。第一次私访得知刘倩倩的深情之后,又要第二次私访。差官说:"外面大雪纷纷,奴婢们几乎冻死,万岁爷怎么去得?"正德皇帝说:"他既有这般情意,寡人就为他冻死,也自甘心!""万一有了差池,我也拚一死将他殉,做了九泉下两痴魂。""宁使我受颠连,把奇穷遭遍,暂脱衮衣旒冕,也不教他再受熬煎。"为了寻找刘倩倩,正德皇帝甚至盼望发生战争,以便借出征的机会搜寻刘倩倩。最后找到刘倩倩之后,乃令人草反躬罪己书颁行天下。正德皇帝对一个妓女是如此情真情深,为她可以放弃皇帝的身份,可以突破皇帝和妓女的界限,可以为她而死,甚至为她而放弃朝政,盼望发生战争。后者显然是缺点,但作品也以肯定的态度加以描写，以反为正，运用逆笔，强调正德皇帝的深情。可见，在正德皇帝的形象中，体现着爱情高于一切的道德观念。我们知道，《长生殿》对唐明皇为了杨贵妃而"弛了朝纲，占了情场"是否定的。而《玉搔头》对类似情况却加以肯定，可见它表现了一种新的道德观念，它反映了在明末资本主义萌芽出现以后个人意识的增长。正德皇帝的形象体现着这种新的道德评价，所以是一种新型的人物形象。

当行的舞台艺术

中国戏曲发展到明清时代，案头化的倾向日益突出。而李渔在《闲情偶寄》中自称"作一生柳七，交无数周郎"，他"自买歌童，自编词曲，口授而身导之"，一面编剧，一面带着自己的家庭戏班巡游天下达四十年之久，积累了丰富的创作和演出经验。因此他很重视戏曲舞台的特点，提出"填词之设，专为登场"。他批评金圣叹脱离舞台演出评论《西厢记》的不足说："圣叹所评，乃文人把玩之《西厢》，非优人搬弄之《西厢》也。文字三昧，圣叹已得之，优人搬弄之三昧，圣叹犹有待焉。"他自己写作时一刻也不忘演出，"手则握笔，口却登场，全以身代梨园，复以神魂四绕，考其关目，试其声音，好则直书，否则搁笔，此其所以观、听咸宜也"。日本学者冈晴夫认为李渔强调演出本位、观众本位、娱乐本位，即戏曲要着眼于演出，着眼于观众，着眼于娱乐。其实，观众本位和娱乐本位还是着眼于演出效果，所以三个"本位"的中心还是舞台演出问题。李渔的剧作独出心裁，确系联系舞台演出实际的当行之作，对于纠正戏曲剧本案头化的倾向起了良好的作用。

为了适应戏曲舞台演出的特点，李渔的剧作在以下三个方面取得了独特的成就：

第一是直观性。戏曲演出要诉诸观众的视觉，因此让观众获得具体的直观形象十分重要。中国戏曲向来以虚拟表演为传统特征，一般不需布景的设置，道具也十分简单。李渔的剧作在这一方面却有所突破。为了增强演出的直观性，他的剧作比较注意布景道具的设置，并对此作了详细的舞台说明。如《蜃中楼》第五出《结蜃》下云："（预结精工奇巧蜃楼一座，暗置戏房，勿使场上人见。俟场上唱曲放烟时，忽然抬出，全以神速为主，使观者惊奇羡巧，莫知何来，斯有当于蜃楼之义，演者万勿草草。）"剧中鱼、虾、蟹、鳖向鬼门吃烟，转身放烟，忽现蜃楼，颇有机关布景之妙，造出一种极为形象的境界。第二十一出《龙战》有钱塘君"（登云头望介）"，也当有云头的布景。第二十九出《运宝》下云："预备龙宫诸色宝玩，齐列戏房，候临时取上，务使璀璨陆离，令观者夺目。"道具设置极为逼真。《比目鱼》第八出《寇发》写慕容介以地雷机关破敌，"（忽作炮声，满场俱发火焰）"。第十五出《偕亡》写戏中演戏，剧中注明"先搭戏台"，大戏台上又有小戏台，谭楚玉、刘藐姑在小戏台上演戏，钱万贯等在大戏台上看戏，场景布置极为接近生活。《巧团圆》第二出《梦讯》"场上预设"床帐、玩具。床帐初为现实之物，姚克承放下帐幕睡觉；后为现实与梦境的分界，姚克承揭帐而出，进入梦境；后又为梦中之物，姚克承梦中登上一座小楼，楼内有床帐，姚克承瞻玩帐后箱内的玩具，并揭起帐幕睡觉；最后又为现实之物，姚克承帐中醒来，又回到现实中。剧中的床帐既作为现实之物，又作为梦中之物，既借以入梦，又借以出梦，一物多用，极为巧妙；同时床帐的设置又增强了演出的直观性。

中国古代的戏曲剧本大都注重曲词的写作，剧中一般都有成套的曲词，大段的歌唱；而对人物在歌唱中的动作，剧本中则并不作具体的设计和说明。这样,剧本中人物活动的情景便不够具体鲜明。李渔的剧作中对人物动作的设计则比较具体细致。如《奈何天》第二出阙里侯自述其丑陋,历数其眼、面、手、足、鼻、发、口、背、眉之状,剧中注明"(一面指,一面做,一面说介)",使演出极为生动形象。《怜香伴》第十六出,张仲友为范介夫说媒不成,范介夫对张仲友和妻子崔笺云边做边唱道:"(指小生介)你把姻缘簿缴。(指旦介)你把相思账销。(自指介)我从今守瓶缄口,免被人嘲。"正如玄洲逸叟的批语所说:"三人互指处,有情有景。"《蜃中楼》第二十一出写钱塘君与泾河龙王之战,并不简单地以二将斗打一番即了,而是以钱塘君手下的水兵外、末、老旦、杂和火将生、小生与泾河龙王手下的鱼、蟹、鳖、虾分别作战,一一具体描写他们的战斗、放箭、中箭欲走、拿住斩杀、报功请赏,写出了众多人物的一系列的大量动作,充分展示了战争的复杂纷乱情景,给观众提供了丰富的直观形象。

在李渔的剧作中,有些情景不能靠布景、道具、人物动作加以直观地表现,作品就通过巧妙的舞台调度技术加以表现。如《奈何天》第二十八出写变形使者变为丫鬟替阙里侯洗浴,让他向鬼门改装为女子。《比目鱼》第十六出,谭楚玉、刘藐姑投江之后,平浪侯知其冤枉,前去察看,作品为使二尸出现,让"(生旦暗上,搂抱卧地下介)";平浪侯将他们变作比目鱼,舞台上乃以"(生旦暗下,一人扮比目鱼暗上,入队行介)"加以表现;第十八出比目鱼变人,先由渔翁以蓑衣盖住比目鱼,然后"(内鸣金擂鼓,虾螺蟹鳖复执旗帜引生旦上,换去前鱼,仍用蓑衣盖好,旋舞一回即下)",这样就把神奇的变化也直观地表现在舞台上。由于李渔既会编剧,又会导演,有丰富的舞台经验,因此他的剧作不是脱离演出的案头之作。他把舞台技术的运用方法也写进剧中,给演出以具体的指导,这是前人的剧作中所罕见的。

　　第二是通俗性。前面已经说过,李渔特别重视戏剧结构,他主张"立主脑"、"减头绪"、"一线到底",使"三尺童子,观演此剧,皆能了了于心,便便于口"。他的剧作实践了他的戏剧主张,这是通俗易懂的原因之一。

　　此外,李渔剧作的通俗性主要表现在语言上。李渔《闲情偶寄》认为,戏曲语言"贵浅显","话则本之街谈巷议,事则取其直说明言。凡读传奇而有令人费解,或初阅不见其佳、深思而后得其意之所在者,便非绝妙好词"。因为"传奇不比文章,文章做与读书人看,故不怪其深,戏文做与读书人与不读书人同看,又与不读书之妇人小儿同看,故贵浅不贵深"。在中国古典戏曲中,宾白一般是比较浅显的,曲词的难明之处,可通过宾白加以解释说明。李渔提倡浅显,必然要重视宾白。他一反重曲轻白的传统,指出:"曲之有白,就文字论之,则犹经文之于传注;就物理论之,则如栋梁之于榱桷;就人身论之,则如肢体之于血脉。"因此他的剧作白不厌多,"传奇中宾白之繁,实自予始"。而且他的剧作中的宾白不用骈俪语言,全系日常口语,确实连不读书之妇人小儿也可一听即懂。他的剧作中的曲词也十分浅显,毫无典雅之态。如《怜香伴》第十九出周公梦唱:"摇摇摆摆笑呵呵,优行生员路上过。读书做甚么,宗师奈我何,铁打的头巾趻不破。"今天读来仍然明白如话。

　　戏曲语言的通俗性不但表现为浅显,而且要有机趣。因此李渔指出:"'机趣'二字,填词家必不可少。机者,传奇之精神;趣者,传奇之风致。少此二物,则如泥人、土马,有生形而无生气。"如《奈何天》第九出,阙里侯请一戏班正生代他相亲,正生唱:"戏文今日演《西厢》,要与那俏莺莺奇逢殿上。怎要在画中求爱宠,叫俺在影里做情郎。（丑）你未做张生，我这陪你游玩的倒是个法聪和尚了。（生）子怕这美号也难当，那有个秃不全的法聪和尚。"以调侃讪笑态度出之，天真烂熳，无一毫书本气，表现了曲子的特有风味。正如何良俊《曲论》说："止是寻常说话，略带讪语，然中间意趣无穷，此便是作家也。"所以，李渔剧作中语言的浅显通俗，并非粗俗枯燥，而是通俗有味，风致生动，"能从浅处见才"，因而正确地矫正了艰深晦涩之弊。

　　戏曲语言的通俗性也表现在"好说"、"中听"。因为戏曲语言要付诸优人的演唱和观众的听觉，所以要使优人感到"好说"，观众感到"中听"，就必须在合谱、押韵、用字、审音等方面严加注意。李渔"既以口代优人，复以耳当听者"，不但使唱词音韵和谐，而且"笠翁宾白，当文章做，字字俱费推敲"。因此他的戏曲语言的通俗并非随便的口语，而是经过推敲的音韵和谐的语言。

　　李渔推崇元人，他的剧作的语言十分注意向元人学习。如《玉搔头》第十四出，刘倩倩听说御旨选其入宫，唱道："则道是梁鸿来娶孟家娘，教我把举案眉儿放，又谁知闹婚姻别起红丝障，叫王嫱把琵琶抱入雕鞍上。"其语气、风味、用典均酷似元人。《意中缘》第十六出董思白唱："〔山坡羊〕乱纷纷懒应酬的书画，渺茫茫难寻觅的姻姹，远迢迢盼不来的信音，明白白解得出的签和卦。"与《琵琶记·糟糠自厌》中的〔山坡羊〕一曲的句式、用词极为相似，几乎难分彼此。元代以后，戏曲语言日趋典雅。李渔学习元人的优良传统，在戏曲语言的通俗化方面做出了自己的贡献，因此他的剧作也就更加适合于舞台演出。

　　第三是娱乐性。李渔在《风筝误》的结尾中说："传奇原为消愁设，费尽杖头歌一阕。何事将钱买哭声，反令变喜成悲咽。惟我填词不卖愁，一夫不笑是吾忧。举世尽成弥勒佛，度人秃笔始堪投。"李渔强调戏曲消愁逗笑的娱乐作用,因此他的剧作几乎全是喜剧。奇巧的戏剧情节是构成娱乐性的一个重要因素,前面已经谈到,此不复赘。另外,科诨也是构成娱乐性的一个重要方面。李渔对此十分重视,他认为舞台演出离不开科诨,他说:"文字佳,情节佳,而科诨不佳,非特俗人怕看,即雅人韵士,亦有瞌睡之时,作传奇者,全要善驱睡魔。……若是,则科诨非科诨,乃看戏之人参汤也。养精益神,使人不倦,全在于此,可作小道观乎?"在他的剧作中,令人绝倒的科诨比比皆是。如《蜃中楼》中的丫鬟泾荷愚弄痴呆的泾河小龙说,娶妻第一要看头,头发黄的好,叫金丝发,头发黑的不好,叫黑狗毛;第二要看脚,脚大的好,叫尺二金莲,脚小的不好,叫三寸狗爪;第三要看年纪,大一岁值一两银子。因此泾河小龙娶亲时,扯住新娘相看,大叫"不要他",因为"头发是黑狗毛,不是金丝发;脚是三寸狗爪,不是尺二金莲;(聘金是一千两)就是这副嘴脸,也不像有一千岁的"。如此科诨,岂不令人笑死! 而且它对表现泾河小龙的痴呆,也极为恰切有力。《意中缘》写黄天监冒名董思白代是空和尚娶杨云友,杨云友画了一幅梅花,让其评论。黄天监求救于丫鬟妙香,而妙香却故意躲走,他只好妄加批评道:"画便画得好,只是有花无叶,太冷静些。"杨云友说梅花本应有花无叶,黄天监转而妄加称赞道:"夫人的画,笔笔都是古人,如今的作者,那里画得出!"杨云友问"像那一位古人",黄天监说像张敞,"那一个不说张敞画梅!"杨云友说,张敞画的是眉,不是梅。黄天监说:"他是个聪明的人,或者两样都会画,也不可知。"杨云友又让他题诗,并磨墨以待,妙香又故意反扣了舱门,黄天监窘急交加地说:"你不是磨墨,分明是磨我的骨头,磨我的性命。"于是捶胸顿足,放声大哭。杨云友嘲讽说:"做诗做到这个地步,真可谓之苦吟了。"如此笑料迭出,丑态毕现,冷嘲热讽,真是诙谐滑稽已极。而黄天监那可笑而又可怜的形象在笑声中也得到了生动的刻画,因而具有很好的舞台效果。

李渔强调戏曲的娱乐作用,这就突破了传统的以教化为目的的文学观念。他强调作品应满足观众的娱乐要求,在客观上就促使了作品表现出当时观众(主要是市民)的心理要求,在当时资本主义萌芽出现、民主思想高涨的历史条件下,就必然表现出一定的反传统思想,因而具有一定的积极意义。当然,强调作品的娱乐作用,也可能会导致削弱作品的政治内容和严肃性。李渔的剧作中缺乏重大的社会内容,并常有一些猥亵的、低级趣味的东西,应与此有一定的关系。

通过以上简单的分析,我们不难看出,李渔的剧作在艺术上取得了十分重要的成就。他推陈出新,在不少方面具有自己的独创性,为打破陈陈相因的形式主义做出了自己的贡献,从而推动了戏曲艺术的发展。直到今天,有些方面仍然可供我们参考借鉴。他的剧作在思想上也有其独特之点,对此,尚待另文论述。总之,他的剧作并不像人们所说的那样蹩脚。只要我们抛弃过去那种简单化的研究方法,全面地、历史地对他的剧作加以考察,就不难得出正确的结论。

〔注〕引文中未注明出处者,均见李渔《闲情偶寄》。

(原载《中国古典文学论丛》第 6 辑,人民文学出版社,1987 年 10 月版)

《长生殿》的艺术结构

《长生殿》作为我国古典戏曲的名作,在我国戏曲史上享有崇高的地位,这已为世人所公认。但是对《长生殿》的研究,新中国成立以来主要集中于对其主题思想的论争;而对于它精湛的艺术技巧,却没有进行深入的探讨。这种片面性不但影响了对这部优秀作品在艺术上的学习和借鉴,而且离开作品的总体结构,各自从作品中摘录一些为己所需的词句来论证其主题思想,结果必然是各执一词,难于作出合乎实际的科学结论。因此,本文拟就《长生殿》的艺术结构作一些初步的探索。对《长生殿》的艺术结构,历来评价甚高。下面我们试从三个方面来加以考察。

一

毫无疑问,《长生殿》真实地反映了安史之乱的历史背景。它生动地描写了统治阶级的荒淫奢侈、昏聩不明,权奸的胡作非为、钩心斗角,以及由此而造成的统治阶级与人民群众矛盾的激化,最后终于导致了安史之乱和李、杨爱情的悲剧。《长生殿》所描写的历史背景比以前的爱情作品所描写的都更加广阔而深刻。但是,《长生殿》不同于以描写吴越兴亡为主的《浣纱记》,也不同于以描写南明兴亡为主的《桃花扇》。它主要地并不是描写历史。

作者用最大的篇幅和最大的力量所描写的还是李、杨爱情。钗盒情缘和李、杨爱情的悲欢离合是贯串全剧的中心线索。

洪昇在《长生殿例言》中明确指出,此剧"专写钗盒情缘";又说:"棠村相国尝称予是剧乃一部闹热《牡丹亭》,世以为知言。"在第一出《传概》中也说:"借太真外传谱新词,情而已。"我国传奇(戏曲)作品常用的结构方法,一是由错认而引起关目波澜,由《拜月亭》起,而至阮大铖诸作造其极;二是以物件维系双方姻缘,由《荆钗记》起,至叶宪祖诸作登其峰。《长生殿》采用后一结构法,以钗盒贯串始终,描写李、杨爱情故事。作品在剧情刚一开始的第二出《定情》中,唐明皇就拿出金钗钿盒,说:"特携得金钗、钿盒在此,与卿定情。"杨玉环也说:"惟愿取情似坚金,钗不单分盒永完。"在最后一出《重圆》中,唐明皇和杨玉环又各执钗盒之一半,会合于月宫,唱道:"同心钿盒今再联,双飞重对钗头燕。"并由天孙一语作结道:"收拾钗和盒,旧情缘。"中间部分,金钗和钿盒的实物出现达七次之多,几乎在每个重大关节,都有钗盒的出现。如第十九出《絮阁》,唐明皇召幸梅妃,杨玉环以交还钗盒相挟,迫使唐明皇认错赔罪,结果以"领取钗、盒再收好"而平息了这场风波,进一步巩固了李、杨爱情。第二十五出《埋玉》,杨玉环临死之前,除下金钗,拿出钿盒,嘱高力士以此二物为之殉葬,表达了杨玉环对钗盒情缘的专诚与眷恋。第三十出《情悔》,杨玉环的鬼魂在墓门把玩钗盒,反映了她的痛苦和幽怨。第四十出《仙忆》,杨玉环尸解登仙之后,拿出钗盒观看而旧情不减,表现了她的守情不渝。第四十七出《补恨》,杨玉环向天孙展示钗盒,为求得再续前缘的关键。第四十八出《寄情》,杨玉环分劈钗盒请道士转送唐明皇,则一以寄情,二以征信,人间天上,从此勾通矣。所以吴舒凫云:"钗盒自定情后凡八见:翠阁交收,固宠也;马嵬殉葬,志恨也;墓门夜玩,写怨也;仙山携带,守情也;璇宫呈示,求缘也;道士寄将,征信也;至此重圆结案。大抵此剧以钗盒为经,盟言为纬,而借织女之机梭以织成之。呜呼,巧矣!"(稗畦草堂本《长生殿》第五十出批语)此外,还有许多地方,虽然钗、盒二物并未出现,但钗盒之情却屡被提及。作品中出现钗盒字样的句子即达六十七处,有的一出中就有八九处之多。在全剧五十出中,提及钗盒之情者就有十七出。金钗、钿盒犹如乐曲中的主音,在乐曲中不时地反复出现,而李、杨爱情这一主旋律贯串着全剧的始终。吴舒凫在第二出中批云:"钗盒乃本传始终作合处。"因此,李、杨钗盒情缘确实是贯串全剧的中心线索。

　　钗、盒情缘这一中心线索具体表现为李、杨的离合过程。中国古典戏曲描写男女情缘向来以悲欢离合为基本格套,《长生殿》也不例外。不过,《长生殿》的悲欢离合却更加曲折复杂,它在布置剧情上的高度技巧历来为人们推崇备至。《长生殿》上半部写钗盒情缘的发展及破裂,是由合到离;下半部则是写钗盒情缘的重建,是由离到合。

　　《长生殿》的上半部描写了李、杨爱情三合三离的曲折过程。第二出一开始,就由李、杨钗盒定情,此即第一次合。但从《定情》、《春睡》中来看,最初唐明皇欣赏的只是杨贵妃的美色,他的爱情是浮浅的;加之封建帝王的特殊地位和轻浮本性,使他一见素面朝天的绝世佳人虢国夫人,便情不自禁。而杨玉环则由情生妒,于是便被谪出宫门,造成了第一次离。但由于虢国夫人恐人言可畏,再四辞归;唐明皇也于孤寂中感到佳人难得,知音人逝;加之杨玉环聪明伶俐,善于体贴圣情,以献发打动了唐明皇的心,于是被复召进宫,这就是第二次合。此后,杨玉环又制谱、舞盘,进一步显示了她的聪明才智。玉环起舞,明皇亲自击鼓,他们志趣投合,恩爱倍增。但是在一夫多妻制的婚姻制度之下,李、杨的恩爱必然要造成他人的痛苦。唐明皇本想用珍珠去安慰孤寂痛苦的梅妃,却遭到了梅妃的拒绝。这是一个无法解决的矛盾。因此唐明皇只好在翠华西阁偷偷地召幸梅妃,于是造成了第二次离。假如说唐明皇幸虢国夫人是出于他的轻浮,而招幸梅妃却是出于无奈。事露之后,杨玉环找上门来,明皇认错赔罪,李、杨再次和好,此即第三次合。此后,李、杨爱情进一步发展,"镇相连似影追形,分不开如刀划水","千般纵百般随,两人合一副肠和胃"(《窥浴》)。直至七月七日长生殿,双星之下密誓设盟。此时,李、杨爱情已趋于专一和巩固。但随着安史之乱的爆发,杨玉环被迫自缢于马嵬,终于以死别的形式造成了第三次的离。由此可见,《长生殿》上半部通过三合三离,曲折地描写了李、杨爱情的发展过程。如果不加具体分析,笼统地说李、杨爱情完全是浮浅的,或一贯是真挚的,显然都是片面的。

《长生殿》下半部则在上半部李、杨爱情由合到离的基础上,描写李、杨爱情的离而再合。但是,上半部李、杨的最后生离死别不是由他们的个人纠纷所造成,而是基于他们的爱情与国家政治、人民群众的矛盾由外力所造成,因此这一次的合也就不能由他们个人的愿望而简单地实现。而且这一次的离是生死之别,它在现实生活中已没有再合的可能性。但是,为了表达"今古情场,问谁个真心到底?但果有精诚不散,终成连理。万里何愁南共北,两心那论生和死"(第一出《传概》)这一爱情理想,作品还是要设法使李、杨再合。首先,铁的事实和血的教训使唐明皇不能不认识到"此乃朕之不明,以致于此"。因而他交出了帝位,与政治脱离了瓜葛。逃亡途中的辛苦跋涉和野老所献的粗糊麦饭,与往日宫中的歌舞享乐、锦衣玉食形成了鲜明的对照,现实生活的变化和教训,使他由往日为了个人享乐而不顾人民死活变得能够体恤群众疾苦,甚至不忍让军士们抛撇了父母妻子而长途跋涉送他到蜀,要把真丝分给将士,让他们各自还家。杨玉环也一再忏悔"弟兄姊妹,挟势弄权"所造成的罪恶。这样,李、杨爱情与国家政治、人民群众的矛盾便得到了解决。此外,作品又竭力描写李、杨的刻骨思念和无限深情,唐明皇一再痛哭自责:"惟只愿速离尘埃,早赴泉台,和伊地中将连理栽。"(四十一出《见月》)杨玉环是:"倘得情丝再续,情愿谪下仙班。"(四十七出《补恨》)于是,李、杨爱情就成了一种理想化的爱情。因此,作品便借助于幻想和神话,由天孙从中帮助,解决了生与死的矛盾,实现了现实中无法实现的复合。而这次的结合则是一种永久性的结合。由此可见,《长生殿》整个下半部就是描写钗盒情缘的重建,而这一次的复合比前三次都困难得多。在《长生殿》的下半部,李、杨爱情越来越远地离开了现实生活中的政治矛盾与阶级矛盾,最后终于达到了高度理想化的境地。

　　总之,《长生殿》上半部主要是通过三合三离描写李、杨之间爱情的矛盾及解决,最后李、杨爱情趋于专一和巩固。下半部则主要是通过离而再合,进一步描写在上半部中伴随着李、杨爱情而产生的李、杨爱情与国家政治、人民群众的矛盾的解决,最后李、杨爱情摆脱了与现实生活的矛盾而达到了完美的境界。因此,《长生殿》中的李、杨爱情是逐步发展的,是在不断克服其爱情缺陷中前进的。《长生殿》所描写的李、杨爱情,不是古典作品中常见的才子佳人式的爱情,而是独具特点的帝王后妃的爱情。由于帝王后妃的特殊地位,因而他们的爱情必然会具有与众不同的特点、缺陷和影响,具有独特的发展道路。所以也就不能用分析一般爱情作品的格套来加以分析。作品对李、杨的爱情缺陷是批判的。唐明皇对他的爱情的不专认错赔罪；他们的有缺陷的爱情给社会和人民带来了严重的恶果，也造成了自己的悲剧；唐明皇和杨贵妃对他们的爱情给国家和人民带来的灾难也一再忏悔自责，都明显地表明了这一点。尽管这种批判是温和的，带有同情色彩的。而只有当他们克服了爱情的缺陷，作品才对那种理想化的爱情予以歌颂。所以，不能认为《长生殿》的主旨是在歌颂李、杨的真挚爱情。《长生殿》描写了李、杨爱情的发展过程，它以客观形象告诉我们，帝王后妃的爱情即使发展到专一、巩固的地步，也不一定能给他们带来幸福；而只有正确处理了爱情与国家政治和人民群众的关系，才能有美好的结果。这也就是"垂戒来世"的意思。这一主题思想无疑是有积极意义的。试想，假如作品的可取之处不是体现在主题思想上，而是像有些人说的那样仅仅表现在《进果》等描写阶级矛盾的少数几出上，那么《长生殿》在整体上还有什么值得肯定呢？它作为一部优秀的古典名剧的地位也就不能不被取消了。显然，这是不会得到广大人民的赞同的。

二

《长生殿》的中心线索是钗盒情缘；同时，围绕这条主线，作品还展开了对其他副线的描写，从而扩展了反映社会生活的幅度，深化了爱情主题，也使作品的结构排场更增加了曲折变化、跳荡活泼之致。所以王季烈认为"自来传奇排场之胜，无过于此"（《螾庐曲谈》）。

在《长生殿》的上半部中，主线是李、杨爱情的三合三离。这条主线带动了两条副线的发展。一条是杨氏兄妹的日益骄奢和安禄山的逐渐得势，直至叛乱。作品在李、杨定情之后，接着就写了一出《贿权》,描写杨国忠因杨玉环得宠而晋秩右相,安禄山则因贿赂杨国忠而得以尽免前罪,任职京师。在李、杨爱情产生的同时,祸根也在开始萌芽。随着李、杨爱情的发展,杨氏兄妹的骄奢和安禄山的权势与野心也日益增长。在《禊游》中,杨氏兄妹得以随驾游春,三国夫人遗钿坠履,侈丽奢侈;安禄山则已发展到在三国夫人车前纵马,并为唐天子的艳福而眼热。《复召》以后,李、杨爱情经过第一次曲折,恩爱更增百倍,作品也随之插上一出《疑谶》,描写杨氏兄妹蒙赐建造新第,竞奢争丽;安禄山被封东平郡王,招摇过市。此出概括指出,国家大势已孕育着危机。杨玉环闻乐、制谱,进一步得到唐明皇的宠爱,作品也接着写了一出《权哄》,揭露杨国忠卖官鬻爵,欺君瞒上;安禄山也气焰益张,并被委以范阳节度使的重任,为其叛乱准备了条件。杨玉环舞盘,唐明皇愈益赞赏,作品便随后写了一出《合围》,指出安禄山已在秣马厉兵,欲图大事。李、杨爱情通过梅妃事件而经历了第二次曲折,并从而得到了巩固,其后的《侦报》一出则描写安禄山已准备就绪,杨国忠也在“激禄山速反”。李、杨爱情到《密誓》而发展成熟,而在紧接着《密誓》的《陷关》中,安禄山也起兵攻下了潼关。由此可见,作品对李、杨爱情这一主线和杨氏兄妹与安禄山这一副线进行交插描写,这一副线是紧密围绕主线发展的。《长生殿》上半部的另一副线是人民群众的受害、不满,直至反抗。它也是伴随着李、杨爱情的发展而穿插描写并逐步发展的。作品在第十出插上了《疑谶》,指出杨氏兄妹蒙赐建造新第,“可知他朱甍碧瓦,总是血膏涂!”反映了人民所受的剥削。安禄山得以封王,而满腹经纶、胸怀壮志的郭子仪却不被重用,郭子仪满腹悲愤不平,术士李遐周则题诗壁上,暗示了对时局的不满和看法。第十五出插上了《进果》,描写了因为杨玉环爱吃鲜荔枝,不仅造成了使臣、驿卒极

大的艰辛不安，而且不知有多少平民被踏死，不知有多少禾苗被
踏坏，弄得人们叫苦连天，怨声载道，阶级矛盾愈益尖锐。结果，
在第二十五出的《埋玉》中，激怒了六军，杀了杨国忠，迫使杨玉环
自缢，造成了李杨爱情的悲剧。由此可见，作品在描写李、杨爱情
这一主线的同时，也在时刻穿插描写两条副线。由于李、杨未能
正确处理他们的爱情与国家政治和人民群众的关系，他们认为
"升平早奏，韶华好，行乐何妨。愿此生终老温柔，白云不羡仙乡"
（第二出《定情》），因此"弛了朝纲，占了情场"（第三十八出《弹
词》）。随着李、杨爱情的发展，他们的爱情与国家政治和人民群
众的矛盾也在日益加剧。李、杨爱情发展成熟了，同时，他们与国
家政治和人民群众的矛盾也发展到了顶峰而随之爆发了，最后终
于外起安史之乱，内生众军哗变，导致了他们爱情的悲剧。这样，
作品就把爱情与政治紧密地联系了起来。作品这样的艺术构思，
清楚地表现了它的主题思想，反映了作者对李、杨爱情的态度。
同时，作品这样把主线和副线穿插描写，在角色的分配上，也可使
不同角色轮流上场，既调节了劳逸，又避免了单调、呆板之弊。在
场次上，也使文武、粗细、悲喜、庄谐、静闹相间而出，极尽错综变
化之妙。作为场上之曲，必能收到很好的演出效果。

　　在《长生殿》下半部中，由于李、杨已成生死之别，因此作品把
李、杨爱情这一主线分成互相平行的两条支线：一条是人间的唐
明皇，一条是天上的杨玉环。作品在下半部一开始就很快让唐明
皇失去了帝位，让李、杨忏悔了过去的罪孽，使他们的爱情与政治
和群众的矛盾趋于消失，然后便多方面穿插描写双方刻骨铭心的
相思深情，突出他们的爱情与生死之别的矛盾。在人间的唐明皇
一线，作品写了《献饭》、《闻铃》、《哭像》、《见月》、《改葬》、《雨梦》、
《得信》等出，变换多种形式描写他的相思之情。时而写其所闻，

或闻铃伤情，或听雨心焦；时而写其所见，或见贵妃雕像，或见香囊锦袜；时而写其所梦，或梦夜奔马嵬，或梦猪龙相犯。故虽反复描写痛苦相思之情，却并无单调重复之感。围绕人间的唐明皇这一线，作品还穿插了《骂贼》、《剿寇》、《刺逆》、《收京》、《看袜》、《弹词》、《私祭》、《驿备》等出，这些场次不但别有风味，而且写出了时代背景和政治形势的发展变化，为唐明皇的返京、觅魂铺平了道路。而随着政治形势的发展变化，唐明皇由入蜀到回銮，这就形成了有关他的各出戏在地点和时间上的纵向发展。有关唐明皇的几出戏虽然都是描写他的痛苦相思之情，在内容上并无新的发展，但由于时间、地点的纵向发展，便造成了其戏剧情节的运动感，避免了停滞、沉闷之病。在天上的杨玉环一线，作品写了《冥追》、《情悔》、《尸解》、《仙忆》、《补恨》、《寄情》等出，也是变换多种形式描写她的痛苦相思之情。她先是为鬼，忽而飞出驿中，忽而落在墓前；后是为仙，时在蓬莱仙山，时在璇玑宫中。恍惚迷离，变化多端。围绕天上的杨玉环这一线，作品还插入了《神诉》、《怂合》、《觅魂》等出。让马嵬土地向天孙诉说杨玉环的冤死、深情与痛悔，从而使之得归仙位；让牵牛向天孙诉说唐明皇的痛悔和悲伤，请天孙为李、杨重续前缘；让道士杨通幽遍觅杨氏魂魄，为李、杨互通消息。从而实现了李、杨的月宫重圆。总之，《长生殿》下半部对李、杨人间天上二线交错描写，同时又各自穿插了一些有关的场次，写得主次分明而又五彩缤纷，变化多端。两线至最后会合，爱情与生死之别的矛盾得以解决，表现了作者的爱情理想。

三

　　《长生殿》杰出的艺术结构不但表现在总体线索上，而且也表现在局部结构上。它在各出之间注意连贯照应,隔而能连,散而不乱,有系统,有层次;在一出之内也写得波澜起伏,而又自然合理;在简繁处理上能化繁为简,也能变简为繁。笔势纵横变幻,表现了高度的艺术技巧。

《长生殿》对不同线索上的各出戏常常予以穿插安排。如在李、杨爱情这一线索的各出戏中,不时地插入了安禄山、郭子仪、宫女、乐工、农夫、驿卒、神仙等人的场次,造成李、杨爱情一线各出戏的间隔。由于其他角色的穿插,就使生、旦角色得以休息;同时,角色多变,文武、静闹、庄谐、悲喜互相调节,趣味也更加丰富。这本来是传奇的一般结构原则。但《长生殿》的穿插却特别灵活多变而又散而不乱,而且作品十分注意被隔断的李、杨爱情各出之间的联系。如在《定情》与《春睡》中间插入了《贿权》,但《定情》写李、杨同宿西宫,而《春睡》一开始就写"梦回初,春透了,人倦懒梳裹",点出"昨宵侍寝西宫",与《定情》一出紧相勾连,并无间断之感。此外,作品也十分注意插入各出与李、杨爱情各出的关系。如在《春睡》与《献发》之间插入了《禊游》、《傍讶》、《幸恩》,而《禊游》显然是由《春睡》一出得宠所引出,而由《禊游》又引出虢国夫人得幸,形成《傍讶》、《幸恩》,造成杨玉环的忤旨被逐,接着便是《献发》。因此李、杨爱情各出与插入各出也能融为一体。同时,插入各出也并非零乱孤立的场次,它们本身也可形成一个系统的线索。如把上半部插入的描写杨氏兄妹和安禄山的各出联系起来考察,便可看出它们层次分明地写出了杨、安势力的逐步发展。再如剧中穿插的有关郭子仪事迹的《疑谶》、《侦报》、《剿寇》、《收京》四出,也把他从进京谒选到逐步晋秩直至收京的过程写得清清楚楚。从《疑谶》到《侦报》,郭子仪由天德军使变为灵武太守,作品便在两出之间的《制谱》一出中,由唐明皇说出:"只为灵武太守员缺，地方紧要，与廷臣议了半日，难得其人。朕特擢郭子仪，补授此缺，因此退朝迟了。"于平常谈话中不经意地带出，补述了郭子仪官职的变化，用心细密，针线不漏。由此可见，《长生殿》各出戏的关目穿插、连贯照应之巧妙严格，确实稀有其匹。

《长生殿》在一出戏之内，情节（或细节）的发展也写得波澜起伏，曲折有致，而又层次分明，自然合理，毫无造作之态。如《刺逆》写李猪儿刺杀安禄山的经过，当他走近宫墙时，先是鸟鸣犬吠，接着巡军过来，一个说："你看那御河桥树枝，为何这般乱动？"一个怀疑道："莫不有甚奸细在内？"一个却说："想是柳树成精了。"一个则说："呸！你每不听得风起么？"然后一齐说："不要管，一路巡去就是了。"写法上故作惊人，而四军四下转语，曲折入妙。李猪儿翻进宫墙之后，安禄山命令将殿门紧闭。安禄山刚开始盹睡，却又突然肉飞眼跳而醒，问宫娥："是什么人惊醒孤家？"然后传令军士小心巡逻。再开始盹睡，却又记起一事："段夫人要孤家立他的儿子庆恩为太子，这事明日也要定了。"最后安禄山终于睡着，李猪儿潜身而入，拔刀欲下，安禄山却又突作梦语，李猪儿惊而伏地，紧急处又一顿折。最后才将安禄山刺死。整个过程写得曲折紧张，引人入胜。尤其值得注意的是，《长生殿》即使在一些微小的细节之处，也往往能写得文波起伏，曲折有致。如在《春睡》一出中，甚至连写杨玉环的打扮也故生曲折。写杨玉环贴花钿、抹胭脂和画眉是："（老）请娘娘贴上这花钿。""（贴）再点上这胭脂。""（老）请娘娘画眉。"而写其戴花则是："（贴）呀，娘娘花儿也忘戴了。"吴舒凫批曰："戴花另作一层写，非但情事宛然，文波亦增委折。"如此细微之处也这样运以匠心，由此可见作者在结构上的惨淡经营和精雕细刻。

《长生殿》还特别善于运用侧笔描写来造成繁简变化。如《傍讶》由永新向高力士叙说虢国承恩,玉环伤悲情事;《侦报》由探子报告安禄山准备叛乱、杨国忠激其速反情况;《窥浴》由宫女眼中写李、杨双浴情状,把比较繁杂和难于直接写出的事件由侧面写出,简捷而便当,可谓化繁为简。而《禊游》一出则通过安禄山窥探、杨国忠嗔阻、王孙公子争观、村姑丑女寻拾遗簪坠履等情节,多方描写三国夫人之冶丽奢淫,从而又映出唐明皇、杨贵妃之纵佚。此出用侧笔衬写,写得丰富多彩。剧中安禄山、王孙公子、杨国忠、村姑丑女、三国夫人杂沓上下,满纸春光撩乱,但"几如满地散钱,而以春游贯之,线索自相牵缀。……而渲花染柳,分晰不爽,真觉笔有化工"(吴舒凫批语)。写三国夫人引出如此众多的人物,可谓化简为繁。运用侧笔,用次要角色代替主要角色出场,不但能以变化破单调,也可使主要角色得到休息,以节劳逸。《长生殿》在分配角色、安排场次、布置剧情方面,精妙当行,历来为人称颂,于此可见一斑。

(原载《山东师范大学学报》哲学社会科学版,1983年第3期)

北曲音乐和元曲的形式与风格

　　吴梅《中国戏曲概论》说:"一代之文,每与一代之乐相表里。"冯班《钝吟杂录》云:"伶工所奏乐也,诗人所造诗也,诗乃乐之词耳。"诗与音乐有着不解之缘,这在文学史上可以得到有力的证明。远古时代的诗实际上都是歌曲,诗与歌是不可分离的一种东西。《诗经》中的作品也都是可以合乐歌唱的,故司马迁说:"三百五篇,孔子皆弦歌之"。(《史记·孔子世家》)《墨子·公孟篇》也说:"弦诗三百,歌诗三百。"而且《诗经》中的作品因其配合音乐的不同而各有特色,如"风"诗是配合地方色彩的音乐,"雅"诗是配合周王朝直接统治地区的音乐,"颂"诗配合的是宗庙祭祀的舞曲,故风、雅、颂的内容和风格也有所不同。随着汉魏六朝相和曲与吴歌、西曲的兴起,产生了汉魏六朝民歌。隋唐燕乐出而有词,金元北曲兴而有散曲、杂剧,南宋由南曲而有南戏,清代则由各种地方曲调而产生了丰富多彩的地方戏。故《四库提要·词曲类》云:"自古乐亡而乐府兴,后乐府之歌法至唐不传,其所歌者皆绝句也。唐人歌诗之法至宋亦不传,其所歌者皆词也。宋人歌词之法至元又渐不传,而曲调作焉。"王世贞《艺苑卮言》也说:"词兴而乐府亡,曲兴而词亡,非乐府与词之亡,其调亡也。"由此可见,各种合乐诗体的兴亡是与音乐密切相关的,因此研究合乐诗体不能抛开音乐,研究元曲也不能脱离北曲。孤立的纯文学的研究,忽视了合乐文学的特点，把它等同于一般文学，许多现象也就得不到科学的解释。

北曲是金元时期流行于中国北方的新兴乐曲。早在北宋时期，北方少数民族的乐曲就在汴京产生了相当大的影响。曾敏行《独醒杂志》云："先君尝言：宣和末客京师，街巷鄙人多歌蕃曲，名曰〔异国朝〕、〔四国朝〕、〔六国朝〕、〔蛮牌序〕、〔蓬蓬花〕等，其言至俚，一时士大夫亦皆歌之。"北宋灭亡之后，教坊乐谱遗失，艺人流散，《宋史·乐志》说："靖康二年，金人取汴，凡大乐轩架、乐舞图、舜文二琴、教坊乐器、乐书、乐章、明堂布政闰月体式、景阳钟并虡、九鼎皆亡矣。"范成大《范石湖集·真定舞序》云："虏乐悉变中华，唯真定有京师旧乐工，尚舞高平曲破。"徐渭《南词叙录》也说："中原自金、元二虏猾乱之后，胡曲盛行，今惟琴谱仅存古曲。"由此可见，金元时期，北方少数民族的乐曲在中原地区产生了很大的影响。而这些乐曲与中国原有的乐曲不同，具有"嘈杂凄紧"、"壮伟狠戾"的特点。姚燮《今乐考证》引陶宗仪云："达达乐器，如筝、纂、琵琶、胡琴、浑不似之类，所弹之曲，与汉人曲调不同。"王世贞《曲藻序》曰："自金、元入主中国，所用胡乐，嘈杂凄紧。"徐渭《南词叙录》说："今之北曲，盖辽、金北鄙杀伐之音，壮伟狠戾，武夫马上之歌，流入中原，遂为民间之日用。"（《九宫大成》中所存元散曲〔阿纳忽〕、〔忽都白〕等少数民族曲调，似无特殊风味，可能在几百年中发生了变化。）中国古代的音乐以中正和平为正宗，用于郊庙朝会的雅乐自不必说（雅，即中正），南北朝时的清乐也是"从容雅缓，犹有古士君子之遗风"（《通典·清乐部》）。这种不高不低、不清不浊的乐曲，使人的哀乐不至于过分，恰合"中庸"之道。隋唐时期在外族音乐影响下兴起的燕乐，扩大了音域，音调急促繁碎；但在传统思想的影响下，宋代曾多次整顿乐律，燕乐也就由促碎而逐渐走向啴缓、平整和雅化。故沈曾植《菌阁琐谈》说："《花间》之促碎,羯鼓之白雨点也;《乐章》之啴缓,玉笛之迟其声以媚之也。庆历以前词情,可以追想唐时乐句,美成、不伐以后,则大晟功令,日趋平整矣。"作为词乐的燕乐走向了啴缓平整的道路,就不再能振奋人心;而北曲以它嘈杂凄切、壮伟狠戾的强烈刺激性使人耳目一新,自然便得到人们的喜爱,风行一时。而这种新的乐曲,"词不能按,乃更为新声以媚之"(王世贞《曲藻》),这便导致了元曲的兴起。元曲作为配合北曲的歌词,它的形式和风格都和北曲有着密切的关系。过去,人们对元曲的特点从政治、经济、文化、思想等各方面进行过不少研究,但作为一种合乐的歌词,如果不从音乐的角度加以探讨,显然是不够的。为此,我们不妨具体地来看一看北曲音乐的特点是怎样影响了元曲的形式和风格。

北曲的音乐与元曲的声韵

北曲的音乐繁杂急促,势必打破那种一字一音的单调呆板的传统唱法,因而它的唱法是一字多音的。《尚书·尧典》说:"诗言志,歌永言,声依永,律和声。"这一说法奠定了中国古代一字一声的谱曲规律。《文心雕龙·乐府篇》说:"凡乐辞曰诗,诗声曰歌。声来被辞,辞繁难节,故陈思称左延年闲于增损古辞,多者则宜减之,明贵约也。"朱熹《礼仪经传通解》中的《风雅十二诗谱》即是一字一声。在古代,一字多音被目为"淫哇"之声,其中一字一音之外多余的声音又称虚声(虚空着的声音)、泛声(泛滥之声)、散声(本声之外的游散之声)、缠声(本声之外的萦绕之声)。而隋唐以来,这些虚声、泛声又逐渐被实字代替,并从而导致了长短句词的产生。所以词的歌唱一般也是一字一声的,这从《白石道人歌曲》中的词谱中可以得到证明。北宋元丰三年定大乐,知礼院杨杰条上大乐七失有云:"今歌者或咏一言而滥及数律,或章句已阙而乐音未终,所谓歌不永言也。请节其烦声,以一声歌一言。"可见一字一声的传统歌法在人们的心目中是根深蒂固的。但是,这种一字一声的歌法毕竟是太单调呆板了,所以历代都有民间歌曲在冲破它的束缚,但未能从根本上改变一字一声的传统。至北曲出,乐曲繁杂急切,声多字少,一字多声的歌法遂成为普遍规律。燕南芝庵《唱论》说:"有字少声多。"王骥德《曲律》云:"又曰:'有声多字少。'谓唱一声而高下、抑扬、宛转其音,若包裹数字其间也。"唱曲讲究出声、转声、收声,就是一字多音的反映。

　　汉字是有声调的,除阴平和入声字外,每个字都有声音的高低变化,但一字一声的歌法只能唱出一个字声音的高或低,而不能唱出一个字声音的高低变化。所以在北曲以前的合乐诗词中,因其唱法为一字一声,不能唱出字的声调音势,故其文字格律便不必讲四声,而只要讲平仄就可以了,乐音的高低便分别与文字的平仄相配合。而北曲一字多音的唱法却能够唱出每个字音的高低变化形势,王季烈《螾庐曲谈》说:"平声之腔格以平为主,上声之腔格为自低而高,去声之唱法以远送为主,故其腔格为自高而低,入声腔格全与平声无异。"如阴平用"四"(6)、"尺"(2)、"工"(3)、"四上四"(616)、"尺工尺"(232)、"工六工"(353),阳平用"合四"(56)、"上尺"(12)、"尺工"(23)、"合四上四合"(56165)、"上尺工尺上"(12321),上声用"工合四"(356)、"四上尺"(612)、"尺工六"(235)、"合工合四"(5356)、"尺上工六"(2135),去声用"伬仕五六"(2165)、"五六工尺"(6532)、"尺上四合"(2165),等等。由此可见,北曲能够更精密地表达出曲词

的四声音势。因此北曲曲词不但要讲平仄,还须讲四声阴阳。故
朱权《太和正音谱》不但标出了每个曲牌的平仄,而且对仄声又标
明了上去。吴梅《顾曲麈谈》云:"诗古文辞……若论入手之始,仅
在平仄妥协而已。……曲则不然,平仄四声而外,须注意于清浊
高下。字之宜阴者,不可填作阳声;字之宜阳者,又不可填作阴
声。"特别是在音律吃紧之处,尤其不可马虎。周德清《中原音韵》
评〔仙吕·醉中天〕说:"'捧砚'、'点破',俱是上去声,妙。"评〔中
吕·迎仙客〕(登楼)说:"'感慨',上去,尤妙。"说明这几个地方要
讲上去。俗有诗头曲尾之说,曲的末句特别重要,要讲究四声。
《中原音韵》说:"前辈已有'某调末句是平煞,某调末句是上煞,某
调末句是去煞'。照依后项用之。夫平仄者,平者平声,仄者上、
去声也。后云'上'者,必要上;'去'者,必要去;'上去'者,必要上
去;'去上'者,必要去上。""〔寄生草〕末句七字内,第五字必用阳
字,以'归来饱饭黄昏后'为句,歌之协矣,若以'昏黄后'歌之,则
歌'昏'字为'浑'字,非也。盖'黄'字属阳,'昏'字属阴也。"曲的
务头之处也是音律吃紧之处,要严讲四声。王骥德《曲律》说:"凡
曲遇揭起其音,而宛转其调,如俗之所谓'做腔'处,每调或一句,
或二三句,每句或一字,或二三字,即是务头。"周德清《中原音韵》
评〔迎仙客〕(登楼):"妙在'倚'字上声起音,一篇之中,唱此一字,
况务头在其上。"评〔金盏儿〕(岳阳楼):"'酒'字上声以转其音,务
头在其上。"吴梅《顾曲麈谈》则云:"务头者,曲中平上去三音联串
之处也。……每一曲中,必须有三音相连之一二语,或二音(或去
上,或去平,或上平,看牌名以定之)相连之一二语,此即为务头
处。""当先自定以某句某字为务头,而为之定去上、析阴阳也。"可
见,务头处对四声阴阳的区分尤为严格。如果只依照曲牌的平仄
谱填写曲词,按本牌腔格歌唱起来就不可能正确地唱出每个字的

音势,因此腔格便不得不根据曲词的四声阴阳加以调整。故吴梅《顾曲麈谈》说:"每一曲牌,必有一定之腔格。而每曲所填词曲,仅平仄相同,而四声、清浊、阴阳,又万万不能一律,故制谱者审其词曲中每字之阴阳,而后酌定工尺,又必依本牌之腔格而斟酌之,此所以十曲十样,而卒无一同焉者也。"由此可见,元曲讲究四声是与北曲一字多声的歌法密切相关的。乐曲与曲词四声的配合,在今天仍有借鉴意义。

北曲音乐的繁杂急切,也造成了元曲用韵的稠密。我们知道,每一支乐曲都有一个主音,它起着统一全曲、突出该曲特色的作用。这个主音,《宋史·乐志》中蔡元定称为"起调毕曲",张炎《词源》称为"结声"。吴梅《词学通论》说:"结声者,词中第一韵与两叠结韵处也,第一韵谓之起调,两结韵谓之毕曲,此三处下韵,其音须相等。"由此可见,起调毕曲之处是用主音之处,也是押韵之处。而从《白石道人歌曲》中的旁谱来看,除了起调毕曲之处外,凡句末用主音的地方,也都是押韵之处。马致远〔出队子〕,据《九宫大成》曲谱,押韵处也均用主音。当然,在《九宫大成》中,有许多曲子也并非押韵处均用主音。但主音与押韵的一致无疑会增加和谐之感,同一主音必然会影响曲词多用同韵之字。北曲音乐繁杂急切,为了使曲调统一而不紊乱,就必须加强主音的统帅作用,其主音也就要频繁出现,因而曲词的押韵也就比较稠密。如《西厢记》第二本楔子中惠明所唱〔滚绣球〕:"我经文也不会谈,逃禅也懒去参。戒刀头近新来钢蘸,铁棒上无半星儿土渍尘缄。别的都僧不僧,俗不俗,女不女,男不男,则会斋得饱也只向那僧房中胡渰,那里管焚烧了兜率伽蓝。则为那善文能武人千里,凭着这济困扶危书一缄,有勇无惭。"此曲用韵稠密,感情豪爽,从中不难体会它那音调繁急、主音突出的曲调。王实甫《破窑记》第一折刘月娥所唱〔醉中天〕一曲："者莫他烧地权为炕，凿壁借偷光，一任教无底砂锅漏了饭汤。者莫是结就蜘蛛网，土炕芦席草房，那里有绣帷罗帐，您孩儿心顺处便是天堂。"此曲句句用韵，可以想见，其曲调也是急切而又主音突出、特色鲜明的。元曲中还有一种每句都以同一个字押韵的独木桥体，更表现了北曲音调繁急、主音突出的特点。如张养浩〔塞鸿秋〕，每句都以"会"字押韵，在《九宫大成》曲谱中，其每句落音均为 6。在北曲中，有时仅仅句末突出主音还嫌不足，还要在句中突出主音，于是元曲中又有句中用韵的短柱体。王实甫《西厢记》第一本第二折〔麻郎儿〕第二曲中"我忽听一声猛惊"，一句三韵，虞集〔折桂令〕全曲二字一韵，都是著名的例子，今天读来，仍感到音调鲜明突出。

元曲用韵密集，且一韵到底，如果像诗词那样平仄分押，便觉单调呆板，不利于表现各种复杂的感情，于是便以平仄通押使其韵脚在统一中又有所变化。如马致远〔寿阳曲〕："心间事，说与他，动不动早言两罢。罢字儿碜可可你道是要，我心里怕那不怕？"韵脚"他"是平声，声调平和，表现了主人公心情的平静，"罢"字是去声，声调较重，表现主人公的惊急之感；"要"字上声宛转，表现反问口吻；"怕"字去声，表现强调的语气。韵脚声调的不同，恰切地表现了感情的变化。当然，由于韵字平仄的不同，与其相应的乐音可能也会随之变化，因而也就造成了押韵之处并非全用主音的情况。但究其源，元曲用韵的密集当与北曲主音的繁密有关。

北曲的音乐与元曲的句式

王灼《碧鸡漫志》云："拍谓之乐句。"张炎《词源》亦云："拍板名曰齐乐，又曰乐句。"所谓乐句，即乐曲的句读，也就是乐曲的节奏，而乐曲的节奏也就决定着曲词的句法。故吴梅《曲学通论》说："一调有一调句法，当视板式为衡。如七字句，有宜上四下三者，有宜上三下四者，此间分别，都在板式。"诗词的歌法一字一声，中正和平，板式固定，所以节奏也比较规整，句法变化也较少。而北曲音乐繁音促节，板式灵活。吴梅《元词斠律序》云："北词无定板，就文字之多寡为板式之疏密，而其声即随之为转移。又上下板移易处，歌者高下闪赚，极声文之美，此又随曲声之势变为准者也。"《曲学通论》曰："北词中开首数曲，皆用散板，直至三四曲后，方用节拍。"北曲板式节奏的自由灵活，也就使其"句法字法，别有一种蹊径"（吴梅《顾曲麈谈》）。我们考察一下元曲的句法，就可以发现它比诗词句法更加复杂多变。元曲的五言句和七言句，不但有诗词中常见的二、三句法和四、三句法，而且有一、四句法和三、四句法。如张可久〔驻马听〕："问江边老樵，访山中故友，伴云外孤鹤。"都是一、四句法；白朴〔庆东原〕："那里也能言陆贾，那里也良谋子牙，那里也豪气张华。"均为三、四句法。元曲的四言句不但有诗词中常见的二、二句法，而且有一、三句法，如关汉卿〔沉醉东风〕："信沉了鱼，书绝了雁。"元曲的六言句不但有诗词中常见的二、二、二句法，而且还常用三、三句法，如姚燧〔凭阑人〕："论文章他爱咱，睹妖娆咱爱他。"有时还用一、五句法，如张可久〔殿前欢〕："欠伊周济世才，犯刘阮贪杯戒，还李杜吟诗债。"元曲中有些口语化的长句的句法更是复杂多变，与诗词句法迥异，如吕止轩〔醉扶归〕："你若肯时肯不肯时罢手。"句法为四、一、三、二；白无咎〔百字折桂令〕："三行两行写长空哑哑雁落平沙。"句法为四、三、三、三；无名氏〔寿阳曲〕："见个采桑妇人与了一锭金，你见那姓白的牡丹使甚？"句法为二、四、二、三和三、三、二、二;元杂剧《杀狗劝夫》中〔叨叨令〕一曲:"则被这吸里忽刺的朔风儿那里好笃簌簌避……越惹他必丢匹搭的响骂儿这一场扑腾腾气。"每句句法都极为错综复杂。元曲中还有一些以堆垛方式构成的句子,如关汉卿著名的〔南吕一枝花〕(不伏老),其句法更是诗词中绝无。从这些句子的句法不难体会其曲调繁杂灵活的板式和节奏。

北曲音乐的复杂多变也造成了元曲句子长短的参差错落、变化多端。元曲中不但有五言句、七言句、四言句、六言句,而且有一言句、二言句。一言句在词中除〔十六字令〕起拍和〔哨遍〕换头处外,他处不见;在元曲中则于〔寨儿令〕、〔山坡羊〕、〔醉东风〕、〔驻云飞〕、〔月儿高〕等曲常见之,而且用于描写、呼唤、感叹、疑问、摹声等,无不自然生动。二言句在词中多用于换头处,且二字之意截然而止,常有板重之感,如〔兰陵王〕、〔暗香〕等;但元曲中的二言句却多处可用,且与上下句自然地融为一体。如张养浩〔雁儿落带得胜令〕:"歌声,积渐的无心听;多情,你频来待怎生?"马致远〔双调·夜行船〕:"鼎足虽坚半腰里折,魏耶? 晋耶?"都用得自然圆活。由于衬字的运用,元曲中的长句更为诗词中所无。如上举元杂剧《杀狗劝夫》中〔叨叨令〕一曲,各句多在十七、八个字以上。关汉卿〔南吕·一枝花〕(不伏老)中"谁教你钻入他锄不断、斫不下、解不开、顿不脱、慢腾腾千层锦套头"句长达 26 字。在元曲中,这些或长或短的句子又往往是错综穿插地组合,整齐的对句比诗词中减少,这也反映了其乐曲的错综复杂。

诗词音乐的中正和平与诗词句子平仄谐和的特点是一致的。一句之内平仄两两交替,上下两句平仄相对,刚柔相济,矛盾统一,这是声律和谐的基本规律。诗词中需要表达拗怒、劲

峭、急切、跌宕等感情的地方,往往用拗体。北曲抒情热烈痛快,
跌宕多姿,曲调繁杂,板式自由,也就使元曲减少了平仄两两交
替的规整平顺的句子,出现了许多不规则的拗怒句式。如郑光
祖《倩女离魂》第四折〔水仙子〕:"(据着俺)老母情(仄仄平),
(他则待)袄庙火刮刮匝匝烈焰生(平仄仄仄仄仄仄仄平),将
水面上鸳鸯(平仄仄仄平平),忒楞楞腾生分开交颈(仄平平平平
平平平仄)。疏剌剌沙鞴雕鞍撤了锁鞿(平仄仄平仄平平仄仄
平),厮琅琅汤偷香处喝号提铃(平平平平平平仄仄平平),支
楞楞争弦断了不续碧玉筝(平平平平平仄仄仄仄仄平),吉丁
丁珰精砖上摔碎菱花镜(仄平平平平平仄仄平平仄),扑通通
冬井底坠银瓶(仄平平平仄仄仄平平)。"第二句连用 8 个仄声,
有一种激烈急切的情调。第四句连用 7 个平声,第六句连用 6
个平声,第七、八句各连用 5 个平声,造成了低抑哀伤的情调;而
几个平声连用后又用仄声振起,因而哀伤中又有愤懑不平。又
如无名氏〔三番玉楼人〕:"风摆檐间马,雨打响碧窗纱,枕剩衾寒
没乱煞,(不着我)题名儿骂。暗想他,忒情杂,等来家好生的歹
斗咱。我将那厮脸儿上不抓,耳轮儿揪罢,(我问你)昨夜宿谁
家?"其中七言句"枕剩衾寒没乱煞"(仄仄平平仄仄仄)、五言句
"耳轮儿揪罢"(仄平平平仄)均非律句,六言句"雨打响碧窗纱"
(仄仄仄仄平平)、四言句"题名儿骂"(平平仄仄)也非平仄两两
相间的平顺句式,而这恰好表达了烦乱急切的感情。据《九宫大
成》曲谱,"枕剩衾寒没乱煞"的乐谱为:

$$1 \quad 2 \mid 3 \quad \underline{5\,4} \quad 3 \mid 2 \; — \; 1 \; 7 \mid 6^{\smile} \; — \mid$$

　　枕　剩　衾　　寒　没　乱　　煞

忽高忽低,"煞"字急停。"耳轮儿揪罢"的乐谱为:

$$2 \quad 3 \quad - \quad \underline{2\,3} \mid 5 \quad - \quad \underline{4\,3} \quad 2 \mid \overset{\frown}{2\,0}$$

耳　轮　　儿　揪　罢

"儿"字短促，"揪"字长而高扬，"罢"字宛转而又半拍休止。"雨打
响碧窗纱"乐谱为：

$$1 \quad - \mid \overset{\frown}{1\,2} \quad \underset{\cdot}{5} \; \underset{\cdot}{6} \mid 1 \cdot \underline{2} \quad 3 \quad - \mid 2 \quad - \overset{\smile}{} $$

雨　　打　响　碧　　窗　　纱

全句唱来低沉压抑。"题名儿骂"乐谱为：

$$1 \quad \overset{\frown}{1\,2} \mid 5 \cdot \underline{6} \quad 5 \quad - \mid 4 \quad 3 \quad 2 \quad - \mid$$

题　（着）名　　儿　骂

"名儿"二字高扬激昂。可见乐谱的旋律与曲词的感情和平仄是
互相协调的。

北曲的音乐与元曲的用语修辞

　　北曲音乐的繁杂急切、自由奔放也影响到元曲用语修辞的某
些特色。

　　元曲中经常大量运用多音节的形容词性方言口语。如关汉
卿《蝴蝶梦》第三折〔醉太平〕一曲有云："他三个足丢没乱眼脑剔
抽秃刷转，依柔乞煞手脚滴羞笃速战，迷留没乱救他叫破俺喉
咽。"其中"足丢没乱"、"剔抽秃刷"、"依柔乞煞"、"滴羞笃速"、"迷
留没乱"都是多音节的形容词性方言口语，它们的大量运用，造成
了曲词的繁音促节，从中不难想见其乐曲的繁杂凄切。

　　元曲中也常见象声词的连续运用。如无名氏杂剧《鸳鸯被》

第二折〔笑和尚〕一曲："吉丁丁珰画檐前敲玉马,疏剌剌刷正殿里吹书画,忒楞楞腾宿鸟串荼蘼架,赤力力尺摇翠竹,骨鲁鲁忽燸窗纱,可忒忒扑把不住心头怕。"其中每句都用四个字的象声词。如果没有乐曲的活泼跳跃、急管促弦,又怎么能与这样的曲词相配合? 王和卿〔百字知秋令〕(绛蜡烧)用了不少象声词和多音节形容词方言口语,在《九宫大成》曲谱中,其曲调也是急促迅疾的。

元曲中也常见叠字的运用。如无名氏杂剧《云窗梦》第三折〔尧民歌〕一曲中,有四句每句连用两三个 ABB 叠字式:"早忘了急煎煎情脉脉冷清清,早忘了扑簌簌泪零零,早忘了意悬悬愁戚戚闷腾腾,早忘了骨岩岩心穰穰病萦萦。"无名氏杂剧《货郎旦》第四折〔货郎儿〕(六转)一曲,每句都运用了一两个 AABB 叠字式,音调锵锵咚咚,节奏繁急紧促,真如大珠小珠落玉盘。由这些曲词,我们可以明显地感到北曲那种嘈杂急切的特点。这样的曲词无论如何也无法用中正和平的诗词音乐演唱出来。

元曲中常用排比修辞格,极尽铺张扬厉之能事,表现了北曲音乐奔放热烈的特点。如《西厢记》第二本第四折:"〔天净沙〕莫不是步摇得宝髻玲珑? 莫不是裙拖得环珮叮冬? 莫不是铁马儿檐前骤风? 莫不是金钩双控,吉丁当敲响帘栊?"这是一连串设问的排比。《西厢记》第二本第三折〔离亭宴带歇指煞〕:"从今后玉容寂寞梨花朵,胭脂浅淡樱桃颗,这相思何时是可? 昏邓邓黑海来深,白茫茫陆地来厚,碧悠悠青天来阔。太行山般高仰望,东洋海般深思渴。毒害的怎么。俺娘呵,将颤巍巍双头花蕊搓,香馥馥同心缕带割,长挽挽连理琼枝挫。"这是多种比喻的排比,亦即博喻。马致远〔双调夜行船〕(秋思):"红尘不向门前惹,绿树偏宜屋角遮,青山正补墙头缺。"这是结构相同的三个句子的排比,亦即三句对。上述排比在古代诗词中罕见(民歌例外),它之所以在元曲中得到普遍运用，就是因为它宜于表达奔放热烈的感情，而这正适应了北曲音乐的特点。

元曲中的联珠修辞格也颇能反映北曲音乐的某些特色。如石君宝《曲江池》杂剧第一折〔寄生草〕："少年人乍识春风面，春风面半掩桃花扇，桃花扇轻拂垂杨线。垂杨线怎系锦鸳鸯，锦鸳鸯不锁黄金殿。"这种修辞格要求上句的末尾几字与下句的开头几字相同，这就使各句之间连跗接萼，紧密无间，节奏紧凑，一气贯串，正好反映了北曲音乐急切紧促的特点。

由此可见，某些用语和修辞格之所以在元曲中用得较多，并形成了元曲的独特风格，是与北曲音乐的特点相联系的。在某种意义上说，它们正是北曲音乐的产物。

北曲音乐和元曲的风格

任讷《散曲概论》说："曲以说得急切透辟、极情尽致为尚，不但不宽弛，不含蓄，且多冲口而出，若不能待者，用意则全然暴露于词面。"诗词讲究含蓄蕴藉，比兴寄托，元曲则以直露透辟、自由奔放为其基本风格。元曲常用白描直说之法，抒情写意直抒胸臆，毫不吞吞吐吐。它甚至把心理、情状写得清楚明白仍不满足，还要反复铺排，写得透辟淋漓，直到极情尽致为止。如刘庭信〔折桂令〕："想人生最苦离别，唱到阳关，休唱三叠。意迟迟抹泪揉眵，急煎煎揉腮撧耳，呆答孩闭口藏舌。情儿分儿，你心里记者；病儿痛儿，我身上添些；家儿活儿，既是抛撇，书儿信儿，是必休绝；花儿草儿，打听的风声，车儿马儿，我亲自来也。"作品对夫妻离别时妻子的情态与叮咛反复铺排，写得酣畅淋漓，热烈泼辣，与诗词中的离别之作大异其趣。

　　元曲这种直露透辟的风格，其成因当然是多方面的。但它与北曲音乐的特点也密不可分。试想，北曲音乐的繁杂急切、激越奔放，又怎么能歌唱蕴藉含蓄、纤柔细密的曲词呢？它必然要求打破曲词整齐呆板的句子、句法和平仄格律，而配之以参差错落的句子、句法、平仄和重言叠字的用语、反复铺排的修辞方法，而这也就造成了元曲直露透辟、自由奔放的风格。北曲音乐与元曲的句式、用语、修辞的关系，前已谈到，兹不复赘。

　　由于北曲音乐今已绝响，《九宫大成》中的北曲曲谱也难以完全反映元代北曲的原貌，因此我们只能从有关记载了解它的大体特点，或者从现存的曲词去推断它的声情概貌，也可参照《九宫大成》曲谱加以研究。这当然不是十分精密的。但我们相信这种推断尚不至有大错。因此，我们认为，北曲音乐对元曲曲词的形式与风格的影响还是可以粗略地探知的。本文只是抛砖引玉，深入的研究尚有待于高明。

　　（原载《天津师范大学学报》社会科学版，1990 年第 6 期）

从元曲看元代文人的心态

读过元曲的人可能都有一种感觉,似乎元代文人的言行、心理与传统文人有所不同。是的,元代这一个特定的时代造就了一批特殊的文人,形成了他们独特的心态。对此,我们不妨结合元曲作品作一些具体的考察。也许,这不仅有助于我们对元代社会的认识,而且也有助于我们对元曲作品的进一步理解。

佯钝装呆与清醒深层的思考

元朝是我国历史上第一个由少数民族建立的中央政权,又是一个民族矛盾和阶级矛盾极为尖锐的时代。由于民族歧视政策和科举的废止,元代知识分子仕进无途,地位空前低下。中国古代的知识分子,面对黑暗的政治和不平的现实,总是抒写着他们的痛苦、不满和抗议,呼唤着真理和正义。儒家知识分子对大是大非从不马虎,认为正义与邪恶不可调和,甚至可以舍生取义。但元代文人面对黑暗的现实,却是另一种表现。他们极力鼓吹避世、醉酒、酣睡,佯钝装呆,不问是非。马致远在杂剧《黄粱梦》中写道:"也不知甚的秋,甚的春,甚的汉,甚的秦,长则是习疏狂,耽懒散,佯装钝。"他在散曲〔双调·夜行船〕(秋思)套中说:"休笑巢鸠计拙,葫芦提一向装呆。"在〔拨不断〕中,他甚至连屈原的死活也不放在心上："屈原清死由他恁,醉和醒争甚!"而要做到葫芦提,最好的办法是醉酒和酣睡："每日醉如泥,除睡人间总不知。"贯云石的〔红绣鞋〕更是极力鼓吹以终日烂醉来忘掉一切："东村醉西村依旧,今日醒来日扶头,直吃得海枯石烂恁时休。将屠龙剑、钓鳌钩,遇知音都去做酒。"由此可见,元代文人是如此的自暴自弃,不分是非,确实是痴呆糊涂了。

但是,如果我们只是停止在这种表面的认识上,则不免过于肤浅。实际上,元代文人的钝和呆是佯和装的。在钝和呆的表象中,却又包含着对社会和人生的清醒深层的思考。

首先,元代文人对现实的黑暗有着清醒的认识。如无名氏〔正宫·醉太平〕:"堂堂大元,奸佞专权,开河变钞祸根源,惹红巾万千。官法滥刑法重黎民怨,人吃人钞买钞何曾见,贼做官官做贼混愚贤,哀哉可怜!"作品揭露了奸佞专权、官贼无异的黑暗政治,鞭挞了统治阶级开河变钞、祸国殃民的罪恶,并且深刻地指出正是这种倒行逆施激起了人民的怨恨和反抗,导致了农民起义的爆发。对社会现实如此敏锐的洞察力,即使在今天也不能不令人佩服。张鸣善〔双调·水仙子〕(讥时)写道:"铺眉苫眼早三公,裸袖揎拳享万钟。胡言乱语成时用,大纲来都是烘! 说英雄谁是英雄? 五眼鸡岐山鸣凤,两头蛇南阳卧龙,三脚猫渭水非熊。"作品深刻地揭露了贤愚莫辨的黑暗现实,无情地戳穿了当朝权贵的丑恶嘴脸,明确地指出统治阶级的一切胡言乱语都不过是骗人的鬼话而已。作者几乎是居高临下地对整个统治阶级进行了清晰的审视,无情地揭露了他们丑恶虚伪的本质,这难道不是极为清醒的认识吗? 同样,郑光祖的杂剧《王粲登楼》也一针见血地揭露了"不论文章只论财"的社会现实:"如今那有钱人没名的平登省台,那无钱人有名的终淹草莱……如今他可也不论文章只论财。"这表现了对那个不公平的社会的深刻认识。正是由于清醒地看到了当时的社会是黑白颠倒、是非混淆的，而作者又无力改变这样的现实，因此他们也就只好佯钝装呆。钝呆与清醒就是这样奇特而自然地统一着。

其次，元代文人对社会历史作了深层的思考。他们不只是对眼前的一时一事发抒感慨，而是以历史学家的眼光总结历史的经验教训，对社会历史的某些方面得出规律性认识。张养浩的名作〔山坡羊〕(潼关怀古)是人们所熟知的："峰峦如聚，波涛如怒，山河表里潼关路。望西都，意踟蹰。伤心秦汉经行处，宫阙万间都做了土。兴，百姓苦；亡，百姓苦。"作品精辟地总结了历代王朝的兴亡所带给人民的都只有痛苦，一针见血地揭穿了历代王朝的共同本质。杨景贤在杂剧《刘行首》中写道："想韩侯当日，钝剑一身亏；彭越何为，烂剁肉如泥；九江王受困危，竿尖上挑首级。恁莫痴，争似张良会，归，急流中身先退。"作品通过历史的回顾，清醒地指出像韩信、彭越、英布那样的英雄人物，为建立汉朝建立了丰功伟绩，最后却落得了一个兔死犬烹的悲惨下场，从而揭穿了历史上统治阶级虚伪自私的丑恶本质；同时，作者还劝诫那些痴迷不悟的世人，要学习张良，急流勇退。元曲中有大量的作品慨叹着英雄人物的惨死，明智隐退之士的全身，"黄金带缠着忧患，紫罗襕裹着祸端"(张养浩〔水仙子〕)，可以说是他们对历史经验的总结，表现了他们对封建官场和统治阶级的清醒认识。无名氏〔中吕·朝天子〕则透视了怀才不遇这一普遍的社会历史问题："不读书有权，不识字有钱，不晓事倒有人夸荐。老天只恁忒心偏，贤和愚无分辨。折挫英雄，消磨良善。越聪明越运蹇：志高如鲁连，德过如闵骞，依本分只落人轻贱。"作品不只是着眼于现实社会的贤愚颠倒，而是明确指出，自古以来有才之士就是不得意的。这就表明,作者认识到这是一个带有普遍性的社会历史问题。尽管他还不可能认识到这是封建社会制度的必然产物,但他却为我们提供了认识封建社会本质的思想资料。这种由现实而触发的对社会历史的思考,表现了元代文人对社会的更深层的清醒认识。

再次,元代文人对传统思想也进行了反思和批判。屈原的忠君爱国历来为人们所推崇,但在元人散曲中却常常遭到非议。马致远〔拨不断〕说:"屈原清死由他恁,醉和醒争甚!"范康〔寄生草〕更明确地指责屈原不通达时务:"不达时皆笑屈原非,但知音尽说陶潜是。"屈原固然是一位伟大的爱国诗人,但面对昏庸的统治者和众人皆醉的局面,他投江而死确实也无法挽狂澜于既倒。从这个意义上讲,也许倒真是元人看得更加清楚。刘时中〔四块玉〕甚至对一切忠孝臣、贤明主都不屑一顾:"试将历代从头数,忠孝臣,贤明主,泉下土。"明君贤臣是封建社会的理想,但元代文人却对此加以否定。就连在封建社会中神圣不可侵犯的孔孟以及他们那一套封建伦理,在元人散曲中也失去了光彩,甚至被调侃和嘲笑。庾天锡在〔雁儿落过得胜令〕中写道:"谩说周秦汉,徒夸孔孟颜。人间,几度黄粱饭?狼山,金杯休放闲。"薛昂夫〔朝天曲〕对被孔子称为"德之本"的孝道极尽揶揄嘲弄之能事:"老莱,戏采,七十年将迈。堂前取水作婴孩,犹欲双亲爱。东倒西歪,佯啼颠拜。虽然称孝哉,上阶,下阶,跌杀休相赖。"我们知道,明代李贽曾因不尊孔孟等反道学思想被诬为"左道惑众"而遭逮捕,其书也被焚禁。而在李贽之前二三百年,元代散曲作家就敢于向传统的思想观念挑战,其中虽不无某种偏激情绪和虚无思想,但却也不能不承认,他们确实对传统思想进行了某些反思,并表现了大胆的叛逆精神。

　　此外,元曲中也表现了对人生哲学的冷静思考。元曲中指出,人生的一切都是有生有灭的。人总不免一死,历代王朝和荣华富贵也不能永存。既然如此,人生的意义何在? 人的一生应当怎样度过? 张养浩〔山坡羊〕认为官、钱、富、贵都不值得羡慕,人生首先是要有德,为人做好事,得到人民的尊敬,名传千古。这样的人生态度当然是积极的,但在元曲中却并不多见。许多元代文人在他们的作品中鼓吹的是一种清幽安闲的生活。马致远〔双调·夜行船〕(秋思)歌唱着:"名利竭,是非绝。红尘不向门前惹,绿树偏宜屋角遮,青山正补墙头缺,更那堪竹篱茅舍……裴公绿野堂,陶令白莲社。爱秋来时那些:和露摘黄花,带霜烹紫蟹,煮酒烧红叶。"这种生活是幽闲高雅的。此外,也有些作品歌颂了淳朴的村居生活。二者,都是不慕富贵名利,甘愿做一个正直无邪的人,其品格是高尚的。还有许多文人的生活态度却比较消极。他们认为既然人生短促,就应及时行乐。卢挚〔蟾宫曲〕甚至用算细账的方法说明人生享乐时间的短暂,因而应该及时行乐:"想人生七十犹稀,百岁光阴,先过了三十。七十年间,十岁顽童,十载尪羸;五十岁除分昼黑,则分得一半儿白日。风雨相催,兔走乌飞。子细沉吟,都不如快活了便宜。"作者不懂得人生的价值,不明白人积极生活的意义,因而得出了及时享乐的结论。还有的甚至因此而厌弃人生,终日酣睡、醉酒;或修仙学道,以求长生。尽管以上种种人生态度有所不同,有的积极,有的消极,但都是元代文人对人生进行了深入思考的产物。他们对人生现实的分析是正确的,而在应当如何生活上却有时陷入了谬误。这在当时历史条件下并没有什么奇怪。正确与谬误的混杂和统一,是古人的一种正常现象。

乐闲享受与个性解放的追求

　　我国古代有许多文人因为对现实的不满、失望和个人的不得意而不得不走上了隐居道路,因而在隐居中常常充满了寂寞和苦闷。但在元曲中,我们所看到的元人的隐居却大都很积极主动,并以隐居为荣,以隐居为乐,充满了乐观旷达、知足自豪的情绪。吴仁卿〔金字经〕对隐居充满了自豪与骄傲:"太宗凌烟阁,老子邀月楼。便是男儿得志秋,休,几人能到头? 杯中酒,胜如关内侯。"阿里西瑛甚至对隐居生活呵呵而乐:"懒云窝,醉时诗酒醒时歌,瑶琴不理抛书卧,尽自磨陀。想人生待则么? 富贵比花开落,日月似撺梭过。呵呵笑我,我笑呵呵。"(阿里西瑛〔殿前欢〕)如此的旷达乐观,这样的无忧无虑,在元曲之外还很少见到。当然,作者们的内心也并非没有隐痛和怨愤,但哭以笑出之,沉痛以酒脱轻松出之,却正是元人的特点。

　　元代的文人隐士不但乐闲旷达,不像古代文人那样忧国忧民,而且有时也不像古代文人那样高雅,而颇有些俗气。如薛昂夫〔正宫·端正好〕(高隐)就不但描写了四时田园景物,而且描写了种田栽麻,锄苗割豆,养蚕织布,听村歌俚曲,看杂耍俗舞,饮浊酒,食生瓜,充满淳朴粗俗的生活气息。至于描写山妻稚子等古朴的天伦之乐的作品更是屡见不鲜。在有些元曲作品中,甚至以声色和物质享受为乐。杨朝英〔殿前欢〕写道:"白云窝,守着个知音知律俏奴哥,醉时鸳帐同衾卧,两意谐和。尽今生我共他,有句话闲提破。花前对饮,月下高歌。"看来,元代文人确实是乐闲享受,甚至有些俗气了。

　　但是,我们也不能看到,在元人的乐闲享受之中,也包含着对个性解放的追求。元人的乐闲享受具有无拘无束、逍遥自在、率性而行的特点，他们明确地认识到了官场、现实和个性自由的矛盾，因此，他们总是把归隐、避世的自由自在和官场、现实的凶险、受拘加以对照地描写，表现他们对个性解放的追求。不忽麻〔仙吕·点绛唇〕(辞朝)明确地道出了辞官归隐是"向山林得自由"。宫天挺杂剧《七里滩》中的严光歌唱着"散诞心肠，放浪形骸"的自由自在，甚至认为做皇帝也要受拘束："您每朝聚九卿，你须当起五更，去得迟呵着那两班文武在丹墀候等，俺出家东纳被蒙头黑甜一枕，直睡到红日三竿犹兀自唤不的我醒。"至于那庸碌烦扰，蝇争蚁忙的社会现实也束缚着人们的自由。范康《竹叶舟》中说："你则待日夜思量计万条，怎如我无事乐陶陶。"总之，他们所追求的生活是无拘无束，逍遥自在，或酣睡醉酒，或吟诗啸歌，或游山玩水，或相会渔樵，或纵情声色，一切都顺从着自己的本性。明代的李贽认为："士贵为己，务自适。""不必矫情，不必逆性，不必昧心，不必抑志，直心而动。"(《焚书》)袁宏道也说："率性而行，是谓真人。"(《袁宏道集笺校》卷四)元代文人虽然在理论上不像他们讲得那样明确，但其精神实质是一致的。正统的封建思想认为，人应当用世做官，为国君尽忠，为社稷苍生尽力；而元代文人却认为这些东西都是束缚人的个性和自由的，鼓吹要彻底摆脱它们才能使自己的个性得到充分的自由，从而表现了个性解放的要求。当然，这种个性解放一方面包含着对传统思想的批判，同时也包含着个人享乐和消极无为的成分。他们的个性解放不是为了在个性自由的条件下更好地做一番有益的事业，而是逍遥自在，无所作为。而且，它不是要通过改变束缚个性的社会条件来实现，而是企图通过逃避现实来实现。因此，这是一种低层次的个性解放思想。

避世隐居与入世有为的幻想

在元曲中，描写避世隐居的作品特别多。《归隐》、《恬退》、《村居》一类散曲题目到处可见，鼓吹出世入道的神仙道化剧也大量出现。这些作品尽情地歌唱着山林风光、田园佳趣、相伴渔樵、留连诗酒，远离是非荣辱，任凭散诞逍遥，这在整个文学史上也是少见的。元代文人之所以避世隐居，当然有的是出于对现实的不满。范康《竹叶舟》借吕洞宾之口说："你则看凌烟阁那个是真英武，你则看金谷乡都是些乔男女。"因而极力鼓吹弃世出家。马致远〔双调·夜行船〕(秋思)厌恶那"密匝匝蚁排兵、乱纷纷蜂酿蜜、急攘攘蝇争血"的世界，因此隔绝人世，"便北海探吾来，道东篱醉了也"，表现了对现实的不满。此外，也有些人是由于对官场凶险的恐惧而弃官归隐。孛罗御史〔南吕·一枝花〕(辞官)明确地表示："利名场再不行踏，风波海其实怕他。"邓玉宾〔叨叨令〕(道情)也说："白云深处青山下……煞强如风波千丈担惊怕。"马致远等合撰杂剧《黄粱梦》则用生动的比喻说："功名二字，如同那百尺高竿上调把戏一般，性命不保……怎如的平地上来，平地上去，无灾无祸，可不自在多哩！"他们都认为做官凶险可怕，隐居安全自在。

元曲中如此多的作品在极力歌唱着避世隐居，而且有不少作品还把隐居写得那样恬适快乐，这并不等于说元代文人在内心深处已经完全消失了积极有为的壮志和幻想，泯灭了怀才不遇的愤懑和不平，或对现实已经完全忘怀。相反，他们有时也会抒写自己的壮志和实现壮志的幻想。无名氏〔双调·水仙子〕中说："有一日起一阵风雷，虎一扑十硕力，凤凰展翅飞，那其间别辨高低。"表现了壮志犹存的心态。马致远〔南吕·金字经〕(未遂)诉说着

"登楼意，恨无上天梯"，而在同调中又叹息着"空岩外，老了栋梁材"，正好道出了经常隐藏和压抑着的内在思想。元杂剧则通过剧中的主人公，把这种思想表现得更加突出。无名氏《冻苏秦》豪迈地歌唱着："胸中豪气三千丈，笔下文才七步章。""凭着我七尺身躯八斗才，那怕他十谒朱门九不开，休想我白首困尘埃。凭着我这兵书也那战策……我直着夺得一个可兀的锦标来。"在元代的现实社会中，知识分子青云直上的可能性很小，实现雄心壮志的希望更是渺茫；但元杂剧的作者们总是让那些穷秀才们变泰发迹，中试得官。这恰好反映了元代文人不甘寂寞、希望得志有为的幻想。元杂剧中的大量作品也充满了怀才不遇的愤懑和不平。无名氏《猿听经》悲愤地说："空学得五典皆通，九经皆诵，成何用！铲的将儒业参攻，受了十载寒窗冷……不能够治国安邦朝帝阙，常只是披霜带月似檐中。"这种怀才不遇的悲愤从反面表明，元代文人并非从内心深处完全忘记了功名富贵和一展宏图的幻想，他们那种所谓避世隐居的安乐，不过是在不得已的情况下，为排遣苦闷而产生的一种变态心理，是一种聊以自慰的旷达之词。在马致远的《陈抟高卧》中，即使是终日酣睡的陈抟，也曾经"我往常读书求进身，学剑随时混，文能匡社稷，武可定乾坤，豪气凌云"。后来因见天下纷乱，方才隐居太华山中；但还在"以观时变"，一旦发现时机到来，便"下山到这汴梁竹桥边，开个卦肆指迷"，劝赵匡胤"休则管埋名隐姓，却教谁救那苦恹恹天下生灵"。由此可见，元代文人一方面歌唱着避世隐居，另一方面又没有完全忘怀现实，在他们的思想中始终存在着出世与入世的矛盾。元代文人作为血肉之躯的人，他们的心态是矛盾复杂的。

特定时代的政治、经济、思想的折射

元代文人的特殊心态是元代特定的政治、经济和思想的产物。

元朝是我国历史上第一个由少数民族建立的中央政权。这对几千年来主宰中国的汉族（或华夏）来说，简直是一个难以接受的现实。尤其是长期受着忠君思想熏陶的知识分子，对堂堂中国为"夷狄"所统治，更是难以承认和顺从。元代又是一个民族矛盾和阶级矛盾极为尖锐的时代。当时的汉人和南人在政治、经济、法律等方面都受到奴隶般的虐待；加之当时政治黑暗，贪赃枉法猖獗，侵占民田、掠卖人口、放高利贷之风盛行，战争连年，灾荒频仍，引起了人民的普遍不满和反抗。由于民族歧视政策和科举的废止，元代知识分子的地位一落千丈，甚至有"九儒十丐"之称。当我们翻开元杂剧，几乎到处都可以听到元代文人的啼饥号寒之声。他们"穿着些百衲衣服，半露皮肤"，"久居在箪瓢陋巷，风雪柴关，穷不穷甑有蛛丝尘网乱"（马致远《荐福碑》）。他们不得不去卖诗鬻字，充当佣工，借债卖子，求斋要饭，甚至因走投无路而意欲自杀。他们受尽别人的歧视和欺侮，"那一个不把我欺，不把我凌"（无名氏《冻苏秦》），甚至遭到父母妻子的辱骂和抛弃。因此，"儒人不如人"的感叹到处可见。当然，有些汉族知识分子也得到了一官半职。但元代规定，中央各部院的长官都由蒙古、色目人担任达鲁花赤总揽大权，汉族知识分子实际上仍沉抑下僚，受到歧视，甚至随时会有杀身之祸。这种特定的政治背景迫使元代文人思考现实，反思历史，探索人生，结果便是避世隐居，佯钝装呆，使歌唱隐居成了一种普遍的社会风气。

早在宋代，城市工商业就已经十分繁荣。到了元代，统治阶级为了满足奢侈生活的需要，拘掠全国工匠几十万人，在都市设立各种作坊，手工业得到了进一步发展。加之元代疆域辽阔，中西交通扩大，海运和漕运沟通，又促进了商业的繁荣。据《马可波罗游记》记载，当时的大都"外国巨价异物及百物之输入此城者，世界诸城无能与比……百物输入之众，有如川流之不息"，"娼妓为数亦伙，计有二万有余"。城市工商业的发展和市民阶层的壮大，必然会助长享乐之风，形成对安贫乐道等传统思想观念的冲击。元代文人对传统思想的反思和动摇，他们的玩世混世，他们重视声色和物质享乐的俗气，他们对逍遥自在的追求，都与当时城市经济的发展不无关系。

元代的蒙古民族刚刚由原始的游牧部落进入奴隶社会，他们没有儒家文化传统。在入主中原之初，他们对儒家思想并不重视，甚至对儒士也同样进行杀戮或掠为奴隶。这就造成了儒家思想的一度削弱。而同时，随着市民阶层的壮大，市民的思想意识却日益发展起来。一方面，他们常常是更多地注意眼前的利益，要求生活的享乐，甚至带有某种庸俗的意味；另一方面，基于发展工商业的要求，他们也具有反对封建束缚、追求个性解放的进步要求。元代文人的俗气和个性解放思想，折射着这种市民意识。此外，元代全真教十分流行。全真教起于北宋末年。虞集《道园学古录》云："昔者汴宋之将亡，而道士家之说，诡幻益甚。乃有豪杰之士，佯狂玩世，志之所存，则求其返真而已，谓之全真。士有识变乱之机者，往往从之。"陈垣《南宋初河北新道教考》说："立教之初，本为不仕新朝，抱东海西山之意。"由此可见，全真教是北宋遗民不仕新朝的产物。它正好适应了元代文人的民族情绪。有些元代文人歌唱隐居入道，就是反映了这种不仕新朝的思想。全真教的所谓全真，亦即保全本性。元代文人诉说着官场的凶险和拘系，歌唱着隐居的安全和自由，也就是以隐居求得保全身心，这显然也带有全真教的影响。至于那些描写度脱入道的杂剧，就更是直接宣传全真教了。全真教是一种道教改革派，它又与老庄思想密不可分。中国古代的知识分子在没有出路的时候，往往到老庄哲学中去寻找精神寄托，元代文人就更是如此。老子在《道德经》中提倡无为、好静、无事、无欲，主张小国寡民，绝巧弃利，"安其居，乐其俗"。庄子提出了著名的齐物论，把一切相反的东西都看作齐一，既无彼此，又无是非。能做到齐物，把贫富、贵贱、得失都置之度外，"虚静恬淡，寂漠无为"（《天道》），便可自由自在。元代文人在元曲中所表现的抛弃名利、不问是非、安闲旷达、自然无为等等，明显地带有老庄哲学的色彩。甚至他们的有些散曲作品所描绘的农村景象也颇似小国寡民的境界。像杨果〔仙吕·赏花时〕（旅况）中所描写的古拙淳朴、弃巧绝利、任凭自然、安居乐俗的景象就是如此。元代文人从全真教和老庄哲学那里吸收了个性自由的思想资料，又与市民的个性解放要求相结合，就形成了元代文人独特的个性解放思想。当然，我们说在元代儒家思想曾一度削弱，却又决不可低估儒家思想对元代文人的影响。一千多年来，儒家思想一直在中国占有统治地位，中国古代知识分子长期受着它的陶冶，即使它曾在元初一度削弱，元代文人的思想仍不能不打上它的深深的烙印。元代文人的隐居恬退与儒家"用之则行，舍之则藏"（《论语·述而》）的思想是一致的；元代文人时而显现的入世有为的幻想又何尝不是儒家积极进取思想的反映呢？由此可见，市民意识、全真教、老庄哲学、儒家思想都对元代文人有着一定的影响，从而形成了他们复杂独特的心态。

综上所述，元代文人对历史和现实的认识以及追求理想的出发点大率是正确的，而所采取的生活态度和实现理想的手段却又常常是错误的。由于历史条件的限制，正确的前提也可以引出错误的结论。元代文人的心态就是这样一种互相矛盾着的统一体。我们不能苛求古人完全正确。他们能够给我们提出一个正确的前提，对我们也是十分有益的。何况，对于错误的结论，假如我们结合当时的历史条件加以研究分析，也可以加深我们对当时的历史现状的认识，并从中吸取有益的教训。当我们掌握了元代文人的心态，反过去再用以指导元曲作品的阅读，当然会更准确地加以把握。我想，这也就是我们研究元代文人心态的意义之所在。

（原载《山东师范大学学报》社会科学版，1990 年第 5 期）

隐居与爱情两大传统题材
在元代散曲中的推陈出新

任讷《散曲概论》说:"我国一切韵文之内容,其驳杂广大,殆无逾于曲者。"元代散曲的内容是多方面的,而其中最主要的则是歌唱隐居和爱情。这本是两大传统题材,但在元代散曲中却是推陈出新,一改旧貌,从而形成了元代散曲鲜明新颖的特色。

一

隐居田园、放情山水是古代诗人反复描写过的题材,如果元代散曲只是简单地重复它,我们就没有必要在此赘述。在这里,我们主要考察一下它和古代的隐居作品有什么不同之点。

古代的隐居作品常常反映现实的黑暗,元代散曲中的隐居作品则主要慨叹官场的凶险。元代以前的官场固然并非不凶险,但在忠君思想的影响下,文人们并不强调对死亡的畏惧,而是宁可冒险而积极进取。只是在感到现实黑暗、壮志难酬时,才拂衣而退;或在被革职罢官后,才不得不归隐田园。而元代是第一个由异族统治整个中国的特殊时代,许多知识分子遭受杀戮;即使有的做了官,也是屈居副职,随时会有杀身之祸,因此官场凶险成了一个比过去更突出的问题。加之元代文人的民族情绪又使他们不愿意为异族君主卖命,所以元代散曲中的隐居作品也就更多地表现了这一内容。试看,贯云石〔清江引〕歌唱着:"竞功名有如车下坡,惊险谁参破? 昨日玉堂臣,今日遭残祸,争如我避风波走在安乐窝?"不忽麻〔仙吕·点绛唇〕套讥笑那些热衷功名的人是"游鱼儿见食不见钩,都只为半纸功名一笔勾",因此"宁可身卧糟丘,赛强如命悬君手"。值得注意的是,元代散曲中对官场凶险的感叹,并不只是针对眼前的一时一事而发,而是用历史学家的眼光,进一步反思历史的经验教训而得出的结论。如张养浩〔沉醉东风〕(隐居叹)通过对许多历史事例的反思,得出了官场凶险、恬退隐居的结论。因此,"黄金带缠着忧患,紫罗襕裹着祸端"(张养浩〔水仙子〕),可以说是对历史经验的总结,从而表现了元代文人对封建社会官场和统治阶级的清醒认识。尽管他们还不可能从理论上认识到这是封建制度的必然产物,但却为我们提供了认识封建社会本质的思想资料,无疑这也是很有意义的。

古代的隐居作品常常包含着对现实是非的评说,元代散曲中的隐居作品则往往表现出不分是非的思想。也许,元人对现实是太绝望,而政治的高压又使他们太消极了,因此他们只能这样麻醉自己,以求得解脱。他们认为,什么是非贤愚都不必去管它,只是一味葫芦提即可:"指鹿做马,唤凤做鸡,葫芦今后大家提,想谁别辨个是和非。"(吴仁卿〔越调·斗鹌鹑〕套)马致远在〔双调·夜行船〕(秋思)套中甚至说:"休笑巢鸠计拙,葫芦提一向装呆。"然而,人毕竟是有思想的,要真正做到葫芦提并不容易。因此,最好的办法便是"每日醉如泥,除睡人间总不知"(吴仁卿〔双调·斗鹌鹑〕套)。贯云石在〔红绣鞋〕中更是极力鼓吹以终日烂醉来忘掉一切:"东村醉西村依旧,今日醒来日扶头,直吃得海枯石烂恁时休。将屠龙剑,钓鳌钩,遇知音都去做酒。"作品把不问人间是非的思想表现得淋漓尽致。传统的儒家思想历来主张积极用世,对大是大非也从来不马虎,甚至主张舍生取义;而元代散曲中所表现的这种思想,不是与传统思想大相径庭吗? 当然,其中也难免会有愤激之情。他们鼓吹不分是非,并不表明他们分不清是非;恰恰相反,正是由于他们对社会现实看得太清楚了,但又无能为力,所以才佯钝装呆,出此愤激之语。以钝呆写清醒,这正是元代散曲的独特之处。

古代的隐居作品常常流露出隐居的孤独苦闷,元代散曲中的隐居作品则主要歌唱隐居的快乐自在。古代文人在隐居之际,由于不能忘却现实,故时而会有孤独苦闷之感。元代文人既然竭力忘却现实,也就无忧无虑,快乐自在。他们以隐居为荣,以隐居为乐,洋溢着乐观知足的情绪。吴仁卿〔金字经〕自豪地声称:"杯中酒,胜如关内侯。"卢挚〔蟾宫曲〕对淳朴宁静、无是无非的隐居生活感到心满意足。阿里西瑛和杨朝英在〔殿前欢〕中甚至对吟歌醉酒的隐居生活不禁呵呵而乐:"呵呵笑我,我笑呵呵。"如此的旷达乐观,这样的无忧无虑,在元人散曲之外我们还很少见到。而他们之所以这样快乐,一个重要的原因就是隐居生活的无拘无束,自由自在。不忽麻〔仙吕·点绛唇〕(辞朝)套明确地道出了辞官归隐是"向山林得自由",张养浩〔双调·雁儿落兼得胜令〕则通过隐居与为官的对比,具体地描写了为官的受拘劳碌和隐居的任情适意、散诞逍遥。显然,作者意识到了官场与个性自由的矛盾,通过隐居的自由自在表现了对个性自由的追求。明代李贽认为:"士贵为己,务自适。""不必矫情,不必逆性,不必昧心,不必抑志,直心而动。"(《焚书》)袁宏道也说:"率性而行,是谓真人。"(《锦帆集·识张幼于箴铭后》)元代散曲中对自由自在的隐居生活的歌颂,与明代李贽、袁宏道的个性解放思想有某种相似之处。当然,元代散曲歌唱隐居之乐，作者们内心也并非没有隐痛和怨愤，但以笑写哭，以洒脱轻松写痛苦沉重，却是元人散曲的新特色。

古代的隐居作品多表现高雅之趣，元代散曲中描写的隐居生活有时却颇带几分俗气。这些作品常常鼓吹及时行乐。孙叔顺〔南吕·一枝花〕套赤裸裸地说："叹白发紧相逼，百岁光阴能有几？快活了是便宜。"就连关汉卿这样伟大的作家，也在〔双调·乔牌儿〕套中说："到头这一身，难逃那一日。受用了一朝，一朝便宜。"在这些作品中，还常常可以看到对酒色之乐的描写："白云窝，守着个知音知律俏奴哥。醉时鸳帐同衾卧，两意谐和。尽今生我共他，有句话闲提破。花前对饮，月下高歌。"（杨朝英〔殿前欢〕）薛昂夫〔朝天曲〕也认为"买两个丫鬟，自拈牙板，一个歌一个弹"，"能到此是英雄汉"。这种充满了享乐思想的隐士，不是颇有些世俗气味么？一方面，这种情调与市民的思想意识有关；另一方面，元代散曲作者大多比元杂剧的作者地位要高些，他们的物质生活不那么穷苦，因而他们也有条件过享乐的生活。

古代的隐居作品常常表现出独善其身的传统观念，元代散曲中的隐居作品则常常表现出一种离经叛道的反传统的思想。屈原的忠君爱国历来为人们所推崇，但在元人散曲中却常常遭到非议。贯云石〔殿前欢〕嘲笑屈原"为甚不身心放"，马致远〔拨不断〕说："屈原清死由他恁，醉和醒争甚！"范康〔寄生草〕更明确地指责屈原"不达时"："不达时皆笑屈原非，但知音尽说陶潜是。"刘时中〔四块玉〕甚至对一切忠孝臣、贤明主都不屑一顾："试将历代从头数，忠孝臣，贤明主，泉下土。"明君贤臣是封建社会的理想，但在元人散曲中却遭到了否定，这在过去是未曾有过的。更有甚者，就连封建社会里神圣不可侵犯的孔孟以及他们那一套封建伦理，在元人散曲中也失去了光彩，甚至被加以调侃和嘲笑。庾天锡在

〔雁儿落过得胜令〕中写道:"谩说周秦汉,徒夸孔孟颜。人间,几度黄粱饭? 狼山,金杯休放闲。"薛昂夫〔朝天曲〕对被孔子称为"德之本"的孝道极尽揶揄嘲弄之能事,说古代著名的孝子老莱子:"虽然称孝哉,上阶下阶,跌杀休相赖。"(此曲虽不直接写隐居,但从薛昂夫同一组〔朝天子〕来看,当写于其晚年隐居之时。)我们知道,明代的李贽曾因不尊孔孟等反道学思想被诬为"左道惑众",赶出麻城;又以"敢倡乱道,惑世诬民"的罪状被逮捕下狱,自杀身死,其书也遭焚禁。而在李贽之前二三百年,元代散曲作家就敢于向传统的思想观念挑战,其中虽不无某种愤激情绪,但却也不能不承认它的大胆的叛逆精神。

还应该指出,在元代散曲中,歌唱隐居的作家和作品之多,在历代是极为少见的。隐士们歌唱隐居,官僚们也歌唱隐居,几乎没有一个重要的散曲作家没有歌唱隐居的作品。这似乎成了一种社会风气,好像不歌唱隐居就难以作为一个散曲作家似的。与前代相比,这也是元代散曲描写隐居的一种新现象。

二

元代散曲中隐居作品的新特点,是元代特定的政治、经济、思想状况的产物。

第一,元代是异族统治整个中国的第一个朝代。这对几千年来唯我主宰中国并以中国为天下核心的汉族(或称华夏)来说,简直是一个难以接受的现实。尤其是长期受着忠君爱国思想熏陶的知识分子,对堂堂中国为"夷狄"所统治,更是难以立即承认和顺从。于是,他们不屑仕进,隐居于田园山林。同时,从元初到仁宗延祐二年又停止了科举,一般知识分子即或意欲仕进,也失去了正常途径。当然,有些汉族知识分子也得到了一官半职。但元代规定,中央各部院的长官都由蒙古、色目人担任,汉人、南人只能担任副职;地方上也由蒙古人、色目人担任达鲁花赤总揽大权,汉族知识分子实际上仍沉抑下僚,受到歧视,甚至随时会有杀身之祸。因而他们也深感官场的凶险,时有隐居之念。正是这种特定的社会现实,使歌唱隐居成了一种普遍的社会风气。同时,在元代的高压政策下,文人们的不满情绪又很少公开地、正面地表现在作品中。他们用隐居的安全、闲逸来自我安慰,用人生如梦、及时行乐来自我麻醉,于是他们的作品中就洋溢着一种旷达乐观甚至以隐居为自豪的情绪,表现了元人特有的精神风貌。

第二,元代的工商业和市民阶层进一步发展壮大。元代统治者为了满足奢侈生活的需要,拘掠全国工匠几十万人,在都市设立各种作坊,手工业得到了进一步发展。加之元代疆域辽阔,中西交通扩大,海运和漕运沟通,又促进了商业的繁荣。据《马可波罗游记》记载,当时的大都"外国巨价异物及百物之输入此城者,世界诸城无能与比。……百物输入之众,有如川流之不息","娼妓为数亦伙,计有二万有余"。城市工商业的发展和市民阶层的壮大,必然会助长享乐之风,形成对安贫乐道等传统思想观念的冲击。元代文人对传统思想的反思和动摇,他们的玩世和混世,他们重视声色和物质享乐的俗气,他们对逍遥自在的追求,都与当时城市经济的发展不无关系。

第三,元代的儒家思想相对薄弱。元代的蒙古民族刚刚由原始的游牧部落进入奴隶社会,他们没有儒家的文化传统。在入主中原之初,他们对儒家思想并不重视,甚至对儒士也同样进行杀戮或掠为奴隶。这就造成了儒家思想的一度削弱。而同时,随着市民阶层的壮大,市民的思想意识却日益发展起来。一方面,他们常常是更多地注意眼前的利益，要求生活的享乐，甚至带有某种庸俗的意味；另一方面，基于发展商业的要求，他们也反对封建束缚，具有要求个性解放的进步思想。元代散曲中的俗气和个性解放思想，折射着这种市民意识。此外，元代全真教也十分流行。全真教起于北宋末年，虞集《道园学古录》云："昔者汴宋之将亡，而道士家之说，诡幻益甚。乃有豪杰之士，佯狂玩世，志之所存，则求其返真而已，谓之全真。士有识变乱之机者，往往从之。"陈垣《南宋初河北新道教考》说："立教之初，本为不仕新朝，抱东海西山之意，何期化民成俗，名动公卿，束帛蒲车，相将岩壑哉！"由此可见，全真教是北宋遗民不仕新朝的产物，它正好适应了元代文人的民族情绪。元代文人在散曲中歌唱隐居入道，就是反映了这种不仕新朝的思想。全真包括"真功"与"真行"，而所谓真，即本原或本性。所以从根本上说，全真也可以说是保全本性，自然无为。在元代散曲中，有些作品诉说着官场的凶险，歌唱着隐居的安全，此可谓全身；也有的歌唱着隐居的无拘无束，逍遥自在，或酣睡醉酒，或吟诗啸歌，或游山玩水，或相伴渔樵，一切都顺从着自己的本性，自然无为，此可谓全性。这和全真教不是有某些相似吗？全真教是一种道教改革派，它又与老庄思想密不可分。中国古代知识分子在没有出路的时候，往往到老庄哲学中去寻找精神寄托，元代文人就更是如此。老子在《道德经》中提倡无为、好静、无事、无欲，主张小国寡民、绝巧弃利，"安其居，乐其俗"。庄子提出了著名的"齐物论"，把一切相反的东西都看作齐一，既无彼此，又无是非。能做到齐物，把贫富、贵贱、得失都置之度外，"虚静恬淡，寂漠无为"（《天道》），便可自由自在。元代散曲中所表现的抛弃名利、不问是非、安闲旷达、自然无为等等，明显地带有老庄哲学的色彩。甚至有些散曲所描绘的农村，也是一片古拙淳朴、任凭自然、安居乐俗的景象,颇似小国寡民的境界。全真教的保全本性和老庄哲学的自然无为,有消极退让的一面,又有追求个性自由的一面。元代文人从全真教和老庄哲学那里吸收了个性自由的思想资料,又与市民的个性解放要求相结合,就形成了元代散曲中独特的个性解放思想。

三

男女爱情描写是元代散曲中另一项重要内容。这类作品的数量之多,除了在词中以外,也是一种历代罕见的现象。而且,不但与诗相比,就是与词相比,元代散曲中的爱情描写也有许多新的特色。

首先,元代散曲中对男女爱情的描写更直爽、更炽热、更赤裸、更大胆。在封建礼教和"发乎情,止乎礼义"(《毛诗序》)的诗教说的束缚下,除了民歌之外,中国古代的诗人们是不敢公开描写爱情的。与西方诗歌不同,中国古代诗歌写朋友之情的极多,写男女之情的却绝少。朱自清说:"中国缺少情诗,有的只是'忆内'、'寄内',或曲喻隐指之作,坦率的告白恋爱者绝少,为爱情而歌吟爱情的更是没有。"(《中国新文学大系·诗集导言》)宋词中写男女爱情的作品虽然很多,但柳永被视为轻薄,李清照被斥为"无顾藉",对爱情的坦率描写仍然是为人所不齿的。但在元代散曲中,却几乎如同现代人那样公开地表白着"我爱你"、"你爱我":"马上墙头瞥见他,眼角眉尖拖逗咱。论文章他爱咱,睹妖娆咱爱他。"(姚燧《凭阑人》)"郑元和,郑元和打瓦罐到鸣珂。保儿骂我做陪钱货,我为是末穷汉身上情多?可怜见他灵车前唱挽歌,打从我门前过,我也曾提破。知他是元和爱我,我爱元和。"(无名氏

〔殿前欢〕)他们的感情是如此的炽热滚烫："祆庙内,盼艳冶,不觉的怪风火烈,把才郎沈腰烧了半截,谁似你做得来特热。"(无名氏〔寿阳曲〕)他们的态度是如此的坚决:"从来好事天生俭,自古瓜儿苦后甜。奶娘催逼紧拘钳,甚是严,越间阻越情忺。"(白朴〔喜春来〕)一旦与情人重逢,他们是那样的热情奔放,喜不自禁,甚至连衣褊也"宽放出二三分"(杨果〔仙吕·赏花时〕套)。这样公开热烈的爱情表白是过去的诗词中所罕见的。更有甚者,还有些散曲作品描写了恋人们的幽期密约,私会偷欢。如商挺〔潘妃曲〕用自然质朴的语言和小小的细节,把幽会偷期的惊怕而又焦急盼望的心理写得真切生动。无名氏〔红绣鞋〕写男女偷情,表现了面对夫人间阻的坚定爱情。贯云石〔红绣鞋〕描写了一对私会的男女如胶似漆、难舍难分的痴情。关汉卿的〔双调·新水令〕套细致地描绘了幽会偷欢的情景和整个过程,甚至对交欢的情状和感受也不加避忌(当然,这并不值得提倡)。这更是在过去的诗词中所未曾有过的,也是自以为高雅的诗人们所不敢描写的。

其次,元代散曲中的爱情作品也描写相思离别,但与诗词中的温柔敦厚、哀婉缠绵情调不同,常常在痛苦中带有愤激泼辣的意味,可谓柔中有刚。如商挺《潘妃曲》边想边骂,陈子厚〔黄钟·醉花阴〕套思怨交加,语言尖刻,动作泼辣,与诗词中的温柔纤细大异其趣。刘庭信〔折桂令〕(忆别)写夫妻离别的痛苦情状和叮咛的话语,甚至声言:"花儿草儿,打听的风声,车儿马儿,我亲自来也!"其中毫无温文尔雅之气,而是粗俗泼悍,并带有某种诙谐意味,这在诗词中是见不到的。当然,元代散曲中写相思离别也有不少是缠绵悱恻的。但由于散曲直露透辟的特色和拥有篇幅较大的套数形式,它往往写得更加细致入微、酣畅淋漓。如杨果〔仙吕·赏花时〕套写相思情状,睡不着,吃不下,忽冷忽热,忽清醒忽昏迷,作品把这种奇特的相思症候写得真切细致极了。王伯成〔越调·斗鹌鹑〕套,通过残柳败花、塞雁寒蛩、风飘败叶、铁马丁当、西楼残月、戍角寒砧、孤灯空衾等一系列的景物,以及女主人公眉峰暗结、长吁短叹、啼痕成血、好梦难成的情状和情牵恨惹、肠荒腹热、愁万结、恨万叠的心境,把离别相思之情铺写得极为深透饱满。蒲察善长的〔双调·新水令〕套则不但描绘了更鼓、空衾、冷月、昏灯、铁马等凄凉的景物,以及主人公夜不能寐、度一宵如百岁的相思之苦和对往日相爱的回忆,还以大量的篇幅描写主人公面对长空孤雁的叨叨絮语,诉说离情,请它传信,求它快回,颇有马致远《汉宫秋》第四折之风。因此,元代散曲在描写相思离别的细致透彻方面也是超过了诗词的。

　　此外,元代散曲的爱情之作还出现了许多谴责负情的篇章。在中国的封建社会里,妇女被要求从一而终,贞节重于一切,甚至"饿死事小,失节事大",她们不过是男子的附属品和玩物。而男子却可以有三妻四妾,可以嫖妓私通,可以喜新厌旧,抛弃原妻和旧欢。但随着市民阶层的壮大,这种封建观念和礼教日益引起人们的不满。因此,在宋元以来的戏曲小说中出现了许多谴责男子负心的作品。在元代散曲中,与过去的诗词相比,这类作品也明显增多。如关汉卿〔碧玉箫〕表现了对负心汉的诅咒,吕止轩〔醉扶归〕抒写了对骗子的痛骂,杨果〔仙吕·翠裙腰〕套〔赚尾〕甚至咬牙切齿,"把一封寄来书都扯做纸条儿",表现了对伪君子的痛恨与决绝。在这些作品中,既有痴情和痛苦,又有愤怒、怨恨和咒骂,可谓柔中有刚。这与"怨而不怒"的诗词传统大相径庭,从而表现了元代散曲的独有特色。

四

元代散曲中爱情作品的大量出现及其鲜明的特色当然也有其原因。

首先,随着市民阶层的壮大,他们在爱情上的思想意识也日益强烈地表现出来。他们冲破了封建礼教的束缚,敢于公开地表达爱情,而且他们的爱情也更加大胆、热烈、放肆,有时也不免庸俗。元代散曲主要流行于市民之间,尤其以妓女酒间席上的传唱为多,因而就不能不表现出浓厚的市民特色。当然,这些作品的作者大多是封建文人,但他们的作品既然以市民为主要对象,就不能不迎合市民的情趣。而且,封建文人本来也并非没有男女之情,不过他们囿于封建礼教,不得不装得道貌岸然。而当市民意识日益成为一种社会风气时,他们的思想也就一拍即合,于是男女之情(包括他们的庸俗情趣)也就大量地形诸笔端。

此外,元代封建礼教的一度松弛也给这类作品的出现提供了有利的气候。中国的封建礼教对男女爱情有着严格的约束,但蒙古民族没有这样的传统,他们过着游牧生活,在男女关系上相对来讲比较自由。因此,在蒙古入主中原之初,封建礼教一度有所松弛。于是描写男女爱情的作品也就增多起来,对爱情的歌唱也更加大胆直率,甚至幽会偷欢也不以为耻。

其次,元代知识分子的民族情绪和仕进无途的处境,除了使一部分人隐居田园山林以外,也使一部分人沦落风尘,混迹勾栏,这可以说是另一种形式的隐居。他们不但不以为耻,甚至还以风流自傲。长期歌楼妓馆的生活也使他们对妓女的情态、心理有着比较深切的了解,他们与妓女的爱情经历也使他们有着较多的爱情体验,而且这种爱情具有与众不同的特点。因此。他们的爱情作品便写得真切动人,具有鲜明的特色。

最后,散曲这种体裁不同于传统的诗文,在中国古代,它的身份是低下的。有些在诗文中被认为有伤大雅的东西,在散曲中却尽可描写。即使是道貌岸然的正人君子,在散曲中也不妨换上一副风流面孔。这样,散曲中出现大量爱情作品也就是十分自然的了。

元代散曲还包括其他方面的内容,它在艺术上更具有新颖鲜明的特点,不过那不是本文所要论述的问题。但有一点应该指出,元代散曲体现着民间歌曲和古典诗歌的结合,它代表了诗歌发展的方向。对于新诗发展的途径,人们有各种不同的意见。但我个人认为在民歌和古典诗歌的基础上发展新诗是一种正确的观点。因为无论如何,新诗不能脱离群众,也不能脱离中国的传统。从这个意义上讲,元代散曲对新诗的发展是有某种借鉴意义的,因此我们应该认真研究这份宝贵的遗产。

(原载《东岳论丛》,1991 年第 1 期)

文学画廊中新而杂的人态物象

——论元代散曲中的写人咏物作品

在中国古代文学的画廊中,人态物象五彩缤纷、千姿百态。而由于元代这一历史时代和义人思想的特殊性,以及元代散曲能容俗、善谐谑的体裁特点,元代散曲中的人态物象更是新奇驳杂,光怪陆离,呈现出前所未有的新而杂的特点。

约而言之,元代散曲中的人物可分四种类型。

第一,反映作家本体人格的人物。

这类人物之一是隐士。由于蒙古族统治中国这一历史时代的特殊性,元代许多文人的民族意识比较强烈;残酷的现实和对历史的反思,使不少文人产生了对人生的彻悟;全真教的流行更进一步强化了元代文人的出世思想,因此元代文人多不屑仕进,避世隐居。朱经《青楼集·序》说:"我皇元初并海宇,而金之遗民若杜散人、白兰若、关已斋辈,皆不屑仕进,乃嘲弄风月,留连光景。"由于民族歧视政策和科举的废止,元代文人即欲仕进而不能,不得不隐居田园;或虽走上仕途,但因沉抑下僚或遭受歧视,仍向往着弃官隐居。因此,歌唱避世隐居蔚成风气,乃至成为元代散曲的主潮,作为作家本体人格的隐士形象也就大量出现。而由于以上种种条件,这些隐士形象又具有不同于前代隐士的新的特点。

　　传统的隐士，大都是一种恬淡静泊、高雅脱俗的形象，元代散曲中的隐士却往往是一种淳朴、世俗甚至呆拙的人物。如卢挚〔双调·沉醉东风〕（闲居）中的隐士的生活是："雨过分畦种瓜，旱时引水浇麻。共几个田舍翁，说几句庄稼话。"孙叔顺〔南吕·一枝花〕（休官）套中的隐士"甘心守淡饭黄齑"，"柴门草户，茅舍疏篱，守着咱稚子山妻"。在他们的描写中，传统隐士远离人世的清高之气大大减少，而身在尘俗的淳朴的庄户气却十分浓厚。杨朝英〔殿前欢〕则又强调世俗酒色之乐："白云窝，守着个知音知律俏奴哥，醉时鸳帐同衾卧，两意谐和。尽今生我共他，有句话闲提破。花前欢饮，月下高歌。"薛昂夫〔朝天曲〕甚至说："买两个丫鬟，自拍牙板，一个歌一个弹。……能到此是英雄汉。"这种浓厚的世俗享乐思想与传统隐士不食人间烟火式的高雅显然不同。元代散曲还有些作品甚至强调隐士的呆拙。杨果〔仙吕·赏花时〕（旅况）套，实际上是借旅途景物写其归隐之思，其中的渔翁便是隐士的象征："唱道向红蓼滩头，见个黑足吕的渔翁鬓似霜，靠着那驼腰拗桩，瘿累垂脖项，一钩香饵钓垂阳。"这位隐士的丑拙，表现了元代文人以愚拙自居和以丑为美的思想情趣。这种自认愚拙甚至佯钝装呆的描写在元代散曲中十分常见，它与传统隐士的高雅形成了鲜明的对比。

　　传统的隐士大都遵循"用行舍藏"的儒家原则，他们的隐居乃是权宜之计，甚至以隐居为终南捷径。他们对现实虽怀有不满，但并未彻底否定，对历史和人生也并未通过理性的反思而达到彻悟。元代散曲中的隐士却常常是对现实不抱任何幻想，具有彻底的否定意识。首先，他们对功名富贵给予了彻底的否定。如阿鲁威〔双调·蟾宫曲〕把封侯比作"烂羊头"；马致远在〔双调·夜行船〕（秋思）中把争名夺利视如"密匝匝蚁排兵，乱纷纷蜂酿蜜，闹攘攘蝇争血",在〔南吕·四块玉〕中则说:"争名利,夺富贵,都是痴。"更进一步,他们甚至否定了一切明君贤臣乃至神圣不可侵犯的孔丘、孟轲。如刘时中〔四块玉〕中说:"试将历代从头数,忠孝臣,贤明主,泉下土。"对屈原这样为历代所推崇的忠君爱国的典范,范康〔寄生草〕指责其"不达时",张养浩〔普天乐〕甚至以调侃的笔调说屈原投江而死"空快活了湘江鱼虾蟹。这先生畅好是胡来!"庾天锡〔雁儿落过得胜令〕则写道:"谩说周秦汉,徒夸孔孟颜。人间,几度黄粱饭? 狼山,金杯休放闲。"终其极,便是否定一切是非。吴仁卿〔越调·斗鹌鹑〕套中说:"指鹿为马,唤凤做鸡,葫芦今后大家提,想谁别辨个是和非。"在他们看来,"高,亦也可;低,亦也可"(陈草庵〔中吕·山坡羊〕),"赢,都变做了土;输,都变做了土"(张养浩〔中吕·山坡羊〕),"醉乡中不辨贤愚"(马九皋〔双调·湘妃怨〕)。总之,就是:"且休题,谁是非。"(关汉卿〔双调·乔牌儿〕套)由此可见,元代散曲中的隐士具有极为彻底的否定意识。而这种否定意识则来源于对历史的反思。张养浩〔双调·沽美酒兼太平令〕写道:"从前的试观,那一个不遇灾难:楚大夫行吟泽畔,伍将军血污衣冠,乌江岸消磨了好汉,咸阳市干休了丞相,这几个百般、要安,不安,怎如俺五柳庄逍遥散诞。"由历史的反思而得到理性的醒悟,从而否定一切,这是与传统隐士不同的地方。

　　传统的隐士既然对现实不能彻底否定,也就常常有一种孤寂冷清之感。而元代散曲中的隐士既然对历史和人生有了彻底的理悟和否定,也就表现出彻底的放倒态度和旷达乐观的精神。 如阿里西瑛〔殿前欢〕中说:"醉时诗酒醒时歌,瑶琴不理抛书卧。"吴仁卿〔越调·斗鹌鹑〕套中说:"每日醉如泥,除睡人间总不知。"马致远〔双调·夜行船〕(秋思)中说:"葫芦提一向装呆。"抛弃一切,忘记一切,醉酒、酣睡、装呆,这样的彻底超脱,彻底放倒,可谓史无前例。杨朝英〔殿前欢〕写道:"白云窝,樵童斟酒牧童歌。醉时林下和衣卧,半世磨陀。富和贵争甚么? 自有闲功课,共野叟相吟和。呵呵笑我,我笑呵呵。"如此彻悟和游戏人生,如此旷达乐观,恐怕只有在元代散曲中才能找到。

反映作家本体人格的人物之二是浪子。这方面的名作是众所周知的关汉卿〔南吕·一枝花〕(不伏老)。这套曲子中的主人公"一世里眠花宿柳",精通五音六律和歌舞、吹弹、插科等民间伎艺,惯熟分茶、攧竹、打马、藏阄、围棋、蹴踘、打围、双陆等各种民间游戏,是一个与传统文人不同的风流浪子。但他却不但不以为耻,反而自豪地夸耀自己是"普天下郎君领袖,盖世界浪子班头","占排场风月功名首","锦阵花营都帅头",并坚决地表示对这些"歹症候"誓死不改。无名氏〔正宫·端正好〕(豪放不羁)套也描写了一个"风月所施呈七步才"、纵情酒色的风流浪子,他甚至说:"一任教佳人宛转歌金缕,醉客伴狂饮绣鞋,便是英才。"这种风流浪子被作为歌颂的对象,正是以玩世哲学对待人生的作家本体的反映。此外,元代散曲还描写了许多急情贪色、狎妓偷情的风流人物。这是正统儒者所不屑言、也不敢言的,而元代散曲却不但淋漓尽致地写,而且以赞赏的态度写,也反映了作家的本体人格。元代文人不能以传统的方式寻求人生的道路,便从鄙俗的市井生活中寻找刺激,以浪子式的玩世精神与现实对抗,于是便打破了传统儒者的人格典范,标举出一种浪子式的新的人格。这种玩世精神与山林隐士的"雅玩"不同,可谓之"俗玩",但异曲同工,都折射着对现实的不满,反映了作家的本体人格。

第二,形形色色的丑恶人物。

这类人物一般是作者调笑、讽刺或批判的对象。元代散曲中描写了许多有生理缺陷的人物,如王和卿〔越调·天净沙〕(咏秃)、〔越调·小桃红〕(胖妓)、〔越调·天净沙〕(胖妻夫),关汉卿〔仙吕·醉扶归〕(秃指甲),杜遵礼〔仙吕·醉中天〕(妓歪口)等,都是把人物的生理缺陷加以夸大,予以调笑。其趣味多是庸俗的,但其目的仅是发人一噱,尚无多大的恶意,其描写也是极为形象的。同时,这种描写打破了高雅敦厚的文学传统,创立了一种粗俗滑稽、摄丑入曲之风,形成了与传统美相对立的审美情趣,对于建立元曲"蒜酪蛤汤"的独特风味和本色传统也未尝没有一定的作用。在这一方面,王和卿登峰造极,而关汉卿屡欲胜之,可见在元代此风极盛,可以说形成了一种时代潮流。这种现象反映了元代文人在没有出路的时代里以粗俗的态度玩世的人生态度,也可谓对现实的曲折反映。

元代散曲中也有些作品描写了品质上有缺陷的人物,并予以讽刺和嘲弄。如无名氏〔正宫·塞鸿秋〕(丹客行)描写丹客到处招摇撞骗,只落得家人埋怨,衣衫褴褛,"披一片挂一片拖一片";赵彦晖〔南吕·一枝花〕(嘲僧)写僧人与妓女在佛寺蝶乱蜂狂,丑态百出;无名氏〔正宫·醉太平〕(叹子弟)写为嫖妓而沦为乞丐的子弟,"戴一顶十花九裂遮尘帽,穿一领千补百衲藏形袄,系一条七断八续勒身绦";张鸣善〔中吕·普天乐〕(嘲西席)描写迂腐的教书先生;乔吉〔双调·水仙子〕(嘲少年)写谄媚的无耻少年,都极尽调侃讽刺之能事。而无名氏〔正宫·醉太平〕(讥贪小利者)则讽刺尤为尖刻辛辣:"夺泥燕口,削铁针头,刮金佛面细搜求,无中觅有。鹌鹑膆里寻豌豆,鹭鸶腿上劈精肉,蚊子腹内剜脂油。亏老先生下手!"作品通过夸张的描写,对剥削者无所不用其极的榨取给予了无情的嘲讽。在元代散曲中,对鸨母的描写和批判为数甚多。如无名氏〔中吕·满庭芳〕:"无情妳妳,同心剪碎,连理截开。虚恩情分等儿秤盘着卖，乔商量的那顿抢白。做嘴脸是追魂的变态，冷鼻凹是板障的招牌。不拣谁难教赛，若是孔方兄到来，便禁住俺娘乖。"鸨母的冷酷无情、见钱眼开被写得淋漓尽致，揭露和批判极为深刻。

元代散曲中所描写的丑恶人物形形色色，极为广泛，而且他们都是作品的主要描写对象，这在过去的文学作品中是从未有过的。

第三，世俗生活中的各种普通人物。

这类人物多半是作者歌颂或喜爱的人物。由于元代散曲的许多作者曾混迹勾栏或以风流自居，故他们的不少作品以自言体或旁言体描写了所见妓女或美女的动人形象。如孔文升〔双调·折桂令〕（赠千金奴）、乔吉〔双调·水仙子〕（赠顾观音）、张可久〔双调·水仙子〕（赠歌者秀英）、无名氏〔正宫·脱布衫过小梁州〕（美妓）等，都描写了妓女的美丽动人。周德清〔中吕·朝天子〕（书所见）、张鸣善〔中吕·普天乐〕（遇美）则描写的是良家女子的娇媚多情。以妓女为描写对象，在宋词中并不少见。但描写偶然邂逅的良家女子，并肆无忌惮地表现作者的神魂飘荡，则唯元曲能如此。可以说，这是元代文人思想解放的一种表现。而且，有的作品在艺术上也颇为高妙。仅以张鸣善〔中吕·普天乐〕（遇美）为例："海棠娇，梨花嫩。春妆成美脸，玉捻就精神。柳眉翚翡翠弯，香脸腻胭脂晕。款步香尘双鸳印，立东风一朵巫云。奄的转身，吸的便哂，森的消魂。"作品用一系列生动的比喻写出了这位女子的娇美艳丽，光彩照人；而且不局限于工笔画形，而是侧重于写意传神，不仅写静态的美，而且写动态的媚，因而绘声绘色，逼真传神，诚为写人妙品。

元代散曲中也有许多作品以代言体或旁言体描写了身处情

海爱河中的少女少妇。如无名氏〔中吕·红绣鞋〕写一个热恋中的少女:"裁剪下才郎名号,妆点的字体妖娆,做一个面花儿铺翠缕金描。欢喜时贴脸上,烦恼时贴眉梢,则教我眼根前把你瞧。"由于元曲重动作性的特点,作品对人物的外貌未加描绘,但这个热恋中的天真痴情的少女形象却活灵活现,栩栩如生。王伯成〔越调·斗鹌鹑〕套写一个离别相思的少妇,从眉峰暗结的外貌,到肠荒腹热、愁恨交加的心境,加上一系列凄凉景物的渲染,把女主人公的形象写得感情饱满,生动感人。杨果〔仙吕·赏花时〕套写一位与丈夫重圆的少妇,是那样的热情奔放、喜不自禁,也极为生动。马致远〔双调·寿阳曲〕和无名氏〔仙吕·三番玉楼人〕写一位对薄情人又爱、又恨、又恼、又气、敢说敢骂的少妇,一反传统女性的温柔敦厚,泼辣而又刚烈。还有一些作品描写幽期密约、私会偷欢的女子,也别有情趣。

元代散曲还有些作品描写了一些淳朴俚俗、善良天真的小人物。如杜仁杰〔般涉调·耍孩儿〕(庄家不识勾栏)描写了一个没见过世面的农民进城看戏的情景,刻画了一个淳朴憨直、天真稚气的农民形象。此曲并非对这一农民进行讽刺,而是流露了对其淳朴性格的喜爱。马致远〔般涉调·耍孩儿〕(借马)生动地刻画了一个养马人的形象。他爱马如命,辛勤喂养。当有人借马时,他唠唠叨叨地嘱咐如何喂草、饮水、行路、休息,直到马被借去后"两泪双垂"。他对马的爱惜不免有些过分和可笑,但也表现了他与马的纯朴感情。他最后还是把马借给了别人,也说明了他的善良。这是一个勤苦善良的劳动者,决不是一个吝啬的剥削者。他有几分可笑,但又使人觉得可爱。王大学士〔仙吕·点绛唇〕二套,前套写了三十六个玩杂耍的牧童,后套写了一百个玩耍的村童,彼此各不相同,但又都俚俗可爱。仅举后套〔寄生草〕为例:

"一个擎着山鹧,一个架着老鸦。一个向柳阴中笑把人头画,一个向桑园里学揭龟儿卦,一个向墙匡里引的芒郎骂。一个跳灰驴大闹麦场头,一个踏竹马偃卧在葫芦架。"全篇都是津津乐道地描写这种极为俚俗、不登大雅之堂的人物和行动,这在诗词中是绝难见到的,但这却正好表现了元代散曲能容俗、题材杂的独有特点。

第四,各种历史人物。

在这类人物中,有的是作者所歌颂的对象,如无名氏〔越调·柳营曲〕(范蠡)(子陵)(李白)等。也有的是批判的对象,如薛昂夫〔中吕·朝天子〕(董卓)(则天)等。对这类人物的描写在古代诗词中并不鲜见。不过元代散曲对历史人物的评价却常常有反传统的新见。如孟浩然骑驴寻诗历来被传为美谈,陈德和〔双调·落梅风〕(浩然骑驴)却讽刺他"冻得来战钦钦地"不值得。孙康映雪是古代苦读的典范,陈德和〔双调·落梅风〕(孙康映雪)却讽刺他:"映清光展书读较毕,待天明困来恰睡。"对著名的孝子老莱子,薛昂夫〔中吕·朝天曲〕甚至也加以嘲笑调侃:"上阶,下阶,跌杀休相赖!"这反映了元代文人的玩世态度,也表现了他们对传统观念的大胆叛逆,因而也就使他们笔下的历史人物有了新的特色。

元代散曲中的咏物作品大约有三种情况:

第一,描写物象。

这类作品以形象地描写所咏之物的形貌为主旨,别无深意。如有的作品生动地描写了梅花、海棠、牡丹、琼花等的形、态、神,给人以美的享受。当然,其中也包含着作者的情趣。这些作品的情趣一般都比较高雅,与传统诗词没有多大的不同。但也有些作品却描写了一些极俗之物,如杨讷〔中吕·红绣鞋〕(咏虼蚤)、周文质〔双调·折桂令〕(二色鞋儿)、刘时中〔仙吕·醉扶归〕(赋粉团儿)、王和卿〔越调·天净沙〕(绿毛龟)(长毛小狗)等,所写的都是极为鄙俗琐屑之物,也表现了元曲能容俗、题材杂的特点。而且,它们的描写又十分诙谐风趣,表现了元曲善谐谑的特色。试看杨讷〔中吕·红绣鞋〕(咏虼蚤):"小则小偏能走跳,咬一口一似针挑,领儿上走到裤儿腰。眼睁睁拿不住,身材儿怎生捞? 翻个筋头不见了。"这样的内容和风格恐在诗词中难以见到。赵岩〔中吕·喜春来过普天乐〕则分别描写了十二个蝴蝶的逗人姿态,彼此互不雷同,也颇有风趣。当然,它们不过是游戏笔墨。但发人一噱,使人轻松一下,也未尝不可。还有些作品用套数的形式,不惜用宏大的篇幅,细腻地描写琐屑之物,则更为罕见。如宋方壶〔南吕·一枝花〕(蚊虫)生动细致地描写了蚊子的形体特征、生活习性及其对人的侵扰,不仅幽默诙谐,又如此的细致逼真,不能不令人佩服作者精细的观察力和高超的表现力。

第二,咏物写志。

元代散曲有些作品虽名为咏物,但主旨并不在于仅仅描写物之形貌,而是借咏物抒写作者的情志。如徐再思〔双调·殿前欢〕(观音山眠松)描写了一棵隐卧山中的老松,借以抒写作者超尘拔俗的高洁情怀和隐居之志。作品不写挺拔之松,而写"眠松",不写愿做栋梁之材,而写"岁寒心不肯为梁栋",这正是元人特有的品格。施惠〔南吕·一枝花〕(咏剑)则与之相反,它一方面描写了剑的外表和身世的奇异不凡,一方面又抒写了剑主人希望能凭它建立一番功业的豪情壮志。这样的作品在元代散曲中并不多见。唐毅夫〔南吕·一枝花〕(怨雪)细致地铺叙了雪花漫天飞舞、穿堂入户的形态和恣意肆恶、使人寒彻肌骨的冷酷,作品把雪当作邪恶势力的象征,表示要把它"扫除做一堆","化做了水。"这些作品都借咏物以写志,思想内容是深刻的。这类作品虽在古代诗词中也有,但却不像元代散曲写得如此细致酣畅,直露透辟。

第三,借物喻人。

这类作品表面上咏物,实则以物喻人。它利用所咏之物与某种人的某种联系,表现双关的意义,而并不直接说出。如胡祗遹〔双调·沉醉东风〕(赠妓朱帘秀):"锦织江边翠竹,绒穿海上明珠。月淡时,风清处,都隔断落红尘土。一片闲情任卷舒,挂尽朝云暮雨。"此曲表面上是咏竹帘,包括它的制作、用途及其精美,实际上用同音双关写妓女朱帘秀,表现了她的美丽、高雅和在风云变幻的生活中坚韧不拔的精神。无名氏〔中吕·朝天子〕(嘲妓家匾食)则巧妙地找到了妓女和水饺在形貌和遭遇上的某些相似之处,以咏水饺双关妓女,巧妙风趣,具有曲的独特风格。刘时中〔双调·新水令〕(代马诉冤)用代言体诉说千里马不为人识、不被重用的悲愤,以马喻人,表现了元代文人怀才不遇的遭遇和不平之情。姚守中〔中吕·粉蝶儿〕(牛诉冤)和曾瑞〔般涉调·哨遍〕(羊诉冤)也都用代言体诉说了牛、羊对人的贡献和最后遭到残杀的悲惨下场,以牛、羊喻人,表现了善良弱小的普通平民的不幸遭遇。这些作品铺叙详尽,描写细致,笔调风趣,前所未有。

总之,元代散曲中所写的人和物极为广杂,其中有不少是前人没有写过的。即使是前人写过的人和物,元代散曲也能写出它们的新特点,表现出新思想,创造出新写法。元代散曲之所以能别具一格,与唐诗宋词并称,这也是一个重要的方面。

(原载《天津师范大学学报》社会科学版,1992 年第 6 期)

对人世和人生的悲剧性观照

——论元代散曲中的叹世怀古作品

豪放风趣是元代散曲的主导风格。在大量的作品中,作者们空前旷达乐观地歌唱着避世隐居,以玩世的态度调笑着一切。但如果我们只看到这种乐观精神,则未免过于肤浅。因为在其背后,有着更深层的东西。作家们面对现实的黑暗,通过历史的反思而产生绝望和理悟,由绝望和理悟而彻底放倒和超脱,也就变成了旷达乐观的处世态度。因此,元代散曲的乐观精神来源于对人世和人生的悲剧性观照;而这种悲剧性观照主要表现在叹世、怀古的作品中。

元代散曲的叹世之作大致包括四个方面的内容:

(一)悲叹社会的腐败和黑暗

元代散曲有些作品揭露了元代政治的腐败和经济的破产。元代是一个由少数民族统治全国的特殊时代。当时蒙古部族仅处在奴隶社会初期,他们对中国的统治是野蛮落后的。在政治上,他们实行民族歧视政策,汉族人民遭受着残酷的民族压迫和阶级压迫。由于科举的废止,无德无才的蒙古贵族占据高位。叶子奇《草木子》说:"台省要官皆北人为之,汉人南人万中无一二,其得为者不过州县卑秩,盖亦仅有而绝无者也。"他们享有特权,横行不法,贪污腐败。在经济上,元初农田受到严重的掠夺和破坏;由于食邑的蒙古贵族没有薪俸,"郡邑长吏,听其自用",故横征暴敛,捐税苛重;又钞法屡变,并盛行一种"羊羔儿息"的高利贷,加之灾荒连年,因此经济破产,人民生活悲惨,农民起义此起彼伏。元代散曲对这种状况作了真实的反映,如无名氏的〔正宫·醉太平〕:"堂堂大元,奸佞专权。开河变钞祸根源,惹红巾万千。官法滥,刑法重,黎民怨。人吃人,钞买钞,何曾见?贼做官,官做贼,混愚贤。哀哉可怜!"作品从政治到经济,全面而深刻地揭露了元代社会的黑暗,赤裸裸地描写了"人吃人"的现实,公开直言"贼做官,官做贼",并指出这正是农民起义的根源。如此尖锐的讽刺,愤怒的诅咒,极度的悲痛,直露的语言,实是前所未有,令人痛快。陶宗仪《南村辍耕录》说此曲"自京师以至江南,人人能道之",可见它真实地表达了广大人民的心声。张可久〔正宫·醉太平〕用"水晶环入面糊盆"、"文章糊了盛钱囤,门庭改作迷魂阵,清廉贬入睡馄饨",揭露了元代社会的腐败。这种腐败的世风,使人人贪财聚敛,使人感到整个社会已病入膏肓,无可救药。而用如此俚俗而又奇特的比喻和语言写来,也唯元曲能如此。刘时中〔正宫·端正好〕(上高监司)前套细致地描写了灾荒之年奸商富户的趁火打劫、巧取豪夺,官吏的狼狈为奸、大发横财,灾民的饥馁痛苦、惨绝人寰。人们家家难以为炊,树皮野菜都成了宝贝,"一个个黄如经纸,一个个瘦似豺狼"。不但家产都被卖光,甚至"嫡亲儿共女,等闲参与商","乳哺儿没人要撇入长江"。这样触目惊心、淋漓尽致的描写,在元代之前的诗、词中尚未见到。此曲后套则详尽地描写了元代钞法的混乱,揭露了元钞的印刷、库存、押运、流通过程中的种种流弊,反映了从官吏到商人贪污盗窃、串通勾结、巧取豪夺、奢侈腐化等等罪行。如此具体细致的描写,可谓空前绝后。这两套曲子虽然包含着对高监司的谀辞和进言,但其主要篇幅具体描写的却是对社会黑暗的揭露与慨叹,故实际上可视为叹世之作。

　　元代散曲也有些作品揭露了贤愚倒置、黑白不分的黑暗现实。由于元代的民族歧视政策和科举的废止,汉族知识分子地位低下;蒙古人享有特权,各级官吏的正职都由他们担任,但他们却有的连汉语、汉字也不通。《南村辍耕录》中说:"今蒙古、色目人之为官者,多不能执笔花押,例以象牙或木刻而印之。"对这种不公平的待遇,元代文人常常在散曲中抒写他们的悲愤不平。无名氏〔中吕·朝天子〕(志感)二首就是典型的代表。其一云:"不读书有权,不识字有钱,不晓事倒有人夸荐。老天只恁忒心偏,贤和愚无分辨! 折挫英雄,消磨良善,越聪明越运蹇。志高如鲁连,德过如闵骞,依本分只落的人轻贱。"两种人、两种命运形成了鲜明尖锐的对照,贤愚倒置的现实令人悲愤不平。第二首则不但描写了智愚倒置的现象,而且一针见血地指出其根源就在于金钱万能和"老天不肯辨清浊,好和歹没条道"。张鸣善〔双调·水仙子〕(讥时)以辛辣的笔调,讽刺那些达官贵人不过是些装腔作势、野蛮无礼、胡说八道的人物;而他们这些像恶毒而又无用的五眼鸡、两头蛇、三脚猫等怪物一样的家伙,却冒充周公、诸葛亮、吕尚等英雄贤才,这真是颠倒黑白,是非不分,实在可悲可叹! 对贤愚倒置的抨击早已有之,但都不如元代散曲写得这样突出,而语言的尖锐直露更为元曲所独有。

　　元代散曲还有些作品揭示了官场的黑暗和凶险。曾瑞〔南吕·四块玉〕(酷吏)写道:"官况甜,公途险,虎豹重关整威严,仇多恩少人皆厌。业贯盈,横祸添,无处闪。"作品揭露了酷吏的凶残和罪恶,指出其必然咎由自取。张养浩〔中吕·朱履曲〕则指出,走上仕途便是"送了人的根苗",因为官场内充满了钩心斗角,皇帝又喜怒无常，"祸来也何处躲，天怒也怎生饶"，得意于一时的官吏随时会突遭杀身之祸，官场的凶险令人惊心，使人慨叹。值得注意的是，元代散曲中对官场凶险的感叹并不仅仅是针对眼前的一时一事而发，而是反思整个历史而得出的结论。如张养浩〔双调·沽美酒兼太平令〕中说："从前的试观，那一个不遇灾难！楚大夫行吟泽畔，伍将军血污衣冠，乌江岸消磨了好汉，咸阳市干休了丞相。这几个百般，要安，不安，怎如俺五柳庄逍遥散诞！"作品通过一系列的历史事实，指出历代的官场都是黑暗凶险的，这就把批判的矛头指向了整个历史，其叹世也就不仅是叹当世，而是叹自古以来的整个人世。

（二）慨叹个人遭遇，表现对人世的不满

叹世往往是基于个人的不幸，因此悲叹个人遭遇的意旨往往就是指向叹世。元代散曲有些作品抒写了怀才不遇的悲愤，表现了世途艰难之叹。如吕止庵〔仙吕·后庭花〕："功名览镜看，悲歌把剑弹。心事鱼缘木，前程羝触藩。世途艰，艰声长叹，满天星斗寒。"作品抒写了仕途不得志的悲哀，其中蕴含着对世情的不满和慨叹。张可久〔双调·殿前欢〕则在描写个人怀才不遇的同时，更明显地表现了对世道艰难的悲叹："望长安，前途渺渺鬓斑斑。南来北往随征雁，行路艰难。青泥小剑关，红叶溢江岸，白草连云栈。功名半纸，风雪千山。"作者南北奔波，四处飘零，鬓发斑白，前途渺茫。作品用"行路艰难"直言感慨，又用剑门关泥泞难行，溢江岸低湿萧条，连云栈苦寒荒凉，千山万岭风雪迷漫，把行路艰难具体化、形象化，把个人的怀才不遇置于广阔的社会背景之中，加强了对世道的不满和批判。马谦斋〔越调·柳营曲〕（叹世）则不仅感叹今人的怀才不遇，而且指出"古来丈夫天下多"，也都"失志困衡窝"。这就把悲叹的时间和空间扩大到更广阔的领域，比历来慨叹怀才不遇的作品更加深入了一步。

元代散曲中还有些作品通过个人生活的穷苦孤凄表现对人世的慨叹。如乔吉〔中吕·山坡羊〕(冬日写怀)："离家一月,闲居客舍,孟尝君不费黄齑社。世情别,故交绝,床头金尽谁行借,今日又逢冬至节。酒,何处赊;梅,何处折。"旅居在外,时值隆冬,金尽酒绝,没有亲朋,也没有以极粗劣的饭食招待贤士的义士,个人是如此不幸,而人世又是何等冷酷无情!作者的感慨溢于言表。此外,如马致远〔天净沙〕(秋思)、赵善庆〔水仙子〕(客乡秋夜)等,也都描写了旅人的凄凉孤寂,它们既是对个人不幸的抒写,也是对凄凉人世的哀叹。

(三)感叹人生短促,万物难久

社会的黑暗,个人的不幸,迫使人们对人生和世界的真谛进行深入思考。他们面对宇宙的无限和人、事、物的流逝,认识到人生短促、万物难久这一不可抗拒的自然定律。这促使人们热爱生命,珍惜生活,并在各种不同的价值选择中实现自身的主体性。由于元代特定的历史条件,在元代散曲中,人们的价值选择主要不是建功立业,而是清闲享受。张养浩〔双调·沉醉东风〕写道:"昨日颜如渥丹,今朝鬓发斑斑。恰才桃李春,又早桑榆晚,断送了古人何限!只为天地无情乐事悭,因此上功名意懒。"光阴如电,人生易老,因此追求功名富贵没有什么意义。曾瑞〔南吕·四块玉〕(叹世)则明确指出:"罗网施,权豪使,石火光阴不多时。劫活若比吴蚕似,皮作锦,茧做丝,蛹烫死。"即使你手握大权,控制一切,也不过如石光电火,瞬息即灭,如吴蚕变蛹,不免一死。既然如此,最好的选择当然是坐享清闲了。而这对以用世为主的儒家知识分子来说,乃是一种不得已的悲剧。人生如此,世界万物也都不能长久。刘因〔黄钟·人月圆〕写道:"茫茫大块洪炉里,何物不寒灰。古今多少，荒烟废垒，老树遗台。太行如砺，黄河如带，等是尘埃。不须更叹，花开花落，春去春来。""何物不寒灰"和"花开花落，春去春来"道出了万物有生有灭的自然规律，是一个正确的哲学命题。从"不须更叹"来看，作者的态度似乎也不太消极。但实际上，作者的意思是，既然包括巍巍太行、滔滔黄河在内的万物都无不寒灰，那么"花开花落，春去春来"也就不必叹息了，其中含着无可奈何的情绪。因此，感叹人生短促、万物难久，总的说来还是一种对人生和人世的悲剧性观照。这种慨叹虽然古已有之，但在元代散曲中却比前代更加深沉。

(四)慨叹并否定世人的争名夺利

对人世和人生的悲观绝望，导致了对世人争名夺利的慨叹和否定。阿里西瑛〔商调·凉亭乐〕(叹世)写道："金乌玉兔走如梭，看看的老了人呵。有那等不识事的痴呆待怎么，急回头迟了些儿个。你试看凌烟阁上，功名不在我。则不如对酒当歌对酒当歌且快活，无忧愁，安乐窝。"这是在黑暗的时代，功名不可能到手，因此嘲笑那些热衷功名的人是"不识事的痴呆"。这表现了作者对现实的清醒认识。曾瑞〔中吕·山坡羊〕(叹世)则否定了那些追求钱财富贵的人："鸡鸣为利，鸦栖收计，几曾得觉囫囵睡。使心机，昧神祇，区区造下弥天罪，富贵一场春梦里。财，沤泛水；人，泉下鬼。"那些起早贪黑，使尽心机聚敛财富的人，最终难免人财两空。作品对他们的否定，固然因为他们费尽心机，坑害别人，但从根本上还是从人总要一死的悲剧性人生观出发。因此，元代散曲对世人争名夺利的慨叹与否定，表现了其悲观的人生态度。古代诗歌中虽也有对功名富贵的蔑视，但一般是出于诗人的清高；而元代散曲否定争名夺利则出于一种理性的思考，并常有对世人的劝诫与讽刺，这就使之更加深刻尖锐。

元代散曲不但慨叹和思考着现实的人生，而且把目光投向了遥远的古代，对历史加以反思，而得到的仍然是悲剧性的感受和结论。这些都表现在元代散曲的怀古作品中。大体上说，元代散曲的怀古作品表现了四个方面的内容。

（一）批判统治者的荒淫腐败和专权误国

中国古代的许多昏君奸臣恣肆专横于一时，人们敢怒而不敢言；但当他们倒台之后，后代史官和文人却纷纷口诛笔伐，自有评说。元代散曲中的怀古作品自然也不例外。它们有的揭露了统治者的荒淫腐败，如卢挚〔双调·蟾宫曲〕(萧娥)："梵王宫深锁娇娥，一曲离筵，百二山河。炀帝荒淫，乐淘淘凤舞鸾歌。琼花绽春生画舸，锦帆飞兵动干戈。社稷消磨，汴水东流，千丈洪波。"作品揭露了隋炀帝宠幸萧娥，沉溺于歌舞游乐，终于使国家灭亡，萧娥被掳。张可久〔中吕·卖花声〕(怀古)通过"阿房舞殿翻罗袖，金谷名园起玉楼，隋堤古柳缆龙舟，不堪回首"，批判了秦始皇、石崇、隋炀帝的荒淫腐败。也有些作品揭露了通敌卖国的汉奸，如周德清〔中吕·满庭芳〕(误国贼秦桧)："官居极品，欺天误主，贱土轻民。把一场和议为公论，妒害功臣，通贼房怀奸诳君。"批判了秦桧专权欺君、卖国通敌、残害功臣的罪行，作者的爱国思想溢于言表。上述内容在古代诗词中固然并不少见；但由于曲这一体裁表现方法的特点，元代散曲写得更加直露显豁。

（二）反映英雄贤士的不幸遭遇和人民的苦难

英雄遇害，贤士遭祸，在古代是一种普遍的社会现象。元代文人在遭受残酷的民族压迫而毫无出路的情况下，便常常反思历史，借慨叹古代英雄遇害、贤士遭祸来寄托个人的不幸和悲愤。如周德清〔中吕·朝天子〕(看岳王传)哀岳飞之功成被害，卢挚〔双调·蟾宫曲〕(长沙怀古)悲屈原之不幸，张养浩〔双调·沉醉东风〕则慨叹一系列古人的悲惨遭遇:"班定远飘零玉关,楚灵均憔悴江干。李斯有黄犬悲,陆机有华亭叹。张柬之老来遭难,把个苏子瞻长流了四五番。"在元代散曲中,整个中国古代史几乎成了一部英雄贤士遭受不幸的悲剧史。元代散曲作家把这种社会现象视为历史的规律,表现了他们思考的广度和深度,显示了他们批判和否定的彻底性。在这一方面,前代作品都不如元代散曲写得如此充分而深刻。

中国古代史也是一部人民的苦难史,元代散曲也借怀古反映了人民的苦难。张可久〔中吕·卖花声〕(怀古)写道:"美人自刎乌江岸,战火曾烧赤壁山,将军空老玉门关。伤心秦汉,生民涂炭,读书人一声长叹。"无论是刘项之争、三国之战,还是汉朝和匈奴的战争,受害的都是广大人民。作品着眼于人民的苦难来看待历史的纷争,可谓精辟之论。张养浩那首著名的〔中吕·山坡羊〕(潼关怀古)总结历代兴亡,一言以蔽之,"兴,百姓苦;亡,百姓苦",更是一针见血地指出了历代兴亡给人民带来的苦难,揭示了历代兴亡的本质和封建政权与人民的对立,极为精警而深刻。在元代散曲的怀古作品中,反映人民苦难的作品虽然为数不多,也缺乏具体细致的描写,但它那高度的概括性和深刻性却有其独到的地方。

(三)悲叹古今变迁和兴亡

古去今来,时代变迁;前代已亡,江山尚存;古人已逝,空留遗迹;繁华消歇,仅剩凄凉。如此种种,令人感叹唏嘘,叹时光之流逝,哀人世之不常,怅宇宙变化之神秘渺茫。对这种悠悠宇宙意识的抒写,是古代诗词中常见的内容。元代散曲中也不乏此类作品。如乔吉〔双调·折桂令〕(丙子游越怀古):"蓬莱老树苍云,禾黍高低,狐兔纷纭。半折残碑,空余故址,总是黄尘。东晋亡也再

难寻个右军,西施去也绝不见甚佳人。海气长昏,啼鸠声干,天地
无春。"作品慨叹古之风流繁华消逝,今之荒凉惨淡,充满古今盛
衰、沧桑变化的怅惘之感。一般地说,我们可以说它抒写了一种
泛泛的怀古之幽情。但结合元代这一特定时代和作者的身世,也
可以说它曲折地表现了对故国的怀念和亡国的悲哀,或者说表现
了作者悲凉寂寞的失落感和孤独感。张养浩〔中吕·山坡羊〕(未
央怀古):"三杰当日,俱曾此地,殷勤纳谏论兴废。见遗基,怎不
伤悲! 山河犹带英雄气。试上最高处闲坐地:东,也在图画里;
西,也在图画里。"张良、萧何、韩信这三位杰出人物曾辅佐刘邦成
就大业,建立了不朽的功勋。但如今人已不在,遗迹空存,令人悲
伤怅惘,感人世之沧桑。但三杰虽死,"山河犹带英雄气",山河壮
丽,犹如英雄的精神长存,这就使作品从伤感压抑中振起。故此
曲虽感叹古今变迁,却别具一格。

(四)表现全面否定的虚无思想和玩世哲学

　　元代文人面对国家的覆灭和文人传统位置的失落,思想的痛
苦是空前的。于是,他们便用全面否定的虚无思想和玩世哲学来
解脱自己的痛苦。他们否定一切存在的确定意义和真实价值,把
一切人生的历史都看成是无意义的闹剧。马致远〔双调·拨不
断〕写道:"布衣中,问英雄,王图霸业成何用? 禾黍高低六代宫,
楸梧远近千官冢,一场恶梦。"英雄终不免一死,王图霸业终归消
失,因而都没有什么意义。张养浩〔中吕·山坡羊〕(洛阳怀古)中
说:"功,也不久长;名,也不久长。"功名也没有什么价值。其同调
(北邙山怀古)中说:"知他是汉朝君? 晋朝臣? 把风云庆会消磨
尽,都做了北邙山下尘。便是君,也唤不应;便是臣,也唤不应。"
君臣也没有什么区别。其同调(骊山怀古)中说:"列国周齐秦汉
楚。赢,都变做了土;输,都变做了土。"输赢后果相同。无名氏

〔中吕·红绣鞋〕中说:"石崇曾居金谷,阮籍曾哭穷途,都做了北邙山下土。"贫富也下场一样。无名氏另一〔中吕·红绣鞋〕甚至说岳飞和秦桧"都做了北邙山下骨",忠奸也并无分别。古代诗词里的怀古常常总结历史教训,借古喻今,或借古人古事抒写自己的不平;而元代散曲却由怀古而否定一切,这样的思想态度,正是元代散曲的独特之处。这种思想和庄子的齐物论如出一辙。他们把一切相反的东西都看作齐一,既无彼此,又无是非,一切都归于虚无。这样也就不必为历史的和现实的不公而烦恼,从而由痛苦转为旷达乐观,痛苦和乐观就这样构成了矛盾的统一,而旷达乐观的背后却是深沉的悲剧意识。

元代散曲这种虚无思想,常常导致对古人古事的反传统的评价,以致对历来所肯定的人和事也予以否定。如明君贤臣是封建社会的最高理想,但刘时中〔南吕·四块玉〕却对此不屑一顾:"试将历代从头数,忠孝臣,贤明主,泉下土。"屈原是历代所推崇的忠君爱国的典范,贯云石〔双调·殿前欢〕却嘲笑屈原"为甚不身心放?沧浪污你?你污沧浪?"张养浩〔中吕·普天乐〕甚至调侃屈原投江而死,"空快活了湘江鱼虾蟹。这先生畅好是胡来。"薛昂夫〔中吕·朝天曲〕对历来传诵的孝子老莱子加以嘲弄。他行年七十,为了使父母高兴,还身穿五彩衣戏于父母面前;他取水上堂时跌倒,就装成婴儿啼哭的样子。作品嘲谑道:"东倒西歪,伴啼颠拜,虽然称孝哉,上阶,下阶,跌杀休相赖!"孝,被孔子称为"德之本",但这种儒家神圣的伦理在这里却成了供取笑的对象。此外,孟浩然雪里寻梅被传为佳话,但马致远〔双调·拨不断〕却说:"便纵有些梅花入梦香,到不如风雪销金帐,慢慢的浅斟低唱。"孙康映雪是古代苦读的典型,但陈德和〔双调·落梅风〕(孙康映雪)中却讽刺他"映清光展书读较毕,待天明困来恰睡"。这些都表现了对古人古事的反传统评价。这一方面反映了元代文人思想的解放，另一方面也反映了他们的玩世哲学。这种哲学不是对历史的科学理性的冷静思考，而是彻底绝望时对人世充满愤激之情的反思和带有强烈主观色彩的评价。人世的痛苦和绝望，使他们想超脱人世，但客观上他们又不得不身在世俗生活中，于是他们便以玩世的态度戏谑和否定一切，把自己在精神上置于世俗的对立面，保持精神的高雅与超脱。人入世而神出世，身俗而心雅，内悲而外喜，入世和出世、俗和雅、悲和喜就这样构成了矛盾的统一，儒家的入世和忧患意识与道家的出世和旷达思想也就这样得到了互补和结合。由于这种玩世态度产生的基础是对人世的痛苦和绝望，所以其实质仍是对历史人生的悲剧性观照。

　　叹世怀古这类作品，在古代诗词中并不少见。但如上所述，元代散曲中的这类作品对社会丑恶的揭露却更为尖刻，对人世和人生的思考更为深广，对现实和历史的否定更为彻底，因而仍有其独特之处。也正因如此，对它的探讨才成为必要，也才有其意义和价值。

　　　（原载《首届元曲国际研讨会论文集》，河北教育出版社，1994 年 11 月版）

元代散曲写景作品中的
景物、心态和艺术创新

　　描写景物是古代诗词中常见的内容之一。"一切景语皆情语也。"(王国维《人间词话》)写景之作总是或明或暗地反映着作者的感情心态,有时也反映着作者的思想性格、审美情趣乃至社会风貌。因此写景作品同样包含着丰富的社会内容。如果认为写景之作仅仅具有对自然美的审美意义,那就低估了这类作品的价值。元代散曲的写景之作同样如此。这些作品反映了元代文人特有的心态、思想和社会风貌,从而可以使我们对元代散曲的思想内容有一个更充分、全面的认识。这些作品在艺术上也有与诗词不同的地方,从而我们可以更清楚地认识元代散曲艺术的特殊性。但是,对元代散曲的写景作品迄今尚无人作过专题研究。为此,本文试图把元代散曲的写景作品分为五种类型进行初步考察。

　　第一,恬静清幽的画面,安宁温馨的精神寄托。

　　元代文人由于对社会的绝望,对人世的彻悟,不少人走上了隐居入道之途。有些人即便身在官场,也向往、歌唱着隐居之乐。因此,歌唱隐居成了元代散曲的主潮。元代散曲作家很少像诗词中那样抒写豪情壮志和对人世的关切,而是希望避开人世的尘嚣,在纯净幽美的山水景物中寻找人世所没有的美,在恬静清幽的境界中寻求心灵的安宁和精神的慰藉。元代散曲中的许多恬静清幽之景就反映着元代文人的这种心态。试看马致远〔双调·寿阳曲〕（山市晴岚）："花村外，草店西，晚霞明雨收天霁。四围山一竿残照里，锦屏风又添铺翠。"花村草店，雨后晚霞，青山翠岚，优美明净，宁静清幽。作品似乎只是描绘了一幅幽美清秀的风景画，但作者对这种境界的沉醉之情却也不难体会。因此，它表现了一种从纷扰的人生中得到解脱的恬静淡远的心境。宋代宋迪绘有潇湘八景，此曲所写即为八景之一。元人对潇湘八景中的意境颇为偏爱。鲜于必仁写有〔中吕·普天乐〕（潇湘八景），沈和写有〔仙吕·赏花时〕（潇湘八景）套，张可久〔越调·霜角〕（新安八景）、徐再思〔中吕·普天乐〕（吴景八景）等也都描写了与潇湘八景类似的意境。其中沈和之作写作者离尘世访江湖、由潇湘八景"悟乾坤清幽趣"，也正好说明此种境界乃是元代文人所追求的摆脱尘嚣、使心灵得以安宁的境界。

　　不过，元代文人歌唱隐居入道，追求大自然的澄静清幽，并不同于传统文人那种不食人间烟火气的高雅，也不像苦修的僧道那样心如枯井寒灰，而是追求脱离官场的生活的闲逸和精神的自由，有时甚至带有既安闲又纵情酒色的世俗享乐气息。因此，他们所描写的恬静清幽之景往往是具有生命的活力和生活的温馨的境界。如上述马致远〔寿阳曲〕（山市晴岚），虽一片清幽，但花村草店中又暗含着人的活动，并非一片死寂，而且从中也隐隐透露着民间生活的温暖淳美。在这一方面，马致远〔双调·湘妃怨〕（和卢疏斋西湖）表现得更加明显："采莲湖上画船儿，垂钓滩头白鹭鸶，雨中楼阁烟中寺。笑王维作画师，蓬莱倒影参差。薰风来至，荷香净时，清洁煞避暑的西施。"西湖景色如画，一片洁净，但也有莲姑钓叟；而且，在这里，作者摆脱了人世的尘嚣，心灵悠闲澄净,在无累逍遥之中得到了满足,甚至充满了生活的甜蜜和乐趣。这与那种"独坐幽篁里"的孤寂冷清显然不同。在元代散曲中,有些作品虽写隐士环境,具有较浓的避世色彩,但也幽而不寂,清而不冷。如张可久〔双调·折桂令〕(村庵即事):"掩柴门啸傲烟霞,隐隐林峦,小小仙家。楼外白云,窗前翠竹,井底朱砂。五亩宅无人种瓜,一村庵有客分茶。春色无多,开到蔷薇,落尽梨花。"小庵隐于林峦之中,外有白云翠竹,可谓清幽已极。但其中也有客人,并不孤寂,而且春日又有梨花、蔷薇开放,可供人欣赏,也不冷落。总的来看,全曲洋溢着一种悠闲自在、满意知足的乐趣。因此,元代散曲中的恬静清幽之景,体现了作者从尘世得到解脱的心境,但其中又有生活的温馨和自足,很少孤寂和凄冷。不过,我们也不能不承认,相对其他作品而言,这类作品受传统文学的影响较深,在元代散曲中尚属较清雅的一类。

第二,淳朴古拙的景物,自然无伪的审美情趣。

面对丑恶的现实,元代文人也常常在淳朴古拙的乡野风光中寻找精神的慰藉,表现了一种以自然无伪为美的审美情趣。淳朴自然的乡村景象是元代散曲极感兴趣的题材。如卢挚〔双调·蟾宫曲〕(寒食新野道中):"柳濛烟梨雪参差,犬吠柴荆,燕语茅茨。老瓦盆边,田家翁媪,鬓发如丝。桑柘外秋千女儿,髻双鸦斜插花枝。转盼移时,应叹行人,马上哦诗。"柳树、梨花、吠犬、柴荆、语燕、茅屋、桑柘,鬓发斑白的翁媪在饮酒,荡秋千的少女乌黑的双髻上斜插着野花,对马上吟诗的行人好奇地注视着,这里不但有淳朴宁静的自然景色,也有淳朴天真的人物,一切都没有矫饰,没有造作,作品对它们的赞美,正表现了以自然无伪为美的审美情趣。

元代散曲不但不以乡村的俚俗粗野事物为丑,而且还因其古朴自然而以之为美。如马致远〔双调·寿阳曲〕（渔村夕照）中："挂柴门几家闲晒网，都撮在捕鱼图上。"周德清〔中吕·红绣鞋〕中："茅店小斜挑草荐，竹篱疏半掩柴门，一犬汪汪吠行人。"柴门、渔网、茅店、草荐、竹篱、吠犬等极为古朴俚俗的事物都被作为美的景物加以描写。有时，这类作品甚至把村民的粗俗生活景象作为欣赏的对象。如赵显宏〔中吕·满庭芳〕（渔）中的渔民生活情景："一家老幼无牵挂，恣意喧哗。新糯酒香橙藕芽，锦鳞鱼紫蟹红虾。杯盘罢，争些醉煞，和月宿芦花。"卢挚〔双调·蟾宫曲〕（田家）中的村民生活情景："沙三伴哥来嗏，两腿青泥，只为捞虾。太公庄上，杨柳阴中，磕破西瓜。小二哥昔涎刺塔，碌轴上淹着个琵琶。"曲中的人物和生活都俗气十足，传统诗词中的高雅不见了踪影。这些俚俗粗野的事物之所以被认为是美的，就是因为它们的自然无伪。这正反映了被打入社会底层的元代文人对这种生活的认同和以此为美来与狡诈的官场相对立的独特心态。

更有甚者，元代散曲甚至以简陋粗丑的景物为美。如杨果〔仙吕·赏花时〕中写道："见一簇人家入屏帐，竹篱折补苔墙，破设设柴门上张着破网。几间茅屋，一竿风旆，摇曳挂长江。……见壁指一似桑榆侵着道旁，草桥崩柱摧梁。唱道向红蓼滩头，见个黑足吕的渔翁鬓似霜，靠着那驼腰拗桩，瘿累垂脖项，一钩香饵钓斜阳。"折倒的竹篱，长满青苔的短墙，残破的柴门，破网，茅屋，断桥，驼桩，一切都不加修饰，顺其自然；而"瘿累垂脖项"的"黑足吕的渔翁"是那样的粗丑，却又那样的悠然自得。这不加修饰的古拙之景带有任其自然的老庄思想的色彩，这拙俗的渔翁则是佯钝装呆的隐士人格的形象化表现。这样的境界正是元代文人用以与现实的虚伪狡诈相对立的理想境界，反映了元代文人的特有心态。从审美情趣来看，这种以包括丑俗在内的自然无伪为美的情趣与传统的审美观相对立，形成了一种新的审美观，造成了元代散曲特有的风味。而这种审美观的深层内涵则是对社会现实的否定意识。

第三，华美欢快的意象，对生命快乐的热烈追求。

元代文人在恬静清幽之景中寻求心灵的宁静，在淳朴古拙之景中表现自然无伪的审美情趣，也在华美欢快之景中追求生命的快乐。任讷《散曲概论》说："词仅宜于悲而不宜于喜……顾词之为词，非意内而言外不为工，而欢乐之情，每每言外即无他意可属。"而元代散曲则因以直露透辟为尚，故悲喜皆宜，因此，华丽欢快之景亦颇多。如刘秉忠〔双调·蟾宫曲〕："盼和风春雨如膏，花发南枝，北岸冰消。夭桃似火，杨柳如烟，穰穰桑条。初出谷黄莺弄巧，乍衔泥燕子寻巢。宴赏东郊，杜甫游春，散诞逍遥。"和风细雨，冰消花开，桃花似火，杨柳如烟，柔枝繁茂，黄莺歌唱，燕子飞舞，景色华美艳丽，一切都那么生机勃勃，充满欢快情调，而作者也就在这样的景色中散诞逍遥，忘记了现实的烦恼，感到了生命的快乐。这与那种恬静清幽、淳朴古拙之景显然不同，而作者从中获得的也不是宁静淡泊和温馨，而是生命的活力和快乐。但尽管方式不同，却都使痛苦的心灵得到了解脱。

这类作品不但描写自然景物的华美欢快，表现生命的活力和快乐，而且还常常写华丽、行乐的人们，表现对世俗享乐的追求。如张可久〔南吕·金字经〕（湖堤春日）："院宇绿杨树，酒旗红杏村，一片棠梨苏小坟。春，水边多丽人。莺花阵，玉骢嘶锦云。"其中不但有绿柳酒旗、红杏棠梨和绿的湖水，而且还有那如花似锦的美女，骑马游乐的富家公子，这就更增加了浓郁的生活气息。不过，从情趣上说，仅仅从自然美景中寻求快乐的成分减少了，而追求世俗享乐的成分却有了增加。古代文人面对黑暗的现实，有的以隐居山林的高雅形式与现实对抗,有的以混迹世俗的玩世不恭的形式与现实对立,元代散曲中出现的风流浪子即属于后一种。元代散曲描写华美欢快之景的作品,有的就反映了风流浪子的这种心态。如贯云石〔正宫·小梁州〕(春):"春风花草满园香,马系在垂杨。桃红柳绿映池塘,堪游赏,沙暖睡鸳鸯。(么)宜晴宜雨宜阴阳,比西施淡抹浓妆。玉女弹,佳人唱,湖山堂上,直吃醉何妨!"面对华美的自然景色和玉女佳人,他们纵情酒色,尽情享乐,表面上看,这似乎有些消极;从深层看,这实际上是一种玩世的态度,其中折射着对现实的绝望和愤激。

由于元代散曲有套数这一形式和善于铺叙的特点,因而对于华美欢快之景的描写比诗词更加酣畅淋漓,细致生动。柳永的词〔望海潮〕(东南形胜)历来被称为咏杭州风景的名作。但如果我们看一下关汉卿〔南吕·一枝花〕(杭州景),就会感到它写得更加笔酣墨饱,华美动人。作品浓墨重彩、洋洋洒洒地描绘了杭州的繁华富庶和奇山秀水。这里"满城中绣幕风帘,一哄地人烟凑集","百十里街衢整齐,万余家楼阁参差"。这里有"松轩竹径,药圃花蹊,茶园稻陌,竹坞梅溪","西盐场便似一带琼瑶,吴山色千叠翡翠。兀良,望钱塘江万顷玻璃。更有清溪绿水,画船儿来往闲游戏"。真是"一陀儿一句诗题,一步儿一扇屏帏","看了这壁,觑了那壁,纵有丹青下不得笔"。这样的描写确实具有不同于前人的特色。作品不但把华美的杭州景色展现给我们,而且作者那连连的赞叹声也表现了其无比欢快的感情。面对这如诗如画的景色,人生的一切烦恼都没有了踪影,作者那颗被压抑的心也恢复了生命的活力。睢玄明〔般涉调·耍孩儿〕(咏西湖)写西湖之美,则篇幅更长,描写更加细腻。它不但描写了西湖的秀丽山水,而且描写了绿柳红桃、粉墙青旗、蜂蝶莺燕、鱼鸥鸳鸯;不但描写了游春的王孙士女、香车宝马,而且描写了闲游的父老和踏青的女子;不但描写了游船的华丽,而且描写了酒食的名贵、歌舞的美妙。总之,西湖如画图,如锦绣,如仙境,"除了天上天堂再无比"。作品中景物之华美可谓无以复加,作者的欢快之情亦溢于言表。元代散曲中描写西湖美景的作品极多,这反映了元代许多文人在华美之景中寻求欢乐的心态。

第四,壮丽雄伟的图画,崇高美和旷放情的生动表现。

在古代诗歌中,有不少描写壮丽雄伟之景的作品。但在元代散曲中,这类作品却比较少。而且在为数不多的作品中,几乎从中看不到古代诗人那种由壮丽山河激发出来的对英雄业绩的联想,对国家沦亡的悲愤,收复失地的决心,立功边塞的热情,更看不到"会当凌绝顶,一览众山小"那样的气吞山河的雄伟气概和宏大抱负。但是,从中我们却可以看到元代文人对崇高美的倾倒和赞赏。如乔吉〔双调·水仙子〕(重观瀑布):"天机织罢月梭闲,石壁高垂雪练寒。冰丝带雨悬霄汉,几千年晒未干。露华凉人怯衣单。似白虹饮涧,玉龙下山,晴雪飞滩。"作品用织女所织的自高空悬下来的白绢和饮涧的白虹、下山的玉龙、飞滩的晴雪来比喻瀑布,想象丰富,造语夸张,境界开阔,气势壮观,把雄伟壮丽的瀑布写得形神毕现。壮丽雄伟之景是一种崇高之美,此曲表现了对这种美的赞赏和倾倒。寄情于这种崇高之美,显然是与鄙琐丑恶的人生相对立的。(尽管可能是不自觉的)

鲜于必仁〔双调·折桂令〕(玉泉垂虹)同样写瀑布,却表现了一种飘飘欲仙的脱俗出世之情:"跨寒流低吸长川,截断生绢,界破苍烟。喷壁琼珠,悬空素练,泻月金笺。惊翠嶂分开玉田,似银河飞下瑶天。振鹭腾猿,来往游人,气宇凌仙。"景物的壮丽,使人赞叹大自然的鬼斧神工,置身其中,似乎连游人也带上了仙气。

这就不仅是对崇高美的赞赏，而且是与其融化为一体而忘我了。达到这种境界，乃是对世俗和人生的最彻底的超脱。元代文人的出世思想由此可见一斑。

张养浩〔双调·折桂令〕（过金山寺）则面对壮丽雄伟之景，抒写了一种旷放不羁之情："长江浩浩西来，水面云山，山上楼台。山水相连，楼台相对，天与安排。诗句成风烟动色，酒杯倾天地忘怀。醉眼睁开，遥望蓬莱，一半儿云遮，一半儿烟霾。"长江滚滚，金山巍巍，殿宇楼台金碧辉煌。面对这壮丽的景色和著名的古寺，作者既不细细流连欣赏这崇高之美，也没有出世脱俗之想，而是吟诗痛饮，醉眼蒙眬。天也？地也？人也？是也？非也？一切都不必认真分辩，表现了一种旷放不羁、豁达大度的风度和心态。而这正是元代文人思想性格的主导方面，在元代散曲描写隐居、叹世的作品中表现得尤为鲜明突出。

总之，元代散曲对社会的关注、对政治的热情比诗词要薄弱得多，因此它描写壮丽雄伟之景，总不免带有几分远离现实的冷清或渺茫，甚至表现出一种对现实不屑认真一顾的狂放态度。而这也就是元代散曲这类作品不同于诗词的地方。

第五，惨淡感伤的情景，对社会和人生的悲剧性观照。

描写惨淡感伤之景在古代诗词中颇多。元代散曲虽以旷达乐观为基调，但这种旷达乐观是由于对社会的绝望彻悟而解脱痛苦的结果，并非作者内心原本就没有痛苦。特别是到了元代后期，随着时间的推移和民族意识的淡化，加上科举的一度恢复，元代文人的用世之心又有所萌动。但由于元代科举制度对蒙古人和汉人的不平等规定，汉族文人的机遇仍然不佳。然而他们既不能像前期文人那样彻底放倒，又不能以愤激形式一吐为快，于是郁结胸中的苦闷便发为悲凉的呻吟。表现在写景作品中，便形成了一种惨淡感伤之景，"冷"、"瘦"、"孤"、"寒"等字眼便屡屡出现。

　　在这类作品中，有的通过残破惨淡之景反映了社会的凋敝和崩溃。如乔吉〔双调·折桂令〕（荆溪即事）："问荆溪溪上人家，为甚人家，不种梅花？老树支门，荒蒲绕岸，苦竹圈笆。寺无僧狐狸样瓦，官无事乌鼠当衙。白水黄沙，倚遍阑干，数尽啼鸦。"荆溪沿岸本是一个风景秀丽的地方，但如今这里却没有了美的象征——梅花，眼前所见，只有老树、荒蒲、苦竹，寺庙内狐狸出没，官衙里乌鼠来往，白水黄沙空空荡荡，空中的乌鸦呀呀悲啼。这一切都是那么萧瑟惨淡、死寂残破，人间社会似乎已经崩溃。此曲通过写景，对元代社会进行了深刻的批判，同时也反映了作者孤寂、惆怅、悲凉、绝望的心情。

　　此外，也有些作品通过惨淡感伤之景抒写个人的悲伤和痛苦。如张可久〔中吕·满庭芳〕（即景）："空林暮景，疏梅瘦影，老树秋声。倚阑干千古南楼兴，斗转参横。命仙客联诗赋鼎，试佳人按曲吹笙。无心听，寒江月明，鼓瑟怨湘灵。"景物是空、暮、疏、瘦、老、秋、寒，萧瑟冷清，悲凉惨淡，以至佳人妙曲无心去听，唯有屈原《远游》中"使湘灵鼓瑟"的孤寂之感。乔吉〔双调·折桂令〕（毗陵晚眺）中的景物则是"窗影灯深，磷火青青，山鬼暗暗"冷峭阴森，颇有几分李贺式的鬼气。而这种景物正是作者豪气难伸、落拓江湖、思念故乡的消沉、悲凉、幽暗、凄怆心境的反映。

　　另外，还有些作品通过惨淡感伤之景抒写了对古今变迁、人世沧桑的感慨。如张可久〔双调·水仙子〕（西湖废圃）："夕阳芳草废歌台，老树寒鸦静御街，神仙环佩今何在。荒基生暮霭，叹英雄白骨苍苔。花已飘零去，山曾富贵来，俯仰伤怀。"当年风流旖旎的歌台如今已经荒废，繁华热闹的御街如今唯有老树寒鸦，环佩华丽的美女如今已不复存在，古今盛衰令人伤感！而英雄豪杰唯余白骨,功名富贵也无影无踪,又怎不令人慨叹!这里有对昔日的向往,对现实的伤感,对兴衰难料的怅惘,对英雄豪杰和功名富贵难以久长的虚无意识,对历史和人生的悲剧性思索,而这一切又都反映了作者孤独寂寞的失落感。这样的思想和心态在元代散曲的怀古作品中有相当多的表现,说明它是元代文人思想心态的一个重要方面。

元代散曲的写景作品所描写的各种景物虽然大都在古代诗词中出现过,但它们所表现的种种心态却具有元代文人所独有的特定性,因而其思想内容仍有某些新异的地方。同时,元代散曲作为一种不同于诗词的文学体裁,它的写景作品在艺术上也有其独特之处。

第一,元代散曲写景作品中的景物一般不含比兴,景物所表之情比较直露显豁。

诗词讲究含蓄蕴藉、比兴寄托。司空图要求诗歌要有"韵外之致",唐诗就是景情化合、意境浑融的典范。词更以含蓄蕴藉、比兴寄托为尚,宋词有不少佳作即属此类。但元代散曲却以外露显直、极情尽致为工,因而其写景作品一般不用比兴,景物表现何种感情一目了然。如赵善庆〔双调·折桂令〕(西湖):"问六桥何处堪夸?十里晴湖,二月韶华。浓淡峰峦,高低杨柳,远近桃花。临水临山寺塔,半村半郭人家。杯泛流霞,板撒红牙,紫陌游人,画舫娇娃。"它描写西湖的秀丽繁华,并不含什么微言大义,其意旨就是"夸"西湖之美,表现作者对西湖美景的赞颂和欢快之情。在许多情况下,元代散曲中的景并不直接融合、映现着作者的感情,不直接是作者心灵的物化,而是一种供作者进行感情评价的客观的自然之景。作者要抒写何种感情,常常是把由此景引起的感受(对此景的感情评价)直接道出,景物的含意也就豁然明白。

如马致远的名作〔天净沙〕（秋思），"枯藤老树昏鸦"、"古道西风瘦马"、"夕阳西下"是萧瑟之景，"小桥流水人家"是温馨之景，这些景物引发了作者何种感情，最后一语道破："断肠人在天涯！"刘秉忠〔双调·蟾宫曲〕四首，分咏春、夏、秋、冬四季景物，每首末句均为"散诞逍遥"，将作者之情明白道出。这种写法和唐诗景情浑融一体的写法不同。它的景并不直接就是作者感情的映现，而只是作者抒情的背景；由景所引发的感情由作者直接说出，这就更加直露透辟，表现了元代散曲不同于诗词的"外旋"的特点。

第二，元代散曲的写景作品常常通过写景以言理。

六朝玄言诗和宋诗都有言理的倾向。它们认真深沉地探索人生的哲理，并把这种哲理融化寄托在具体形象中。但元代散曲的言理却并不是认真地探究人生哲理，而是表达一种带有主观感情色彩的对人生的看法和感慨，是通过某些现象为作者所不得不采取的玩世哲学和对生活的虚幻看法寻找根据，如通过写景叙事申说人生短促、及时行乐、官场凶险、一切虚无等等。其理是通俗的、浅显的、主观的、感情化的，因而理中有情，并不乏味。在艺术表现上，它常常把具体形象作为理的背景，把由形象引发出来的理直接道出。如张可久〔中吕·红绣鞋〕（天台山瀑布寺）："绝顶峰攒雪剑，悬崖水挂冰帘，倚树哀猿弄云尖。血华啼杜宇，阴洞吼飞廉，比人心山未险！"前五句写险景，由此而引出"比人心山未险"之理。这种理是通俗浅显的，其中跃动着作者的愤激之情；其写法也是直露的。胡祗遹〔中吕·阳春曲〕（春景）："几枝红雪墙头杏，数点青山屋上屏。一春能得几晴明？三月景，宜醉不宜醒。"前二句写景，由此引出后面好景无多，应及时行乐之理。这种理则更加浅俗、明白，其中的主观感情色彩也十分浓厚。这样的写景言理之作，与诗词显然有别。

　　第二,元代散曲的写景作品常用组曲形式。

　　其中有的是把不同时间的景物联为一组。写四季景物者,如白朴〔越调·天净沙〕(春夏秋冬)四首,卢挚〔双调·湘妃怨〕(西湖)四首,张可久〔南吕·一枝花〕(春景、夏景、秋景、冬景)四套;写十二个月景物者,如马致远〔仙吕·青哥儿〕(十二月)十二首,无名氏〔商调·梧叶儿〕(十二月)十二首。有的是把同一区域内不同景点的景物联为一组,如马致远〔双调·寿阳曲〕(潇湘八景)八首,张可久〔越调·霜角〕(新安八景)八首,盍西村〔越调·小桃红〕(临川八景)八首。有的是把同类事物联为一组,如无名氏〔商调·梧叶儿〕写十二座寺观十二首。有的是把不同类的景物联为一组,如钟嗣成〔南吕·骂玉郎过感皇恩采茶歌〕(风、花、雪、月)四首。有的是把同一景物的不同写法联为一组,如刘秉忠〔南吕·干荷叶〕写秋日荷叶四首。这种组曲的形式,每一组都是对某一系统的景物的全面描写,而每一系统之中的各种景物又各有特点,这需要作者具有比较广泛而又细致的观察力和较高的艺术表现力。因此元代散曲写景作品的组曲形式,不仅是在艺术形式上的创新,而且也促进了写景艺术的深入与提高。

　　　　(原载《河北师范大学学报》社会科学版,1994 年第 2 期)

元代散曲对传统的叛离

元曲之所以能和唐诗、宋词并称，关键在于它的创新。元代散曲在思想内容和艺术形式上的创新，其实质亦即对传统的叛离。

元代散曲在思想内容上对传统的叛离，主要表现在以下三个方面：

第一，离经叛道的思想。

元代散曲否定了功名富贵。按照传统的观念，读书做官、光宗耀祖、家财万贯、福及子孙，是人生的最高理想。儒家虽也说隐居守贫，但有一定的条件："无道则隐。"（《论语·泰伯》）而且"隐居以求其志"（《论语·季氏》），目的仍在于出仕行道，隐居乃是权宜之计。但元代散曲有些作品却是对现实不抱任何幻想，对功名富贵给予了彻底的否定。马致远〔双调·夜行船〕（秋思）厌恶地形容争名争利如同"密匝匝蚁排兵，乱纷纷蜂酿蜜，闹攘攘蝇争血"。阿鲁威〔双调·蟾宫曲〕把封侯比作"烂羊头"。邓玉宾〔正宫·叨叨令〕（道情）嘲笑"为儿女使尽些拖刀计，为家私费尽些担山力"是财迷痴愚。乔吉〔双调·卖花声〕（悟世）说："富贵三更枕上蝶，功名两字酒中蛇。"马致远〔南吕·四块玉〕则指出："争名利，夺富贵，都是痴。"他们对功名富贵是如此的蔑视，而对隐居守贫却是充满了自豪和满足。吴仁卿〔金字经〕歌唱着："太宗凌烟阁，老子邀月楼……杯中酒，胜如关内侯。"马致远〔般涉调·哨遍〕套中说："有一片冻不死衣，有一口饿不死食，贫无烦恼知闲贵。"这种彻底放倒的精神为前代所无。而且这一内容在元代散曲中触目皆是，甚至成了元代散曲的主旋律，就更是前所未有。还应指出，元代散曲对功名富贵的否定是与对历史的反思联系在一起的。张养浩〔双调·沽美酒兼太平令〕写道："从前的试观，那一个不遇灾难：楚大夫行吟泽畔，伍将军血污衣冠，乌江岸消磨了好汉，咸阳市干休了丞相。这几个百般，要安，不安，怎如俺五柳庄逍遥散诞。"作品对历代的功名富贵都给予了否定。因此，元代散曲对功名富贵的否定不是限于眼前，而是涉及整个历史。

元代散曲也否定了明君贤臣。明君贤臣是封建政治的最高理想，但刘时中〔四块玉〕却对此不屑一顾："试将历代从头数，忠孝臣，贤明主，泉下土。"甚至对屈原这样历代所推崇的忠君爱国的典范，元代散曲也常常加以非议。范康〔寄生草〕指责屈原"不达时"，贯云石〔殿前欢〕嘲笑屈原："为甚不身心放？沧浪污你？你污沧浪？"张养浩〔普天乐〕甚至以调侃的笔调说屈原投江而死，"空快活了湘江鱼虾蟹。这先生畅好是胡来！"这种离经叛道的态度真是史无前例。当然，这不过是一种激愤之语，其中蕴含着对黑暗社会的不满和无可奈何的心情。

元代散曲还直接否定了封建社会神圣不可侵犯的孔孟及其道德教条。庾天锡在〔雁儿落过得胜令〕中写道："谩说周秦汉，徒夸孔孟颜。人间，几度黄粱饭？狼山，金杯休放闲。"孔丘、孟轲、颜渊这些圣人都不值得夸耀，人生短促，还是举杯痛饮为好。在马致远〔中吕·喜春来〕（六艺）中，传统圣教的礼、乐、射、御、书、数变成了闲快活的人生游戏。张鸣善〔中吕·普天乐〕（嘲西席）对认真宣讲孔孟忠恕孝悌教条的教书先生给予了辛辣的讽刺和戏谑。这位先生一本正经地训谕学生："爷娘行孝顺,兄弟行谦和。为臣要尽忠,与朋友休言过。"并亲身做出榜样："养性终朝端然坐。"但结果却是学生不耐烦："学生道先生絮聒。"家长也对学生放任自流："不识字由他。"神圣的儒道变得可厌而可又悲。薛昂夫〔中吕·朝天子〕对历来传诵的孝子老莱子加以嘲弄。他行年七十,为了使父母高兴,还身穿五彩衣戏于父母面前;他取水上堂时跌倒,就装成婴儿啼哭的样子。作品戏谑道："东倒西歪,佯啼颠拜,虽然称孝哉,上阶,下阶,跌杀休相赖!"孝,被孔子称为"德之本",老莱子孝亲的故事在元代被编入《二十四孝》,但此曲却肆意加以调侃,表现了对孔孟之道大胆的否定意识。

更有甚者,元代散曲甚至否定一切传统的是非观念和进取精神。吴仁卿〔越调·斗鹌鹑〕套中说："指鹿做马,唤凤做鸡,葫芦今后大家提,想谁别辨个是和非。"陈草庵〔中吕·山坡羊〕中说："高,也亦可;低,也亦可。"张养浩同调曲中说："赢,都变做了土;输,都变做了土。"关汉卿〔南吕·四块玉〕(闲适)中说："贤的是他,愚的是我,争甚么!"总之,如关汉卿〔双调·乔牌儿〕套中所说："且休提,谁是非。"元代散曲作家以玩世哲学对待世界,他们对一切都抱着游戏的、不认真的态度,当然也就不必辨别是非了。而这,实际上也就是否定了一切。我们知道,传统的儒家思想对大是大非从不马虎,孟子甚至主张舍生而取义。元代散曲否定一切是非的思想不是和传统的儒家思想大相径庭吗?既然否定了一切是非,积极的进取精神也就不必要了。故阿里西瑛〔殿前欢〕中说："醉时诗酒醒时歌,瑶琴不理抛书卧。"吴仁卿〔越调·斗鹌鹑〕套中说："每日醉如泥,除睡人间总不知。"马致远〔双调·夜行船〕(秋思)套中说："葫芦提一向装呆。"书不必读,事不必做,醉酒装呆,不问一切,这和儒家读书仕进、修身、治国、平天下的传统思想可谓背道而驰。

第二,非传统的人物形象。

元代散曲中出现了大量的非传统的隐士形象。传统的隐士大都是一种恬淡静泊、高雅脱俗的形象。但元代散曲中的隐士却往往是一种淳朴、世俗甚至丑拙的人物。如卢挚〔双调·沉醉东风〕(闲居)中隐士的生活是:"雨过分畦种瓜,旱时引水浇麻。共几个田舍翁,说几句庄稼话。"孙叔顺〔南吕·一枝花〕(休官)套中的隐士"甘心守淡饭黄齑","柴门草户,茅舍疏篱,守着咱稚子山妻"。在他们的生活中,传统隐士远离人世的清高之气大大减少,而身在尘俗的淳朴的庄户气却十分浓厚。杨朝英〔殿前欢〕中的隐士却又强调酒色之乐:"白云窝,守着个知音知律俏奴哥。醉时鸳帐同衾卧,两意谐和。尽今生我共他,有句话闲提破。花前欢饮,月下高歌。"薛昂夫〔朝天曲〕甚至说:"买两个丫鬟,自拈牙板,一个歌一个弹……能到此是英雄汉。"元代散曲中描写隐居、鼓吹及时行乐的作品比比皆是。这种浓厚的世俗享乐思想与传统隐士的不食人间烟火式的高雅显然不同。元代散曲还有些作品甚至强调隐士的丑拙。杨果〔仙吕·赏花时〕(旅况)套,实际上是借旅途景物描写其归隐理想,其中的渔翁便是隐士的象征:"唱道向红蓼滩头,见个黑足吕的渔翁鬓似霜,靠着那驼腰拗桩,瘿累垂脖项,一钩香饵钓斜阳。"这位隐士的丑拙,表现了元代文人以愚拙自居和以丑为美的反传统的思想和情趣。这种自认愚拙,甚至佯钝装呆的描写在元代散曲中十分常见,它与传统隐士的高雅形成了鲜明的对比。

传统隐士的隐居往往只是权宜之计,甚至以隐居作为仕进的终南捷径,故大都对现实难以忘怀,常常有一种孤寂冷清之感。而元代文人在特定的时代里却对现实已经绝望,并通过历史的反思,对官场的凶险也有了理性的醒悟,因此他们笔下的隐士,便以彻底的理悟和放倒的态度,表现出戏谑人生的情趣。如杨朝英〔殿前欢〕:"白云窝,樵童斟酒牧童歌。醉时林下和衣卧,半世磨陀。富和贵争甚么? 自有闲功课,共野叟闲吟和。呵呵笑我,我笑呵呵。"如此尖锐透辟的悟世和彻底的放倒,这样的游戏人生和旷达乐观,在传统的隐士中还是很少见到的。

　　元代散曲中还出现了一种反传统的浪子形象。这方面的名作是众所周知的关汉卿〔南吕·一枝花〕(不伏老)。这套曲子中的主人公"一世里眠花卧柳",精通五音六律、歌舞、吹弹、插科等民间伎艺,惯熟分茶、撷竹、打马、藏阄、围棋、蹴鞠、打围、双陆等各种民间游戏,是一个与传统文人不同的风流浪子。但他却不但不以为耻,反而自豪地夸耀自己是"普天下郎君领袖,盖世界浪子班头","占排场风月功名首","锦阵花营都帅头",并坚决地表示对这些"歹症候"誓死不改。这种风流浪子被作为歌颂的对象,表现了元代特有的玩世哲学;而在这种玩世哲学中,又折射着对现实的不满和对儒家传统的背叛。无名氏〔正宫·端正好〕(豪放不羁)套也描写了一个"风月所施呈七步才"、纵情酒色的风流浪子,他甚至说:"一任教佳人宛转歌金缕,醉客伴狂饮绣鞋,便是英才!"这是何等大胆的叛逆观念! 此外,元代散曲还描写了许多急情贪色、狎妓偷情的风流人物,这是正统儒者所不屑言,也不敢言的;而元代散曲却不但淋漓尽致地写,而且以赞赏的态度写。元代文人不能以传统的方式寻求人生的道路,便从鄙俗的市井生活中寻找刺激,以浪子的玩世精神与现实相对抗,于是便打破了传统儒者的人格典范,标举出一种浪子式的新的人格。因此,元代散曲对风流浪子的肯定与赞赏有其特定的内涵。

　　元代散曲中还出现了非传统的女子形象。她们敢爱敢恨,敢说敢骂,大胆泼辣,与传统女子的腼腆平和、温柔敦厚大不相同。如白朴〔喜春来〕(题情):"从来好事天生俭,自古瓜儿苦后甜,奶娘催逼紧拘钳。甚是严,越间阻越情忺。""笑将红袖遮银烛,不放才郎夜看书,相偎相抱取欢娱。止不过迭应举,及第待何如!"她们爱得如此坚定热烈,家长的束缚,功名富贵的诱惑,都不放在眼里,表现了对封建礼教和传统思想的反叛精神。至于有些作品中所描写的幽会偷欢的女性,则更为前代所罕见。这些女子不但敢爱,而且敢说敢骂。刘庭信〔双调·折桂令〕(忆别)中的女子对丈夫说:"花儿草儿,打听的风声,车儿马儿,我亲自来也。"无名氏〔仙吕·三番玉楼人〕中的女子是:"枕剩衾寒没乱煞,不着我题名儿骂。暗想他,忒情杂。等来家,好生的歹斗咱。我将那厮脸儿上不抓,耳轮儿揪罢,我问你昨夜宿谁家。"这哪里还有一点三从四德、温柔敦厚的影子?这样的女性形象只有在元代散曲中才可以找到。

第三,谐俗的题材。

任讷《散曲概论》说:"词仅宜于庄而不宜于谐,曲则庄谐杂出,态度极活也。""词仅可以雅而不可以俗,可以纯而不可以杂,曲则雅俗俱可,无所不容,意志极阔也。"元代散曲冲破了诗词庄重高雅的传统,俳谐鄙俗的题材占了很大的比重。

首先,元代散曲以调侃戏谑的态度描写了一些有生理缺陷的人物。如王和卿〔越调·天净沙〕(咏秃)、〔越调·小桃红〕(胖妓)、〔越调·天净沙〕(胖妻夫)、关汉卿〔仙吕·醉扶归〕(秃指甲)、杜遵礼〔仙吕·醉中天〕(妓歪口)等,都是把人的生理缺陷加以夸大,造成幽默诙谐的效果。当然,这种纯粹的调侃滑稽并无思想意义,其趣味也是庸俗的。但是,钟嗣成的〔南吕·一枝花〕(自序丑斋),虽同为嘲弄人的生理缺陷之作,却是一套思想深刻的奇曲。作品用漫画式的笔法,穷形尽相地描写自己的丑陋容貌,令人忍俊不禁;而在滑稽的外表中,又蕴含着对重貌不重才和钱财决定一切的现实的激愤和批判。元代散曲中这类作品虽然思想境界高低不同,但作为一种文学现象,它打破了高雅敦厚的文学传统,创立了一种粗俗滑稽、摄丑入曲之风,形成了与传统美相对立的审美情趣,对于建立元曲"蒜酪蛤汤"的独特风味和"本色"传统也未尝没有一定的作用。在这一方面,王和卿登峰造极,而关汉卿屡欲胜之,可见在元代此风极盛,可以说形成了一种时代潮流。这种现象反映了元代文人在没有出路的时代里粗俗玩世的人生态度,也可谓对现实的曲折反映。

其次,元代散曲也描写了一些鄙俗人物的可笑事件。如马致远〔般涉调·耍孩儿〕(借马)写一个爱马如命的人面对别人借马的小故事。作品先写"出言要借,对面为难"的为难、沉吟、拖延,因而他"懒设设"、"意迟迟"、"气忿忿"地解马、牵马、鞴马;后写他反反复复、无微不至地嘱咐如何喂草、饮水、行路、休息;直到马被借去后"两泪双垂",把马主人矛盾复杂的心理和对马的痛惜之情写得细致入微、淋漓尽致。作品通过夸张把马主人对马的爱惜写到了令人可笑的过分程度,但又不是恶意地讽刺挖苦他的吝啬,而只是对他加以善意的调侃,如同一个轻松幽默的小喜剧。杜仁杰〔般涉调·耍孩儿〕(庄家不识勾栏)写一个没见过世面的农民进城看戏的故事。在他的眼里,演戏时的擂鼓敲锣和用磕瓜调笑等普通事物都成了怪事。看到后来,又被一泡尿爆得没奈何,但为避免别人笑话,又只好忍耐延捱。其人其事可谓极俗极谐,如同宋杂剧中专门调笑进城村民的"杂扮"。但此曲并非对这一农民进行讽刺,而是写出了他的憨直、淳朴、天真、稚气,令人感到可爱而又有趣。其他如"王大姐浴房吃打"、"皮匠说谎"、"大桌上睡觉"等鄙俗可笑的事件在元代散曲中屡见层出。而这类题材在传统诗词中是要被嗤之以鼻的。

此外,元代散曲还以幽默诙谐的笔调描写了许多鄙俗琐屑之物。如杨讷〔中吕·红绣鞋〕(咏虼蚤)、宋方壶〔南吕·一枝花〕(蚊虫)等,把不登大雅之堂的非严肃庄重之物极为细致地专门写成一篇文学作品,在传统诗词中是为人所不齿的,但在元代散曲中却屡见不鲜。不过,这类作品也并非全为游戏之作,有些作品用拟人、双关之法写来,也颇有深意。如无名氏〔中吕·朝天子〕(嘲妓家匾食),既写出了水饺的材料、形状、制作过程和滋味,又用拟人的手法,双关地写出了妓女的美丽、聪明和被人侮辱、不能白头偕老的悲剧命运。其描写是如此地细腻逼真,联想是那样地新颖奇妙、贴切自然,把一种琐屑之物写得妙趣横生,而其中又包含着富有积极意义的社会内容。描写鄙俗琐屑之物的作品在元代散曲中为数甚多。任讷《散曲概论》说:"大而天日山河,细而米盐枣栗,美而名姝胜境,丑而恶疾畸形,殆无不足以写,而细者丑者,初亦不与大者美者有所歧视也。"这表现了元代散曲在审美观念上对传统诗词的悖逆,也反映了元代文人玩世的人生态度。

元代散曲在艺术上也敢于创新,另走新路,表现了对诗词传统的叛离。这可以从以下三方面来说明:

第一,语言上的创新。

中国古代的文学作品基本上都是用文言写成的。但元代散曲作为一种以市民为主要对象的歌词,一改诗词旧貌,用了大量的口语和方言。试看周文质〔正宫·叨叨令〕:"叮叮当当铁马儿乞留玎琅闹,啾啾唧唧促织儿依柔依然叫,滴滴点点细雨儿渐零渐留哨,潇潇洒洒梧叶儿失流疏刺落。睡不着也么哥,睡不着也么哥,孤孤另另单枕上迷飚模登靠。"此曲全用口语方言写成,而且用了大量的象声词,生动活泼,天真烂漫,这种以俗为雅的语言在诗词中绝不可见,这种别具一格的野味儿与正统文学迥然不同。当然,这种口语和方言也并非是对生活语言的照搬,而是经过重叠、排比和韵律化,使之排列整齐巧妙,音韵和谐动听,形成了一种韵律化的口语。

元代散曲的句式也冲破了传统诗词的格式,有了新的发展。从句子的长短看,诗词以五、七、四、六言句为主,元代散曲却参差错落,变化多端。词中仅见于〔十六字令〕和〔哨遍〕中的一字句,在元代散曲的多种曲牌中出现;词中多用于换头处的二字句,在元代散曲中也多处可用。至于长句,关汉卿〔南吕·一枝花〕(不伏老)中有的句子长达二十六字。从句子的内部结构看,元代散曲中的五言句出现了一、四句法,七言句出现了三、四句法,四言句出现了一、三句法,六言句出现了三、三和一、五句法,都为诗词中所罕见,与诗词中基本上以两字为一音步的整齐的节奏迥然不同。至于有些长句的口语化的句子,则每句的语义单位数和音步数不但多于诗词,而且模糊不清,类似散文体的句子。如吕止轩〔醉扶归〕:“你若肯时肯不肯时罢手。”无名氏〔寿阳曲〕:“见个采桑妇人与了一锭金,你见那姓白的牡丹使甚?”这样的句子结构和节奏都为诗词所无。此外,在诗词句子的内部,基本上是以平仄两两交替为结构规律的,但在元代散曲中,不规则的拗怒句式却大量增加,一句中连用三个以上的平声或仄声的句子屡见不鲜。因而元代散曲的句子更加自由活泼,变化多端,几乎包括了诗、词、赋和散文中的各种不同的句式。

元代散曲在修辞上的创新以比喻和对偶为最突出。其设喻极俗,联想新奇。如张鸣善〔金蕉叶〕用“愿生在鸳鸯蛋儿里”比喻成双的愿望,乔吉〔折桂令〕用“睡如翻饼”比喻辗转难眠,无名氏

〔越调·斗鹌鹑〕(离恨)用"闷弓儿常拽,愁窨儿频掘"比喻愁闷,都极为通俗奇诡,故谓之诡喻。乔吉〔双调·水仙子〕则通篇运用比喻:"眼中花怎得接连枝,眉上锁新教配钥匙,描笔儿勾销了伤春事。闷葫芦刿断线儿,锦鸳鸯别对了个雄雌。野蜂儿难寻觅,蝎虎儿干害死,蚕蛹儿毕罢了相思。"杜善夫〔般涉调·耍孩儿〕(喻情)甚至通篇运用了四五十个俗喻。此谓之博喻。这种博喻,诗词中亦有之,但元代散曲却用得更普遍,也更俗更奇,故仍不失为创新。元代散曲中特有的对偶,约有三种。一是扇面对(即隔句对),如睢景臣〔大石调·六国朝〕(收心)套中的:"乌兔东西急,白发重添;寒暑往来侵,朱颜退染。"第一、三句相对,二、四句相对。白贲〔百字折桂令〕中的:"曲岸西边,近水湾,鱼网纶竿钓槎;断桥东壁,傍溪山,竹篱茅舍人家。"第一、四句相对,二、五句相对,三、六句相对。二是重叠对,如周德清〔越调·斗鹌鹑〕(双陆)套〔三台印〕:"(两家局)安营地,施谋智,似挑军对垒;等破绽,用心机,(色儿)似飞沙走石。"第一、二、三句和四、五、六句相对,第一句和第二句、第四句和第五句又相对。三是鼎句对,如范康〔寄生草〕:"糟腌两个功名字,醅淹千古兴亡事,曲埋万丈虹霓志。"三句相对。这几种对偶都是诗词中所无或罕见的。

元代散曲还常常在语言体式上逞才弄巧,因而出现了巧体。任讷《散曲概论》归纳巧体二十五种之多。其中有叠字体,每句均用叠字,如乔吉〔天净沙〕:"莺莺燕燕春春,花花柳柳真真,事事风风韵韵,娇娇嫩嫩,停停当当人人。"独木桥体,通篇押同一字韵,如张养浩〔塞鸿秋〕:"春来时香雪梨花会,夏来时云锦荷花会。秋来时霜露黄花会,冬来时风月梅花会。春夏与秋冬,四季皆佳会,主人此意谁能会。"重句体,一篇中多用同样口气和字词之句,如汤式〔折桂令〕:"冷清清人在西厢,叫一声张郎,骂一声张郎。乱纷纷花落东墙,问一会红娘,絮一会红娘。枕儿余,衾儿剩,温一半绣床,闲一半绣床。月儿斜,风儿细,开一扇纱窗,掩一扇纱窗。荡悠悠梦绕高唐,萦一寸柔肠,断一寸柔肠。"这样的语言体式为诗词所无,令人耳目一新。

第二,直露透辟的表达方式。

任讷《散曲概论》说:"词敛而曲放。""词内旋而曲外旋。"诗词以含蓄蕴藉为工,元代散曲则以直露透辟为妙。元代散曲常用第一人称的自言体或代言体,现身说法,以自说直陈为主。如贯云石〔清江引〕:"避风波走在安乐窝,就里乾坤大。醒了醉还醒,卧了重还卧。似这般得清闲的谁似我?"把个人的行动和思想直接明白地说出,暴露无遗。即使写爱情相思,也把内心隐曲和盘托出,毫不掩饰。如马致远〔寿阳曲〕:"相思病,怎地医?只除是有情人调理。相偎相抱诊脉息,不服药自然圆备。"这与诗词中欲吐不吐、半含半露的写法全然不同。当然,有些作品并不纯粹是意念(包括哲理、思想或情感等)的直陈,其中也有形象的描绘。但这些形象大多处于次要地位,对意念直陈起辅助作用。如无名氏〔中吕·红绣鞋〕:"孤雁叫教人怎睡,一声声叫的孤凄,向月明中和影一双飞。你云中声嘹亮,我枕上泪双垂,雁儿我和你争个甚的!"此曲通过人和景物的感情交流,把意念和形象打成一片,构成一个复合体,但人的意念仍占据主导的、统帅的地位。在有的作品中,形象的描绘似乎占的分量很大,如无名氏〔正宫·端正好〕套〔滚绣球〕一曲:"动羁怀的是淅零零暮雨晴,恼人肠的是日迟迟春昼暄,感离情的是娇滴滴弄喉舌啼莺语燕……"但这些形象所触发的意念都已在句首得到直陈,故意念仍处于主导地位。在元代散曲的长套中,又常常对人物的感情、感情行为、表情景物大力铺排,相互错杂,回环反复,造成急切透辟、极情尽致的效果。

如马致远〔双调·新水令〕(题西湖),忽景,忽情,忽行为;忽东,忽西;忽古,忽今,错杂反复,不厌其烦,这样的表达方式为诗词所罕见,可谓元代散曲的独特创造。

第三,豪放奔腾、尖新风趣的风格。

诗词中虽都有豪放风格,但词以婉约为正宗,诗中的豪放风格也不占主导地位。但元代散曲却以豪放风格为主。而且,诗词的豪放以抒写豪情壮志为主,元代散曲中的豪放则以表现放倒任性之情为主。由于对人生的彻悟,元代散曲常常抒写超脱旷达、放倒玩世、任性不羁之情。在描写爱情的作品中,其主人公也往往是泼辣的女性。这些作品都可谓豪放之作。有些作品的内容虽然平常,甚至缠绵悱恻,但由于套数常用铺叙反复之法,也会给人以饱满酣畅、浩荡奔放之感;由于小令形式灵活,语言活泼,也会显得无拘无束,流动奔腾。关于这些方面的例子在前面的举例中都可找到。

诗词贵敦厚端庄,元代散曲则忌老实,以尖新风趣为尚。元代散曲有不少嘲弄丑恶人物的作品,写得尖锐犀利,新奇风趣。如无名氏〔正宫·醉太平〕:"夺泥燕口,削铁针头,刮金佛面细搜求,无中觅有。鹌鹑嗉里寻豌豆,鹭鸶腿上劈精肉,蚊子腹内剜脂油。亏老先生下手!"用一系列新奇的想象和夸张,把剥削阶级的贪婪写得入木三分,而又诙谐风趣。即使描写日常生活和事物甚至庄重人物,也往往以奇异的思想,用调侃的笔调,写得尖新而风趣。如无名氏〔双调·寿阳曲〕用崔护谒浆的故事调侃向女子求爱的秀才:"问娉婷谒浆到十数升,干相思变做了渴证。"张养浩〔普天乐〕调侃投江而死的屈原:"空快活了湘江鱼虾蟹。这先生畅好是胡来!"都新异而诙谐。此外,元代散曲中那生动活泼的口语,通俗新颖的比喻,独特有趣的巧体,也造成了新异风趣之致。

（对元代散曲的"趣"，另有专文详述。）

总之，元代散曲豪放奔腾、尖新风趣的风格打破了诗词的传统风格，表现出一种独特的风貌。

元代散曲对传统的叛离，是元代文人在特定历史条件下对现实不满并进而彻悟人生、否定传统的结果，是元代文人玩世哲学的反映，也是元代文人思想解放和艺术创新精神的表现。其中固然不免有一些消极之处，但那种大胆的创新意识难道不也值得我们借鉴吗？

（原载《山东师范大学学报》社会科学版，1993 年第 3 期）

元代散曲抒情写意的艺术特征

王骥德《曲律》说："词之异于诗也，曲之异于词也，道迥不侔也。诗人而以诗为曲也，文人而以词为曲也，误矣，必不可言曲也。"与诗词相比，曲在思想内容和艺术特征上都有着自己鲜明的特色。因此，我们既不能用写诗词的方法写曲，也不能完全按照评诗词的标准衡曲。如果曲失去了自己的特异之处，它就没有存在的必要，也不可能成为与唐诗宋词并称的一代之文学。多年来，人们习惯于用一成不变的同一把尺子衡量各种体裁的文学作品，而很少深入一步，对不同对象作具体分析。因而，对曲的特点有所忽视。这样，也就影响到对曲在文学史上的创新、贡献和地位的研究与评价，不利于对它的思想艺术精华的发掘与借鉴。为此，本文仅对元代散曲抒情写意的艺术特征作一初步探讨。

概而言之，元代散曲在抒情写意方面具有直露、透辟、风趣三大特征，兹分述如下：

一、直露

任讷《散曲概论》说："词内旋而曲外旋。""词尚意内而言外，曲竟为言外而意亦外。"人们评论诗词常以含蓄蕴藉为工，而曲则以直露显明为特色。这一特色在元代散曲中又体现在其与诗词不同的表现方法上。

首先,元代散曲常用直陈与赋体。

在唐诗宋词中,最常用的抒情法是情景交融。其中有的是情在景中,将情朦胧化,含而不露;有的是先景后情,情由景生;有的是先情后景,融情入景。但无论如何,情与景都是相互交融、浑然一体的,它们的抒情都离不开景。而元代散曲却常常是直陈其情,不借助景物。如杨朝英〔双调·湘妃怨〕:"闲时高卧醉时歌,守己安贫好快活,杏花村里随缘过。胜尧夫安乐窝,任贤愚后代如何。失名利痴呆汉,得清闲谁似我?一任他门外风波。"此曲一方面用赋的手法直叙其隐居生活,一方面直言"好快活"、"得清闲谁似我"的欢快知足之情和不问世事之思,直露明白,毫无蕴藉。有些作品即使写男女爱情,也直言不讳。如马致远〔寿阳曲〕:"相思病,怎地医?只除是有情人调理。相偎相抱诊脉息,不服药自然圆备。"把难以启齿之情如此直率大胆地道出,不用任何景物和比兴婉转之法,可谓唯元曲能如此。

当然,元代散曲中有些抒情写意之作也有景物描写。但这种景物常常只是作者抒情写意的一种背景,它并不直接映现抒情主人公的感情,不是抒情主人公感情的物化,在景物之外仍需要直陈情意。如卢挚〔沉醉东风〕(春情):"残花酿蜂儿蜜脾,细雨和燕子香泥。白雪柳絮飞,红雨桃花坠,杜鹃声又是春归。纵有新诗赠别离,医不可相思病体。"前五句写景只是一般的春景,作为末二句抒情的背景,它并不是直接映现某种具体感情的特定景物,因而可视为以赋体铺陈景物,不含比兴。末二句直陈情意才是作品的主体。故此曲仍与诗词的情景交融不同,具有赋体和直陈特点。

元代散曲有些作品也常用直陈感情加人物动作、语言的白描

手法抒情写意,也具有直露特色。如关汉卿〔双调·沉醉东风〕:
"咫尺的天南地北,霎时间月缺花飞。手执着饯行杯,眼阁着别离
泪。刚道得声'保重将息',痛煞煞教人舍不得。'好去者望前程
万里。'"此曲以"痛煞煞教人舍不得"直陈感情,以"手执着饯行
杯,眼阁着别离泪"写人物情态,以"保重将息"、"好去者望前程万
里"写人物语言,而人物的动作、语言所表现的感情极为明白显
豁,故全曲的抒情写意直露不隐。抒情写意缺少了景语则容易枯
燥干瘪,缺少韵致,而元代散曲以人物的动作、语言相济,使之虽
无景语而生动活泼,韵味盎然,此可谓于诗词之外别开蹊径。

　　元代散曲还常常把情和理糅合在一起,用直陈和赋体加以表
现。如卢挚〔双调·蟾宫曲〕:"想人生七十犹稀,百岁光阴,先过
了三十。七十年间,十岁顽童,十载尪羸;五十岁除分昼黑,刚分
得一半儿白日。风雨相催,兔走乌飞,子细沉吟,都不如快活了便
宜。"此曲有感慨人生短促之情,也有及时行乐之理。作品用赋体
算人生细账:百岁光阴,常人难活七十岁,这就去了三十年。七十
年再除掉十年不懂事的孩童时代,去掉十年衰弱的老年时期,只
剩下五十年。五十年再去掉一半黑夜,所余无几。况且时间又十
分迅速。因此感慨之余,得出了及时行乐的浅俗之理,末三句以
直陈之法明确道出。人生短促、及时行乐的主题在诗词中并不少
见,但此曲用赋体直陈之法来写,却表现了不同于诗词的特点,给
人以直露而又尖新之感。

　　其次,元代散曲常用第一人称的叙说。

　　第一人称包括自言体和代言体两种类型。自言体是作者自
道其感情,自叙其言行,古代抒情诗大都属于这种类型。元代散
曲也常用自言体,但却有自己的特点。其一,自言体诗词多以意
象描写为主,由意象描写抒情言志,而自言体元代散曲则意象描

写少，而直接叙述多。如关汉卿〔南吕·一枝花〕（不伏老），基本上没有意象描写，全由作者直接叙述其放浪倔强之情，直露显豁。又如真氏〔仙吕·解三酲〕："奴本是明珠擎掌，怎生的流落平康。对人前乔做作娇模样，背地里泪千行。三春南国怜飘荡，一事东风没主张。添悲怆，那里有珍珠千斛，来赎云娘！"作品边叙遭遇，边说悲怆，感情直露，显然与情景交融的抒情诗不同。其二，自言体诗词大都以封闭态度独自抒写个人情志，而自言体元代散曲则常以面对读者和外物的态度进行叙说。如马致远〔双调·夜行船〕（秋思），通篇为自言体，但又插入了不少设问句："魏耶？晋耶？""争名利何年是彻？""想人生有限杯，浑几个重阳节？"具有启发读者，与读者交流的意味。又偶尔插入第二人称"你"："天教你富，莫太奢，没多时好天良夜。富家儿更做道你心似铁，争辜负了锦堂风月。"更打破了作者自言其情的封闭状态。这样就缩短了作者与读者的距离，使读者感到更加亲切，作者的感情也就表达得更加明白。又如无名氏〔中吕·红绣鞋〕："孤雁叫教人怎睡？一声声叫的孤凄，向月明中和影一双飞。你云中声嘹亮，我枕上泪双垂。雁儿我和你争个甚的？"此曲总体上为自言体，但又结合作者对孤雁的话语进行叙说，由作者与外物的交流打破了作者独自抒情的封闭状态，既生动活泼，又使抒情更加直露。

代言体指作者代替一个假设的人物抒情或叙事。代言体的形成虽在诗词中早已有之，但诗词中的抒情代言体往往是用比兴之法，用所代之人抒写作者的思想感情；而元代散曲中的抒情代言体所代的对象却大多有着不同于作者的独立的品格和感情，作者描写他们，是为了创造一种虚构对象的形象和情感。同时，诗词中的代言体所代对象比较狭窄，大多为女子；而元代散曲中的代言体所代的对象则不但有形形色色的人，而且有各种各样的物,因而代言体在元代散曲中有了进一步的发展。

元代散曲为什么要用代言体呢? 任讷《散曲概论》说:"为欲极情尽致之故,乃或将所写情致,引为自己所有,现身说法,如其人之口吻以描摹之。"元代散曲正是为了把情意写得更加直露亲切,才用代言体以现身说法。如关汉卿〔双调·大德歌〕(夏):"俏冤家,在天涯,偏那里绿杨堪系马? 困坐南窗下,数对清风想念他。蛾眉淡了教谁画? 瘦岩岩羞带石榴花。"作者代一女子抒写离别相思之情,把这一女子的寂寞、相思、痛苦和又爱又恨的复杂感情写得细致而生动,人物形象鲜明而有个性。这与诗词中作为作者精神的象征,用比兴手法虚构的缺乏个性的代言体人物不同,也比诗词中自言体人物的形象鲜明得多。作品不用细致的描绘,而是用代言体的叙说之法,人物的口吻毕肖,感情全露,如闻其声、知其心、见其人,给读者以亲切真实之感。又如刘庭信〔双调·折桂令〕:"想人生最苦离别,唱到阳关,休唱三叠。急煎煎抹泪揉眵,意迟迟揉腮搊耳,呆答孩闭口藏舌。情儿分儿你心里记者,病儿痛儿我身上添些;家儿活儿既是抛撇,书儿信儿是必休绝;花儿草儿打听的风声,车儿马儿我亲自来也。"作品不用意象描写,纯用代言体叙说。一个有情而又泼辣,具有个性特点的妇女形象跃然纸上,写情的坦率直爽为诗词所未有,却恰又表现了曲的特色。

在代言体的叙说中,有的叙的成分较多,由叙述主人公的动作行为而构成一定的故事性和戏剧性,但并非叙事作品,仍为抒情之作。如杨果〔仙吕·翠裙腰〕:"莺穿细柳翻金翅,迁上最高枝。海棠零乱飘阶址,堕胭脂。共谁同唱送春词。〔金盏儿〕减容姿,瘦腰肢,绣床尘满慵针指。眉懒画,粉羞施,憔悴死。无尽闲愁将甚比,恰如梅子雨丝丝。〔绿窗愁〕有客持书至,还喜却嗟咨。

未委归期约几时,先拆破鸳鸯字。原来则是卖弄他风流浪子:夸翰墨,显文词,枉用了身心空费了纸。〔赚尾〕总虚脾,无实事,乔问候的言辞怎使。复别了花笺重作念,偏自家少负你相思! 唱道再展放重读,读罢也无言暗切齿。沉吟了数次,骂你个负心贼堪恨,把一封寄来书都扯做纸条儿。"此曲在描写春景和人物相思情态之后,叙述了一个读信事件。女主人公接信时的又喜又怨,读信后失望而又嗔怪,再读后又恨又骂,直至把书信撕碎。女主人公接信、读信、扯信的过程和矛盾复杂的心理被叙说得具体生动,构成了简单的故事性和戏剧性。把难以表达的感情通过具体形象的动作行为来加以表现,写情也就极为直露显豁,具体可感。再加上用代言体由人物自叙自说,使读者如见其人,如闻其声,也就更给人以逼真亲切之感。用这种方法抒情写意,诗词中少见,而元代散曲中却十分普遍。

二、透辟

任讷《散曲概论》说:"同一白话,词与曲之所以说者,其途径与态度亦各异。曲以说得急切透辟、极情尽致为尚。"曲不仅以说明白为满足,还常常极力铺排,回环往复,使之酣畅透辟,极情尽致。

首先,元代散曲常常畅说其情,酣畅淋漓。如关汉卿〔双调·沉醉东风〕:"忧则忧鸾孤凤单,愁则愁月缺花残。为则为俏冤家,害则害谁曾惯? 瘦则瘦不似今番,恨则恨孤帷绣衾寒,怕则怕黄昏到晚。"此曲为重句体,通篇以同样口气和句法之语句构成。其表情的关键字眼,如"忧"、"愁"、"恨"、"怕"等又重复用之,从各个方面反复铺排,重复强调,而又都围绕为爱而痛苦的感情,把情写得醂畅透辟。全曲无一景语，全为感情的诉说。如果只以明白要求，三言两语即可，但它却多侧面反复地说，这正是曲的透辟特点。又如无名氏〔水仙子〕："恨重叠重叠恨恨绵绵恨满晚妆楼，愁积聚积聚愁愁切切愁斟碧玉瓯。懒梳妆梳妆懒懒设设懒爇黄金兽，泪珠弹弹珠泪泪汪汪汪汪不住流，病身躯身躯病病恹恹病在我心头。花见我我见花花应憔瘦，月对咱咱对月月更害羞，与天说说与天天也还愁。"此曲为反复体，每句中之字面颠倒重复，反复言之，对愁苦之情极言畅说，极为透辟。这种写法为诗词所不能有。

其次，元代散曲常常铺排史实典故，以达到把某种感情表现得更加充分透辟之目的。如张养浩〔双调·沉醉东风〕："班定远飘零玉关，楚灵均憔悴江干。李斯有黄犬悲，陆机有华亭叹。张柬之老来遭难，把个苏子瞻长流了四五番。因此上功名意懒。"前六句连续铺叙故实，以言仕途之险恶，令人惊心动魄。而"飘零"、"憔悴"、"悲"、"叹"、"遭难"、"长流"又具有鲜明的感情色彩，有力地表现了这些历史人物遭遇之悲惨和作者的慨叹。最后虽只有一句直接抒写作者的避世隐居之情，但由于前六句的铺排极为充分，故厌弃功名之情也就显得自然而深厚。又如无名氏〔正宫·叨叨令〕："黄尘万古长安路，折碑三尺邙山墓。西风一叶乌江渡，夕阳十里邯郸树。老了人也么哥，老了人也么哥，英雄尽是伤心处。"此曲前四句也是连续铺排故实：长安道上追求功名的莘莘学子徒然奔波于黄沙之中；地位显赫的王侯将相终归尸葬邙山，只剩荒坟断碑；不可一世的西楚霸王也不免自刎乌江，这一切都如同邯郸店中的黄粱一梦，令人可悲可叹。一系列的故实，"黄尘万古"、"折碑三尺"、"西风一叶"、"夕阳十里"的景物渲染，把这种对历史人物的悲叹之情写得极为醂畅透辟。末三句又直接抒情：古代的英雄是如此，今日之英雄也不免同样下场，老之将至，怎不令人心伤！这就把叹世伤怀之情写得更加透辟深厚。

此外，元代散曲还常用错综反复之法，以畅其情。特别是篇幅较长的套数中，此法运用尤多。如王伯成〔越调·斗鹌鹑〕（离思伤秋），先写败柳残花、塞雁寒蛩等景物以渲染离别相思之情；接着转入女主人公的"恨"、"愁"、"伤"、"苦"、"情牵恨惹"、"肠荒腹热"等情的直接诉说；继而又转入"风飘败叶"、"铁马儿丁当"、"西楼月"、"画角鸣噎"、"砧韵切"等景物描写；然后又直写"愁万结"、"恨重叠"、"满怀愁闷"之情；接着又转写女主人公闷气长吁、啼痕成血、哭泣、哽咽、难以入睡等情态动作；继而又回到蛩声、鼎烟、漏声、寒雁、孤灯、残月等景物描写；然后又转入离别时的回忆；最后又回到眼前，并设想将来见面时一定要把受过的凄凉对爱人一一诉说。全曲忽景，忽情，忽动作情态，忽今，忽昔，忽未来，错综交插，回环往复；而其所写景物又非同一视点或同一时间之景，亦即并非抒情主人公所面对的现实景物，而是作者为情造景，为了表现某种感情而搜罗组合的某些景物。因而表面看来全曲的景、情、动作描写错综反复，时间、地点跳跃无序。但唯其如此，才能酣畅淋漓地表现出女主人公烦乱的心情和无尽的情思。当人们极度烦乱痛苦之际，其意识不可能是冷静有序的。作品随着主人公杂乱无序的意识流进行错综复杂、跳跃无序的描写，正是体现了形式与内容的统一，也充分表现了元代散曲抒情写意的透辟特点。

唐诗以情景交融见长，而宋诗则另辟蹊径，常直言感受和发表议论，或为言情而任意组合景物和典故。元代散曲可以说在一定程度上吸收了宋诗的这些写法。这些写法较少限制，再加上元代散曲的进一步发展创造，因而也就造成了直露透辟的特点。

三、风趣

诗言志，贵庄重；词言情，多柔媚；曲则言志言情均多风趣。黄周星《制曲枝语》云："制曲之诀，虽尽于'雅俗共赏'四字，仍可以一字括之，曰'趣'。"可以说，元代散曲的多数作品都具有风趣特色。抒情写意也不例外。

元代散曲抒情写意常用俏俗趣语。如关汉卿〔商调·梧叶儿〕(别意)："别离难，相思难，何处锁雕鞍。春将去，人未还，这其间，殃及煞愁眉泪眼。"写离别相思之痛，用"殃及煞愁眉泪眼"说眉攒愁、眼流泪而遭了殃，由俏皮通俗而见风趣，故王世贞《曲藻》谓之为"情中俏语"，周德清《中原音韵》则称赞："俊哉语也！"以此等语写情，为诗词所无。关汉卿〔双调·沉醉东风〕末二句："本利对相思若不还，则告与那能索债愁眉泪眼。"亦与上例相同。痛苦之情而以俏俗之语出之，正是元曲的特点使然。

元代散曲抒情写意也常用愤激趣语。如张养浩〔中吕·普天乐〕："楚《离骚》，谁能解？就中之意，日月明白。恨尚存，人何在？空快活了湘江鱼虾蟹。这先生畅好是胡来！怎如向青山影里，狂歌痛饮，其乐无涯。"作者为了写隐居之乐，对忧国忧民、自沉汨罗的屈原加以调侃，说他的死"空快活了湘江鱼虾蟹。这先生畅好是胡来"，用语幽默诙谐。而实际上则是愤激之语，是一种无可奈何之中玩世态度的体现。愤激之情以趣语言之，外谐内庄，正是元曲的特点。

元代散曲抒情写意还常用奇巧趣语。如张鸣善〔越调·金蕉叶〕套〔尾声〕："就今生设下来生誓，来生福是今生所积。拼死在连理树儿边，愿生在鸳鸯蛋儿里。"末句用"愿生在鸳鸯蛋儿里"比喻成双的愿望,设喻奇异,元曲中谓之诡喻,此为因奇见趣。周文质〔正宫·叨叨令〕:"叮叮当当铁马儿乞留玎琅闹,啾啾唧唧促织儿依柔依然叫,滴滴点点细雨儿淅零淅留哨,潇潇洒洒梧叶儿失流疏刺落。睡不着也么哥,睡不着也么哥,孤孤另另单枕上迷飚模登靠。"全曲连续使用象声词和叠字,是曲中之巧体,因巧而生趣。把普通的内容以奇巧的语言来表现,也是元曲的特点。

元代散曲的抒情写意有时结合人物的喜剧性动作行为,由此而生趣。如无名氏〔中吕·红绣鞋〕:"裁剪下才郎名号,妆点的字体妖娆,做一个面花儿铺翠缕金描。欢喜时贴脸上,烦恼时贴眉梢,则教我眼根前把你瞧。"此曲写热恋的少女之情,既不借助于景物,也不直接言其情,而是以喜剧性动作为主,表现少女的痴情,天真烂漫,情趣盎然。人物的喜剧性动作配以特定的环境,则成为一种喜剧性生活插曲或喜剧场面。如徐再思〔双调·沉醉东风〕(春情):"一自多才间阔,几时盼得成合。今日个猛见他门前过,待唤着怕人瞧科。我这里高唱当时水调歌,要识得声音是我。"曲中有女主人公与心上人相见的期盼,有爱情与礼教、感情与理智的矛盾,有急中生智、以唱歌传情并呼唤情人前来的行为,而男主人公的走过和女主人公的内心矛盾与以歌呼唤的行为都发生在门前这一具体环境,这就形成了一个小小的戏剧场面。由于女主人公的内心矛盾和巧计具有喜剧色彩,这个戏剧场面就成了一个喜剧场面。而在这个喜剧场面中,女主人公的心理、感情乃至性格也生动而鲜明。元代散曲既然主要不是通过自然景物映现主观感情,那么,要使无形的感情具体可感,就自然要借助于人物的动作行为。因此,动作行为乃至某种故事性、戏剧性也就成了元代散曲的特点之一。而为了生动活泼,这种动作性和故事性、戏剧性又往往带有喜剧色彩,这就造成了其风趣特点。所以与诗词相比，元代散曲抒情写意之作中的抒情主人公形象更加鲜明，个性特点也更加突出，读来也更加幽默风趣，生动活泼，正如任讷《散曲概论》所言："词静而曲动。"

元代散曲抒情写意的直露、透辟、风趣特点，在诗词的蕴藉含蓄、严肃沉着之外别开生面，对文学艺术的发展做出了重大贡献。再好的艺术方法，再成功的艺术经验，如果一味如此，长期不变，也会使人感到陈旧。因而必须不断创新，加以发展。元代散曲正是因为敢于走自己的路，才使人耳目一新，取得了和唐诗、宋词并称的地位。这也启示我们，对于前人的作品如果只是一味摹拟，便不可能取得超越前人的成就。只有勇于创新，才能有所前进，更上一层楼。

（原载《山东师范大学学报》，1995 年第 3 期）

元代散曲的"趣"

黄周星《制曲枝语》云："制曲之诀,虽尽于'雅俗共赏'四字,仍可以一字括之,曰'趣'。"李渔《闲情偶寄》则曰："'机趣'二字,填词(指曲)家必不可少。……少此二物,则如泥人土马,有生形而无生气。"中国古代的诗词虽说"嬉笑怒骂,皆成文章",但一入调笑,易成"打油",故唐宋诗词中虽有诙谐滑稽者流,但毕竟只占很次要的地位,且为人所轻贱。而在元代散曲中,诙谐风趣却成了一种主导风范,构成了其特有的审美标准。任讷《散曲概论》说："散曲之重俳体,出乎异常。"俳体之格式极多,制作不穷,几占全部作品之半。甚至诗庄、词媚、曲谐已成了人们所公认的文体特点。因此,研究元代散曲的"趣",不但可以有助于对元代散曲思想内容的认识,而且可以使我们更清晰地把握散曲这种体裁别具一格的特征。

趣人趣物

元代散曲描写了许多"趣人"。其中有的是具有某种生理缺陷的人物,如王和卿〔越调·天净沙〕(咏秃)、〔越调·小桃红〕(胖妓)、〔越调·天净沙〕(胖妻夫),关汉卿〔仙吕·醉扶归〕(秃指甲),杜遵礼〔仙吕·醉中天〕(妓歪口)等,都是把人的生理缺陷加以夸大,造成可笑的效果。试看〔仙吕·醉中天〕(妓歪口):"一点樱桃挫,半壁杏腮多,每日长吁暖耳朵。正觑着旁边唾,小唱单吹海螺。侧趷儿把戏做,口儿恰迎着。"作品的目的就是发人一噱,既非欣赏,也无恶意。当然,这种纯粹的调侃滑稽并无思想意义,其趣味也是庸俗的。但钟嗣成的〔南吕·一枝花〕(自序丑斋)虽同为嘲弄人的生理缺陷之作,却是一套思想深刻的奇曲。作品用漫画式的笔法,穷形尽相地描写自己的丑陋容貌,令人忍俊不禁;而在滑稽的外表中,又蕴含着对重貌不重才和钱财决定一切的现实的激愤和批判。元代散曲中这类以生理缺陷作为笑料的作品,虽然思想境界高低不同,但作为一种文学现象,它打破了高雅敦厚的文学传统,创立了一种粗俗滑稽、摄丑入曲之风,形成了与传统美相对立的审美情趣,对于建立元曲"蒜酪蛤汤"的独特风味和"本色"传统也未尝没有一定的作用。在这一方面,王和卿登峰造极,而关汉卿极欲胜之,可见在元代此风极盛,可以说成了一种时代潮流。这种现象反映了元代文人在没有出路的时代里以粗俗的态度玩世的人生态度,也可谓对现实的曲折反映。

元代散曲中的趣人也有的是在品质上有缺陷的人物。这些作品大都通过夸张的描写,对品质上有缺陷的人物进行调笑、讽刺和批判。如无名氏〔商调·梧叶儿〕(嘲谎人)讽刺了吹牛撒谎者的可笑,"东村里鸡生凤,南庄上马变牛"等一系列明显的谎言,令人绝倒,撒谎者煞有介事的嘴脸也如在目前。无名氏〔正宫·塞鸿秋〕(丹客行)嘲弄了丹客到处招摇撞骗、只落得家人埋怨、衣衫褴褛的下场,丹客东串西走、"披一片挂一片拖一片"的丑态,可恶而又可笑。赵彦晖〔南吕·一枝花〕(嘲僧)写僧人与妓女在佛寺蝶乱蜂狂,佛寺和淫乱的不协调,以双生和小卿、柳耆卿和谢天香、待月西厢等才子佳人的故事戏称和尚与妓女,都产生了极为风趣的讽刺效果。无名氏〔正宫·醉太平〕(讥贪小利者)则嘲讽尤为辛辣:"夺泥燕口,削铁针头,刮金佛面细搜求,无中觅有。鹌鹑膆里寻豌豆,鹭鸶腿上劈精肉,蚊子腹内刳脂油。亏老先生下手!"作品通过夸张的描写,使无微不至的搜刮显得极为可笑。但在可笑的后面,却深刻地揭露了剥削者无所不用其极的榨取,表面上是讥贪小利者,实际上却反映了剥削阶级的残酷本质。

元代散曲中的趣人也有的并非生理或品质上有缺陷的人,而是具有特异人格的人物。他们的"趣"来源于其异乎寻常的品格。其中有混迹勾栏的浪子式的人物。在这一方面,关汉卿〔南吕·一枝花〕(不伏老)是最突出的作品。这套曲子描写了一个风流浪子混迹勾栏、狂放不羁的品格。这种品格与正统儒士背道而驰,但他却以自豪的口气自夸自己是"普天下郎君领袖,盖世界浪子班头","占排场风月功名首","锦阵花营都帅头",极力铺排、夸张自己的风流表现,而且表示誓死不改。这种异常的人格,再加上自我赞美、自我调侃的笔调,使作品诙谐风趣,表现了元代特有的玩世哲学。而在这种玩世哲学中,又折射着对儒家传统的背叛和对现实的激愤。其次,也有一种狂放不羁的隐士式的人物。如卢挚〔双调·沉醉东风〕(闲居)写隐居田园,终日醉酒,"直吃的欠欠答答,醉了山童不劝咱,白发上黄花乱插"。无名氏〔正宫·塞鸿秋〕(村夫饮)中的村夫实际上也是变相的隐士:"宾也醉主也醉仆也醉,唱一会舞一会笑一会。管甚么三十岁五十岁八十岁,你也跪他也跪恁也跪。无甚繁弦急管催,吃到红轮日西坠,打的那盘也碎碟也碎碗也碎。"这些作品中的人物任情恣性,狂放不羁,但又与传统文人雅士那种狂放不同,因为他们还有些粗俗与野气。他们那反常的人格和情态使人发笑,但其内在精神却是表现了对丑恶现实的鄙弃和对无拘无束的自由人生的追求。此外,还有一种性格泼辣的非传统女性。如刘庭信〔双调·折桂令〕(忆别)写一个与丈夫离别的女子,"急煎煎抹泪柔眵,意迟迟揉腮揪耳,呆答孩闭口藏舌"。这情态便有点儿不那么柔弱端庄;而临别赠言则是:"情儿分儿你心里记者,病儿痛儿我身上添些;家儿活儿既是抛撒,书儿信儿是必休绝;花儿草儿打听的风声,车儿马儿我亲自来也!"更一反传统女性的温柔敦厚,泼辣而又刚烈,因而显得幽默而又风趣。马致远〔双调·寿阳曲〕:"从别后,音信绝,薄情种害煞人也。逢一个见一个因话说,不信你耳轮儿不热!"这位对薄情人又爱又恨又恼又气的女性,敢说敢骂,异乎寻常,因而别有情趣。总之,这类具有特异品格的人物都因为异常而生"趣"。而作品却对他们予以肯定和歌颂,从而表现了对传统观念的叛离和玩世不恭的情调,也反映了对自由美好生活的向往和追求。

元代散曲中也描写了一些"趣物"。其中有的是以奇异的想象、极度的夸张描写物之异常,给人以奇诡之趣。如王和卿的名作〔仙吕·醉中天〕(大蝴蝶):"挣破庄周梦,两翅驾东风,三百座名园一采一个空。难道风流种?唬杀寻芳的蜜蜂。轻轻的飞动,把卖花人扇过桥东。"此曲的想象和夸张是如此的奇异大胆,达到了出人意料的诡怪程度。它所描写的蝴蝶是如此之大,达到了常人难以想象的荒谬程度,人们为蝴蝶大得如此荒唐而发笑,也为作者丰富的想象力和放诞不羁、戏谑玩世的人生态度而感到风趣盎然。或谓曲中的大蝴蝶暗指花花太岁一类人物,如此,则作品就有更深一层的思想意义。王和卿的〔双调·拨不断〕(大鱼)则是另一名作:"胜神鳌,夯风涛,脊梁上轻负着蓬莱岛。万里夕阳锦背高,翻身犹恨东洋小。太公怎钓?"曲中神话式的想象简直奇妙之至,令人叹为观止,而"翻身犹恨东洋小"和"太公怎钓"又充满幽默诙谐之趣。但此曲是否仅为滑稽之作,亦颇值得思考。如果说曲中的大鱼正是怀才不遇的元代文人的写照,也未尝不可。因此,元代散曲描写"趣物"的作品也并非都没有积极的意义。

元代散曲中所描写的"趣物",也有的是一些琐屑普通之物。如杨讷〔中吕·红绣鞋〕(咏虼蚤):"小则小偏能走跳,咬一口一似针挑,领儿上走到裤儿腰。眼睁睁拿不住,身材儿怎生捞?翻个筋斗不见了。"此曲并无深意。但把非严肃庄重之物跳蚤专门写成一篇文学作品,本身就是一件趣事。何况,又写得如此细致逼真,更不能不使人感到趣味盎然。宋方壶〔南吕·一枝花〕(蚊虫)用拟人的手法生动细致地描写了蚊子的形体特征和生活习性及其对人的侵扰,也诙谐幽默,妙趣横生。当然,此曲也只是游戏之作。但无名氏〔中吕·朝天子〕(嘲妓家匾食)虽也只是写一种普通之物水饺,却颇有深意:"白生生面皮,软溶溶肚皮,抄手儿得人意。当初只说假虚皮,就里多葱脍。水面上鸳鸯,行行来对对,空团圆不到底。生时节手儿上捏你,熟时节口儿里嚼你,美甘甘肚儿内知滋味。"作品用拟人的写法,既写出了水饺的材料、形状、制作过程和滋味,又双关地写出了妓女的美丽聪慧和被人侮辱、不能白头偕老的悲剧命运。作品的描写是如此的细腻逼真,拟人手法运用得是如此的贴切自然、新颖奇妙,把普通的水饺写得妙趣横生,而其中又包含着富有积极意义的社会内容,堪称难得的佳作。这类描写琐屑普通之物的作品在元代散曲中为数甚多。任讷《散曲概论》说:"大而天日山河,细而米盐枣栗,美而名姝胜境,丑而恶疾畸形,殆无不足以写,而细者丑者,初亦不与大者美者有所歧视也。"这表现了元代散曲审美观念的变化,也反映了元代文人玩世的人生态度。

趣事趣思

任讷《散曲概论》说："词内旋而曲外旋。"散曲较少用景中寓情、双关暗示、运用典故等手法把情感具体化、形象化，但它常常通过生动形象的动作描绘表现人物的感情，因此散曲写人抒情比较富于动作性。而这种动作性又常常会发展为故事性，有时是喜剧式的故事性，这也就是趣事。如马致远〔般涉调·耍孩儿〕（借马）写一个爱马如命的人面对别人借马的小故事。作品先写"出言要借，对面难推"的为难、沉吟、拖延，因而他"懒设设"、"意迟迟"、"气忿忿"地解马、牵马、鞴马；后写他反反复复、无微不至地嘱咐如何喂草、饮水、行路、休息；直到马被借去后"两泪双垂"，把马主人矛盾复杂的心理和对马的痛惜之情写得细致入微、淋漓尽致。作品通过夸张把马主人对马的爱惜写到了令人可笑的过分程度，因而十分风趣。当然，作品并不是恶意地讽刺挖苦他的吝啬，而只是对他加以善意的调侃，如同一个轻松幽默的小喜剧。杜仁杰〔般涉调·耍孩儿〕（庄家不识勾栏）写一个农民进城看戏的故事。作品以没有见过世面的农民的心理和眼光观剧，把演戏时的擂鼓敲锣和用磕瓜调笑等普通事物都视为怪事。看到后来，又被一泡尿爆得没奈何，但为避免别人笑话，又只好忍耐延捱。这位农民的憨直、淳朴、天真、稚气，真是可爱而有趣，全曲就如同一个令人捧腹的滑稽小品。但此曲并非对这位农民进行讽刺，而是流露了对其淳朴性格的喜爱。作为戏曲史资料，此曲也颇有价值。当然，元代散曲中描写趣事最著名的作品则是睢景臣〔般涉调·哨遍〕（高祖还乡）。此曲描写了汉高祖刘邦衣锦还乡的喜剧故事。作品也是以乡民的眼光和口气写出。在乡民的眼里，皇帝那庄严的仪仗都变成了农民们熟悉的村俗事物,神圣的皇帝也变成了一个流氓无赖。乡民一本正经地述说着他那变了形的感受,因而产生了滑稽可笑的效果。作品以乡民为借口,肆无忌惮地嘲笑帝王,在滑稽可笑的表面之后,包含着严肃深刻的内容,因而在艺术上和内容上都是少有的佳作。

在元代散曲中,有些作品抓住一些饶有趣味的生活细节加以简洁生动的勾画,构成了一种微型故事。如徐再思〔双调·沉醉东风〕(春情)写一个与情人多日不见的女子,"今日个猛见他门前过,待唤着怕人瞧科。我这里高唱当时水调歌,要识得声音是我"。事件极为简单,但那害羞而又机智的女子借唱歌唤住情人的细节却极为巧妙而又风趣。张可久〔中吕·朝天子〕(闺情)描写一个女子的丈夫深夜不归,女子怀疑他另有新欢;等他半夜醉归后,女子小心服侍,他还装模作样摆架子;女子责备他"不识羞谁似你",他"自知、理亏,灯下和衣睡"。女子的心理、语言,丈夫的情态、动作,写得细腻生动,情趣盎然。杨朝英〔双调·得胜令〕也写一个女子的丈夫深夜不归,而这位女子却不那么温顺,她追问,咒骂,揪打,"敲头,敢设个牙疼咒?揪揪,揪得来不待揪"。女子的泼辣刚烈,丈夫的死皮赖脸,历历在目,妙趣横生。这些作品写的都是日常生活中的小插曲,但却生动活泼,意趣无穷,表现了元代散曲作家善于捕捉富有情趣的生活细节的艺术本领和简洁生动地加以描绘的表现能力。这些作品对薄情男子的谴责,对追求真挚爱情的妇女的肯定,对男女不平等的社会现实的反映,都具有积极的思想意义。

在元代散曲中,有些作品以调侃的笔调对人物和事件予以不同寻常的评价,表现了幽默风趣的反传统的思想观点,这就是"趣思"。如张养浩〔中吕·普天乐〕:"楚《离骚》,谁能解? 就中之意,日月明白。恨尚存，人何在？空快活了湘江鱼虾蟹。这先生畅好是胡来！怎如向青山影里，狂歌痛饮，其乐无涯！"屈原的《离骚》抒写了崇高的政治抱负和不得重用的悲愤，想象丰富，文词绚烂，历来享有崇高的地位；但此曲却一反传统观点，认为屈原用满腔激情写成的《离骚》，又有谁能理解其中的真意呢？屈原含恨投江而死，只不过白白地喂了鱼虾，并不能挽救楚国灭亡的命运，因而作者嘲笑屈原自杀是"胡来"，认为还是归隐青山，狂歌痛饮，其乐无穷。作品否定屈原，表现了反传统的思想，而又以调侃的笔调写出，就使这种思想观点显得滑稽有趣。但作品否定屈原，实际上乃是出于对屈原的忠贞不为世人所理解、自杀也不能使统治者警醒的一种愤激情绪，包含着对黑暗社会的尖锐揭露和批判，同时也寄托着作者自己怀才不遇的悲愤和无可奈何的心情。因而，此曲以反言正，谐中寓庄，名为"趣思"，貌似消极，实则表现了一种极为严肃深刻的积极思想。薛昂夫〔中吕·朝天子〕对历来传诵的老莱子孝亲的故事进行了尖锐的讽刺。老莱子行年七十，为使父母高兴，还身穿五彩衣戏于父母面前；他取水上堂时跌倒，就装成婴儿啼哭的样子。作品用讽刺的笔调评论道："东倒西歪，佯啼颠拜，虽然称孝哉，上阶，下阶，跌杀休相赖！"自己路都走不稳了，还装作婴儿一样啼哭磕头，虽被称为孝子，但跌死了可别怪别人！老莱子孝亲的故事历来为人所称赞，在元代被编入《二十四孝》；但此曲却对他大加嘲笑，突出了其行为情态的滑稽可笑，并用调侃的态度给予这种孝以无情的讽刺和批判。作品以风趣的形式，表现了一种否定儒家传统观念的叛逆思想。这种否定传统思想的"趣思"，是元代文人玩世哲学的又一体现。在封建社会里，否定传统思想是需要胆量和魄力的，其意义不可低估。元代散曲以玩笑戏谑的方式表现这种思想，只不过是为自己增加一层保护色,并不因此而降低它的实际意义。

趣语趣体

元代散曲的"趣"不但表现在以调笑之笔描写非严肃、非正统的事物和思想,亦即不但表现在思想内容上,而且在艺术形式上也因其用语的尖新特异和体式的逞奇弄巧而别有趣味,此即"趣语趣体"。

中国古代的文学作品基本上都是用文言写成的。但元代散曲作为一种以市民为主要对象的歌词,一改诗词旧貌,用了大量的口语和方言。试看周文质〔正宫・叨叨令〕:"叮叮当当铁马儿乞留玎琅闹,啾啾唧唧促织儿依柔依然叫,滴滴点点细雨儿渐零渐留哨,潇潇洒洒梧叶儿失流疏剌落。睡不着也么哥,睡不着也么哥,孤孤另另单枕上迷飚模登靠。"此曲全用口语方言写成,而且用了大量的象声词,生动活泼,流荡飞腾,一反常规,以俗为雅,因而别有风味。元代散曲中有些比喻语也极为生新奇特,或谓之诡喻。如乔吉〔折桂令〕用"睡如翻饼"比喻辗转难眠,其〔水仙子〕用"眉上锁新教配钥匙"比喻解开愁眉。杜善夫〔般涉调・耍孩儿〕(喻情)甚至通篇运用四五十个俗喻,兹摘其数句:"泥捏的山不信是石,相扑汉卖药干陪了擂。镜台前照面你是你,警巡院倒了墙贼见贼。大虫窝里蒿草无人刈,看山瞎汉,不辨高低。"这些比喻都极俗,但又极奇诡,在传统诗词中绝难见到,因而显得新鲜而又风趣。元代散曲有些拟人语也颇有风趣。如陈子厚〔黄钟・醉花阴〕套中把被窝拟人化:"到二三更暖不温和,连这没人情的被窝儿也奚落我。"卢挚〔双调・湘妃怨〕(西湖)把东风拟人化:"东风懒倦催春事,嗔垂杨袅绿丝。"把海棠拟人化:"海棠花偷抹胭脂。"把吴山拟人化："任吴岫眉尖恨。"把西湖拟人化："是个妒色的西施。"都联想巧妙，传神而又风趣。元代散曲中还有些痴情语也异想天开，妙趣横生。如贯云石〔中吕·红绣鞋〕（欢情）写一对如胶似漆的男女夜短情长，乃发痴语："天哪，更闰一更儿妨甚么！"张鸣善〔金蕉叶〕（怨别）写一对男女成双的愿望，也发奇思痴想："愿生在鸳鸯蛋儿里。"这类痴情妙语岂不令人解颐？至于调侃语，在元代散曲中更是比比皆是。如无名氏〔双调·寿阳曲〕调侃热恋中的男子："把才郎沈腰烧了半截，谁似你做得来特热！"无名氏同调曲用崔护谒浆的故事调侃向女子求爱的秀才："问婷婷谒浆到十数升，干相思变做了渴证。"此类调笑趣语，都令人忍俊不禁。

　　诗词忌纤巧，曲则忌老实。元代散曲在语言体式上常常逞才弄巧，因而出现了巧体。王骥德《曲律》说："意常则造语贵新，语常则倒换须奇。他人所道，我则引避；他人用拙，我独用巧。"平常的内容，平常的词语，元代散曲用巧体写来，便奇特不凡，面貌一新，别有风味。任讷《散曲概论》归纳巧体二十五种之多，这里略举几种：叠字体，每句均用叠字，如乔吉〔天净沙〕："莺莺燕燕春春，花花柳柳真真，事事风风韵韵。娇娇嫩嫩，停停当当人人。"独木桥体，通篇押同一字韵，如张养浩〔塞鸿秋〕："春来时香雪梨花会，夏来时云锦荷花会。秋来时霜露黄花会，冬来时风月梅花会。春夏与秋冬，四季皆佳会，主人此意谁能会。"重句体，一篇中多用同样口气和字词之句，如汤式〔折桂令〕："冷清清人在西厢，叫一声张郎，骂一声张郎。乱纷纷花落东墙，问一会红娘，絮一会红娘。枕儿余，衾儿剩，温一半绣床，闲一半绣床。月儿斜，风儿细，开一扇纱窗，掩一扇纱窗。荡悠悠梦绕高唐，萦一寸柔肠，断一寸柔肠。"且不必管这些作品的思想内容，仅是语言体式便饶有趣味,使人耳目一新。其他如嵌字体、顶真体、反复体、集剧名体、集药名体等等,均以巧出奇制胜,给人以特异之趣。元代散曲的语言俗得有趣,也巧得有趣,俗与巧相结合,就使之俗而不浅,巧而不涩,形成了特有的曲味。

由以上论述可见,元代散曲的"趣",除个别作品外,并非人们想象中的恶趣,它反映了多方面的富有积极意义的思想内容。元代散曲中的"趣"体现了元代文人特有的玩世哲学,他们玩人、玩物、玩事、玩文字,以玩的态度对待一切。这种玩世态度,反映着元代文人对社会的不满和嘲弄,显示了他们虽身在世俗但又力图在精神上高于世俗、超脱世俗的高雅,表现了他们以此自娱解脱痛苦的心态,也表明了他们以此娱人的审美情趣。它的外表是喜剧性的,但其中又折射着元代文人不得意的激愤和对黑暗现实的批判与否定,其实质又是悲剧性的。元代散曲中的"趣",表现了它在思想内容和艺术形式上的创新精神。其中的形象、思想和运用的艺术形式都冲破了传统的束缚,新异独特,令人耳目一新。元代散曲中的"趣",不但给今人以思想启迪,而且给我们以艺术借鉴。

(原载《东岳论丛》,1992年第5期)

推陈出新的元代散曲

中国古代诗歌的精华是唐诗、宋词、元曲。在唐诗、宋词发展到鼎盛阶段之后，如果元代散曲只是亦步亦趋地模仿学习唐诗、宋词，那么无论如何也不可能形成中国古代诗歌史上另一座高峰。元代散曲之所以能与唐诗、宋词并称，关键在于它的推陈出新。探讨元代散曲如何推陈出新，不但有助于文学发展史的研究，而且对今天的文学创作也不无裨益。

以俗为新

王国维《宋元戏曲考》说："古代文学之形容事物也，率用古语，其用俗语者绝无。又所用之字数亦不甚多。独元曲以许用衬字故，故辄以许多俗语或以自然之声音形容之。此自古文学上所未有也。"我国古代的文学作品基本上都是用文言写成的。但到了宋元时期，市民阶层发展起来，他们的审美情趣就必然要求适合他们欣赏习惯的文艺形式。元代散曲作为一种以市民为主要对象的歌词，一改诗词旧貌，开始运用大量的口语和方言、俗语，以其"俗"而使人耳目一新。试看周文质〔正宫·叨叨令〕：

> 叮叮当当铁马儿乞留玎琅闹，啾啾唧唧促织儿依柔依然叫，滴滴点点细雨儿浙零浙留哨，潇潇洒洒梧叶儿失流疏刺

落。睡不着也么哥，睡不着也么哥，孤孤另另单枕上迷颩模
登靠。

此曲全用口语俗语写成，而这种语言是诗词中绝难见到的，因此
给人一种新鲜之感。又如杜善夫〔般涉调·耍孩儿〕：

泥捏的山不信是石，相扑汉卖药干陪了擂。镜台前照面
你是你，警巡院倒了墙贼见贼。大虫窝里蒿草无人刈，看山
瞎汉，不辨高低。

这些街谈俗语都是些大实话，在民间也许并不新奇，但用在文学
作品中，以俗为雅，一反常规，便形成了不同于诗词的特殊风味。
此外，元代散曲中还出现了大量的"畅道"、"赤紧"、"不甫能"、"大
古里"、"葫芦提"等方言俗语，也令人耳目一新。元代散曲中的比
喻也常用极通俗的事物设喻，比起诗词中那些用烂了的比喻来，
给人以不落旧套的新鲜感。如张鸣善〔金蕉叶〕用"愿生在鸳鸯蛋
儿里"比喻成双的愿望，杜善夫〔耍孩儿〕用"铁球儿漾在江心内"
比喻团圆到底，乔吉〔折桂令〕用"睡如翻饼"比喻辗转难眠，其〔水
仙子〕用"眉上锁新教配钥匙"比喻解开愁眉，虽然都很俗，但却又
设想奇诡，十分新鲜。由此可见，文学作品并非只有向高雅、深奥
的方向冥思苦索、剔抉爬罗，才能有所创新；相反，沿着俗的方向
努力探索，也可出奇制胜，而且更加亲切生动。文学艺术的源泉
在人民群众中。纵观整个中国文学史，几乎每一种文艺形式都是
首先在民间兴起的，并且以俗为其特点，令人耳目一新。元代散
曲也是如此。文艺不能脱离人民，这是值得我们今天深思的。

当然，元代散曲的俗不仅表现在语言上，而且也表现在题材
和内容上，元代散曲中所出现的沙三、伴哥、丑妓、淫僧等粗俗人
物，"王大姐浴房吃打"、"大桌上睡觉"等庸俗事件，歪嘴、大脚、头
秃、体胖等病态畸形，也为诗词中所无，并且具有特殊的滑稽调笑

风格，这当然也是一种出新。不过，这除了少数作品具有讽刺、调侃某些丑恶现象的积极意义之外，多数作品则表现了庸俗的市民情趣，因而是不可取的。这说明，俗的、新的也并非都是好的，还是要经过选择和提炼。

以巧为新

口语、俗语相对用得熟烂了的诗词语言，固然给人新鲜之感，但用得多了，有时也会显得俚浅。因此，元代散曲又出现了巧体。诗词忌纤巧，曲则忌老实，贵尖新，常常逞才弄巧，出奇制胜，使之面目一新。朱权《太和正音谱》列出乐府体十五家、对式九种；王骥德《曲律》专门有"论巧体"一节；任讷《散曲概论》则归纳巧体二十五种之多。在元代散曲中，有些平常的内容，出之于用词造句的奇巧，反而使人感到十分新奇。故王骥德《曲律》说："意常则造语贵新，语常则倒换须奇。他人所道，我则引避；他人用拙，我独用巧。"如羁旅之情是诗词中常见的内容，但元代散曲用叠字体写来，便无陈旧之感："动羁怀的是淅零零暮雨晴，恼人肠的是日迟迟春昼暄。感离情的是娇滴滴弄喉舌啼莺语燕，舞飘飘乱纷纷柳絮飞绵。叹浮生的是草萋萋际碧天，绿茸茸柳带烟。流尽年光的是兀良响潺潺碧澄澄皱玻璃楚江如练，断送行人的是忔登登鞭羸马行色凄然。猛想起醉醺醺昨宵欢会知多少，陡恁的冷清清今日凄凉有万千，情默默无言。"（无名氏〔正宫·端正好〕套）众多的叠字连续运用，增强了语言的形象性和节奏性，并通过反复铺排，把无限伤感之情写得饱满酣畅。隐居山林也不是什么新鲜的内容，但元代散曲却用嵌字体写来，便觉不同寻常：

　　　　草团标正对山凹，山竹炊粳，山水煎茶。山芋山薯，山葱

山韭，山果山花。山溜响冰敲月牙，扫山云惊散林鸦。山色
元佳，山景堪夸。山外晴霞，山下人家。（孙周卿〔双调•蟾
宫曲〕(自乐)）

每句嵌以"山"字，把隐居的特点"山"字有意突出出来，给人以深
刻的印象，且具有特殊的风味。借酒消愁也是一个写滥了的内
容，但范康〔仙吕•寄生草〕(酒)用鼎足对写来，便别具一格：

　　　长醉后方何碍，不醒时有甚思？糟腌两个功名字，醅淹
千古兴亡事，曲埋万丈虹霓志。不达时皆笑屈原非，但知音
尽说陶潜是。

这种对偶一反传统的双句对，在单数句中见整齐，不落旧套。此
外，还有短柱体、独木桥体、叠韵体、顶真体、回文体、集调名体、集
药名体等等，均从中见巧。在元代散曲中，除了这种用词造句上
的新巧以外，还有写法上的新巧。如卢挚〔蟾宫曲〕："想人生七十
犹稀，百岁光阴，先过了三十。七十年间，十岁顽童，十载尪羸；五
十岁除分昼黑，则分得一半儿白日。风雨相催，兔走乌飞。子细
沉吟，都不如快活了便宜。"此曲的内容无非是人生短促，及时行
乐，没有什么新奇，语言也平平常常；但在写法上却独出心裁。它
通过算细账的方法，说明人生享乐时间的短暂，前所未见，因而变
陈腐为新奇，给人以尖新之感。总之，元代散曲之所以内容平常、
语言通俗但却并不显得陈旧平淡，一个重要的原因就在于它在用
词造句和写法上的新巧。

以直为新

　　诗词以含蓄蕴藉为尚。从唐代司空图起，就要求诗歌有"韵
外之致"；直到清代王士禛提出"神韵说"，含蓄成了论诗的一项重

要标准。词也讲究含蓄。宋代张炎《词源》就提出"末句最当留意,有余不尽之意始佳。"清代张惠言、周济更是主张比兴寄托、意内言外。而元代散曲却以外露显直、极情尽致为工,呈现出新的风貌。为此,它常用第一人称现身说法,白描直说。如贯云石〔清江引〕:"避风波走在安乐窝,就里乾坤大。醒了醉还醒,卧了重还卧,似这般得清闲的谁似我!"把个人的行动和思想直接明白地说出,暴露无遗。散曲中的写景,有的是描绘一幅画面,别无深意;有的是借景抒情,或喜或悲,则常常直接说出,不需读者去猜测。即使写爱情相思,也把内心隐曲和盘托出,毫不掩饰。如马致远〔寿阳曲〕:"相思病,怎地医?只除是有情人调理。相偎相抱诊脉息,不服药自然圆备。"这种难以出口的心理也直爽地道出,与诗词中欲吐不吐、半含半露的写法全然不同。

更进一步,元代散曲对于白描直说仍不满足,它还要讲得透辟淋漓,直到极情尽致为止。任讷《散曲概论》说:"曲以说得急切透辟、极情尽致为尚。"为此,元代散曲常用赋的方法进行铺排。人们所熟知的关汉卿〔南吕·一枝花〕(不伏老)套中的〔尾〕就是一个突出的例子:

> 我是个蒸不烂、煮不熟、捶不匾、炒不爆、响珰珰一粒铜碗豆。恁子弟每,谁教你钻入他锄不断、斫不下、解不开、顿不脱、慢腾腾千层锦套头。我玩的是梁园月,饮的是东京酒,赏的是洛阳花,攀的是章台柳。我也会围棋、会蹴踘、会打围、会插科、会歌舞、会吹弹、会咽作、会吟诗、会双陆。你便是落了我牙,歪了我嘴,瘸了我腿,折了我手,天赐与我这几般儿歹症候,尚兀自不肯休!则除是阎王亲自唤,神鬼自来勾,三魂归地府,七魄丧冥幽,天哪,那其间才不向烟花路儿上走!

它通过一系列排比、堆垛句式,把作者狂放不羁的生活和倔强的性格写得酣畅淋漓。

为了增强形象性和生动性,元代散曲又常常以比为赋。如查德卿〔寄生草〕(间别):

> 姻缘簿剪做鞋样,比翼鸟搏了翅翰。火烧残连理枝成炭,针签瞎比目鱼儿眼,手揉碎并头莲花瓣。掷金钗擿断凤凰头,绕池塘捽碎鸳鸯弹。

此曲用赋而比的手法,连用七个比喻,把与情人决裂的决心写得极为坚定、强烈。这种新颖别致的写法,在诗词中是极其罕见的。诗词以含蓄蕴藉为特色,但当含蓄蕴藉不足以尽情时,透辟淋漓便显得十分自然、必要了。直露透辟与含蓄蕴藉各有所用,各有所长,不必加以轩轾。

有变有复

吴乔《围炉诗话》中说:"诗道不出乎变复。变谓变古,复谓复古。变乃能复,复乃能变,非二道也。汉魏诗甚高,变'三百篇'之四言为五言而能复其淳正;盛唐诗亦甚高,变汉魏之古体为唐体而能复其高雅,变六朝之绮丽为浑成而能复其挺秀,艺至此尚矣。晋宋至陈、隋,大历至唐末,变多于复,不免于流而犹不违于复,故多名篇。此后难言之矣。宋人惟变不复,唐人之诗意尽亡;明人惟复不变,遂为叔敖之优孟。"文学的发展需要变革,也需要继承,不变革不能前进,不继承也不能提高。元代散曲之所以能取得卓越的成就,就在于推陈出新的同时,并没有忘记对传统的继承。比如它一方面运用俗语,另一方面也吸收了古代诗词中的语言和典故。试看商挺〔潘妃曲〕:

> 宝髻高盘堆云雾,钗插荆山玉。离洛浦,天仙美貌出尘

俗。更通疏，没半点儿包弹处。

末二句是俗语，第一句是诗词字面，第二、三句又是用典，从而有俗有雅，文白相兼。不过，元代散曲中的用典不取生僻，多用民间传说、戏曲故事和广为人知的诗文，如双渐苏卿、萧史弄玉、阳台楚云、"江州司马青衫湿"之类，所以并不难懂。元代散曲的巧体，虽是创新出奇，但也是由古代诗词孕育出来。如叠字的运用在《诗经》中早已有之，李清照词《声声慢》开头连下十四个叠字被人们赞赏不已；但元代散曲中的叠字却不但在一句中运用，而且在多句中连续使用，显得更加突出醒目。元代散曲中的三句对（鼎足对），也是根据诗词中运用方块汉字的特点造成对偶句的经验加以发展而形成的。元代散曲中的直露铺排，在《木兰诗》等民歌中也早已有之，而元代散曲对此加以继承发展，使之更加鲜明突出。以博喻进行铺排，韩愈《听颖师弹琴》和白居易《琵琶行》中已有精彩的运用，但那不过是偶一为之，元代散曲却把它发展成一种普遍的现象。至于元代散曲的格律和用韵，也是由古典诗词变化而来。如句式还是以五、七、四、六为主，句子的组织还是以平仄相间为基本原则，韵部也不过是根据北方语音的实际对词韵作了一些调整而已。总之，元代散曲的创新是一种扬弃，它有变有复，既有新的特点，又有旧的因子。这个经验启示我们，今天发展社会主义新文艺，守旧不行；离开继承传统生造出一种新文艺，或生搬硬套外国文艺，也不行。同时，元代散曲又是民间艺术和古典诗词相结合的产物，它的成功又告诉我们，对发展新文艺尽管有各种不同的意见，但无论如何也不可能脱离民众和民族传统。如此看来，元代散曲可供我们思考借鉴之处可谓多矣！

（原载《古典文学知识》，1991 年第 5 期）

浅谈散曲的艺术特色

继唐诗、宋词之后，到金、元时期，在我国诗坛上出现了一种崭新的韵文形式，这就是散曲。王国维在《宋元戏曲考·序》中说："唐之诗，宋之词，元之曲，皆所谓一代之文学。"散曲在元代盛极一时。元代散曲家仅可考者即有二百多人；存留至今的作品，据隋树森《全元散曲》所辑，凡小令三千八百五十三首，套数四百五十七套，可谓洋洋大观。尤为可贵者，散曲无论在情调意趣、艺术形式、语言艺术、表现方法、艺术风格等方面，都具有鲜明、新颖的特色，在中国文学史上闪耀着特异的光彩。但是，由于历来只视诗文为正统文学的传统观念的影响，散曲没有得到足够的重视。为此，本文想就散曲的艺术特色谈一些初步的看法。

一、鲜明的市民色彩

散曲的兴起，从文学本身的发展来看，是由于词的衰微以及因胡乐的输入而需要具有新的特色的曲词与之相配合；从社会方面来看，则是因为元代手工业和商业的发展、都市经济的繁荣，造成市民阶层的产生，他们需要一种能反映其情趣、适应其欣赏习惯的新的文艺形式。在这种形势下产生的散曲，不能不带有鲜明的市民色彩。

　　这一点首先表现在内容上。任讷《散曲概论》说:"我国一切韵文之内容,其驳杂广大,殆无逾于曲者。"姚华《曲海一勺》也说:"一物之微,一事之细,尝为古文章家所不能道,而曲独纤微毕露。"散曲的内容几乎无所不包。高隐恬退、民生疾苦、社会黑暗、男女爱情、自然景色之类的传统内容固然有之;里巷琐事、帏闼秘闻、贩贾走卒、娼妓舟人,乃至歪嘴、大脚、头秃、体胖、右手三指之类的恶疾畸形,米盐枣栗之类的琐屑之物,王大姐浴房中吃打、长毛小狗、大桌上睡觉之类的庸俗之事,以及种种滑稽调笑之词,在散曲中均抒写不穷。目之所见,兴之所至,文质雅俗,随遇而可咏歌。而其中的许多内容恰恰是市民的生活内容或市民所熟悉的东西,并表现了市民的情趣。这就使它带上了不同于传统诗词的特有色彩。

　　即使写同一内容,散曲的情调也别具一格。例如男女之情这个传统的主题,在散曲中就比诗词中表现得更为大胆、泼辣、直率、热烈。试看无名氏〔中吕·红绣鞋〕写热恋中的女子:"裁剪下才郎名号,妆点的字体娆娆,做一个面花儿铺翠缕金描。欢喜时贴脸上,烦恼时贴眉梢,则教我眼根前把你瞧。"写得何等天真稚气而又痴情热烈。商挺〔双调·潘妃曲〕写离别相思:"目断妆楼夕阳外,鬼病恹恹害。恨不该,止不过泪满旱莲腮。骂你个不良才,莫不少下你相思债。"一扫纤柔幽婉的情调,质朴尖新,泼辣直率。刘庭信〔双调·折桂令〕写女子对外出丈夫的叮咛嘱托:"情儿分儿,你心里记者;病儿痛儿,我身上添些。家儿活儿,既是抛撒;书儿信儿,是必休绝。花儿草儿,打听的风声,车儿马儿,我亲自来也。"作品神情毕肖地描摹了一个市民妇女的口吻、神情和性格,在这个体贴而又泼辣的妇女身上哪里还有三从四德、温柔敦厚的影子? 至于那些对于非法爱情和幽会偷期的热烈歌唱和大胆描绘,以及某些猥亵的描写,则更表现了浓厚的市民情调。

市民生活内容和情趣必然要求与之相适应的语言形式,散曲的通俗生动的口语也是构成其市民色彩的因素之一。同时,也造成了其表现方法、艺术风格以及艺术形式上的一系列的特点。

二、独特的艺术形式

我们接触散曲,第一眼看到的就是宫调和曲牌的独特形式,如〔正宫·端正好〕、〔双调·夜行船〕之类。所谓宫调,"所以限定乐器管色之高低也。"(吴梅《顾曲麈谈》)管色的高低,即如西乐的C、$^{\flat}$D、D、$^{\flat}$E、E、F、$^{\flat}$G、G、$^{\flat}$A、A、$^{\flat}$B、B 十二调。这十二种管色都可轮流为宫(宫,犹如西乐之"1"),故有十二宫。每宫又有宫、商、角、变徵、徵、羽、变羽(犹如西乐之 1、2、3、4、5、6、7)七声,十二乘七,故共有八十四种宫调。但实际上,北曲(元杂剧、散曲)只用九种宫调,即正宫、中吕宫、南吕宫、仙吕宫、黄钟宫、大石调、双调、商调、越调。所谓曲牌,即曲调名,它们分属于某宫、某调,如〔端正好〕属正宫,〔新水令〕属双调等。

宫调、曲牌都是音乐上的名称,而散曲是一种配合音乐的诗体,因此一定宫调和曲牌的散曲作品就要求有一定的语言格式。但它的格式比词要自由灵活得多。一定词牌的词,字数是固定的,而散曲却可以加衬字。尤其是套数,衬字往往较多。如著名的关汉卿〔南吕·一枝花〕(不伏老)套数中的〔黄钟尾〕首句:"我是个蒸不烂、煮不熟、捶不扁、炒不爆、响珰珰一粒铜豌豆。"衬字竟达十六个之多。此外,散曲还有增句现象。如〔混江龙〕第六句之后可增句,〔双调·折桂令〕可增十句到十七句。据研究,有十四个曲牌可以增损字句。散曲的句式也比词灵活多变。长短句的词比严整的律诗是一种形式上的解放，但它以五、七、四、六句式为多，且对仗严格，变化较少。而散曲的句式从每句一字到每句十几字都有。它以单数字的句子为主，但也插以双数字的句子。这样就使它奇偶相生，错落有致。它的对偶也除了双句对之外，还有鼎足对（三句对）、联珠对（多句对）等多种形式。

散曲的用韵也与诗词不同。它根据元代语言的变化，特别是北方话中入声的消失，押韵采用了北方口语为基础的周德清的《中原音韵》。这部韵书将词韵入声的五部分别归入其他各部，并对词韵中的支微、寒先、家麻、覃盐四部进行了调整。这样就顺应了自然语音，依此写出的作品便更加流美和谐。曲的用韵还突破了词一般平仄不通押的限制，发展为平、上、去三声通押，并且可以重韵。它还要求一韵到底，同时用韵也较密集，这就使它更适于表达激昂慷慨、急切紧促的情感。

散曲的组织形式也独具一格。如果单只小令不能尽兴，可用同调再写一曲，名为"幺篇"；也可选用一二支同一宫调或音律能衔接的其他宫调中的曲调继续填写，名为"带过曲"，如《雁儿落过得胜令》之类。此外还有一种可以容纳更多内容的套数。它是把同一宫调的只曲按一定次序连缀而成。每套须有小令二支以上，长套则一般十数曲，有尾声，而且一韵到底。这种多样化的组织形式为散曲抒写各种不同的内容提供了广阔的天地。

三、通俗巧妙的语言

历来论曲者都把本色作为一个重要标准，而本色虽与意境、风格不无关系，但主要的是指语言的通俗。

散曲不重文言之藻采，大量采用时行口语，读来自然流利，明白如话。如关汉卿〔南昌·四块玉〕(闲适):"旧酒投,新醅泼,老瓦盆边笑呵呵。共山僧野叟闲吟和。他出一对鸡,我出一个鹅,闲快活。"信口说来,自成妙曲。许多难于在正统诗词中出现但却活在日常生活中的象声词都可以在散曲中运用,如:"支楞的瑶琴上弦断,吉丁的搇折玉簪,扑通的井坠银瓶。"(无名氏〔双调·水仙子〕)读来生动活泼,富有生活实感。尤其特殊的是,散曲还常常大量运用方言俗语,把难以名状的事物、动作、情态形容得活灵活现,而且充满了地方色彩。如:"子见他歪剌剌赶过饮牛湾,荡的那卒律律红尘遮望眼,振的这滴溜溜红叶落空山。"(无名氏〔南昌·骂玉郎带感皇恩·采茶歌〕)运用北方方言,生动形象,具有独特的地方特色。又如:"泥捏的山不信是石,相扑汉卖药干陪了播。镜台前照面你是你,警巡院倒了墙贼见贼。大虫窝里蒿草无人刈,看山瞎汉,不辨高低。"(杜善夫〔般涉调·耍孩儿〕套数)全用街谚俗语,质朴无华,具有民间语言的特殊风味和情趣。散曲常用村巷市井所熟见的事物和方式来比喻、描写、叙事、抒情,而很少用典故和比兴寄托。

散曲语言的通俗化是一个革命性的变化。千百年来,诗、文、词、赋都用文言写作,有的甚至刻意雕镂,把文艺创作引入了绝境。而在俗谣俚曲的基础上形成的散曲则一反常规,运用生动活泼、充满生活气息的口语,以一种崭新的风貌出现在文坛上;同时它也吸收了传统文学的丰富营养,从而成为鼎盛一时的一代之文学。对此,我们必须给予高度的重视。

此外,散曲在语言的运用上还常常逞才弄巧,花样翻新,因而出现了独特的所谓巧体。其中如:

博喻:即连用两个以上的比喻。如乔吉〔双调·水仙子〕(重观瀑布):"石壁高悬雪练寒,冰丝带雨悬霄汉……似白虹饮涧,玉龙下山,晴雪飞滩。"用五种事物比喻瀑布,联想奇特,比喻逼真,一系列生动的形象丰富多彩。周德清〔正宫·塞鸿秋〕(浔阳即景):"长江万里白如练,淮山数点青如淀。江帆几片疾如箭,山泉千尺飞如电。晚云都变露,新月初学扇,塞鸿一字来如线。"则抓住多种事物的不同特征,运用多种不同的比喻,写得生动形象,一气呵成。

叠字体:即同字重叠。如王实甫〔中吕·十二月过尧民歌〕(别情)"自别后遥山隐隐,更那堪远水粼粼。见杨柳飞绵滚滚,对桃花醉脸醺醺。透内阁香风阵阵,掩重门暮雨纷纷。……"句句用叠字,生动地描绘了别后春景,婉丽绵密,情感深沉,而且字句自然流畅,毫无生硬之感。

重复词句体:即有意重复某些词句。仍看王实甫上作:"怕黄昏忽地又黄昏,不销魂怎地不销魂?新啼痕压旧啼痕,断肠人忆断肠人。今春,香肌瘦几分?搂带宽三寸。"通过词语的重复造成缠绵急切之感,这就是王世贞《曲藻》所谓"情中紧语也"。

顶真体:即后句首字重用前句末字。如无名氏〔越调·小桃红〕:"断肠人寄断肠词,词写心间事。事到头来不由自,自寻思,思量往日真诚志。志诚是有,有情谁似,似俺那人儿。"全曲紧密无间,一气呵成,增强了感情的急促缠绵之感,而且自然流丽,毫无拼凑痕迹。

此外,用同一字押韵的独木桥体,句中用韵的短柱体,每句嵌进特定字的嵌字体,以及集古、集剧名、集词曲调名、集药名等等,都是诗词中不见或少见的巧体。这些运用语言的技巧,有的至今还被我们运用。

四、直露透辟的表现方法

词尚比兴寄托，讲究含蓄，曲则以外露显直、极情尽致为工。这是因为散曲是唱给人听的，而且是雅俗共赏的，外露显直才能易于听懂。

为此，散曲多用白描直说之法，并常常将所写情致引为己有，以第一人称出之，使人如见其人，如闻其声。如无名氏〔中吕·红绣鞋〕："我为你吃娘打骂，你为我弃业抛家，我为你胭脂不曾搽。你为我休了媳妇，我为你剪了头发，咱两个一般的憔悴煞。"以一个痴情女子的身份和口吻将事由心情和盘托出，一泻无余。还有的描摹他人口吻进行叙事，写得活灵活现。如睢景臣〔般涉调·哨遍〕（高祖还乡）套，以乡民口吻叙刘邦还乡情状，把刘邦装模作样、流氓无赖的嘴脸揭露得淋漓尽致。散曲即使以旁观者写他人，也往往加以批评咏叹，直接表态或发表议论。

同时，散曲并不满足于把事物、情致说得明白，它还常常通过反复强调，大力铺排，力求说得透辟淋漓，直到极情尽致为止。为此，排比、博喻是散曲常用的手法。如查德卿〔仙吕·寄生草〕（间别）："姻缘簿剪做鞋样，比翼鸟搏了翅翰。火烧残连理枝成炭，针签瞎比目鱼儿眼，手揉碎并头莲花瓣。掷金钗擉断凤凰头，绕池塘摔碎鸳鸯弹。"用女主人公一系列的毁掉爱情的象征物的动作，表现了她一刀两断的决心，酣畅淋漓地倾吐了她满腔的愤恨。

五、豪放、尖新的艺术风格

词多用比兴寄托的方法，曲折地将思想感情表达出来，故其风格常表现为"敛",因此历来以婉约为正宗。而散曲则力求显露明白,常用显豁直率的表现方法,因此它以豪放为主流。

散曲的豪放风格,一是指泼辣豪壮。如大都歌妓王氏〔中吕·粉蝶儿〕(寄情人)套〔三煞〕:"娘呵,你好下得,好下得!忒狠毒,忒狠毒!全没些子母情肠肚。则好教三千场失火遭天震,一万处疔疮生背疽。怎不叫我心中怒!你在钱堆受用,撇我在水面上遭徒。"这种大胆泼辣的性格,强烈火热的感情,恨之入骨的咒骂,在诗词中是罕见的。关汉卿著名的散套〔南吕·一枝花〕(不伏老)之〔黄钟尾〕则更是痛快淋漓地表白了其坚韧顽强、豪放不羁的性格和豪壮情怀,可谓豪放作品的典型代表。

散曲的豪放风格,二是指热情的奔放,气势的跳荡飞腾。如徐再思〔双调·沉醉东风〕(春情):"一自多才间阔,几时盼得成合。今日个猛见他门前过,待唤着怕人瞧科。我这里高唱当时水调歌,要识得声音是我!"这里虽然没有豪情壮志,但是那位痴情女子炽烈、急切的热情炙手可热,而且语言生动活泼,圆滑流转,毫无凝重静雅之气。即使写景之作,也毫不板滞凝涩。如周文质〔正宫·叨叨令〕:"叮叮当当铁马儿乞留玎琅闹,啾啾唧唧促织儿依柔依然叫。滴滴点点细雨儿淅零淅留哨,潇潇洒洒梧叶儿失流疏剌落。睡不着也么哥,睡不着也么哥,孤孤另另单枕上迷飚模登靠。"文笔活跃,把一片秋声写得瑟瑟可闻。词的意境多为静穆深婉,思致缠绵,而散曲却常常是妙趣横生,气势生动,由此可见一斑。

应该指出的是,散曲的豪放不同于词的豪放。以辛弃疾为代表的南宋豪放派词人的作品,主要风格是近于沉郁悲壮的。而散曲的作者们虽处境悲苦,却能以超脱的态度对待,因此写爱情很少感伤悲叹,写景也常常是明山丽水,极少愁云惨雾。至于恬退乐闲之作,更是充满旷达乐观之气。杨朝英的〔双调·殿前欢〕(和阿里西瑛韵)可以说是极具代表性的:"白云窝,樵童斟酒牧童歌,醉时林下和衣卧。半世磨陀,富和贫争甚么。自有闲功课,共野叟闲吟和。呵呵笑我,我笑呵呵。"这种旷达乐观则是散曲豪放风格的又一特征。

论曲者还常常谈及它的尖新。尖新,即尖锐、警策、新奇。如无名氏〔正宫·醉太平〕(讥贪小利者):"夺泥燕口,削铁针头,刮金佛面细搜求,无中觅有。鹌鹑膆里寻豌豆,鹭鸶腿上劈精肉,蚊子腹内刳脂油,亏老先生下手!"笔锋辛辣犀利,对剥削阶级的贪婪和无休止的搜刮,揭露、嘲讽得何等尖刻。张养浩〔山坡羊〕:"峰峦如聚,波涛如怒,山河表里潼关路。望西都,意踟蹰,伤心秦汉经行处。宫阙万间都做了土。兴,百姓苦;亡,百姓苦。"结尾二句,凝练深刻,可谓警策之句。卢处道〔蟾宫曲〕:"想人生七十犹稀,百岁光阴,先过了三十。七十年间,十岁顽童,十载尪羸。五十岁除分昼夜,刚分得一半儿时日。风雨相催,兔走乌飞,子细沉吟,都不如快活了便宜。"用算细账的新法说明及时行乐的旧理,不走熟途旧路,写得新奇有味。

春兰秋菊,各茂一时。唐诗、宋词固然以其辉煌的成就彪炳于文学史册,元曲(包括杂剧和散曲)与之并列,也毫不逊色。同时,散曲出之于民间,又吸收了前代文人诗词的营养,可以说是民间歌谣和古典诗词相结合的产物,是古典诗歌的集大成者。因此,散曲形成和发展的道路对我们探索新诗发展的途径也不无启发。

(原载《语文教学通讯》,1982年第5期,署笔名"文岩")

中国古代文学走向商品化的回顾与思考

一

在当今商品经济时代，一切物质产品和精神产品都成了商品。文学当然也不例外。其实，早在古代，文学便已逐步走上了商品化的道路。

当文学在原始社会诞生的时候，主要是为了群体的抒情和自娱。《礼记·乐记》云："故歌之为言也，长言之也。说（悦）之故言之，言之不足故长言之，长言之不足故嗟叹之，嗟叹之不足，故不知手之舞之、足之蹈之也。"《毛诗序》也有类似的话："在心为志，发言为诗。情动于中而形于言，言之不足，故嗟叹之；嗟叹之不足，故永歌之；永歌之不足，不知手之舞之、足之蹈之也。"《淮南子·本经训》则说："凡人之性，心和欲得则乐，乐斯动，动斯蹈，蹈斯荡，荡斯歌，歌斯舞，歌舞节则禽兽跳矣。"可见，歌舞的产生就是为了抒发内心感情的需要。而由于当时的人们过着群体生活，所抒之情也是群体的感情。这种抒情是自发的，并非有意表演给别人欣赏，因而它又是一种群体的自娱活动。此外，古代歌舞也常常用于祭祀活动。祭祀歌舞体现着对神灵的感情，这种感情与对客观世界的不正确认识混在一起，但在当时它却是人们的真实感情,故其本质仍具抒情性。祭祀歌舞是表演给神灵看的,但人们在情感的舒展中同时也得到了快乐,所以它仍具有自娱的性质。

随着阶级社会的出现,产生了精神生产和物质生产的分工,文学逐渐为少数人所垄断,越来越具有文人个人抒情的性质,群体抒情性则日益消亡。由于人类群体生活的结束,文学的群体自娱性也不复存在。而文学作为一种意识形态,统治阶级必然要求它为自己的阶级利益服务,这便产生了文学的功利性。统治阶级强调文学的功利性,但又无法抹杀其抒情的本质,于是便在"情"的具体内涵上做文章。为此,《尚书·尧典》提出了"诗言志"的著名命题。志与情本来并无本质的不同,孔颖达《左传正义》说:"在己为情,情动为志,情、志一也。"但儒家对"志"的内涵作了具体的规定,他们把合乎封建礼教规范的、有关时政的思想感情谓之志,把与时政对立的私情谓之情。正如邵雍所言:"怀其时则谓之志,感其物则谓之情。"(《伊川击壤集序》)孔子说:"诗三百,一言以蔽之,曰:思无邪。"(《论语·为政》)把《诗经》所言之志都说成是符合仁、礼的无邪之情。《礼记》说:"温柔敦厚,诗教也。"要求诗所言之志应符合温柔敦厚的原则。《毛诗序》"发乎情,止乎礼义"则更明确地把志限制在礼义的范围内。这样,文学便具备了社会政治功能。孔子说:"诗可以兴,可以观,可以群,可以怨。迩之事父,远之事君。"(《论语·阳货》)《毛诗序》更进一步说:"故正得失,动天地,感鬼神,莫近于诗。先王以是经夫妇,成孝敬,厚人伦,美教化,移风俗。"先秦时甚至把诵诗用于外交活动,孔子对其子鲤说:"不学诗,无以言。"(《论语·季氏》)《礼记·乐记》则提出了乐与政通的观点:"是故治世之音安以乐,其政和;乱世之音怨以怒,其政乖;亡国之音哀以思,其民困。声音之道,与政通矣。"

故《左传》载季札观乐可以知政。秦汉时设立乐府机构，采集民间歌谣，认为统治者可以从中"观风俗，知得失"（班固《汉书·艺文志》）。统治阶级对文学功利性的重视必然会影响到文学创作。《诗经》中的"颂"诗是"美盛德之形容，以其成功告于神明者也"（《毛诗序》）。《诗经·大雅》中的《生民》、《公刘》、《大明》等篇也是对周统治者歌功颂德的作品。屈原《离骚》抒写忠君爱国之志，符合怨而不怒的言志原则。汉代大赋则既有对统治者的歌功颂德，又有讽喻劝诫。如枚乘《七发》假托楚太子有病，吴客探视，由吴客指出太子病根在于腐化享乐、安逸懒惰，使之霍然病除，显然是一篇讽喻性作品。司马相如的《子虚赋》、《上林赋》，先由楚国子虚夸说楚王游猎云梦的盛况和齐国乌有夸耀齐国渤海的广大富饶，后由亡是公铺张天子上林苑的巨丽和天子游猎的壮阔气势，歌颂中央王朝的气魄和声威，最后又以抑制奢侈、崇尚节俭收束全文，曲终奏雅，表现了讽谏之意。这些作品的功利性意图是显而易见的。唐代新乐府运动的倡导者白居易主张诗歌要"补察时政"、"泄导人情"（《与元九书》），要"为君为臣为民为物为事而作"（《新乐府序》），"惟歌生民病，愿得天子知"（《寄唐生》）；他的讽喻诗，如《观刈麦》、《杜陵叟》等，通过"歌生民病"希望天子了解下情，《红线毯》、《轻肥》等则揭露统治阶级的荒淫奢侈，希望他们引以为戒。作者的写作目的是明确的，有的还采用"首章标其目，卒章显其志"（《新乐府序》）和诗前加小序的方法揭示作品主题，其功利性十分明显。功利性作品往往带有说教意味，而说教具有认识性，它和文学艺术审美的感情性是不同的。因此功利性作品缺乏审美品质，难以产生优秀的文学作品。

文学的本质是主体感情的自由展现，虽然统治阶级从功利出发，对情加以限制，但仍有人倡导自由言情的理论。《庄子·天下》云："以谬悠之说，荒唐之言，无端崖之辞，时恣纵而不傥。""独与天地精神往来。"实际上就是主张让精神、感情在作品中自由驰骋。汉代何休说："男女有所怨恨，相从而歌。饥者歌其食，劳者歌其事。"（《春秋公羊传注疏》卷十六）也指出文学所言之情是真实的自然感情，并非礼教限制之情。魏晋以后进入文学的自觉时代，人们对文学性质的认识逐渐清楚。陆机《文赋》明确指出："诗缘情而绮靡。"认为诗人创作时"精骛八极，心游万仞"，亦即任凭精神自由驰骋，从而形成了诗论中"缘情"与"言志"的对立。刘勰《文心雕龙》虽也讲言志载道，但他说："诗者，持也，持人情性。"认为"持人情性"是诗的本质功能。他说："文之思也，其神远矣。故寂然凝虑，思接千载；悄焉动容，视通万里。"也是说文学创作是主体精神的自由展现。这显然都突破了礼教的束缚。至于宋词以男女之情为情，明代袁宏道主张"独抒性灵，不拘格套"，"任性而发，尚能通于人之喜怒哀乐嗜好情欲"（《序小修诗》），则更把性情扩大到情欲。文学这种抒情本质体现在文学创作上，出现了一大批优秀作品。《诗经》之所以不朽，并不是因为统治阶级牵强附会地把它们都解释成言志之作，而是因为它们（特别是风诗）表现了人民群众真朴自然的感情。陶渊明田园诗的成就也不在于言志，而在于热爱田园生活的纯朴感情。李白那些独具特色的壮浪纵恣、豪放飘逸的优秀篇章，正是那些鼓荡着追求自由、豪迈放浪的激情的作品。唐诗中那些脍炙人口的作品大都是抒写作者情性之作。至于宋词、元曲，其主流就更是写男女之情和隐逸之情，而不是言志了。由此可见，坚持文学的抒情性才能保持文学的本质，从而创作出具有较高审美价值的优秀作品。当然，这种情的具体内涵既不能是封建礼义，也不能是落后庸俗的东西，而应该是进步健康的感情。

　　宋元以来,随着商品经济的发展,市民阶层日益壮大。他们的经济条件和文化水平优于农民,闲暇时间也较多,因此便要求适合他们的文化娱乐活动。简单的自娱活动已不能满足他们的要求,而由于阶级社会以来精神生产和物质生产的分工,他们自己又生产不出较复杂的精神产品,这就要求文人为他们提供这种产品。于是文学便走向市场,走上了商品化的道路。早在隋唐时期,已经出现了卖艺活动,但并不普遍。到了宋代,出现了长年卖艺演出的娱乐场所瓦舍。孟元老《东京梦华录》云:"街南桑家瓦子,近北则中瓦,次里瓦,其中大小勾栏五十余座。内中瓦子莲花棚、牡丹棚、里瓦子夜叉棚、象棚最大,可容数千人。""不以风雨寒暑,诸棚看人,日日如是。"其中的演出有歌舞、说唱,也有傀儡、皮影、杂剧,南宋还出现了南戏。这些演出都是以赚钱为目的。宋杂剧剧本今虽不存,但吴自牧《梦粱录》云:"向者汴京教坊大使孟角球曾做杂剧本子。"可见当时有杂剧剧本的创作。今存南戏剧本《张协状元》,据考证即为南宋时作品。宋代话本小说今也有作品传世。这些戏曲小说作品有的是民间艺人所作,有的系书会才人所作。书会才人出卖自己的作品,艺人又把它们付诸演出以获得收入,这就出现了戏曲、小说的商品化。到了元代,杂剧的创作和演出空前繁荣,戏曲的商品化得到了进一步发展。明清时代,长篇小说产生并盛极一时,印刷业也十分发达,书商借刊印小说谋利,小说的商品性也大大增强。戏曲的商业性演出也更加广泛,甚至连戏曲作家李渔也不但从事剧本创作,而且亲自办戏班和率班演出谋利。当然,传统诗文的商品性似乎不那么明显。但随着印刷业的发展,文人的诗集、文集也常常被刊印出售,《儒林外史》中的马二先生就是靠为书坊选书赚钱的。可见传统诗文也并非与商品无缘。

二

对于古代文学的商品化应该做出怎样的评价？它是促进了文学的发展还是文学的堕落？对此，我们必须结合文学的商品化所带来的变化和特点加以考察。

古代文学的商品化形成了它以下几个特点：

一是群众性。在古代文学走向商品化之前，文学主要是少数文人抒情写志的高雅之物，它的欣赏者也主要是少数文人。广大人民群众没有闲暇时间，也没有能力欣赏它们。宋元以来随着商品经济的发展，广大平民群众有了欣赏文艺的闲暇时间和经济条件，而随着文艺的通俗化，平民群众也具备了欣赏它们的能力。因此，广大人民群众开始进入文艺欣赏的队伍中来。宋元话本的主要听众是平民群众。明清小说虽为书面形式，但由于它基本上是用口语写成，而且其中不少名作系由话本小说整理加工而来，平民群众欣赏它们并不困难。稍有文化水平的人即可读懂它们，没有文化的人也可以听懂它们。至于戏曲，作为一种视觉和听觉文艺形式，它的欣赏者更是以平民群众为主，其中甚至包括不识字的妇女和儿童。正如李渔《闲情偶寄》所说："戏文做与读书人与不读书人同看，又与不读书之妇人小儿同看。"在中国，一生没有看过戏的人是极为罕见的。由此可见，古代文学的商品化使它的欣赏者由少数文人扩大到广大人民群众，这是一个具有重大历史意义的变化。它不仅使广大人民群众得到文艺欣赏的权利，丰富了他们的文化生活，提高了他们的文艺欣赏能力，而且由于欣赏队伍的扩大也大大促进了文学的发展。

二是娱乐性。走向商品化之前的古代文学既然是少数文人抒情写志的高雅之物,它们追求的就是文人情志的展现,而不是娱乐性。随着文学的商品化,平民群众成了欣赏者的主体,而平民群众则主要是通过文艺欣赏达到娱乐消遣的目的,这就与传统文学的文人抒情言志产生了矛盾。如果文艺作品不能适应群众的要求,它就没有市场。在市场规律的制约下,古代文学不能不由抒情言志向娱乐性转移。宋元以来的古代文学,传统诗文走向衰落,戏曲小说繁荣昌盛,其原因之一正在于此。戏曲从一诞生就是以娱乐为主的。唐代滑稽戏主要是滑稽调笑,宋杂剧和金院本也以诙谐滑稽为主。所以耐得翁《都城纪胜》说:"杂剧……大抵全以故事世务为滑稽。"据庄季裕《鸡肋编》记载,当时成都演戏,甚至以引起哄堂大笑的次数来比较戏的优劣,可见把娱乐性当成了评戏的唯一标准。到元杂剧,虽然其内容大大丰富复杂起来,但滑稽调笑仍是其中一个重要的组成部分,插科打诨比比皆是。元杂剧中悲剧很少,甚至连悲剧中也不乏插科打诨。在明清戏曲中,引人发笑的丑角仍是不可缺少的角色。在古代戏曲中,惩恶扬善和大团圆几乎成为固定格套,这也说明古代戏曲不倾向于西方式的悲剧审美,而更倾向于使人得到愉悦的娱乐性。所以黄周星《制曲枝语》说:"制曲之诀,虽尽于'雅俗共赏'四字,仍可以一字括之,曰'趣'。"李渔《闲情偶寄》也说:"机趣二字,填词家必不可少。"他又在《风筝误》第三十出结尾中说:"传奇原为消愁设,费尽杖头歌一阕。何事将钱买哭声,反令变喜成悲咽。惟我填词不卖愁,一夫不笑是吾忧。举世尽成弥勒佛,度人秃笔始堪投。"都明确地道出了戏曲的娱乐性。至于散曲中的大批滑稽戏谑作品的出现,其娱乐性更不言自明。在古代小说中,有的具有幽默诙谐的风格,如《西游记》;有的具有引人发笑的重要人物,如《水浒传》中的李逵;几乎所有的作品都具有曲折动人的故事性,而故事性显然与娱乐具有密切的关系。人们常说中国古代小说以描写人物言行（实即故事性）为主，缺少对人物肖像、心理和景物的细致描写，其原因之一恐怕就是中国通俗小说源于说话，而简洁明快的故事比冗长的人物肖像、心理和景物描写更符合听众的娱乐要求。

当然，文人的诗文仍保持着其抒情写志的特点。即使在戏曲小说中，文人抒情写志的影响也明显可见。在元杂剧中，作家常借剧中人抒发自己的主观感情。白朴《梧桐雨》和马致远《汉宫秋》即以抒情诗剧著称，作者借唐明皇和汉元帝倾吐着自己国破家亡的悲凉和感慨。甚至连《竹叶舟》中的仙人吕洞宾也歌唱道："你则看凌烟阁那个是真英武，你则看金谷乡都是些乔男女。"这显然是作者对现实的愤慨。明清传奇更日益雅化和文人化，民间娱乐性显著减弱。这表明在文人抒情性和民间娱乐性的矛盾中，文人抒情性的力量是多么顽强，以至于明清传奇产生了向文人抒情性回归的倾向。但戏曲既然已经成为商品，它的文人化必然要失去广大的观众，所以清代中叶以后传奇走向衰落。而在市场规律的作用下，地方戏又蓬勃兴起，民间娱乐性再度成为它的重要特征。在古代小说中，随着民间说话向文人创作的过渡，其民间娱乐性也逐渐减弱，而文人性则明显增强，《儒林外史》、《红楼梦》即是明证。但大量涌现的侠义小说、公案小说、才子佳人小说则又表明小说仍不能不满足民间娱乐的要求。古代文学既已走向商品化，它就不能不受市场规律的制约。

文学的民间娱乐性固然是一种浅层次的审美性质，但由此却使文学获得了广大的欣赏者，推动了文学欣赏的普及。广大群众参与哪怕是浅层次的文学审美，毕竟还是得到了精神享受的权利，应该说，比起只限于少数人在象牙之塔中的审美来是一种进步。同时，普及是提高的基础，广大群众参与文学欣赏，必然会使他们的审美能力逐步提高，从而推动文学向更高层次的审美发展。

三是叙事性。宋元以前是文人诗文兴盛的时代，它以抒情言志为主，而叙事文学则不够发达。宋元以来文学的商品化造成了它的群众性和娱乐性，而在当时的历史条件和群众文化水平的条件下，叙事文学最适合民众的娱乐要求。因为叙事文学具有贴近现实的生活内容和曲折动人的故事，最易为群众接受。宋元以来戏曲小说勃然兴起和繁荣，甚至压倒了传统诗文，正是因为叙事性的戏曲小说更适合文学商品化的要求。所以，文学的商品化推动了叙事性文学体裁的产生和发展。试想，如果没有文艺的商品化，怎么能有宋元话本和明清小说的产生与繁荣？又怎么会有杂剧、传奇和地方戏的兴起和昌盛？因此，古代文学的商品化使中国古代文学出现了由抒情言志的诗文为主的时代向叙事的戏曲小说为主的时代的历史性转变，其功绩是不可磨灭的。

四是世俗性。古代文学的商品化所造成的欣赏对象、审美趣味和文学体裁的变化，又形成了它从内容到形式的世俗性。

人民群众成为文学欣赏的主体，文学的内容就不能不适合他们的要求。在宋元话本和明代拟话本中，许多作品描写了小手工业者、小商人、妓女和其他市民的生活，表现了他们的思想感情和愿望。如《碾玉观音》、《卖油郎独占花魁》、《转运汉巧遇洞庭红》、《施润泽滩阙遇友》、《蒋兴哥重会珍珠衫》等，它们或描写市民的爱情，表现了感情重于金钱、肯定情欲不重贞节的观念；或描写出海经商，表现了冒险发财的愿望；或描写互相帮助，表现了手工业者的友谊，这显然都是与传统生活和思想不同的市民的世俗生活和思想道德观念。《金瓶梅》主要是描写家庭日常生活和市井无赖、奴婢、娼妓、优伶等各种世俗人物,其思想情趣更是世俗味十足。就连《西游记》这样的神魔小说,孙悟空的无法无天、幽默诙谐,猪八戒的憨直爱财、好吃贪睡,神佛妖魔的横行霸道、索贿欺骗,不也是带有浓厚的世俗气息吗?在古代戏曲中,宋杂剧、金院本今虽无剧本传世,但不少剧目的名称中带有旦、酸、郎、倈、厨子、养娘等表示各类世俗人物的字眼,其内容当然是描写这些人物的故事。还有些名目点出了其主要内容,如《赌钱望瀛府》、《请客薄媚》、《双斗医》等一望便知是表现世俗生活。元杂剧更是描写了三教九流等各种世俗人物的生活遭遇。其中不但描写家庭悲欢离合(如《货郎旦》、《合汗衫》)和描写妓女与士子、商人爱情(如《青衫泪》、《救风尘》)的作品具有浓厚的世俗性,即使清官剧《陈州粜米》中的包公也被写成了一个一日三餐“吃落解粥”的世俗化的庄家老儿形象。至于比比皆是的插科打诨更是俗气十足。明清传奇虽具有雅化和文人化倾向,但也不乏描写世俗人物和生活的作品,如《焚香记》、《双熊梦》、《比目鱼》等。即便是比较典雅的作品,如《牡丹亭》实际上表现的是具有市民性质的个性解放思想,《长生殿》实际上是借李杨爱情反映了市民的爱情理想。至于地方戏的世俗性更是无须赘言,如《清风亭》、《玉堂春》、《借靴》、《小放牛》等不胜枚举。

世俗性在艺术形式上的表现,首先是语言的通俗性。宋元话本全用口语,明清小说也以白话为主,元代杂剧更以大量运用口语和方言俗语为显著特色。明清传奇虽趋向典雅,但绝大多数戏曲家仍以语言的本色为追求目标。正如李渔《闲情偶寄》所说:“话则本之街谈巷议,事则取其直说明言。凡读传奇而有令人费解,或初阅不见其佳,深思而后得其意之所在者,便非绝妙好词。”到了地方戏,语言则又由雅而俗。其次是结构的程式性。在古代小说中,章回体是长篇小说的唯一形式,这种形式由民间说话演变而来,简明清晰,适合群众的欣赏水平。在古代戏曲中,悲欢离合和大团圆几乎成了一种固定程式;单线串珠式结构是戏曲结构的基本特征,这种结构形式简明易懂,也符合群众的审美心理。再次是情节的曲折性。中国古代小说的情节以紧张曲折、迅速推进见长。古代戏曲虽然抒情性较强,但曲折的情节仍是它得到群众欢迎的重要条件。对于审美水平尚不高的群众来说,曲折的情节是最易引起他们审美愉悦的东西,因而情节的曲折性是商品化古代文学的世俗性在艺术形式上的表现之一。

千百年来,文学成了少数文人的专利品。文学作品主要是描写少数文人的生活和感情,即使写到人民的生活,也不过是借以表现文人的某些感受。但文学的商品化造成了文学的世俗性,世俗民众及其生活成了文学描写的对象,他们的思想感情、理想愿望和道德观念得到了反映。古代文学思想内容的这一转变,具有不可低估的重大意义。文人文学的艺术形式是高雅的,它那难懂的文言,深奥的典故,变幻莫测的结构,深邃含蓄的意境,都不是普通群众所能欣赏的。但文学的世俗化使它的语言成了白话口语,结构简明清晰,情节曲折紧张而又明白易懂,古代文学艺术形式的这一变化,即使用"革命性"来形容也不为过。

古代文学的世俗性所带来的思想内容和艺术形式的变化,是在文学的商品化推动下实现的,所以文学商品化的历史功绩是不言自明的。当然,古代文学的商品化和世俗性也带来了其庸俗性的一面。但任何历史的进步都未免泥沙俱下,我们决不能因此而否定古代文学的商品化和世俗性的历史功绩。

三

　　在回顾中国古代文学走向商品化的历程中，我们涉及文学的抒情性、功利性和娱乐性三种功能。在这三种功能中，究竟哪一种反映了文学的本质，代表了文学发展的方向？对它们的利弊功过应该做出怎样的评价？三者之间的关系又是怎样的？对此，我们可以做出以下的回答。

　　抒情性反映了文学的本质。人与动物的根本区别就在于能思维和有感情。人的思维能力使之能够自我认识，把自我与环境区别开来，并改造环境，以求超越环境制约，进入一个无限制的自由天地。但人类虽然不断地改造环境，创造出新的物质存在，然而任何新的物质存在都有其不可违抗的自然法则，所以人类始终未能超越环境束缚；新物质的创造只是更多地满足了人的动物性生理需要，却未能使精神获得彻底自由。而只有在文学艺术中，人才能让感情自由驰骋，照主观感情愿望自由地创造出不受任何限制的新天地。因而文学艺术的本质就是主体感情的自由展现。它满足了人类追求自由的愿望，代表了人类的未来。所以有人预言，人类现在虽然把物质创造放在第一位，但将来终将进入以文学艺术创造为主的时代。中国古代强调文学艺术的抒情性，而不像西方那样提倡摹仿说，这正是抓住了文学艺术的本质，表明了它的先进性。正如上文所述，中国古代文学从产生时起就是为了抒情。进入阶级社会以后，统治阶级虽强调文学的功利性，但抒情性文学仍占据主要地位。文学的商品化推进了叙事文学的繁荣，表面上看叙事文学的主体抒情性似乎不那么明显，实际上，作品中的人物和故事是作家从自己的感情出发虚构出来的，作家正是借他们实现自己感情的自由展现。在《牡丹亭》中,汤显祖通过杜丽娘抒写了其个性解放的思想感情。在《单刀会》中,关汉卿借关羽抒写了自己的民族感情,甚至把抚今忆昔的人生感慨也加到了关羽身上。由此可见,任何文学作品都不能脱离抒情的本质。但是否有了抒情性就一定是一部好作品呢? 这就要看作家所抒写的感情的性质。如果作家的感情是积极、健康、有利于人民的,至少从思想内容上看它是一部好作品;反之,就不可能成为一部好作品。

文学的功利性在阶级社会中也是不可避免的。作为文学作品,功利性作品也不能脱离抒情性。但它抒写的感情是与统治阶级的思想、感情、利益相一致的。一般来说,这样的作品难以成为好的作品;但也不尽然。如果作品中所抒写的感情既符合统治阶级的利益,又在客观上对人民有利,则这些作品仍有一定意义。如汉代大赋讽喻统治阶级的奢侈荒淫,有利于巩固封建统治,客观上也与人民的利益有相通之处,这样的作品仍有一定意义。又如"唯歌生民病,愿得天子知"的作品,也同样如此。但这些作品的积极意义是有限的,因为其出发点是为了封建统治阶级的利益。在古代作品中,许多作品所抒写的感情是与统治阶级的功利对立的,这类作品的抒情性与功利性就处于一种矛盾状态,大量优秀的古代作品都属于这一类型。但由于古代作家的思想感情也很难与人民完全一致,所以这些作品也往往会有一定的局限性。

文学的娱乐性与抒情性在本质上说是一致的。因为娱乐性要使欣赏者得到感情的愉悦,作品就不能没有抒情性,而且作者所抒之情应与欣赏者的感情相对应。这就要求作者的感情要与欣赏者相通。但古代作家与民众欣赏者的思想感情往往是有一定距离的,这样,抒情性与娱乐性也常常会产生矛盾。在这种情况下，如果文人作家向民众靠拢，他的作品就会具有民众欢迎的娱乐性；反之，就不可能写出这样的作品。在文学商品化的时代，有些作家仍然去写那种非娱乐性的传统诗文，原因就在这里。有些作家与民众比较接近，他们的作品也带有某些娱乐性，但其中也难免会带些文人气息，或时而流露出文人感情，这正说明他们的感情尚没有达到与民众的完全一致，其抒情性与娱乐性也没有完全统一。同时，古代文学的娱乐性既然要使欣赏者得到感情的愉悦，它就具有审美性质。但这种审美是比较表层的、短暂的，而不是那种深沉的持久的审美，而且有时还会产生某些庸俗因素。文学审美要向深层审美的高级阶段发展，但表层的、低级阶段的审美却是向高级阶段发展的必由之路。因为娱乐性审美具有民众性，只有在这种审美中提高民众的审美能力，才能为走向高级审美奠定基础。当然，为了满足一部分审美水平较高的人的需要，创造一批高层次审美的作品也是必要的。

　　文学的抒情性、功利性、娱乐性既有统一的一面，又有矛盾的一面，这种现象还将长期存在。抒情性是文学的本质，任何时候都不能取消。在今天，文学的功利性就是为人民服务。对于一个与人民感情一致的作家来说，抒情性与功利性当然是一致的。但如果作家的感情与人民有距离，就要不断改造自己，使自己与人民一致起来。在今天，文学的娱乐性仍然是必要的。作家要使自己的作品满足群众的娱乐要求，但又不能迎合某些人的低级趣味。要逐步提高娱乐性的层次，使之向高层次的审美发展。总之，我们要解决好抒情性、功利性与娱乐性的关系，才能促进文学的发展、提高与繁荣。

（原载《东岳论丛》，1996 年第 3 期）

中国古代文学中的人道主义思想

"人道主义"曾经是一个十分敏感的名词,人们一度把它当作资产阶级人性论来加以批判。确实,如果抹杀人道主义的具体历史内容和阶级内涵,把欧洲文艺复兴时期强调人和人的价值以反对神学统治的人道主义当作古今不变的东西,那就陷入了人性论的泥潭。但是,如果我们把它当作一个广义的概念,既注意到它的一般含义,又注意到它在不同历史阶段、不同阶级中的不同点,那就不会产生人性论的错误。广义地讲,人道主义就是人类主义,是泛指一切重视人和人的价值、人的尊严、人的自由与幸福的思想,而不仅指仁慈或仁爱。但在不同的历史阶段和不同的阶级那里,其具体内涵又有所不同。资产阶级人道主义带有虚伪性和空想性,无产阶级人道主义则主张用革命的手段解放全人类。对此,本文不拟赘言,因为这不是本文的任务。本文要讲的是,中国古代究竟有没有人道主义思想?它在中国古代文学作品中是否有所表现?这种表现又有什么不同?我认为,中国古代的"爱人"思想和重视个人人格与幸福的思想,也体现了人道主义原则,它在许多文学作品中也有十分明显的反映,我们可称之为原始人道主义或封建人道主义。明代中期以后,随着资本主义萌芽的产生,也出现了带有资产阶级色彩的人道主义,并在文学作品中有所反映。此外,中国古代广大人民也有自己的人道主义观念,表现这种观念的文学作品也不乏其例。

一

　　原始人道主义首先表现为人与人之间的"爱人"思想。孔子提倡"仁",并解释说,仁就是"爱人"和"泛爱众"(《论语·学而》)。孟子则进一步发展了"爱人"的思想,他不仅提倡"老吾老,以及人之老;幼吾幼,以及人之幼"(《孟子·梁惠王上》)的"泛爱众"思想,而且把仁爱与人的本性联系起来,说:"恻隐之心,仁之端也。"(《孟子·公孙丑上》)他主张统治者要实行"仁政","制民之产"(《孟子·梁惠王上》),对不仁之君有权反抗,甚至可以诛之。但是,孔孟的"爱人"是有差等的,它还是反映了"礼"的等级观念,与资产阶级"人人平等"(口头上的)人道主义有所不同。然而,这种爱人思想毕竟延续着原始氏族社会的某些民主遗风,也反映了春秋战国时期随着奴隶的解放和平民的地位的提高,"把人当作人"的观念也日益滋长。这可以说是原始人道主义或封建人道主义。在中国漫长的封建社会里,大量的文学作品正是表现了这种人道主义思想。

　　在中国古代诗歌中,有许多反映民生疾苦的作品。众所周知,杜甫的诗歌描写了饱受兵役赋税之苦、家破人亡的人民的苦难,其中有"无食无儿"、"贫到骨"的老妇(《又呈吴郎》),"子孙阵亡尽"、被迫参战的老翁(《垂老别》),冻死路旁的白骨(《自京赴奉先县咏怀五百字》)……这些用血写成的诗篇,表现了作者对人民的深厚同情。"穷年忧黎元,叹息肠内热。""忧端齐终南,澒洞不可掇。"(《自京赴奉先县咏怀五百字》)这难道不是"爱人"的人道主义思想的表现吗?"安得广厦千万间,大庇天下寒士俱欢颜,风雨不动安如山。呜呼！何时眼前突兀见此屋,吾庐独破受冻死亦足!"(《茅屋为秋风所破歌》)这种为爱人而牺牲自己的精神则把人道主义推到一个更高阶段。白居易的《观刈麦》描写了农民的艰苦劳动和"家田输税尽"的苦难遭遇,《卖炭翁》描写了"可怜身上衣正单,心忧炭贱愿天寒"的卖炭翁的悲惨命运,《上阳白发人》描写了一生独守空房的白发宫女的不幸……而对人民的苦难,作者同样给予深厚的同情。"安得万里裘,盖裹周四垠。稳暖皆如我,天下无寒人。"(《新制布裘》)这种愿望也是人道主义精神的体现。在古代小说戏曲中,许多作品不但反映了人民的苦难,而且批判了不人道的残暴行为。《三国演义》第六回写董卓迁都长安,"李傕、郭汜尽驱洛阳之民数百万口,前赴长安。每百姓一队,间军一队,互相拖押;死于沟壑者,不可胜数。又纵军士淫人妻女,夺人粮食,啼哭之声,震动天地。如有行得迟者,背后三千军催督,军手执白刃,于路杀人。卓临行,教诸门放火,焚烧居民房屋,并放火烧宗庙宫府。南北两宫,火焰相接,长乐宫庭,尽为焦土。"作品虽用的是叙述方式,但对人民苦难的同情,对残酷暴行的愤怒,也充满字里行间。《封神演义》写商纣王的种种暴行,《隋史遗文》写隋炀帝残害人民的罪恶,也都与此相似。元杂剧《窦娥冤》、《救孝子》等公案剧也饱蘸着血泪,揭露了贪官污吏残忍的酷刑及其给人民带来的苦难。这些作品对暴行的批判,正是人道主义思想的表现。此外,还有些作品歌颂了爱人的仁政和善行。如《封神演义》中的周文王和周武王,民无妻给钱而娶,孤寒者给予口粮,对犯法者也只是画地为牢,甚至对挖出的地下枯骨也用木匣掩埋,表现了儒家的仁政理想。《三国演义》中的刘备,认为"举大事者必以人为本",做安喜县尉时"与民秋毫无犯";当阳撤退时,十几万百姓随行,虽形势十分危急,也不肯弃民而行。这显然是一个仁君的典型。元杂剧《刘弘嫁婢》中的刘弘，虽与李逊素不相识，但却供李妻子吃住，并为李逊之子娶妻，助其读书成名，因而得以生子延寿。《来生债》中的庞居士，因有感于欠债的苦难而烧毁全部债券文书，因而全家升天成佛。这类善有善报的故事在中国古代文学作品中不胜枚举。它们褒扬"爱人"的善行，也正是人道主义思想的体现。对上述作品中的人道主义思想，过去我们习惯于用阶级分析的方法，说是因为它们的作者出身于中下地主阶层，或接近了民众所造成的。这种说法有时会显得牵强（如果有的作者不是出于中小地主阶层呢？），而且也未能触及其更本质的根源。而如果用原始儒家思想中的民主因素所造成的人道主义来解释，似乎更加恰切自然。虽然历代统治者出于他们的功利需要对原始儒家思想不断进行发展演变，但原始儒家的著作一直被作为必读经典，这样就必然会有一部分作家继承了原始儒家思想中的民主因素，在作品中表现出人道主义思想。当然，由于原始儒家思想又是与"礼"的等级观念不可分的，因而其人道主义又不是建立在人人平等的基础上的，所以封建阶级的作家不过是希望减轻人民的痛苦，而不是使人民与统治阶级处于平等地位。白居易虽说"稳暖皆如我"，杜甫甚至说"吾庐独破受冻死亦足"，但那不过是诗人的幻想，实际上他们不可能完全与人民同命运，更不可能使整个统治阶级与人民同命运。因而这种人道主义是原始人道主义或封建人道主义。

其次，原始人道主义表现在对个人尊严、人格和自由的重视。人们常常说儒家思想用"三纲"、"五常"等观念强调封建专制，扼杀个人意志和独立人格。但实际上，原始儒家思想中也并非没有民主因素，道家思想中更有个性自由的成分。如《孟子·离娄下》说："君之视臣如土芥，则臣视君如寇仇。"显然是对臣民尊严和人格的肯定。《孟子·尽心上》:"穷则独善其身,达则兼善天下。"则是维护个人人格的要求。庄子的《逍遥游》也表现了对绝对自由的追求(当然也具有消极避世的思想)。中国古代有许多文学作品描写了隐居、游仙等内容,大都表现了维护个人尊严、人格和追求自由的思想。陶渊明为了自己的尊严不肯向"乡里小儿"折腰,并辞官归隐。他在《归去来兮辞》中写归隐之乐:引觞自酌,南窗寄傲,亲戚情话,游山玩水,舒啸赋诗,表现了对自由生活的追求。马致远的散曲名作〔双调·夜行船〕(秋思)一方面描写世人争名争利的丑恶:"看密匝匝蚁排兵,乱纷纷蜂酿蜜,急攘攘蝇争血。"另一方面又描写隐居生活的高洁:"裴公绿野堂,陶令白莲社。爱秋来时那些:和露摘黄花,带霜烹紫蟹,煮酒烧红叶。想人生有限杯,浑几个重阳节。嘱咐你个顽童记者:便北海探吾来,道东篱醉了也!"表现了对维护个人高洁人格的重视。元杂剧《陈抟高卧》和《七里滩》极言做官的凶险和不自由,而隐居却可以"散诞逍遥不拘系","放散诞心肠,任百事无妨"。在做官与个性自由的矛盾中,选择和肯定了个性自由。李白的名作《梦游天姥吟留别》写其梦游仙境,并高唱:"安能摧眉折腰事权贵,使我不得开心颜!"表现了维护个人尊严和追求自由的精神。上述作品中对个人尊严、人格和自由的重视,源于原始儒家思想中的民主因素和道家的个性自由思想,其出发点是个人,而不是文艺复兴时期那种普遍的"人",更不是十八世纪资产阶级启蒙时期那种普遍意义的自由平等博爱,因此是原始的人道主义。

再次,原始人道主义表现在对个人现世享乐的肯定。人道主义把人的现世幸福当作自己的目标,认为享受现世生活的快乐是人的权利,而不把幸福寄托在上帝神佛和来世,因而反对宗教的禁欲主义。在中国古代,儒家思想关注的是现实的人际关系的和谐、生活的幸福和社会的安定,中国道教追求长生不老也是着眼于现世的幸福。中国古代有不少描写现世享乐的作品,但并非说这些作品都有人道主义意义。只有现世享乐是正当的享乐而非奢侈荒淫时,或面对种种压抑而不得不用现世享乐来体现人生价值时,才具有某种人道主义因素。人们有了生命意识,则会产生生命短促、珍惜生命的思想。而珍惜生命既可生出奋发自勉之志,又可生出及时享乐之思。《诗经·唐风·蟋蟀》即感于"岁聿其莫(暮)"而"今我不乐,日月其除"。《古诗十九首》由"人生忽如寄"而"不如饮美酒,被服纨与素",都表现了享受人生的思想。李白的名作《将进酒》写道:"君不见黄河之水天上来,奔流到海不复回! 君不见高堂明镜悲白发,朝如青丝暮成雪! 人生得意须尽欢,莫使金樽空对月。"诗人认为人生短促,应该及时行乐。而这种行乐不过是饮酒,并非荒淫。比起人生短促应抓紧建功立业来这似乎有些消极;但要求人的短暂一生要过得快乐,又应该说是对人的正当权利的肯定。特别是在怀才不遇、遭受压抑的情况下,由饮酒追求现世人生的欢乐,而不是彻底绝望遁入宗教的虚无的来世幸福,这正体现了对人生的执着和某种肯定以及对不合理的现实的不屈与示威。在宋词中,现世享乐主义主要表现为男女之情。如柳永〔定风波〕中的女主人公"悔当初不把雕鞍锁",希望"镇相随,莫抛躲,针线闲拈伴伊坐。和我,免使年少光阴虚过"。这种带有平民色彩的思想可谓正当的要求。在元代散曲中,鼓吹及时行乐的作品数量尤多。孙叔顺〔南吕·一枝花〕套中说:"叹白发紧相逼,百岁光阴能有几? 快活了是便宜。"关汉卿〔双调·乔牌儿〕套中说:"到头这一身,难逃那一日,受用了一朝,一朝便宜。"杨朝英〔双调·殿前欢〕则具体描写其享乐生活:"白云窝,守着个知音知律俏奴哥。醉时鸳帐同衾卧,两意谐和。尽今生我共他,有句话闲提破。花前对饮,月下高歌。"此类作品不胜枚举。过去人们常常批评这类作品思想消极。但如果做一些具体分析,似也不尽然。中国古代知识分子深受经世济民的儒家思想的影响,在一般情况下,身在仕途的知识分子很少公开鼓吹及时行乐;多半是在怀才不遇时才以及时行乐自我安慰。但在元代散曲中,即使官做得相当大的作家也常常鼓吹及时行乐。如卢挚官至翰林学士承旨,而其〔双调·蟾宫曲〕却用算细账的方法说明人生的短促,并得出结论说:"子细沉吟,都不如快活了便宜。"这表明及时行乐已成为一种带有普遍性的时代思潮。而其根源就不能不从那个时代的特殊性中去寻找。元代是中国第一个少数民族统治的时代,大批知识分子遭到杀戮;科举的废止使知识分子失去了仕进之途;民族等级制度使汉族人民处于被歧视的地位,甚至蒙古人打死一个汉人只不过偿一头驴价。在这种情况下,即使做了官的汉族知识分子也缺乏安全感。在这种不把汉人当人的特殊时代里,元代文人鼓吹在人的短暂一生中及时行乐,就不仅是民族意识的反映,而且也包含着一种对抗不人道的社会,要求享受人生权利的人道主义意味。这些作品中要求的不过是生活的"快活",不过是"花前对饮,月下高歌",可以说都是正当的人生享乐。这种人道主义要求不是弃绝现实人生,而是执着于人生幸福,又有其积极的一面。总之,这种人道主义从根本上说是源于儒家对现实人生的关注和道家着眼于现世幸福的思想,它与西方人道主义那种用现世享乐反对宗教禁欲主义的自觉意识有所不同,因而也是原始的人道主义。

二

在中国古代,有没有类似西方资本主义的人道主义?我认为有。明代中期以后,随着资本主义萌芽的产生,在中国也出现了资产阶级色彩的人道主义,并在文学作品中有所反映。

早在明代初期,资本主义生产方式就已经出现。徐一夔《始丰稿》卷一《织工对》中说:"有饶于财者,率居工以织。"明代中期以后,这种资本主义手工工场大量出现。在当时的吴江县一带,"盛泽、黄溪四五十里间,居民乃尽逐绫绸之利,有力者雇人织挽"(乾隆《吴江县志》卷三十八)。万历年间,"吴民生齿最烦,恒产绝少,家杼轴而户纂组,机户出资,机工出力,相依为命久矣"(《明神宗实录》)。农业中的雇佣关系也已在正德年间出现:"若无产者,赴逐顾(雇)倩,受值而赋事,抑心殚力,谓之忙工。"(正德《姑苏志》卷十三)这种资本与劳动力之间的买卖关系,标志着一部分手工业者和农民开始摆脱封建的人身依附关系,也造成了金钱关系对传统的封建伦理纲常的冲击。在这种新的历史条件下,用先验的绝对天理压抑个体感情的程朱理学显然已经不合时宜。因此,王阳明在陆象山"心即理"的基础上,认为"心外无理"(《王文成公全书·与王纯甫二》),从而把理与主体意识的自心统一起来;并认为"圣人教人,不是个束缚他通做一般,只如狂者便从狂处成就他,狷者便从狷处成就他"(《传习录下》)。这就否定了先验的天理对人心的绝对统治,包含着肯定主体意识和个性的因素。泰州学派进一步说:"率性而众善出焉。"(王襞《王东厓先生遗集》卷一)实际上用主体感情代替了天理。李贽提出"直心而动",袁宏道说"率性而行",则已是个性解放思想。泰州学派还把理日常生活化。王艮认为"圣人之道无异于百姓日用"(黄宗羲《明儒学案·心斋语录》),李贽则认为穿衣吃饭就是道,道就是要满足人们的需要和追求物质的快乐,并把人心的本质归结为私欲:"夫私者,人心也。人必有私而后其心乃见,若无私则无心矣。"(《德业儒臣后论》,《藏书》卷二十四)"好货好色"等私欲都是人的本性,都值得肯定。这实际上就是用私欲否定了天理。汤显祖则理直气壮地把情和理对立起来:"情有者理必无,理有者情必无。"(《寄达观》)这种对个体利益的肯定和强调具有反对理学和封建专制主义的历史意义,这和西方资产阶级人道主义有某些相通之处。只不过西方资产阶级人道主义是反对神学专制,李贽等的人道主义是反对理学和封建专制而已。明代中后期这种带有资产阶级色彩的人道主义思想当然会反映在文学作品中。

汤显祖《牡丹亭》是以人欲反理学的代表作品。程朱理学虽也承认饮食男女等人性是天理,但却只能顺天而行,如果自行发出和追求,那就是应当去除的私欲。《牡丹亭》则认为男女之情是人的天性,它的发生不受理的控制和主宰,对这种感情的积极追求也是天然合理的。剧中的杜丽娘虽然自幼被封锁在小庭深院,从未接触过青年男子,但随着年龄的增长,怀春慕色之情还是本能地油然而生。《诗经·关雎》和花园春景都使她联想到了男女爱情。同时,作品又充分地描写了杜丽娘对男女之情的执着追求。她在梦中与一个陌生男子私合欢会,就是这种追求的开始。梦境消失,她又去寻梦。寻梦不可得,她就为情而病而死。死后她的鬼魂仍要寻找情人,与情人幽媾,并要还魂重生。重生之后其父不允婚事,她宁可不做杜家女,也不放弃柳梦梅。她的情自发产生,她的追求是如此执着,正是为理学所不容的私欲。但作品却对此给予了热情的肯定。作品赋予这种追求以巨大的力量,甚至可以战胜生死:"生者可以死,死可以生。"(《牡丹亭题词》)作品又肯定了这种追求的美好与正当性,为杜丽娘的欢会安排了一个芍药栏前、湖山石边、鲜花缤纷的美妙背景,极写欢会的"千般爱惜,万种温存",并让花神保护她的欢会;甚至冥间的判官也不但不为此而降罪于她,反而帮她寻找情人,把她放出枉死城,给以路引,让她与情人幽媾,并保存其肉身,让她还魂重生。这就使杜丽娘的追求具有了不可战胜的力量和美丽正当的性质,而压抑这种追求的理学代表人物则显得无能为力、迂腐可笑,并终以失败而告终。作品如此公开自觉地、理直气壮地肯定人欲,反对扼杀人性的理学,体现了带有资产阶级色彩的人道主义思想。

孟称舜《娇红记》也是肯定人欲、鼓吹人性之作。剧中的申纯和王娇娘为追求爱情不惜一死,申纯甚至把功名富贵也不放在眼里,他在得官之后说:"我如今功名二字早置之度外,泼功名,视作春昼雪。"这种爱情至上的思想更加明确、自觉。作品最后让死去的主人公化为一对鸳鸯飞舞,并在仙界成婚,以幻想的方式肯定了他们的爱情追求。同时,剧中的丫鬟飞红也表现了对人性的追求。她虽身为婢女,但"二八花容侍女身,随他无事度芳春。也知一种伤情思,秋波暗里去撩人"。她也爱上了申生,并与之戏耍约会。当娇娘责备她时,她理直气壮地说:"难道女人家不是人那?"婢女卷入了主人的爱情纠葛,并坦率地表示自己也有做人的权利,表现了婢女人性的觉醒。此外,剧中的女鬼也对申生产生了爱情,并化为娇娘,与申生幽会。"俺不灭幽魂,一样情非诳。"说明鬼魂也同样有人性。作品甚至更进一步写道:"虫和蚁,一般儿谐婚媾。"鬼魂和虫蚁也一样有人性,这就使人性更加广泛普遍,人道主义思想也更加突出。

在"三言"、"二拍"中的明代拟话本中,也有不少肯定人欲的作品。如《蒋兴哥重会珍珠衫》写蒋兴哥外出经商，其妻王三巧有了外遇，蒋兴哥却想道："当初夫妻何等恩爱，只为我贪着蝇头微利，撇他少年守寡，弄出这场丑来！"因而对其妻予以理解和原谅，实际上是肯定了人欲。《小夫人金钱赠年少》写王招宣之妾被骗嫁给一个老头儿，主动地爱上一个青年主管张胜，作品对此也予以肯定。这些作品都把人欲放在贞节之上，表现了肯定情欲的带有资产阶级人道主义色彩的思想。

还有洪昇《长生殿》，我认为也表现了对情欲的肯定。作品虽然对李杨爱情的缺陷和为爱情而弛了朝纲有所批判，但这种批判并不严厉；而且作者认为李杨"情之所钟，在帝王家罕有"（《长生殿例言》），并在下半部极写李杨宁愿抛弃帝位和谪下仙班的生死不渝的爱情，他们的爱情甚至感动了织女，终于在月宫重圆。这实际上是把李杨爱情升华为一种理想化的爱情，置于高于一切的地位予以肯定。人们在《长生殿》评论中常常争论帝王后妃能否有真挚的爱情。如果我们把作品放在明末清初资本主义萌芽的历史背景下，在肯定情欲的社会思潮中加以考察，则可以认为《长生殿》借李杨爱情表现了肯定情欲的思想，而不必追究帝王后妃能否有真挚的爱情。而把人物的情欲置于超过帝位和仙班的地位，可以说带有资产阶级人道主义的色彩。

三

在中国古代，广大人民也有自己的人道主义思想。这种人道主义首先表现为对不幸者的真切关怀和诚心帮助。如在《儒林外史》第二十回中，贫穷孤苦的牛布衣客死于甘露庵中，老和尚和众邻居不但对这个"甚么也没有"的异乡人深表同情和悲哀，为他料理后事，而且说："我们都是烟火邻居，遇着这样大事，理该效劳。"表现了真挚的情意和无私的帮助。《红楼梦》中的刘姥姥虽曾被贾府的人们捉弄取笑，但当贾府衰败之后，她却毫无势利相。听说巧姐儿要被其舅父王仁等卖与外藩为妾，便立刻热情相助，出主意让平儿和巧姐儿逃走："只怕你们不走，你们要走，就到我屯里去。我就把姑娘藏起来，即刻叫我女婿弄了人，叫姑娘亲笔写个字儿，赶到姑老爷那里，少不得他就来了，可不好么？"她的善良爽快、无私助人的品格正是人民群众朴实的人道主义精神的表现。"三言"中的《施润泽滩阙遇友》写小纺织手工业者施复拾到六两银子，开始是满心欢喜，但后来转念想道："这银两若是富人掉的，譬如牯牛身上拔根毫毛，打甚么紧，落得将来受用。……倘然是个小经纪，只有这些本钱，或是与我一般样苦挣过日……这两锭银乃是养命之根，不争失了，就如绝了咽喉之气……"于是毅然把银子退还了失主。就连《水浒传》中那粗鲁的李逵，当举斧要杀冒名剪径的李鬼时，听说李鬼家中有九十岁的老母，无人赡养，便放了李鬼，并给他十两银子，让他改业为生。上述人物对不幸者的关怀和帮助既不是古代封建阶级居高临下的同情和恩赐，也不是现代无产阶级自觉的阶级意识，而是古代下层人民在自己的贫穷生活中所形成的对不幸者同命相怜的朴素的人道主义情感。

广大人民的人道主义思想也表现在朴素的平等观念和抱打不平、勇于斗争的精神。为了追求人的理想生活，《水浒传》中的梁山好汉结为异性兄弟，"八方共域，异姓一家"，不分贵贱亲疏，同吃酒肉，共分金银，表现了朴素的平等思想。而对于欺压弱者的不平等现象，梁山英雄则挺身而出，抱打不平，直至起兵征伐，打州劫府。鲁智深拳打镇关西、武松醉打蒋门神等，都是梁山英雄独自一人抱打不平，为民除害。而三打祝家庄、破高唐、打青州、攻华州、取大名、战东昌，则是千军万马，铲除土豪恶霸、贪官污吏。这种用暴力实现人道主义的方式，是人民的人道主义思想。它不同于封建阶级的人道主义，因为封建阶级的人道主义同情民生疾苦，但不赞成用暴力方式求得人民的幸福。它也不同于今天无产阶级的人道主义，因为无产阶级主张用革命的手段首先解放本阶级，并进而解放全人类，而古代人民的人道主义显然没有自觉的阶级意识，更没有解放全人类的明确目标。

　　在以上的论述中，我们所举的例证多是一些常见的名作，在材料方面也许算不上新鲜。但对这些作品，过去我们常用人民性或阶级性加以分析，而现在我们从人道主义角度加以考察，就从更带根本意义的哲学层次上对它们的思想根源和思想价值有了新的认识。但对这种人道主义思想，我们又分析了其具体的阶级内涵和历史内容，指出了它在历史上有其进步性，也有其局限性。我想，采取这种具体分析的方法，有利于古代文学的批判继承，而不应被认为是人性论的观点。

（原载《东岳论丛》，1997 年第 5 期）

中国古代文学的抒情写意传统

一

古希腊人认为艺术的本质是摹仿。亚里斯多德在《诗学》中说:"史诗和悲剧、喜剧和酒神颂以及大部分双管箫乐和竖琴乐——这一切实际上是摹仿。""悲剧是对于一个严肃、完整、有一定长度的行动的摹仿。"这种观念导致了西方文学重叙事和写实的传统。西方文学最早成熟的史诗和戏剧都是叙事文学,其描写方法是逼真地再现生活(其中的神实与人无异)。而中国古人则认为艺术的本质是抒情。早在《尚书·尧典》中,就提出了"诗言志"的著名命题。《毛诗序》也说:"在心为志,发言为诗。情动于中而形于言,言之不足,故嗟叹之;嗟叹之不足,故永歌之;永歌之不足,不知手之舞之、足之蹈之也。"尽管儒家竭力把"志"限制在礼义、时政的范围内,如《毛诗序》就强调"发乎情,止乎礼义",但却毕竟没有否定诗"发乎情"的本质。文学发乎情的观念,造成了中国古代文学重抒情写意的传统。中国最早成熟的是抒情诗,而叙事性的戏剧、小说却成熟较晚;其描写方法也不是对生活的逼真的工笔细描,而是写意式地予以表现。

中国古代诗歌没有产生古希腊那种长篇叙事史诗,最早的诗歌总集《诗经》是以抒情诗为主体的。"男女有所怨恨,相从而歌,饥者歌其食,劳者歌其事。"(何休《春秋公羊传·宣公十五年解诂》)概括了《诗经》的内容,也指出了其抒情的特征。中国诗歌的另一奠基之作《离骚》也是抒情诗。魏晋以后进入文学的自觉时代,陆机《文赋》明确提出:"诗缘情而绮靡。"肯定了抒情是诗的本质功能。唐代是诗的黄金时代,那些意境浑融、脍炙人口的名篇绝大部分都是抒情诗。唐宋词因其句式、声韵比诗更加复杂多变,因而抒情也就更加细致深入、委婉曲折。由于早期词为"应歌"而作,作者多为女子,故词人往往"男子而作闺音"(田同之《西圃词说》),以女子口吻作代言体的创作,而所代人物又缺乏鲜明的个性,所以作品表现的感情一般便是缺乏作者和人物个性的类型化情感,如温庭筠的词作便是如此。但在中国文学抒情传统的影响下,冯延巳和李煜已开始把自己的生活经历和身世之感写进词中;晏殊、欧阳修、柳永等人也融入了个人的人生体验;到苏轼则在词中任意抒写自己的性情和个性,又使词回到抒写作者自我感情的道路上来。元代散曲作为当时的流行歌曲,其抒情不同于宋词的委婉含蓄,而以直露透辟见长。它在早期也是为应歌而作,故也颇多代言体作品。但到后期张可久等文人作家把它雅化和词化,也回到了文人自我抒情的道路上来。明代李东阳说诗"贵情思而轻事实"(《怀麓堂诗话》)。袁宏道主张"独抒性灵,不拘格套","任性而发,尚能通于人之喜怒哀乐嗜好情欲"(《序小修诗》),则把抒写性情扩大到情欲。清代王士禛倡"神韵说",其兴会神到的作诗读诗方法,词简言长的诗体风貌,冲和淡远的艺术风格,都是针对诗的抒情特点而言。总之,中国古代诗歌以抒情诗为主体,重抒情是一个牢不可破的传统,这是一个毋庸赘述的十分清楚的事实。

　　当然，我们并不否认中国古代也出现了一些著名的叙事诗。但是，即便在这些叙事诗中，也并不是以摹仿为原则的客观叙事，而是带有浓厚的抒情成分。《诗经·氓》叙述一个痴情女子为一男子所欺骗，婚后遭到抛弃的故事，诗中不但在叙事中饱含着感情，而且第三章和第六章几乎完全是人物抒情："桑之未落，其叶沃若。于嗟鸠兮，无食桑椹！于嗟女兮，无与士耽！士之耽兮，犹可说也；女之耽兮，不可说也！""及尔偕老，老使我怨。淇则有岸，隰则有泮。总角之宴，言笑晏晏。信誓旦旦，不思其反。反是不思，亦已焉哉！"著名的长篇叙事诗《孔雀东南飞》通过大量的人物对话叙事，客观成分较多；但开头的"孔雀东南飞，五里一徘徊"，用比兴手法创造了一种缠绵悱恻的悲剧气氛；结尾以合葬墓旁的松柏、梧桐枝叶相交，双飞鸳鸯"仰头相向鸣，夜夜达五更"，表达了深挚动人的感情，也不乏抒情的成分。白居易的名作《长恨歌》叙李杨故事，但对于故事情节的叙述却极其简练，而对人物感情的描写却不惜笔墨。作品对唐明皇的蜀道伤情、宫中苦思和杨贵妃的仙山痴情，大肆渲染，与其说是以事动人，不如说是以情动人。杨贵妃对临邛道士的一段话饱含着作者感情，实际上是杨贵妃与作者口吻的融合。《琵琶行》则不但以"枫叶荻花秋瑟瑟"、"别时茫茫江浸月"、"唯见江心秋月白"等景物描写制造悲凉气氛，烘托凄冷感情，而且用"我闻琵琶已叹息，又闻此语重唧唧。同是天涯沦落人，相逢何必曾相识"直抒作者之情，情、景、事浑融一体，取得了动人的艺术效果。吴伟业《圆圆曲》叙陈圆圆和吴三桂的悲欢离合，不但在叙事中充满对吴三桂的委婉讽刺，而且作者还直接加以讽刺和抒情："尝闻倾国与倾城，翻使周郎受重名。妻子岂应关大计，英雄无奈是多情！全家白骨成灰土，一代红妆照汗青！"结尾又以吴王夫差宠幸西施的可悲下场比喻吴三桂：

"为君别唱吴宫曲，汉水东南日夜流。"暗示吴三桂不能长久，具有低回隽永的情韵。由此可见，中国古代叙事诗也具有浓厚的抒情性，受到抒情传统的深刻影响。

小说是一种讲究客观描述的文学体裁。恩格斯这一段著名的话是人所共知的："（思想倾向）应当从场面和情节中自然而然地流露出来，而不应当特别把它指出来。"（《致敏·考茨基》）中国古代小说当然也以客观描写为主。但中国古代文学的抒情传统对小说也并非没有影响；而且由于中国古代小说与说唱文学关系密切，说话人直接面对听众，有时免不了把个人看法和感情直接道出。因此中国古代小说中也不乏抒情和议论成分。这种抒情议论有的是枯燥乏味的说教，如鲁迅《中国小说史略》说："至于垂教诫，好评议，则尤甚于《西湖二集》。"但也有的是自然动人的。有的是置于作品首尾的诗、词、文。如《三国演义》开头就是："词曰：滚滚长江东逝水，浪花淘尽英雄。是非成败转头空。青山依旧在，几度夕阳红。白发渔樵江渚上，惯看秋月春风。一壶浊酒喜相逢。古今多少事，都付笑谈中。"作者对岁月流逝、英雄已去的感喟，对人事短暂、时空永恒的慨叹，对古今兴亡的超脱，尽见于其中。《儒林外史》开始的一首词表现了作者厌弃功名富贵的思想，结尾的一首词则抒写了作者把往事"写入残编总断肠"的心情和"濯足沧浪"、"伴药炉经卷"的避世思想。宋元话本篇末也多以诗句作结。而《聊斋志异》的每篇之末则都有一段"异史氏曰"发抒作者的感慨和议论。如《梦狼》中的"异史氏曰"："窃叹天下之官虎而吏狼者，比比也。即官不为虎，而吏且将为狼，况有猛于虎者耶！夫人患不能自顾其后耳；苏而使之自顾，鬼神之教微矣哉！"表现了作者对官虎吏狼的痛恨以及铲除他们的愿望。也有的作品在中间插入诗词来抒情议论。如《卖油郎独占花魁》写莘瑶琴被卜乔卖与妓院时,插入诗云:"可怜绝世聪明女,堕落烟花罗网中。"充满对莘瑶琴的同情。《沈小霞相会出师表》写杨顺、路楷害死沈炼后,又设计陷害沈炼之子,插入诗云:"破巢完卵从来少,削草除根势或然。可惜忠良遭屈死,又将家属媚当权。"表现了对忠良遇害的悲愤和对奸佞小人的痛恨。高明的作家还常在作品中插入人物的诗词,使作家和人物的感情融为一体。如唐传奇《游仙窟》中插有人物诗八十余首。赵彦卫《云麓漫钞》谓:"盖此等文备众体,可以见史才、诗笔、议论。"就指出了中国古代小说中插以诗歌以抒情这一民族特点。这一特点在《红楼梦》中表现得最为成熟,所插诗词不但彻底摆脱了套语气息,而且与人物、故事、作者感情成为一个有机的整体。如《红楼梦》第二十七回林黛玉的《葬花词》和第四十五回林黛玉的《秋窗风雨夕》把黛玉的凄清孤苦和命运未卜的伤痛写得哀感动人,作者的同情怜惜之情也饱含其中,造成了浓厚的抒情气氛。还有的作品在行文中情不自禁地流露感慨和思想倾向,十分自然地融化在叙述描写中。特别是话本和拟话本小说采取第一人称和第三人称相结合的主观讲述方式,作者处于所讲故事和读者之间,故随时可结合叙述描写进行抒情议论。如《杜十娘怒沉百宝箱》写杜十娘投江:"但见云暗江心,波涛滚滚,杳无踪影。可惜一个如花似玉的名姬,一旦葬于江鱼之腹!"叙述中插以"可惜"二字,充满作者的感慨和同情。《红楼梦》第九十八回写黛玉之死:"惟有竹梢风动,月影移墙,好不凄凉冷淡。""好不凄凉冷淡"是作者感情的自然流露。这种抒情带有作者口气,但又与叙述描写融为一体,不见外加痕迹。

戏剧作为一种叙事艺术,西方特别强调其"摹仿"特点。西方戏剧重视通过摹仿和再现生活给人以理念的启示,而再现生活的核心是组织情节,即由制造悬念造成观众对情节的期待,由不断增长的紧张达到高潮。中国戏曲则受抒情传统的影响而重抒情。杂剧的"折"和传奇的"出"不但是结构单位,而且是音乐单位,每折或每出包括一套或几套曲子,而曲词主要是用来抒情的。每折或每出的叙事并不只是为了组织高潮的需要,而是由叙事创造戏剧情境,然后暂作停顿,展开歌唱抒情。如《汉宫秋》第三折在创造了汉元帝和王昭君离别的戏剧情境后,并不急于叙述情节的进展,而是以大量的抒情歌唱抒写汉元帝的离别之痛,最后才以寥寥数语写昭君投江。第四折在创造了昭君走后汉元帝独居宫中的戏剧情境之后,也以大量唱词抒写汉元帝的相思之苦,最后才以短短几句写尚书报告匈奴绑来毛延寿,元帝命斩贼祭献昭君。《西厢记》中著名的《长亭送别》一折是写一对青年男女的离别,几乎没有什么情节,如果由西方戏剧来写,恐怕除了拥抱哭泣以外没有什么可写;但《西厢记》却由崔张离别的情境生发出大量的抒情歌唱,把离别之情写得缠绵悱恻,哀感动人。中国古代戏曲虽然也叙述故事,但它不以摹仿生活为宗旨,而是通过表现生活来抒情的。戏曲作品中写景抒情、咏物抒情、直抒胸臆的抒情极为普遍,明显地吸收了抒情诗词的手法,可见抒情传统对它的深刻影响。

　　戏剧是代言体的艺术。西方戏剧禁止作者的介入,作者不能出面与观众(读者)交流,角色和演员也与观众存在着"第四堵墙"。但中国古代戏曲却常常借剧中人倾吐作者的感慨和情怀,甚至由作者直接出面抒情。元杂剧《窦娥冤》中的窦娥高唱着:"从今后把金牌势剑从头摆,将滥官污吏都杀坏。"《竹叶舟》中的仙人吕洞宾也愤愤不平地唱道:"你则看凌烟阁那个是真英武,你则看金谷乡都是些乔男女。"这都俨然是作者的呼声。到了明清时代,随着杂剧的案头化和一折短剧的兴起,许多文人更是把它作为抒情言志的形式。他们常常选取那些与自己的身世和感情有一定联系的题材,把作品中的人物当作自己的代言人,抒写自己的愤懑不平和感慨。如吴藻《乔影》中的谢絮才自读《离骚》,饮酒痛哭,正是这位女作家在封建礼教束缚下的悲愤心声。尤侗《读离骚》借屈原的遭遇抒写自己的牢骚不平,明确声称:"夺他人之酒杯,浇自己之块垒,有何不可?"更进一步者,则由作者直接抒情。在南戏和传奇中,一开始都有一出"副末开场",这个副末并不是剧中人,而是作者自己。他不但介绍剧情,而且发表评论,表达自己的爱憎。在元代南戏和明清弋阳腔、高腔中,还有伴唱,用作者的口气直接评价人物,表达感情。在清代杂剧中,有的作品甚至直接以作者的名字入剧,作为剧中主角,可以说是完全由作者出面抒情。如廖燕《紫舟别集》四种,就都是以作者为主人公,抒写其生活和感慨。由此可见,古代戏曲作家是多么顽强地在作品中表现自己,抒情传统在古代戏曲中表现得是多么显著。

中国古代文学的抒情传统,从客观效果看,它加强了作品以情动人的力量和诗情画意之美;从创作主体看,它使作者在现实生活中不能实现的自由在作品中得到了自由展现,这正表现了文学的本质。人与动物的根本区别就在于能思维和有感情。人的思维能力使之认识到自我与环境的区别和对立,并力求改造环境,超越环境的制约,进入一个无限制的自由天地。但人类虽然不断地改造环境,创造出新的物质存在,然而任何新的物质存在都有其不可违抗的自然法则,所以人类始终未能超越环境束缚;新物质的创造只是更多地满足了人的动物性生理需要,却未能使精神获得彻底自由。而只有在文学艺术中,人才能让感情自由驰骋,照主观愿望自由地创造出不受任何限制的新天地。抒情诗固然是感情的自由王国,小说、戏剧等叙事文学实际上也是作家从自己的感情出发虚构出人物和故事并借以实现自己感情的自由展现。因此,中国古代文学的抒情传统正表明它抓住了文学的本质,表现了它的先进性。

二

中国古代文学既然重抒情,不重摹仿,就使它对事物的描写一般不采取工笔细描、追求逼真的写实方法,而是多采取简略点染、追求神似的写意方法。当然,抒情写意也不能完全脱离具体形象,但具体形象一旦与感情相结合,就改变了它的本来面貌,成了非写实的写意。

《诗经》中的作品大都是抒情诗。其抒情方法除了直言其情外,有时也用比兴,如:"关关雎鸠,在河之洲。"(《关雎》)"桃之夭夭,灼灼其华。"(《桃夭》)有时也用写景,如:"昔我往矣,杨柳依依;今我来思,雨雪霏霏。"(《采薇》)但这些描写都十分简明,作品的目的也不是要逼真地描绘这些景物,而是点到为止,为抒情服务,故可以说是写意式的。屈原《离骚》写了香草、美人、龙凤、云霓等多种形象,但正如王逸所说:"《离骚》之文,依诗取兴,引类譬喻,故善鸟香草,以配忠贞;恶禽臭物,以比谗佞;灵修美人,以媲于君;宓妃佚女,以譬贤臣;虬龙鸾凤,以托君子;飘风云霓,以为小人。"(《离骚经序》)作品本意不在于具体地描绘这些形象,而是借比兴抒情。至赋体兴起,追求"写物图貌"(《文心雕龙·诠赋》)。宋玉《高唐赋》对三峡景色的描绘,《神女赋》对神女形貌的描写,都极为形象;而司马相如的《上林》、《子虚》赋对宫苑壮丽、游猎盛况的描绘更是铺张细腻,故沈约说:"相如巧为形似之言。"(《宋书·谢灵运传论》)但实际上这种形似之言也并非是对客观物象的真实描写，而是夸张的描写。在其影响下，汉代乐府诗对人物外貌的描写也趋细腻，如《孔雀东南飞》和《羽林郎》对刘兰芝和胡姬的服饰外貌都有大段描绘。这种描绘同样也是旨在铺排夸张，并非真正写实。刘宋之际，谢灵运的山水诗比较客观精细地描写山水，故刘勰说："自近代以来，文贵形似。"（《文心雕龙·物色》）但刘勰似乎对此持保留意见。齐梁宫体诗热衷于对女子形体和情态的描写，萧纲《美女篇》、《咏内人昼眠》等对女子形态都写得极为细腻，但却不为人们所推崇。同时，汉魏六朝时期也有大量诗歌并非追求形似之作。而且，这种对于形似的追求在中国诗歌史上只起了一个短促的过渡性作用。南齐画家谢赫论画就已提出："风范气韵，极妙参神，但取精灵，遗其骨法。"（《古画品录·第一品·张墨、荀勖条》）主张画要重神韵。而司空图《诗品》谓："离形得似，庶几斯人。"更是把神似与形似相对。唐诗以其意境浑融高远的高度成就充分体现了中国古代诗歌的写意特点。浑者，不清也，而不清又与远相联系。正如戴叔伦所云："诗家之境，如蓝田日暖，良玉生烟，可望而不可置于眉睫之间。"（《诗品集解·续诗品注》）浑，又指诗人感情与形象的浑成一片，混为一体。故唐诗的意境多为浑茫高远的形象与诗人感情的和谐统一。如王维《汉江临眺》："楚塞三湘接，荆门九派通。江流天地外，山色有无中。郡邑浮前浦，波澜动远空。襄阳好风日，留醉与山翁。"作品写汉江景色，以丰富的想象和夸张，写出了实际上目力所不能及的南至三湘、西起荆门、东到九江的千里大地，江流直至天地之外，远处的山色、城镇若隐若现，景象浑茫高远。对三湘、荆门、九派、郡邑均无具体描写；写山，只说"山色"，写江，只说"流"和"波澜"，均无工笔细描；而这一切都与作者的想象融为一体，读者也就随着作者的想象进入境界之中。读者得到的不是各种景物的逼真细节,而是总体的意境。据美国学者华生等人统计,唐诗中的物象,如山、水、草、木、花、鸟等"总称"形象,远远超过松、桂、兰、菊等"特称"形象。这正说明唐诗的描写不重具体细节和工笔细描,不是旨在逼真写实,而是重在写意抒情。宋诗尚理趣,当然更不重写实而重写意。元明清诗歌则或宗唐,或宗宋,大体不脱唐宋诗的特点。谢榛说:"凡作诗不宜逼真,如朝行远望,青山佳色,隐然可爱,其烟霞变幻,难于名状;及登临非复奇观,惟片石数树而已。远近所见不同,妙在含糊,方见作手。"(《四溟诗话》卷三)此可谓对诗歌重写意的很好的说明。词在温庭筠比较注重女子形貌的细致描写,但很快就吸收了唐诗情景交融的写法,苏轼以后又注重比兴寄托,由重形貌转为重写意。比兴寄托当然也要写托体形象,但写托体形象却不能过于粘着,而要能即能离,以神似为主。如苏轼〔卜算子〕(缺月挂疏桐)中的孤鸿,〔水龙吟〕(似花还似非花)中的杨花,均既有物之形,又有人之情。辛弃疾〔摸鱼儿〕(更能消几番风雨)中以残春喻南宋时局,以画檐蛛网喻主战派,以蛾眉自喻,作品的目的是以比兴写政事和抒情,因此没有,也不必对这些物和人进行逼真细致的描写,而只要抓住它们与政事和作者感情相似的特点加以描写即可,这样的描写当然是写意的了。至于元代散曲,其抒情之作的主要特点是直言其情,固然不追求写景的逼真。而其代言体的叙事之作,虽写人物,但却几乎不写人物形貌,而只写其精神情趣。如马致远〔般涉调·耍孩儿〕(借马)、杜善夫〔般涉调·耍孩儿〕(庄家不识勾栏)等均系显例。在我国,诗词和散曲均以抒情为主,而抒情为主的作品多用写意而不用写实,这是不须多说也易于理解的。

　　小说是叙事文学,西方强调工笔细描。不但对景物、环境写得细致入微,而且对人物写得甚至连衣服褶皱也可以感觉得出来。中国古代小说都是写意的。它描写人物常常是略貌取神。如《三国演义》写孙权"碧眼紫髯"，张飞"豹头环眼"，均不过寥寥数字。写吕布甚至连什么头什么眼也没写，而是说："时李儒见丁原背后一人，生得器宇轩昂，威风凛凛，手执方天画戟，怒目而视。"不是具体写形貌，而是写神致。写人物言行也多非一举手一投足均作工笔细描，而多系粗线条的勾勒，不求酷似生活，只求传神。如《三国演义》第十八回写夏侯惇拔矢啖睛："惇大叫一声，急用手拔箭，不想连眼珠拔出，乃大呼曰：'父精母血，不可弃也！'遂纳于口中啖之，仍复挺枪纵马，直取曹性。"作品并未具体写其拔矢啖睛的具体细节，如疼痛流血情景、人物的具体形体动作等，但豪迈精神却历历毕现。第五回关羽斩华雄，甚至对关羽如何战华雄未作一字具体描写，只写："关外鼓声大振，喊声大举，如天摧地塌，岳撼山崩，众皆失惊。正欲探听，鸾铃响处，马到中军，云长提华雄之头，掷于地上。——其酒尚温。"但关羽的神勇却极为鲜明突出。有时对人物言行也作夸张的描写，如《三国演义》中张飞的长板桥三声大喝，《水浒传》中鲁智深倒拔垂杨柳。这种夸张描写显然不是写实，而是突出人物神致的写意。至于写人物心理，也多半是三言两语，意到为止，没有那种长篇的心理描写，更没有潜意识的、意识流的复杂的心理活动。在中国古代小说中，描写自然景物也不求远远近近，从形状、色彩、声音、气味，细入微芒，而多半是三言两语，写意传神。如《水浒传》第九回写林冲奔投草料场，"正是严冬天气，彤云密布，朔风渐起，却早纷纷扬扬卷下一天大雪来。"用语极简，但阴冷寂凉气氛甚浓。《红楼梦》第二十六回写潇湘馆，只用了"凤尾森森，龙吟细细"，"湘帘垂地，悄无人声"，"一缕幽香从碧纱窗中暗暗透出"数句，而且几乎没有具体写事物之形，但那种清幽高雅境界却异常传神。第九十八回写黛玉之死,"只听得远远一阵音乐之声,侧耳一听,却又没有了。探春李纨走出院外再听时,惟有竹梢风动,月影移墙,好不凄凉冷淡。"作品对音乐声和竹梢、月影并未作具体细致的描绘,但孤凄悲凉境界却如在目前;加上"好不凄凉冷淡"的感叹,情景交融,感人肺腑。在中国古代小说中,叙述故事不重细致地描写过程,而多为粗线条的勾勒,情节进展迅速。如写两军交战,只写双方主将对打,而对战场的全貌、士兵的厮杀等则基本不写。即使对双方主将,也是简略地写打了多少回合,很少具体描绘。这种战争描写当然是写意式的。正因如此,《三国演义》才能以一部小说描写了军阀混战、三国争斗近一百年的复杂故事和无数次大小战争。如果用外国小说写实的方法来写,恐怕扩大十倍篇幅也远远不够。当然,中国古代小说发展到后期的《红楼梦》,对人物和故事的描写渐趋细腻,但这只是相对中国古代小说的前期作品而言,如果与西方写实小说相比,仍然有很大的不同。

戏剧也是叙事文学。西方戏剧的体验派要求舞台演出要像在家里生活一样,它对于生活的描写当然是酷似生活的写实。而中国戏曲是写意的,它对于生活的描写是变其形而传其神、写其意。这首先表现在对空间和时间的处理上。由于戏曲舞台是瞬息万变的非固定时空,古代戏曲可以通过人物的简略交代而任意迅速地变换时空。如王实甫《西厢记》写张生游殿:"随喜了上方佛殿,早来到下方僧院。行过厨房近西,法堂北钟楼前面,游了洞房,登了宝塔,将回廊绕遍。数了罗汉,参了菩萨,拜了圣贤。"佛殿、僧院、厨房、法堂、钟楼、洞房、宝塔、回廊等各种不同的空间,只用人物几句唱词便都已走遍。关汉卿《金线池》的楔子,地点是石府尹私宅,石府尹命张千唤杜蕊娘,张千云:"理会的。出的这门来,这是杜蕊娘门前。杜大姐在家么?"于是张杜回到石府尹私宅。只需人物一句话交代，就表示了石宅、杜宅和路上的变化。
这不都是对空间的大而化之的写意吗？在关汉卿《陈母教子》中，
陈良叟上朝应考，陈母刚唱完一曲，报子已到，报陈良叟得中状
元。一家相庆一番，则三年已过，说道："今年第三年也。"一曲之
际，几个月乃至三年便倏然而过。这是时间的缩短。而王实甫
《西厢记》在老夫人叫莺莺拜哥哥和把盏的短暂时刻，却让莺莺唱
了几段唱词，这是对时间的拉长。显然两者都是对时间的写意。
这样，古代戏曲就冲破了时空的束缚，具有高度的自由灵活性。
古代戏曲的写意也表现在故事情节方面。戏曲作者不追求制造
酷似生活的幻觉，不隐瞒是在写戏，因而其故事情节也常常只是
大而化之的表现某些生活形态，只要表达某种意思或愿望即可。
如金仁杰《追韩信》写韩信拜印后一战而灭项羽，无名氏《飞刀对
箭》写薛仁贵三箭使高丽降服，显然省略了许多次战斗和复杂的
故事情节，是以简写繁；纪君祥《赵氏孤儿》写韩厥查问程婴药箱
内有何夹带，一次询问后放行，又叫回来二次询问后再放行，第三
次又叫回来查问，才查出箱内孤儿，显然是把简单的故事复杂化
了，这是以繁写简。二者都是对故事情节的写意。关汉卿《望江
亭》写谭记儿轻而易举地盗取了杨衙内的势剑金牌，《鲁斋郎》写
包公改圣旨中的"鱼齐即"为"鲁斋郎"而斩了鲁斋郎，可谓如同儿
戏；《窦娥冤》写三桩誓愿的实现和鬼魂告状，更是超自然的现象。
它们都不是真实的生活形态，但却反映了作者和人民希望有的生
活的样子，符合感情逻辑，所以仍能为人们所接受。试想，如把上
述故事情节放在写实的话剧中，便给人一种明显的失真感。这正
表现了戏曲的写意特点。中国古代戏曲由于在形成过程中受到
了说唱文学的深刻影响，所以带有明显的叙述体痕迹。这种叙述
体痕迹使古代戏曲获得了写人、抒情、绘景的高度自由灵活性。

它不但可以通过人物的唱和白对人物的身世性格、心理感情进行叙表，而且还可以对自己和他人的外貌情态、行为动作、环境景物进行叙写。这种剧中人与读者（观众）互相交流的形式，打破了西方戏剧中的人物脱离读者（观众）而独自客观逼真地生活着的形态，具有明显的为读者（观众）做戏的写意性质。至于戏曲表演中的歌舞性、虚拟性、程式性、节奏性等写意特征，属于艺术表演问题，尚不在本文论述的范围之内。

中国古代文学的写意传统造成了它的简洁精练，也给读者留下了想象的余地，使之充满含蓄隽永的魅力。文学形象的美在于含蓄，生动在于传神。中国古代文学的写意传统正是抓住了文学的这一规律。写意不照生活的固有形态再现生活，但却可以神似生活，艺术地表现生活的本质，因此这不但不是简单幼稚，而且是更高级地反映生活的形式。近代以来，西方的文学和艺术也在向写意方向发展，就有力地证明了这一点。

（原载《东岳论丛》，1999 年第 6 期）

中国古代文学作品进步性的
伦理道德观念根源

中国古代社会是一个以宗法关系为基础的农业社会,因此,宗法伦理道德观念是一种影响极为深广的主导观念。它不但把自身政治化,视家规如国法;甚至把政治也宗法伦理道德化,以君臣为父子。这一占主导地位的思想观念当然要反映在作为观念形态的中国古代文学中。翻开中国古代文学的历史,便很容易发现,描写伦理道德的作品之多是世界上任何国家所无法比拟的。追求伦理感情的和谐是中国古代文学审美理想的一个重要组成部分。但是,众所周知,中国古代的伦理道德观念是以等级思想为基础的,因而人们也就常常把反映这种观念的传统文化(包括古代文学)看成是封建、保守、落后的。这种观点曾在 80 年代风行一时。这种全盘否定传统文化的观点在今天虽已没有市场,但如果我们不从理论上阐明反映着以等级思想为基础的伦理道德观念的古代文学作品何以会具有进步性,就不可能真正解决对中国古代文学的认识问题,也就不可能对其中的伦理道德观念进行借鉴和改造,为社会主义现代化乃至整个人类文明的建设服务。

我认为,反映着传统伦理道德观念的古代文学作品之所以有进步性,是因为它所反映的伦理道德观念具有某些民主成分。

第一,有些中国古代文学作品表现了原始儒家伦理道德观念中的民主因素。

在原始儒家思想中，不但有强调等级思想，为封建统治阶级服务的内容，而且也有反映着原始氏族社会民主遗风的民主因素。而有些人对原始儒家思想和汉代以后发展了的儒家思想不加区别，笼统地把汉代以后专制主义的儒家思想作为传统思想的代表，并从而对全部传统思想予以否定，这也就导致了对反映着传统伦理道德观念的古代文学的错误认识。中国古代以农立国，聚族而居，原始氏族部落是具有血缘关系的群体。进入奴隶社会以后，它不像古希腊那样通过梭伦变法废除了氏族制度，而是仍让被征服部落保留着族居形式，甚至仍由其部分贵族统治。周代天子分封子弟为诸侯，君臣关系即宗族关系。其后的郡县行政区域仍以宗族为基础，而且皇帝以天下为家天下，视君臣如父子，皇位传于子孙，世代相袭。这种宗法性的社会经济政治结构形成了根深蒂固的宗法伦理道德观念。这种观念既包含区分尊卑上下的等级观念和阶级性，又包含着温情脉脉的血缘感情和宗族亲情。这一特点在原始儒家思想中表现得最为明显。孔子提倡的"礼"，"辨君臣上下长幼之位"，"别男女父子兄弟之亲"（《礼记·哀公问》），就是体现宗法等级观念的制度和规范；但由于当时的社会经济政治结构仍延续着原始氏族社会的某些成分，因此孔子所提倡的"礼"也保存了某些原始的宗族血缘感情。如孔子把礼的根源归结为宗族亲情。他解释"三年之丧"的礼制说："子生三年，然后免于父母之怀。夫三年之丧，天下之通丧也，予也有三年之爱于其父母乎！"（《论语·阳货》）这就把礼与亲子之爱的生活情理联系在一起，使强制规范带上了温情脉脉的血缘情感。中国古代有些文学作品描写了子女和父母间的真切亲情，就反映了原始儒家"仁"的观念中所包含的原始氏族社会的血缘情感。《诗经·凯风》有云:"凯风自南,吹彼棘心。棘心夭夭,母氏劬劳。"作品以南风长养棘心比喻母亲对子女的抚育,由"母氏劬劳"述说母亲的劳苦,充满对母亲的深情。孟郊的名作《游子吟》之所以传诵千古,就是因为它写出了真挚的母子亲情。《水浒传》第四十一、四十二回,写李逵见宋江搬父、公孙胜搬母,不禁想起母亲,放声大哭道:"这个也去取爷,那个也去望娘,偏铁牛是土掘坑里钻出来的。"一定也要回家搬母。他背了母亲下山,不料母亲被老虎吃掉,不禁"一身肉发抖",怒杀四虎,"大哭了一场"。以上种种显然是从生活实际出发的真实的血缘亲情,这种亲情至今仍普遍存在。它当然不是由等级观念所产生,而是原始氏族社会遗传下来的血缘感情。原始儒家思想继承了这种伦理道德观念,因而它与等级观念无涉,所以成为一种全民的伦理道德观念。反映这种伦理感情的作品当然至今仍有动人的力量。

同时,孔子又以"仁"释"礼",把仁作为礼的道德原则。"仁"以"礼"为节度,当然既反映着"礼"的阶级性,又反映着"礼"的原始民主性。但因孔子所生活的春秋末期正是由奴隶社会向封建社会过渡的时代,奴隶的解放和民的地位的提高已成为历史潮流,因而孔子提出的"仁"顺应这一潮流,比"礼"具有更多的民主因素。"仁"的含义非常复杂,但主要是"爱人"的思想。孔子一方面把"爱亲"作为仁的本始,《论语·泰伯》中说:"君子笃于亲,则民兴于仁。"孟子则更明确地说:"亲亲,仁也。"(《孟子·尽心上》)这是在氏族血缘关系基础上形成的道德观念。另一方面,孔子又把"仁"扩大到"爱人"和"泛爱众":"樊迟问仁,子曰:'爱人。'"(《论语·颜渊》)"子曰:弟子入则孝,出则弟,谨而信,泛爱众,而亲仁。"(《论语·学而》)这就把"仁"扩大到爱亲以外的范围,以血缘为基础但又不拘守血缘关系。他不但要求作为个体的"君子"

要用"仁"的道德观念进行内在修养,而且要求统治者付诸行动,行仁德于天下,"养民也惠"(《论语·公冶长》),反对暴政。这样,在孔子的伦理道德观念中,不但家族人伦关系中要有爱,君臣、朋友等非宗族人伦关系中也要有爱。他虽然不否定人伦关系中的等级差别,但却要求各种人伦关系以爱为基础。这显然具有民主性。孟子则进一步强调发展了爱人的思想。他认为人性善,由人性引出"仁":"恻隐之心,仁之端也。"(《孟子·公孙丑上》)这样"仁"就成了人的本质和凡人皆有的道德心理和要求。他又说:"老吾老,以及人之老;幼吾幼,以及人之幼。天下可运于掌。"(《孟子·梁惠王上》)这就不但把家族之爱推广到家族之外,而且把这种推己及人的广泛的仁爱思想当成了治国平天下的基础。由此出发,孟子主张统治者要实行"仁政","为民制产"(《孟子·梁惠王上》)。对于不仁的暴君,孟子认为臣民有权反抗:"君之视臣如土芥,则臣视君如寇仇。"(《孟子·离娄下》)甚至可以诛之,故谓武王伐纣是:"闻诛一夫纣矣,未闻弑君也。"(《孟子·梁惠王下》)所以孔孟的君臣伦理观念不是绝对的君主专制主义,而具有道德平等的民主色彩。在中国古代文学作品中,表现这种博爱和反暴君思想的作品俯拾皆是。杜甫的许多诗歌饱蘸着血泪描写了人民的苦难,这是人所共知的。白居易在《观刈麦》中甚至由农民的穷苦生活和自己的富裕生活相对比而感到自愧。中国古代文学描写和同情民生疾苦的作品之多及其深刻性恐怕为任何国家所无。但对这种现象我们却习以为常,从来不去深究一下为什么。这些作品的作者都是封建统治阶级中的人物,他们同情民生疾苦的思想根源是什么? 难道仅仅是出于善良的本能和良心发现吗? 如果我们从伦理道德的角度寻根溯源,就不难发现,它正是原始儒家"仁"的伦理道德观念中民主思想的反映,带有某些原始人道主义和博爱的色彩。封建文人深受儒家思想的影响,因此尽管他们和人民群众分属不同的阶级,但却能表现出对人民的深厚同情。这恰恰表现了原始儒家伦理道德观念中民主因素的巨大作用。有些作品则通过歌颂仁君表现了儒家的仁政理想。如《封神演义》中的周文王和周武王,《三国演义》中的刘备,都是作者通过理想化的手法创造出来的仁君典型。他们对臣民的博爱和尊重表现了君臣关系的民主色彩,这正是原始儒家伦理道德观念中民主思想的反映。另一方面,有些作品则批判了不仁的暴君。历史上的商纣王、秦始皇、隋炀帝等都常常成为文人诗歌中的批判对象。屈原《离骚》、白居易《新乐府》对当朝之君也予以怨刺。更有甚者,如元杂剧《伍员吹箫》描写了伍员借兵伐楚,掘开楚平王的坟鞭骨三百;清代地方戏《反五关》批判了商纣王的荒淫暴虐,描写了内戚大臣黄飞虎率兵造反;《刺中山》写罗成、秦琼等因不满李元吉的迫害而大闹刑场,杀回长安;《铁邱坟》写薛刚夫妇因受奸臣陷害而上山聚义,都是对朝廷的反叛。此外,还有大量的水浒戏和瓦岗戏,都热情地歌颂了农民起义,更是与绝对忠君背道而驰的。既然汉代以后君为臣纲是儒家伦理道德观念的重要内容,为什么还会出现这类作品? 显然,它是原始儒家伦理道德观念中臣可弑不仁之君的民主因素的反映。否则,我们就很难理解,在儒家强调君为臣纲的专制主义伦理道德观念的统治下,何以会产生这些肯定臣民造反和改朝换代的作品。

　　当然,从根本上说,孔孟的"仁"还是反映了"礼"的等级观念,因为它规定了"仁"的"爱人"界限,对统治者和被统治者各有不同的道德要求。而统治者和被统治者各自按照适宜"礼"的等级观念的道德要求行事,则谓之"义"。故《中庸》说"义"是"宜也"。这样,"义"就成了各等级的人是否履行"仁"的道德要求的标志。统治者和被统治者都必须按"义"行事,孔子说"义然后取"(《论语·宪问》)。孟子甚至说"舍生而取义"(《孟子·告子上》)。"义"虽然反映了等级观念,但因为在它的具体内涵"仁"中包含着民主因素,而且被统治者和统治者都要受其约束,因而它又包含着民主性和进步性;而为了坚持"义"宁可舍生,对正直坚强的人格塑造具有重大影响。在中国古代文学作品中,有不少作品描写了认真履行本阶级道德观念(即按"义"行事)的忠臣义士,这些作品之所以值得肯定,就是因为它们反映了原始儒家"义"的伦理道德观念中的民主因素和"舍生而取义"的高尚人格要求。"义"要求各阶级按照各自的道德标准行事,但在现实生活中,统治阶级的大多数成员却不可能真正履行原始儒家为他们规定的道德标准;而少数忠臣义士则坚持照"义"而行,甚至不惜为此而牺牲。如《清忠谱》中的魏忠贤及其党徒横行霸道,无法无天,根本不受任何道德标准的束缚;周顺昌则坚持照"义"而行,与魏党展开了坚决的斗争,甚至死而不惧。周顺昌的言行并未超出统治阶级的道德规范,其根本目的也是为了封建统治的巩固。但是统治阶级要维护其统治,就必须缓和与被统治阶级的矛盾,对自己有所约束;故其道德规范中就不能不带有某些民主因素,因此认真履行这些道德规范比起无法无天来就有其进步性,为此而牺牲也就值得尊敬。同样,元杂剧《赵氏孤儿》中的程婴、公孙杵臼等义士为救忠良和孤儿而与专横残暴的屠岸贾展开斗争,甚至不惜牺牲亲子和生命,他们的行为也没有超出统治阶级的道德规范和根本利益。古代小说戏曲中的其他忠臣义士大都与此相类。这些忠臣义士形象都是根据原始儒家"义"的观念塑造出来的坚决履行本阶级道德要求的理想人物,而原始儒家"义"的观念中包含着民主因素和高尚的人格要求,所以这些忠臣义士形象才具有进步性和动人的力量。

总之,孔子和孟子以"仁"为核心的伦理道德观念是以血缘宗法为基础,要求严格等级秩序与博爱的协调统一,既反映了统治阶级的利益,又具有某些民主因素。虽然自汉代董仲舒以后,提出并强调"三纲"、"五常",使统治者的权力绝对化,但孔孟伦理道德观念中的民主因素对后人仍然不无影响,因而才出现了反映这种民主因素的优秀作品。

第二,有些中国古代文学作品表现了儒家专制主义的伦理道德观念和人民进步道德观念的混合。

如果说原始儒家伦理观念是以等级思想为基础的,汉代以后则把这种等级思想进一步发展为专制主义。既然"三纲"、"五常"等专制主义的伦理道德观念成为统治思想,并反映在文学作品中,这些作品是否就没有进步性呢? 否。因为这些作品在表现专制主义的伦理道德观念的同时,又往往混合着人民的伦理道德观念。如绝对忠君是专制主义的君臣道德观念,但国君是国家的象征,国家又和人民的命运密不可分,因此在某种特定条件下,忠君观念中又加入了人民的爱国思想。如《说岳全传》中的岳飞,可谓绝对忠君的典型。他不但抗金勤王,而且按照高宗的旨意去消灭太湖、鄱阳湖义军,甚至在大功垂成之时,听从高宗十二道金牌的命令,回朝就死,这当然体现了儒家君为臣纲的伦理道德观念;但在国家危亡的关头,岳飞的忠君又与报国密不可分,广大人民又把自己的爱国激情熔铸在岳飞身上,使岳飞既体现了君为臣纲的伦理道德观念,又体现了人民的爱国思想。元杂剧《渑池会》中的蔺相如,不顾九死一生,保赵王赴会,同样既包含着儒家的忠君观念,又包含着广大人民维护国家尊严和人民利益的爱国要求。中国古代许多描写忠奸斗争的作品正是因为融合了人民的爱国思想而至今仍有积极的意义。

又如孝道，是父为子纲的伦理道德观念；但其中又加入了人民群众在家庭生活中形成的对长辈的真实感情和敬老美德。如《琵琶记》中的赵五娘，可谓孝妇的典型。在灾荒年代，她糟糠自厌，却把米饭留给公婆；公婆死后，她剪发买葬，麻裙包土，自筑坟台，十指染血。其中固然含有儒家孝道中的等级观念，作品也公开声称有宣扬封建伦理道德的意图；但赵五娘的孝亲还是以真实感情为基础的，因而其中也包含着劳动人民自我牺牲、尽责敬老的美德。《窦娥冤》中的窦娥，在公堂上为保护婆婆而屈招了"药死公公"，赴刑场时为免使婆婆伤心而要求走后街，死后还要求父亲将婆婆收恤家中。她的孝亲同样既有封建伦理道德观念、又有在婆媳相依为命的共同生活中建立起来的真实感情和舍己为人、善良敬老的劳动人民的美德。中国古代文学中许多描写孝亲的作品，正是因为吸收了劳动人民的道德观念，才得到了人民的喜爱。

再如夫为妻纲、一女不嫁二夫，也是专制主义的伦理道德观念；但有时其中也融入了人民群众要求爱情专一的道德观念。元杂剧《破窑记》中的刘月娥，在丈夫吕蒙正赴考走后十余年，独守寒窑，坚贞不二，当然不能说没有妇女贞节观念；但吕蒙正是她自己所选，婚后夫妻感情深厚，因此她的贞节是以真实感情为基础的，其中包含着人民要求爱情专一的道德观念。《秋胡戏妻》中的罗梅英，婚后三天丈夫秋胡就被抓去当兵，她在婆家苦守十年，坚决拒绝了父母要其改嫁李大户的要求和陌生男子的引诱与威胁，她说："我既为了张郎妇，又着我做李郎妻，那里取这般道理！"看来确有一女不嫁二夫的贞节观念；但当她知道调戏自己的陌生男子就是丈夫秋胡时，却宁可不要五花官诰，而坚决要一纸休书，又说明了她要的是专一的爱情，而不只是从一而终的丈夫。这反映了封建伦理道德观念和人民道德观念的混合状态。中国古代许多歌颂妇女贞节的作品，正因为包含着夫妻真情和要求爱情专一的人民的道德观念，才具有了动人的力量。

　　第三，有些中国古代文学作品表现了叛离儒家伦理道德观念的劳动人民的伦理道德观念。列宁说："每个民族的文化，都有一些民主主义的和社会主义的即使是不发达的文化成分，因为每个民族都有被剥削的劳动群众，他们的生活条件必然会产生民主主义的和社会主义的意识形态。"(《关于民族问题的批评意见》,《列宁全集》第20卷，人民出版社1963年版，第6页)劳动人民的阶级地位、经济状况、生活方式与统治阶级不同，他们也必然会形成自己的伦理道德观念。特别是随着商品经济的发展和市民阶层的壮大，也必然会形成不同于建立在农业宗法社会基础上的儒家伦理道德观念的市民伦理道德观念。

　　以夫妻关系为核心的男女地位和关系问题，是人民群众感受最直接、最深切的问题。劳动人民的经济状况和生活方式要求男女共同劳动，互助互爱，因此在他们那里，男尊女卑、夫为妻纲的观念就比较淡薄，而男女平等、互助互爱的观念也就会时隐时现。这种思想观念也会反映在文学作品中。有些作品歌颂女子的本领和才能，反映了男女平等观念。元杂剧《智勇定齐》中的钟离春，作为一个农村少女，却"文武兼备，韬略精深，有安江山社稷之才，齐家治国之策"。她做了齐国王后，大败燕秦，使齐国居为上国，表现了女子安邦治国也不亚于男子。徐渭《四声猿》不但歌颂了木兰的非凡本领，而且描写了一个精通诗文书画并巧妙地审清了三件疑案的女状元黄春桃。作品中说："这都是裙钗伴，立地撑天，说什么男儿汉！"这显然是在明代个性解放思潮的影响下对男尊女卑观念的挑战。清代女作家吴藻的杂剧《乔影》，写谢絮才博学多才,但自恨身为女子,乃描一自己男装小像,面对画像读《离骚》,饮酒痛哭,数说平生锐气,也表现了争取男女平等和个性解放的思想。有些作品描写夫妻关系和男女爱情婚姻,表现了对夫为妻纲的叛逆。宋话本《快嘴李翠莲记》中的李翠莲是一个能干勤劳、心直口快、不受礼教束缚的女性。她甚至在新婚之夜对丈夫说:"若还恼了我心儿,连你一顿赶出去!"吩咐丈夫:"上床来,悄悄地,同效鸳鸯偕连理。束着脚,拳着腿,合着眼儿闭着嘴。若还蹬着我些儿,那时你就是个死!"这完全是对夫为妻纲的叛逆。但作品并非把她当成一个泼妇加以嘲笑,而是给予肯定的描写。元杂剧中的爱情剧大都强调男子对妇女的惜玉怜香、温存敬重,即使对妓女也不例外。这显然不同于男尊女卑、夫为妻纲的统治阶级的伦理道德观念。在清代地方戏中,甚至还出现了一些男子被本领高强的女子打败而被迫允婚的故事。如《穆柯寨》写杨宗保被穆桂英生擒,应穆桂英之请而私订终身。《三休樊梨花》写薛丁山在战斗中为樊梨花所困,被迫允婚;后来三次欲休樊梨花,但都因不得不求助于樊梨花而夫妻和好。这种以女性居于主导地位的描写,显然是对儒家夫为妻纲的伦理道德的叛逆。随着明代中叶以后资本主义萌芽的出现,妇女贞节观念也有所改变。如明代拟话本《蒋兴哥重会珍珠衫》写蒋兴哥外出经商,其妻王三巧有了外遇,并改嫁他人,而蒋兴哥却予以理解和原谅,不忘旧日恩爱,最后又与王三巧重圆。《小夫人金钱赠年少》写王招宣之妾被骗嫁给一个老头儿,主动地爱上一个青年主管张胜,作品也予以肯定。这反映了情欲突破贞节的市民的伦理道德观念,与儒家从一而终、死守贞节的观念是背道而驰的。

　　劳动人民的经济地位和生活方式也促使他们寻求与家庭之外的人平等互助,共同反抗统治阶级的压迫。因此他们讲的"义"

的观念实际上是平等互助、结义反抗,而不是儒家"义"的各守本分的等级观念。《水浒传》中的梁山好汉结为异姓兄弟,"八方共域,异姓一家",不分贵贱亲疏,同吃酒肉,共分金银,完全是平等关系。梁山好汉以及许多侠义小说中的英雄好汉抱打不平,劫富济贫,也都体现了人民的平等要求。明代拟话本《施润泽滩阙遇友》写小手工业者施复拾银还给失主,后来失主朱恩以桑叶接济施复,反映了手工业者团结互助的观念。而《水浒传》、《水浒后传》中的英雄好汉联合起来反官府、反朝廷,又表现了结义反抗的思想。劳动人民这种平等互助、结义反抗的"义"的观念,显然是对于儒家以礼的等级制度为基础的"义"的观念的改造与叛离。

总之,中国古代文学虽然反映着儒家以等级思想为基础的伦理道德观念,但由于原始儒家伦理道德观念中的民主因素,由于古代文学作品中也反映了人民的道德观念,所以仍有其进步性,甚至对今天的精神文明建设仍有积极作用。过去我们常常是表面地从社会学或人民性的角度肯定中国古代文学的价值;现在我们进一步从伦理道德的角度探究中国古代文学作品进步性的思想根源,无疑可以从理论上加深对优秀传统文化的认识,坚定继承优秀文学遗产的信心。

在物质文明日益发展的今天,特别是在物质文明高度发达的西方,人际关系日益淡薄。因此如何处理人际关系成为社会面临的一个大问题。而我们从中国古代文学所反映的伦理道德观念中也许可以吸取某些营养或受到某些启发。有人认为目前西方正在经受第三次价值观浪潮的冲击,前两次浪潮是压制个人自由的法西斯专制主义和不顾社会利益的个人主义,第三次浪潮则是综合考虑个人和社会利益的综合主义。而中国古代的儒家思想,特别是原始儒家思想,并不是像某些人说的那样是绝对专制主义。它既肯定等级、权力和社会秩序,又肯定仁爱亲情和某些个人利益;既有对被统治者的道德要求,也有对统治者的道德约束;并且人人都要认真进行道德修养和履行这些道德标准,从而达到人际关系的和谐和社会的稳定。任何社会如果只要个人利益和自由,不顾社会利益和秩序,都是无法存在的。因此兼顾社会和个人的儒家思想有其合理性。所以全世界诺贝尔奖奖金得奖人1988年1月在巴黎发表宣言说:"如果人类要在21世纪生存下去,必须回到2500年前,去吸取孔子的智慧。"(转引自《新华文摘》1995年第10期第4页)儒家思想中的民主性精华对人类社会的发展具有重要的借鉴作用,对社会主义精神文明建设也不无裨益。因为作为社会主义精神文明建设指导思想的马列主义和毛泽东思想,与人类一切优秀的文化成果都不是对立的。因此,我们结合对儒家伦理道德观念的分析,研究中国古代文学作品中的伦理道德观念,就不仅是一个纯学术问题,而且对于促进社会主义精神文明建设具有现实意义。

　　(原载《山东师范大学学报》社会科学版,1997年第3期)